OEUVRES

DE

LE SAGE.

TOME VI.

DE L'IMPRIMERIE DE RIGNOUX.

OEUVRES
DE
LE SAGE.

LE
BACHELIER DE SALAMANQUE.

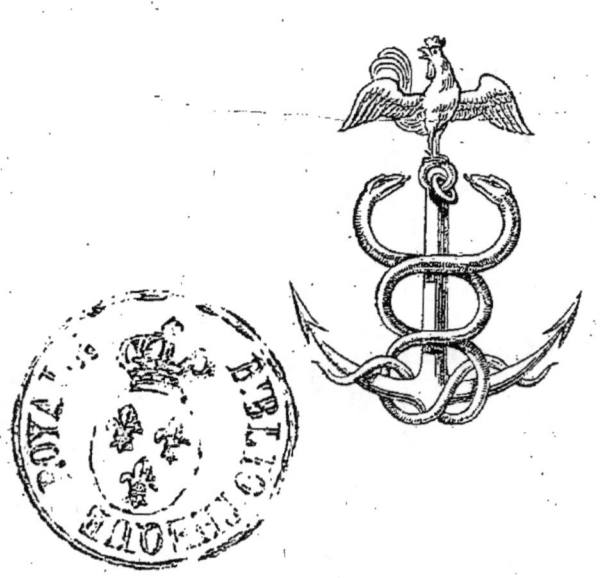

A PARIS,
CHEZ ANTOINE AUGUSTIN RENOUARD.

M. DCCC XXI.

LE BACHELIER
DE SALAMANQUE,
OU
MÉMOIRES ET AVENTURES
DE
DON CHÉRUBIN DE LA RONDA.

CHAPITRE PREMIER.

De la famille et de l'éducation de don Chérubin. A la mort de son père, un de ses parents le reçoit chez lui. Ses progrès dans l'étude. Il part pour Madrid, et fait connoissance avec un curé. Entretien de ce curé sur l'emploi que don Chérubin veut exercer.

JE dois le jour à don Roberto de la Ronda, qui, des environs de Malaga, où il étoit né, alla s'établir dans la province de Léon. Il y devint secrétaire de don Sébastien de Cespedez, corrégidor de Salamanque, qui le fit alcade de Molorido, gros bourg voisin de cette ville.

Mon père, en vertu de sa charge, prit de sa propre autorité le titre de don, et, par bonheur pour lui, personne ne le chicana là-dessus. Comme il avoit toujours été homme de plaisir et fort désintéressé, il amassa si peu de bien, que lorsqu'une mort prématurée le ravit à sa famille, à peine laissa-t-il de quoi vivre à sa veuve, et à trois enfants dont elle demeuroit chargée. J'étudiois alors avec don César, mon frère aîné, à l'université de Salamanque; et je ne sais comment nous aurions pu faire pour continuer nos études, sans le secours du corrégidor; mais ce généreux seigneur eut soin de nous : il n'épargna rien pour nous bien entretenir. Il nous aimoit; et toutes les fois que nous allions lui faire notre cour, il nous disoit qu'il nous regardoit comme ses enfants. Peut-être l'étions-nous en effet; ce que je ne crois pourtant pas, quoique ma mère ait eu la réputation d'être un peu coquette.

Malheureusement pour nous notre protecteur mourut avant que nous fussions hors du collége; de manière que, nous voyant réduits à vivre de notre patrimoine, qui ne pouvoit suffire à tous nos besoins, nous fûmes obligés de nous abandonner à la Providence. Don César, se sentant de l'inclination pour les armes, prit parti dans un régiment de cavalerie que la cour envoyoit à Milan. De mon côté, profitant de l'amitié qu'un vieux parent, docteur de l'université, avoit pour moi, j'acceptai un logement qu'il m'offrit gratuitement chez lui avec sa table. Par ce moyen, ma mère n'ayant sur les bras que dona Francisca, ma sœur, qui n'avoit que sept ans, se vit en état de subsister doucement avec elle.

Je fis de si grands progrès au collége, qu'on n'y parloit plus que de don Chérubin de la Ronda. Je brillai, surtout en philosophie, par le talent extraordinaire qu'on vit en moi pour la dispute. Enfin je travaillai tant, que je parvins à l'honneur d'être bachelier.

Alors mon vieux docteur, qui commençoit peut-être

à se lasser de m'avoir pour commensal, car le bonhomme étoit un peu avare, me tint ce discours : Ami don Chérubin, vous êtes présentement en âge de penser à un établissement, et en état de vous soutenir par vous-même en vous faisant précepteur ; c'est le meilleur parti que vous puissiez prendre. Vous n'avez qu'à vous rendre à Madrid ; vous y trouverez facilement quelque bonne maison, d'où, après avoir élevé l'enfant, vous sortirez avec une pension pour toute votre vie, ou du moins avec un bénéfice. Vous êtes un habile garçon, et vous avez l'air sage ; vous êtes né pour exercer le préceptorat.

Comme je voyois à Salamanque deux ou trois précepteurs qui me paroissoient contents de leur condition, je me mis dans l'esprit que leur poste devoit être plein d'agréments. Ainsi le vieux docteur eut peu de peine à me persuader. Je lui dis que j'étois prêt à partir ; et, après l'avoir remercié de ses bontés, je me rendis effectivement à Madrid par la voie des muletiers, avec un coffre qui contenoit tous mes effets, c'est-à-dire un peu de linge, mon habit de bachelier, et quelques pistoles que le vieillard m'avoit lâchées malgré son avarice.

Étant arrivé à Madrid, j'allai descendre à un hôtel garni où l'on donnoit à manger proprement, et où plusieurs honnêtes gens étoient logés. Je fis connoissance avec eux, et je liai, entre autres, un commerce d'amitié avec le curé de Léganez, qu'une affaire importante avoit amené à Madrid. Il me fit confidence du sujet de son voyage, et je lui appris le motif du mien.

Je ne lui eus pas sitôt dit que j'avois envie d'être

précepteur, qu'il fit une grimace dont je ris encore toutes les fois que je m'en souviens. Je vous plains, seigneur bachelier, s'écria-t-il. Que voulez-vous faire? Quel genre de vie allez-vous embrasser? Savez-vous bien à quoi il vous engage? à sacrifier votre liberté, vos plaisirs et vos plus belles années à des occupations pénibles, obscures et ennuyeuses. Vous vous chargerez d'un enfant qui, quelque bien né qu'il puisse être, aura toujours des défauts. Il faudra vous appliquer sans relâche à former son esprit aux sciences, et son cœur à la vertu. Vous aurez ses caprices à dompter, sa paresse à vaincre, et son humeur à corriger.

Vous n'en serez pas quitte, poursuivit-il, pour les peines que votre élève vous fera souffrir. Vous serez obligé d'essuyer de la part de ses parents de mauvais procédés, et de dévorer même quelquefois les mortifications les plus humiliantes. Ne pensez donc pas que le préceptorat soit une condition pleine de douceur : c'est plutôt une servitude à laquelle, pour se réduire, il faut, comme pour se faire moine, être quelque chose de plus ou de moins qu'un homme.

Vous pouvez, ajouta le curé de Léganez, vous en rapporter à moi là-dessus. J'ai fait le métier que vous avez envie de faire. Après celui d'un aumônier d'évêque, c'est le plus misérable que je connoisse; je sais ce que c'est. J'ai élevé le fils d'un alcade de cour; je n'ai pas véritablement tout-à-fait perdu mes peines, puisque ma cure en est le fruit; mais je vous proteste qu'elle me coûte bien cher. J'ai passé huit années dans un esclavage plus rude que celui des chrétiens en Barbarie. Mon élève, qui de tous les enfants du monde étoit peut-

CHAPITRE I. 5

être le moins propre à recevoir une excellente éducation, joignoit à une stupidité naturelle une aversion parfaite pour tout ce qui s'appelle ordre et devoir; de manière que, pour l'endoctriner, j'avois beau suer sang et eau, je ne faisois que semer sur le sable. Encore aurois-je pris patience, si l'alcade, moins aveuglé par l'amour paternel, eût rendu justice à son fils; mais ne pouvant le croire aussi stupide qu'il étoit, il s'en prenoit à moi. Il me reprochoit l'inutilité de mes leçons; et, ce qui ne m'étoit pas moins sensible que l'injustice de ses reproches, il me les faisoit sans ménager les termes.

J'avois donc, continua le curé, à souffrir également du père et du fils d'une manière différente; j'avois encore, dans les domestiques, des tyrans de mon repos, des espions vigilants, et des inférieurs toujours prêts à me manquer de respect. La vilaine maison, dis-je au curé! Je vous trouve encore bien heureux de n'en être pas sorti sans récompense. Vous avez raison, me répondit-il; encore observerez-vous, s'il vous plaît, qu'il m'est dû près de mille écus d'appointements dont l'alcade ne songe point à me tenir compte, ou plutôt qu'il croit m'avoir bien payés en me faisant obtenir une cure de campagne. Et votre disciple, repris-je, n'est-il pas reconnoissant des peines qu'il vous a données? Ne vous fait-il pas bien des amitiés lorsque vous vous rencontrez tous deux? Je ne le vois point, repartit le curé : à peine a-t-il été dans le monde qu'il a oublié son latin et son précepteur.

Tels furent les discours que me tint le curé de Léganez, pour m'ôter l'envie d'être précepteur. Néanmoins, tout sensés qu'ils étoient, ils ne firent pas plus d'impression sur moi qu'en font sur une fille tendre ceux qu'on lui tient pour la dégoûter du mariage. Il s'en aperçut; et jugeant bien qu'il perdroit le temps à vouloir me détourner de mon dessein, il poursuivit de cette sorte : Je vois bien qu'il est inutile de combattre votre résolution. Vous voulez donc absolument tâter du préceptorat? A la bonne heure. Mais puisque je n'ai point assez d'éloquence pour vous faire changer de sentiment, du moins souvenez-vous d'un avis que j'ai à vous donner : soyez extrêmement sur vos gardes lorsque vous demeurerez dans une maison où il y aura des femmes : le diable aime à tenter les précepteurs ; et pour peu que l'instrument qu'il met en œuvre soit joli, ils ne manquent guère de succomber à la tentation.

Je promis au curé de Léganez de suivre exactement son conseil, le beau sexe étant en effet un écueil redoutable pour moi ; car je ne sentois déjà que trop que j'avois reçu de la nature un tempérament contre lequel ma vertu auroit bien à lutter.

CHAPITRE II.

De la première maison où don Chérubin fut précepteur. Quels étoient les enfants qu'il avoit à élever. Imprudence d'un père.

Le curé de Léganez, me voyant déterminé à remplir une place de pédagogue, me donna la connoissance du révérend père Thomas de Villaréal, religieux

CHAPITRE II.

de la Merci, qui avoit un talent tout particulier pour découvrir les maisons où il falloit des précepteurs. Ce bon père m'en eut bientôt enseigné une, ou plutôt il me mena lui-même chez le seigneur Isidore Montanos, riche bourgeois de Madrid, qui, sur le bien que sa révérence lui dit de moi, m'arrêta sur le pied de cinquante pistoles par an. Montanos avoit été marchand, et s'étoit retiré du commerce, tant pour se décrasser, que pour vivre plus tranquillement. Il avoit deux fils, l'un de seize et l'autre de quinze ans, qu'il me présenta et dont l'air ne me prévint pas en leur faveur : l'aîné étoit bègue, et le cadet bossu. Je leur fis quelques questions pour tâter leur esprit, et j'eus lieu de juger par leurs réponses qu'il ne tiendroit qu'à eux de profiter de mes leçons.

Mon premier soin dans cette maison fut d'observer tout le monde, depuis le chef jusqu'au dernier laquais; et je me proposai de m'y conduire de façon que je ne fisse paroître aucun défaut; ce qui n'étoit guère plus facile que de n'en avoir point du tout. Je connus en peu de temps les caractères, et cette connoissance m'affligea. Le seigneur Isidore étoit un petit génie qui faisoit le plaisant, et qui avoit toujours quelque fade quolibet à vous débiter. Fier de la possession de dix mille ducats de rente, il marchoit les joues enflées d'orgueil, et faisoit le gros dos. Au reste, il étoit grossier, bourru, brutal et capricieux. De leur côté, ses fils avoient de fort mauvaises inclinations. Quoique le temps ne les eût pas encore fait hommes, ils l'étoient déjà par leurs passions : la nature leur avoit donné, pour ainsi dire, une dispense d'âge pour être vicieux. Ils avoient un laquais favori, une espèce de valet de chambre qui possédoit leur confiance, et leur rendoit les mêmes services que s'ils eussent été dans leur majorité. Je me l'imaginai du moins; et les raisons que j'eus de le croire me semblèrent si fortes, que je ne pus m'empêcher d'en avertir leur père.

Je m'attendois, en lui donnant cet avis, qu'il en sentiroit l'importance, et prendroit feu, comme tout autre père eût fait à sa place. Cependant je me trompai : au lieu d'en paroître ému, il me rit au nez, en me disant : Allez, allez, monsieur le bachelier, laissez-les faire; ils s'en lasseront comme moi. J'étois, ajouta-t-il, un égrillard dans ma jeunesse; je faisois trembler les pères et les maris de mon voisinage. Je ne prétends pas que mes enfants vivent autrement que moi. Je ne vous donne pas cinquante pistoles par an pour m'en faire des saints. Enseignez-leur la langue latine et l'histoire; avec cela inspirez-leur l'esprit du monde, c'est tout ce que je vous demande.

Quand je vis que Montanos n'avoit aucune délicatesse sur les mœurs de ses fils, je cessai de me donner la peine de veiller sur leurs actions; et, me renfermant dans les bornes prescrites, je me contentai de remplir les autres devoirs. Je faisois traduire à mes disciples les auteurs latins en castillan, et mettre en latin de bons auteurs espagnols. Je leur lisois les guerres de Grenade, ou d'autres histoires, et j'accompagnois ma lecture de réflexions instructives. Outre cela, quand il leur échappoit de dire ou de faire quelque chose contre la bienséance ou contre la charité, je ne manquois pas de les reprendre. Mais je leur faisois en vain des remontrances ; leur père les rendoit infructueuses par ses discours imprudents et dangereux. Étoit-il en belle humeur, il se vantoit devant eux d'avoir été libertin dans sa jeunesse. On eût dit en vérité qu'il leur racontoit exprès ses débauches, pour les porter à suivre son exemple. Il y a comme cela des pères qui ne s'observent point devant leurs enfants, et qui les détournent eux-mêmes du chemin de la vertu.

Après tout, si le seigneur Isidore n'eût eu que ce défaut-là, nous aurions pu vivre long-temps ensemble. J'en aurois même souffert beaucoup d'autres qu'il avoit, à l'exception de sa mauvaise humeur. Il étoit insupportable quand il s'y mettoit ; ce qui n'arrivoit que trop souvent. Alors les discours les plus durs et les plus désobligeants ne lui coûtoient rien. Il étoit même assez injuste pour me reprocher jusqu'aux défauts de ses fils. Pourquoi, me disoit-il, n'apprenez-vous pas à mon aîné (c'étoit le bègue) à parler distinctement ? D'où vient que le cadet (c'étoit le bossu) se tient si mal ? Pourquoi l'un a-t-il le teint si pâle ? Pourquoi les habits de l'autre sont-ils pleins de taches et de poussière ?

Voilà ce qu'il me disoit. Le moyen de s'entendre de sang-froid faire de pareils reproches ! Un matin, n'y pouvant tenir, je sortis de chez Montanos pour n'y plus rentrer, après lui avoir dit que je ne m'accommodois point d'un homme qui vouloit que le précepteur de ses enfans fût en même temps leur médecin, leur maître à danser, et leur valet de chambre.

CHAPITRE III.

Don Chérubin va offrir ses services à un conseiller du conseil de Castille. De l'entretien singulier qu'il eut avec ce magistrat: Sa réponse, et ce qu'il fit.

J'ALLAI, dès le même jour, trouver mon religieux de la Merci, qui ne me blâma point d'avoir quitté le seigneur Isidore. Il me dit au contraire qu'il étoit fâché de m'avoir placé dans une si mauvaise maison. Monsieur le bachelier, ajouta-t-il, revenez ici dans trois jours ; je vous aurai peut-être déterré une meilleure place.

Effectivement, quand je le revis il m'apprit qu'il en avoit une nouvelle à me proposer. Un conseiller du conseil de Castille, me dit-il, a besoin d'un précepteur pour son fils unique. Vous pouvez aller vous présenter de ma part à ce magistrat; je lui ai parlé de vous, et je crois que vous vous conviendrez l'un à l'autre. Je vous avertis seulement que c'est un homme fier, comme ces messieurs le sont pour la plupart; à cela près, il est aimable, et d'un très bon caractère, à ce qu'on m'a dit. Je souhaite que vous soyez plus content de lui que du seigneur Montanos.

Je me rendis à l'hôtel du conseiller. Je trouvai ce juge prêt à monter en carrosse pour aller au conseil. Je m'approchai de lui très respectueusement, et lui dis que j'étois le bachelier dont le père Thomas de Villaréal lui avoit parlé. Vous avez mal pris votre temps, me répondit-il d'un air grave et sec; je ne puis

CHAPITRE III.

vous donner audience présentement. Revenez sur les six heures du soir.

Me voyant assigné pour être ouï, je ne manquai pas de comparoître devant mon magistrat avant même le temps prescrit. On m'annonce. Je demeure, et j'attends deux grandes heures pour le moins dans l'antichambre, après quoi l'on m'introduit dans un cabinet, où j'aperçois le juge assis dans un fauteuil. Je lui fis une révérence si profonde, que je pensai donner du nez à terre. Il répondit à mon salut par une légère inclination de tête, et, me montrant du doigt un petit tabouret qui ressembloit assez à une sellette, il me fit signe de m'y asseoir.

Je n'ai jamais vu de personnage d'un maintien plus orgueilleux: Il jeta sur moi des regards critiques, et, se disposant à m'interroger sur faits et articles, il m'adressa la parole dans ces termes : Êtes-vous gentilhomme? Je ne croyois pas, lui répondis-je, qu'il fallût l'être pour devenir précepteur. Cela n'est pas, si vous voulez, absolument nécessaire, me répliqua-t-il; mais, outre que cela ne gâte rien, il me semble que le dogme a plus de force dans la bouche d'un maître gentilhomme que dans celle d'un roturier.

Le respect que je devois à un conseiller de Castille m'empêcha de faire un éclat de rire à ces derniers mots, tant ils me parurent ridicules. Cependant, continua le magistrat, quand vous ne seriez pas noble, je veux bien me relâcher là-dessus, pourvu que vous ayez d'ailleurs toutes les qualités du précepteur que je prétends mettre auprès de mon fils, qui pourra bien un jour remplir ma place.

Je demandai au conseiller de quelles qualités il vouloit que ce précepteur fût pourvu, et il me repartit : Je cherche un sujet qui soit un grand homme, un savant homme, un homme de Dieu, et un homme du monde en même temps. Il faut qu'il réunisse tous les talents, qu'il possède toutes les sciences divines et humaines, depuis le catéchisme jusqu'à la théologie mystique, et depuis le blason jusqu'à l'algèbre. Tel est le maître que je veux ; et comme il est juste de faire un sort agréable à une personne de ce mérite, je lui donnerai ma table avec cinquante pistoles d'appointements. Ce n'est pas tout, ajouta-t-il, je pourrai bien, l'éducation finie, lui faire avoir, par mon crédit, un bénéfice, ou bien le gratifier d'une petite pension viagère.

J'admirai la générosité de ce magistrat ; et, demeurant d'accord avec moi-même que je n'étois point ce pédagogue dont il s'étoit formé une si parfaite idée, je me levai de dessus la sellette, en disant au juge : Adieu, Seigneur, puissiez-vous rencontrer l'homme que vous cherchez ; mais franchement je ne le crois pas plus facile à trouver que l'orateur de Cicéron.

CHAPITRE IV.

Le père Thomas, religieux de la Merci, place le Bachelier chez le marquis de Buendia. Caractère de l'enfant qu'on lui donne à instruire. Il sort de cette maison. Pourquoi.

Je rendis compte de cette conversation au père Thomas : nous rîmes un peu tous deux aux dépens du conseiller, qui nous parut un original. Je ne serai pas content, me dit ensuite le religieux, que je ne vous aie bien placé : plus je vous vois, plus je vous aime. Je vais me donner pour vous de nouveaux mouvements. Il y aura bien du malheur si je ne vous mets pas à la fin dans quelqu'une de ces bonnes maisons où les précepteurs font la pluie et le beau temps.

Véritablement, peu de jours après, s'imaginant avoir fait ma fortune, il vint à mon hôtel garni, et me dit, avec une émotion qui relevoit le prix du service : Enfin, mon cher bachelier, j'ai un poste excellent à vous offrir. Le marquis de Buendia, l'un des principaux seigneurs de la cour, veut vous confier l'éducation de son fils, sur le portrait que je lui ai fait de vous. Venez me prendre demain au matin, je vous menerai chez lui. Vous verrez un seigneur des plus polis. Vous serez charmé de la réception qu'il vous fera, et je ne doute nullement que vous ne soyez parfaitement bien chez ce courtisan.

Le lendemain le père Thomas me conduisit au lever

du marquis; et ce seigneur me reçut d'un air gracieux, en me disant qu'il étoit persuadé que j'avois du mérite, puisque le révérend père, qui etoit son ami, m'avoit choisi pour me mettre auprès du jeune marquis, son fils. Je vous reçois, poursuivit-il, aveuglément de la main de sa révérence. A l'égard de vos honoraires, je vous donnerai cent pistoles tous les ans, et vous ne sortirez de chez moi qu'avec une récompense digne de vos soins, et mesurée à ma reconnoissance.

Je fis porter dès le même jour mon coffre à l'hôtel du marquis, où je trouvai une chambre meublée exprès pour moi. Je vis mon disciple : c'étoit un enfant de sept ans, beau comme le jour, et d'une grande douceur. Il étoit encore entre les mains des femmes; mais il me fut livré sur-le-champ, et l'on nous donna un valet de chambre et un laquais pour nous servir. Comme les enfants naissent ordinairement avec quelques inclinations qui ont besoin d'être corrigées, je m'attachai à étudier les siennes. Je ne lui en remarquai point de mauvaises, tant les femmes qui avoient elevé sa première enfance avoient eu soin de ne souffrir en lui aucun penchant vicieux. Elles lui avoient même appris à lire et à écrire, de façon qu'il ne savoit dejà pas mal former ses lettres.

Je lui achetai un rudiment, et je commençai à lui enseigner les premiers principes de la langue latine. Je mêlois à mes leçons de petites fables propres à lui ouvrir l'esprit en le divertissant. Il les retenoit avec une facilité surprenante; et lorsqu'il les débitoit à son père, il s'en acquittoit de si bonne grâce, que le marquis en pleuroit de joie. Il est constant que ce jeune seigneur promettoit beaucoup. J'étois ravi de ses heureuses dispositions, et fier par avance de l'honneur que son éducation me devoit faire.

J'étois si content de mon état, que je ne pus m'empêcher d'aller voir le religieux de la Merci pour le lui témoigner. Mon révérend père, lui dis-je d'un air de satisfaction qui lui fit deviner d'abord le motif de ma visite, je viens, plein de reconnoissance, vous rendre les grâces que je vous dois. Vous m'avez mis dans une maison où je suis aimé, considéré, respecté. J'ai pour disciple le sujet du monde le plus docile, et qui ne laisse apercevoir en lui aucun défaut : ce n'est pas un enfant, c'est un ange.

A ces mots, le père Thomas m'embrassa de joie, et me dit : Que vous me faites de plaisir en m'apprenant que vous êtes si satisfait de votre disciple! Je ne le suis pas moins de son père, lui répliquai-je avec la même vivacité. Le marquis de Buendia est un aimable seigneur. Quelle politesse! Il a pour moi des attentions dont je suis confus. Bien loin d'avoir l'humeur inégale, et de ces moments de caprice où les personnes de qualité font sentir leur supériorité, il ne me parle jamais que pour me dire des choses obligeantes. Il a même ordonné en ma présence à ses domestiques de m'obéir, si j'avois quelque ordre à leur donner.

Encore une fois, me dit le religieux, vous me ravissez : vous ferez indubitablement votre fortune chez ce seigneur.

J'étois donc enchanté de mon poste; et je souhaitois que le curé de Léganez, qui n'étoit plus à Madrid, fût informé de ma situation. Selon lui, disois-je, il n'y a point de précepteur qui ne soit misérable, et cependant je me vois dans un état digne d'envie.

Je jouis tranquillement de ma félicité pendant une année entière. Quoique je ne touchasse pas un sou de mes appointements, j'avois l'esprit en repos là-dessus. Quand je n'aurai plus d'argent, disois-je, don Gabriel Pampano, notre intendant, m'en fournira; je n'aurai qu'à lui dire deux paroles, et sur-le-champ il me comptera des espèces tant que j'en voudrai.

Dans cette confiance, je laissai couler encore six mois sans m'impatienter; mais enfin le besoin où je me trouvai insensiblement d'avoir quelques pistoles pour m'entretenir devint si pressant, que, ne pouvant plus différer, je m'adressai au seigneur don Gabriel. Je vous prie, lui dis-je, de me donner trente pistoles à compte sur mes appointements. Monsieur le bachelier, me répondit-il en affectant un air chagrin, vous me prenez sans vert, et j'en suis très mortifié. Soyez persuadé que je vous donnerois cent pistoles au lieu de trente, si j'étois en fonds; mais je vous proteste que je n'ai pas dix écus dans ma caisse. Vieux style d'intendant, m'écriai-je : si vous aviez envie de m'obliger, vous ne me refuseriez pas ce que je vous demande. Il m'est dû plus de cent cinquante pistoles, et j'ai besoin d'argent; entrez, de grâce, dans ma situation. Prière inutile! J'eus beau dire, j'eus beau presser Pampano de m'aider du moins d'une dixaine de pistoles, le bourreau fut inexorable : c'est un caillou que le cœur d'un intendant.

Cependant mes habits s'usoient à vue d'œil, et je ne savois que faire à cela. Un jour je tirai à part le maître à danser qui venoit montrer au logis; et je lui deman-

CHAPITRE IV.

dai si ses leçons lui étoient bien payées. Pas trop bien, me répondit-il, je ne sais de quelle couleur est l'argent de monsieur le marquis; je viens pourtant ici, depuis six mois, trois fois la semaine. Vous êtes, ajouta-t-il, dans le même cas apparemment? Vous l'avez dit, lui repartis-je; et malheureusement pour moi, je n'ai pas vos ressources : vous avez vingt écoliers; s'il y en a dix qui ne vous paient point, vous tirez du moins des dix autres de quoi entretenir votre table, et faire rouler votre petit équipage. Je suis, comme vous voyez, plus à plaindre que vous.

Après avoir encore inutilement fait quelques tentatives pour attendrir le barbare Pampano, je pris le parti de faire connoître mes besoins au marquis. J'eus bien de la peine à m'y résoudre; néanmoins la nécessité m'y força. Je représentai à ce seigneur l'embarras où je me trouvois, et les démarches inutiles que j'avois faites auprès de don Gabriel, quoique je n'eusse demandé qu'une très petite somme en comparaison de celle qui m'étoit due. Le marquis fut, ou, pour parler plus juste, parut fort en colère contre son intendant, dit qu'il lui laveroit la tête, et qu'il prétendoit que je fusse payé régulièrement de quartier en quartier.

Qui n'eût pas cru, après cela, que j'allois toucher pour le moins une cinquantaine de doublons? Je n'en fus pas toutefois plus avancé, soit que Pampano et son maître fussent en effet fort près de leurs pièces; soit que, ce qui est plus vraisemblable, ils s'entendissent tous deux pour me traiter comme leurs autres créanciers.

J'étois dans un état trop violent pour ne pas m'efforcer d'en sortir. J'employai, pour la quatrième fois, le père Thomas, qui, compatissant à mon malheur, me fit entrer chez un contador. Mais, avant que de quitter le marquis, je lui écrivis une lettre, dans laquelle je lui représentois respectueusement que, n'étant pas assez riche pour continuer à lui rendre service sans intérêt, j'étois dans la nécessité de chercher une autre maison que la sienne; ce que je le suppliois très humblement de ne pas trouver mauvais. Car, quelque juste sujet que puisse avoir un homme du commun de n'être pas content d'une personne de qualité, encore est-il obligé de filer doux avec elle.

CHAPITRE V.

Le bachelier de Salamanque devient le précepteur du fils d'un contador. Sa joie d'entrer dans une aussi bonne maison. Il est payé d'avance. Il devient amoureux d'une jeune suivante. Son rival le fait renvoyer.

Je passai d'une extrémité à l'autre. Si le contador n'avoit pas la politesse du marquis de Buendia, il étoit en récompense beaucoup mieux en espèces. La charmante maison! On y entendoit, depuis le matin jusqu'au soir, compter de l'or et de l'argent; et ce bruit harmonieux m'enchantoit les oreilles.

Le contador étoit un homme qui alloit d'abord au fait. Il voulut savoir quels appointements je gagnois chez le marquis de Buendia. Ce seigneur, lui dis-je, m'avoit promis cent pistoles par an; mais il n'a pas été exact à tenir sa parole. Le contador sourit à ces derniers mots, et me dit: Hé bien, je vous promets, moi, cent cinquante pistoles, que vous toucherez, et même d'avance, si vous le souhaitez. En même temps, il appela son caissier. Raposo, lui dit-il, comptez tout à l'heure à monsieur le bachelier cent pistoles : et toutes les fois qu'il voudra de l'argent ne lui en refusez pas.

Ces paroles me jetèrent de la poudre aux yeux. Comment diable, dis-je en moi-même, un marquis et un contador sont deux hommes bien différents! L'un ne paie point ce qu'il doit, et l'autre n'attend pas qu'il doive pour payer. Sitôt que le caissier m'eut délivré les espèces, j'envoyai chercher un tailleur, auquel je commandai un habillement complet, et je lui avançai vingt pistoles, pour imiter les manières des contadors.

Me voyant tout à coup en argent, je repris ma bonne humeur, que le marquis et son intendant m'avoient fait perdre, et je commençai à m'acquitter de bon cœur des fonctions du préceptorat. Mon nouveau disciple n'étoit pas fort avancé. Quoiqu'il eût déjà dix ans, il ne savoit pas encore lire ; j'étois son premier maître. Monsieur le bachelier, me dit son père, je vous abandonne mon fils ; je me repose entièrement sur vous de son éducation. Je ne veux pas en faire un docteur ; enseignez-lui seulement un peu de latin. Donnez-lui ce qu'on appelle des manières, et cherchez quelque habile arithméticien qui lui montre à faire toutes sortes de comptes et de calculs. Chargez-vous de ce soin-là.

Je me préparai donc à répondre aux vues du contador, et à lécher le petit ours auquel il vouloit que je fisse prendre une forme. Je n'eus pas peu de peine à faire connoître à mon écolier les lettres de l'alphabet. Il n'avoit pas plus de disposition à devenir savant que l'élève du curé de Léganez. Cependant je m'y pris de tant de façons, que j'eus le bonheur de parvenir à le faire lire couramment toutes sortes de livres espagnols. Je fis part aussitôt de cette grande nouvelle à madame sa mère, qui en fut transportée de joie. Quoiqu'elle aimât tendrement son fils, elle ne laissoit pas de lui rendre justice; et, regardant comme un prodige l'heureux succès de mes leçons, elle m'en fit tout l'honneur. Je gagnai par là son estime et son amitié.

Insensiblement Porcia, c'est ainsi que se nommoit l'épouse du contador, goûta mon esprit, et prit tant de plaisir à ma conversation, que tous les jours, après la sieste, elle m'attiroit dans son appartement, sous prétexte de voir son fils, que je lui menois. C'étoit une femme de trente-cinq ans tout au plus, fort spirituelle, et si réservée, que je me trompe peut-être quand je pense qu'elle avoit quelque goût pour moi. Néanmoins je ne pus m'empêcher de le croire; et le lecteur jugera par ce que je vais rapporter, si je fus un fat de me l'imaginer.

Quelque aimable que fût encore Porcia, et quoiqu'elle me regardât d'un œil à me faire soupçonner qu'elle avoit quelque dessein sur moi, je ne répondois nullement aux marques de bonté qu'elle me donnoit. Je n'avois des yeux que pour la jeune Nise, sa suivante, qui, de son côté, m'en voulant aussi, m'agaçoit d'une manière plus efficace. Je ne fus point à l'épreuve de son air coquet et piquant, malgré le fonds de morale et de vertu que je m'étois fait à l'université. Nous nous lançâmes de part et d'autre des œillades si significatives, que nous nous entendîmes; et bientôt l'intrigue fut nouée.

Nise ajoutoit à plusieurs autres talents qu'elle possédoit, celui d'être ingénieuse à inventer les moyens d'avoir des entretiens secrets avec ses amants; et c'étoit un art dont elle avoit besoin dans une maison où elle avoit à craindre le ressentiment d'un galant qu'elle vouloit quitter pour moi, ou du moins à qui elle prétendoit donner un associé. Le valet de chambre de mon disciple étoit ce galant sacrifié. Nise apparemment n'ayant pas trouvé dans ses hommages de quoi contenter sa vanité, s'étoit avisée d'aspirer à la conquête de monsieur le précepteur.

Quoi qu'il en soit, triomphant de mon rival, sans savoir que j'en eusse un, je jouissois tranquillement d'un bonheur qu'il n'ignora pas long-temps. Il eut quelque vent des conversations furtives que j'avois avec sa princesse; et, pour s'en venger, il se résolut à nous perdre tous deux. Il n'éclata point d'abord, n'ayant pas contre nous de plus fortes armes que des soupçons qui ne prouvoient rien; il s'y prit avec plus de prudence : il mit dans ses intérêts tous les laquais du logis; et cette canaille, ordinairement ennemie des précepteurs, entra sans peine dans le projet de sa vengeance. De sorte que Nise et moi, observés par tant d'espions, nous ne pûmes éviter le malheur d'être surpris dans un tête-à-tête.

Cette aventure fit un éclat terrible dans la maison du contador. Tous les domestiques à l'envi s'égayèrent à mes dépens. Monsieur, contre l'ordinaire de ses confrères, qui se soucient fort peu que ces sortes de scènes se passent chez eux, prit cette affaire au point d'honneur, et se mit dans une colère effroyable. Madame, encore plus scandalisée que monsieur, dit que c'étoit une chose qu'on ne devoit point pardonner. Comment, s'écria-t-elle, un homme à qui je croyois des sentiments, du goût, s'amuser à une suivante! Enfin, le résultat de cela fut que la catastrophe tomba sur moi. Porcia, qui aimoit sa soubrette, ou qui lui avoit peut-être confié des secrets importants, se contenta de la gronder, et moi, je fus honteusement chassé comme un suborneur, à cause que je n'avois pas fait voir des sentiments plus nobles.

CHAPITRE VI.

Ce que devient le bachelier au sortir de chez le contador. Ses réflexions sur sa conduite. Son hôte le fait entrer chez une veuve. Caractère de cette dame. Don Chérubin, de précepteur qu'il étoit, devient intendant. Inclination de cette veuve pour lui. Entretien de la dame Rodriguez. Sujet de cet entretien, et quel en fut le fruit.

JE n'eus garde, en sortant de chez le contador, d'aller trouver le religieux de la Merci, qui m'auroit sans doute fait de justes reproches sur ma sortie, et qui, ne me regardant peut-être plus que comme un misérable qu'il devoit abandonner, se seroit fait un scrupule de me placer dans une nouvelle maison. Je n'osai même retourner à mon hôtel garni, m'imaginant qu'on y savoit mon histoire; car, quand on a fait une sottise, on croit que tout le monde en est d'abord informé. Je me retirai dans un quartier éloigné, et j'y louai une chambre garnie, où, n'étant pas sans argent, je demeurai quinze jours à me consulter sur ce que je devois faire.

Je me rappelai plus d'une fois le conseil du curé de

CHAPITRE VI.

Léganez. Je me repentois de l'avoir négligé; et, me reprochant ma foiblesse, je ne pouvois penser à Nise sans rougir de honte. Ah! malheureux, me disois-je, est-ce donc pour faire l'amour à des soubrettes que tu t'es fait précepteur? Au lieu de porter le scandale de maison en maison, renonce à un emploi que tu remplis si mal; ou bien, si tu veux le continuer, purge tes mœurs, et fais tous tes efforts pour acquérir les vertus qui te manquent pour t'en bien acquitter. En un mot, je me repentis de ma faute; et, à force de me promettre d'être plus sage, je conçus l'espérance de le devenir.

Pendant ce temps-là mon nouvel hôte, m'ayant pris en amitié, songeoit à me rendre service. Monsieur le bachelier, me dit-il un jour, j'ai envie de vous procurer une bonne place, en vous mettant chez une veuve de qualité, qui fait élever sous ses yeux son petit-fils. Ce mot de veuve me fit trembler d'abord. N'y auroit-il point ici quelque nouveau précipice, dis-je en moi-même? Le démon n'auroit-il pas encore envie de me tendre un piége? Mais je me rassurai en faisant réflexion que la dame dont il s'agissoit étoit une grand'mère; ce qui supposoit un âge à servir de frein à mon tempérament. Je répondis donc à mon hôte que je lui serois fort obligé s'il pouvoit me faire ce plaisir.

Je vous promets que je le ferai, me répliqua-t-il; c'est de quoi je suis très assuré. J'ai été domestique de cette dame, j'en suis écouté; dès aujourd'hui je vous proposerai pour précepteur de son petit-fils. Il n'y manqua pas. Il me loua beaucoup : on eut envie de me voir; je me présentai : je ne déplus point, et je fus arrêté sur-le-champ.

La veuve se nommoit dona Louise de Padilla. Son époux, officier général, avoit été tué dans les Pays-Bas, en combattant contre les François. Pour une aïeule, je la trouvai fraîche encore, sans pourtant que sa fraîcheur me parût dangereuse. Elle avoit auprès d'elle, par politique ou autrement, deux femmes de chambre décrépites qui lui prêtoient un air de jeunesse. Une de ces suivantes, appelée la dame Rodriguez, possédoit la confiance de sa maîtresse, et s'étoit acquis sur son esprit un grand ascendant. Je me réjouis intérieurement, et remerciai le ciel de ce qu'au lieu de ces antiques confidentes, dona Louise n'avoit pas auprès d'elle deux gentilles soubrettes, qui auroient peut-être encore porté malheur à ma vertu.

Je m'installai donc dans mon poste, et tout alla le mieux du monde au commencement. Je m'attachai à mon nouvel écolier, qui, joignant la docilité à la plus heureuse disposition, apprenoit à merveille les éléments de la langue latine. Il n'avoit pas huit ans accomplis. En moins de six mois, il fit des progrès qui surpassèrent mon attente, et m'attirèrent des présents. Dona Louise me donna une montre d'or. Peu de temps après, elle m'envoya un gros paquet de belle toile pour m'en faire faire des chemises, avec une étoffe de la plus fine laine de Ségovie, pour m'habiller. Mais tous ces dons, que je prenois pour des effets d'une pure générosité, venoient d'une autre cause, comme vous allez l'entendre.

On me vint dire un matin, pendant que je donnois leçon à mon disciple, que madame me demandoit. Je volai aussitôt à son appartement, où elle étoit à sa toilette avec ses deux dames d'atour, qui employoient tout

CHAPITRE VI.

leur savoir-faire à rapiécer, pour ainsi dire, ses appas. Elle étoit dans un négligé assez immodeste pour tenter, s'il n'eût pas en même temps laissé entrevoir de quoi préserver de la tentation.

Lorsqu'elle n'eut plus besoin de ses femmes, elle leur fit signe de se retirer; et m'ayant fait demeurer auprès d'elle d'un air mystérieux : Mettez-vous là, me dit-elle; et m'écoutez : j'ai sur vous des vues que je suis bien aise de vous apprendre. Je ne vous regarde pas comme un homme qui n'est bon qu'à élever des enfants; je vous crois propre à bien d'autres choses. J'ai résolu de vous confier le soin de mes affaires. Aussi bien Francisco Forteza, mon intendant, commence à vieillir. Je vais le congédier avec une pension, et vous mettre à sa place, que vous remplirez mieux que lui, sans que vous cessiez pour cela d'être précepteur de mon petit-fils. Vous pouvez fort bien en même temps exercer ces deux emplois.

Je voulus remontrer à la dame que, n'ayant jamais fait le métier d'intendant, je craignois de ne pas bien m'en acquitter. Vous vous moquez, me dit-elle; rien n'est plus aisé : je n'ai point de procès; je ne dois pas un maravédis; il ne s'agit que de toucher mes revenus, et de faire la dépense de ma maison. Vous n'aurez, ajouta-t-elle, qu'à venir tous les matins dans mon appartement; nous travaillerons ensemble une heure ou deux : je vous aurai bientôt mis au fait. J'assurai la dame que j'étois prêt à faire ce qu'elle désiroit; et, là-dessus je me retirai, non sans remarquer que ma veuve avoit les yeux étincelants et le visage tout en feu.

J'avois déjà trop d'expérience, ou plutôt trop bonne

opinion de moi, pour ne pas expliquer ces symptômes à mon avantage. Je soupçonnai la bonne femme de m'en vouloir, et mes soupçons se tournèrent bientôt en certitude. La dame Rodriguez, un matin, vint me trouver dans ma chambre. Elle me salua d'un air riant, et me dit : Le ciel vous conserve, monsieur le bachelier! Que me donnerez-vous pour la bonne nouvelle que je vous apporte? Hé! qu'avez-vous donc, lui répondis-je, de si bon à me dire? Que vous êtes, reprit-elle, le plus fortuné des précepteurs passés, présents et futurs. Vous avez enflammé ma maîtresse, qui m'a permis de vous révéler ce secret important.

Mais quoi! poursuivit-elle en s'apercevant que le bonheur qu'elle m'annonçoit ne m'intéressoit guère, vous recevez cette nouvelle d'un air bien indifférent. Que d'honnêtes gens seroient ravis d'être à votre place! Si madame n'est plus dans sa première jeunesse, elle n'est pas encore, Dieu merci, arrivée au triste temps où les femmes doivent renoncer au commerce des hommes.

Oh! pour cela non, madame Rodriguez, lui répondis-je; il faudroit que j'eusse perdu l'esprit si je pensois autrement que vous. Oui, doña Louise a beaucoup de charmes; elle est tout au plus au commencement de son automne. Néanmoins, je vous l'avouerai, quelque honneur que me fasse son amour, je ne puis en profiter. Un commerce de galanterie ne convient nullement à un homme de mon caractère. Quoique je ne sois pas encore dans les ordres, ajoutai-je d'un air hypocrite, il suffit que je porte un habit d'ecclésiastique pour garder à cet habillement les engagements que je lui dois.

Ah! que m'osez-vous dire, interrompit la vieille Rodriguez avec précipitation; quelle horrible injustice vous faites à madame! Pourroit-elle être capable d'une intrigue galante, elle que l'ombre même du crime épouvante? Connoissez mieux dona Louise. Si, sans pouvoir s'en défendre, elle cède à l'amour qu'elle a pour vous, ne pensez pas qu'elle ait envie de le satisfaire aux dépens de sa vertu. Vous le dirai-je? elle s'est déterminée à vous épouser.

Je fus un peu ému de ces dernières paroles. Sage et discrète Rodriguez, répliquai-je à la vieille suivante, quand madame voudroit m'honorer de sa main, ses parents ne traverseroient-ils pas ce mariage? Dona Louise, me repartit la vieille, est maîtresse de ses actions. Outre cela, vous êtes, ce me semble, de race noble; et d'ailleurs elle prétend se marier si secrètement, que personne n'en sache rien. Quand je vis que ma veuve étoit assez folle pour vouloir pousser les choses si loin, je ne crus pas devoir être assez fou pour m'y opposer. Je priai Rodriguez de remercier de ma part sa maîtresse de ses bonnes intentions pour moi, et de l'assurer que j'étois disposé à y répondre.

Je donnai à la soubrette le temps de rendre compte de cet entretien à Dona Louise, après quoi j'allai lui confirmer moi-même le rapport qu'elle devoit lui avoir fait. Madame, dis-je à ma tendre veuve en me jetant à ses genoux, est-il possible que vous ayez laissé tomber vos regards sur un homme si peu digne de vous posséder! Je n'ose qu'en tremblant y ajouter foi. Ne me blâmez pas vous-même, répondit la dame, de ce que je veux faire pour vous. Lorsque je ferme les yeux sur ce qu'il y a de plus répréhensible dans mon dessein, est-ce à vous à me les ouvrir? Profitez de ma foiblesse, au lieu de la condamner. Ce que Rodriguez vous a dit est véritable; vous m'avez plu; et bientôt un mariage secret joindra nos destinées, pourvu que vous soyez aussi sensible que vous devez l'être à mes bontés.

Ah! Madame, repris-je en baisant avec transport une de ses mains sèches, croyez-vous qu'un homme qui a des sentiments puisse payer d'ingratitude le sort agréable que vous lui réservez? Non, non, soyez bien persuadée que ma reconnoissance égalera l'excès de mon bonheur.

J'accompagnai ces paroles d'un air et d'un ton des plus séduisants; je fis le passionné; mais s'il y avoit de l'art dans mes démonstrations, il y avoit aussi du naturel. Je me sentois si pénétré des bontés de la dame, que mes yeux déjà commençoient à faire grâce à sa vieillesse.

CHAPITRE VII.

Comment don Chérubin, sur le point d'être l'époux de dona Louise de Padilla, perdit tout à coup l'espérance de le devenir. Il est arrêté. Sa frayeur de se voir avec des spadassins. Description du souper qu'il fit, et de sa compagnie. Il sort nuitamment de Madrid.

Dona Louise, ravie de me voir dans la disposition où j'étois, ordonna secrètement les apprêts de notre mariage. Mais, le soir du jour qui devoit le précéder, il survint un obstacle qui nous sépara tous deux.

CHAPITRE VII.

Au moment que j'allois rentrer au logis, quatre *valientes*, qui portoient les plus épouvantables moustaches qu'on ait jamais vues en Espagne, vinrent fondre sur moi tout à coup, et me jetèrent brusquement dans un carrosse, où il y avoit deux autres hommes de leur séquelle. Ils me menèrent à l'extrémité d'un faubourg, me firent descendre à la porte d'une maison d'assez mauvaise apparence, et m'introduisirent dans une salle qui ressembloit à un arsenal. On n'y voyoit que des hallebardes, des épées, des coutelas, des escopettes et des pistolets. Dans un autre temps, j'aurois pris plaisir à considérer une salle si singulière; mais j'étois trop occupé du péril dans lequel je croyois être avec des spadassins, dont la vue me glaçoit le sang dans les veines.

Un de ces fier-à-bras, remarquant mon embarras, se mit à rire, et m'adressa ces paroles pour me rassurer : Monsieur le bachelier, ne craignez rien; vous êtes ici en bonne compagnie. Vous êtes avec d'honnêtes gens qui font profession de maintenir le bon ordre dans la société, et d'assurer le repos des familles. C'est nous qui sommes les véritables ministres de la justice. Les juges ordinaires se contentent de suivre scrupuleusement les lois, au lieu que nous y ajoutons quelquefois ce qui leur manque. Les lois, par exemple, ne défendent point à une veuve de qualité d'épouser un homme au-dessous d'elle. Cependant c'est une chose diffamante; aussi ne la souffrons-nous point : et c'est pour prévenir la juste douleur qu'auroit la famille de dona Louise de Padilla, si vous deveniez l'époux de cette dame, que nous vous avons enlevé; ce que nous avons fait à la requête d'un de ses neveux, qui nous a promis cent pistoles pour vous écarter d'elle.

C'est à vous de choisir, continua le vaillant. Si vous refusez de vous éloigner de cette veuve et de Madrid, il nous est enjoint de vous tuer; mais il nous est permis de vous laisser la vie, sans même vous donner les étrivières, si vous abandonnez la partie de bonne grâce. Vous n'avez qu'à opter. Qu'appelez-vous opter? lui répondis-je avec précipitation. Me croyez-vous assez sot pour balancer un moment à quitter Madrid, et toutes les dames du monde? Je voudrois être déjà bien loin d'ici.

Je vous crois, reprit le brave avec un sourire malin; et sur ce pied-là nous sommes d'accord. Vous souperez et passerez la nuit avec nous à table; et demain, à la pointe du jour, deux de mes camarades vous conduiront jusqu'à Léganez, d'où vous vous rendrez à Tolède, où je vous conseille d'aller demeurer. C'est une belle ville, où il y a bien de la noblesse. Vous y trouverez des places de précepteur à choisir.

Là-dessus je dis à ces messieurs, tant j'avois d'impatience d'être hors de leurs pates, que s'ils vouloient me permettre d'aller loger dans une hôtellerie, je leur promettois, sous peine de retomber entre leurs mains, de sortir de Madrid avant le lever de l'aurore.

Cette proposition fit pousser aux spadassins de longs éclats de rire; et l'un d'entre eux, m'adressant la parole, me dit: Monsieur le bachelier, vous vous ennuyez avec nous, à ce que je vois; mais prenez patience, il faut s'accommoder au temps. Préparez-vous à souper gaiement. Vous ferez meilleure chère ici qu'à l'hôtellerie; et parmi les personnes qui seront à table avec nous, il y en aura peut-être quelqu'une qui pourra vous rendre le repas agréable. Je fus donc obligé de faire de nécessité vertu, puisque je ne pouvois m'échapper. J'affectois de paroître résolu, et même de rire avec ces vaillants, dont la bonne humeur excita peu à peu la mienne, ou du moins m'ôta presque toute ma frayeur.

L'heure du souper étant venue, nous passâmes dans une autre salle, où il y avoit un buffet garni de verres et de bouteilles, et une grande table couverte de plats remplis de toutes sortes de viandes. Nous nous y assîmes avec trois dames qui arrivèrent, et qu'on me dit être les épouses de quelques-uns de ces messieurs : ce que je feignis de prendre pour argent comptant, quoique ces femmes eussent l'air trop libre et trop familier pour qu'on n'eût pas d'elles une plus mauvaise opinion.

Elles étoient dans un négligé galant, et qui ne déroboit à la vue que ce qu'on ne peut montrer sans la dernière effronterie. Au reste, elles pouvoient passer pour trois jolies personnes. Il y en avoit une, entre autres, qu'ils appeloient la Gitanilla, sans doute à cause qu'elle étoit de race bohémienne. Je n'ai jamais vu de créature plus piquante : ses yeux étoient si brillants, qu'ils éblouissoient, et la vivacité de son esprit égaloit celle de ses yeux. Il est vrai qu'elle avoit une intempérance de langue qui l'emportoit quelquefois trop loin ; mais on en auroit été bien dédommagé par l'abondance des bons mots et des saillies qui lui échappoient, si ses saillies et ses bons mots n'eussent pas été un peu trop gaillards. Enfin, je l'admirois en l'écoutant, et je sentois qu'une soubrette de cette espèce eût été pour moi, dans une maison, une terrible pierre d'achoppement.

La compagnie commençoit à plaire à monsieur le bachelier. Échauffé par les regards de la Gitanilla, et par le vin qu'il étoit obligé de boire à chaque instant, pour répondre aux brindes qu'on lui portoit de toutes parts, il oublioit insensiblement avec quelle sorte de gens il s'enivroit. Nous demeurâmes à table jusqu'à l'approche du jour. Alors, après avoir dit adieu aux spadassins et à leurs nymphes, je sortis de la ville avec deux d'entre eux, et nous prîmes le chemin de Tolède.

CHAPITRE VIII.

De l'arrivée de don Chérubin à Tolède, et de la première éducation qu'il entreprit. Mauvais caractère de son écolier, qui le prend en aversion. Comment il est congédié.

Lorsque nous fûmes arrivés à Léganez, un de mes deux compagnons me dit : Ho çà, monsieur le bachelier, en vous accompagnant jusqu'ici, nous avons exécuté l'ordre dont nous étions chargés; de votre côté, songez à nous tenir parole : que l'on ne vous revoie plus à Madrid; car, comme on vous l'a déjà dit, si vous y remettez le pied, vous êtes mort. Messieurs, répondis-je, vous pouvez assurer hardiment tous les neveux et arrière-neveux de dona Louise que vous m'avez pour jamais éloigné d'elle. Là-dessus mes alguazils me souhaitèrent un bon voyage, et nous nous séparâmes en nous faisant réciproquement des civilités.

Notre séparation me délivra d'une grande frayeur.

J'avois appréhendé que les braves, en recevant mes adieux, ne vidassent mes poches. Aussi, dès que je les eus perdus tous deux de vue, je tirai ma montre, et la baisant comme une mère baise son fils échappé du naufrage : Ma chère montre, m'écriai-je en l'apostrophant, vous avez été dans un grand péril ! J'ai cru, je l'avoue, que nous n'arriverions point ensemble à Tolède, et que vous alliez reprendre le chemin de Madrid.

J'avois en effet raison d'être surpris que ces vaillants ne m'eussent pas volé, puisque ces fripons ordinairement ne valent pas mieux que les Bohémiens. Outre ma montre, j'avois une bourse pleine de doublons, qu'en qualité d'intendant de dona Louise, j'avois reçus la veille d'un de ses débiteurs; si bien que les spadassins auroient plus gagné en me dévalisant qu'ils ne firent en m'écartant de Madrid.

Me voyant à Léganez, je n'eus garde de passer outre sans voir monsieur le curé, mon ami. Je me faisois un plaisir de lui conter ma dernière aventure, et de m'arrêter quelques jours chez lui; car je ne doutois point qu'il ne voulût me retenir. Mais je fus trompé dans mon attente : je ne trouvai point ce bon curé, lequel, étant de ceux qui n'aiment pas plus la résidence que les évêques, étoit absent. On me dit qu'il étoit parti pour Cuença, et qu'on ne savoit pas quand il en reviendroit.

Je continuai ma route jusqu'à Mosiolès, où j'eus le bonheur de rencontrer un muletier de Tolède qui s'en retournoit avec une mule de renvoi. Je la louai, et je poursuivis mon chemin. Nous fûmes joints près d'Illescas par un ecclésiastique, qui, venant après nous, monté sur un bon cheval, s'étoit hâté de nous atteindre pour avoir notre compagnie. Nous nous saluâmes poliment de part et d'autre, et liâmes conversation. L'envie que j'avois de savoir qui il étoit me fit prendre la liberté de le lui demander. Je suis, me répondit-il, un des soixante chanoines de l'église appelée communément le Saint-Siége de Tolède

A ces mots, je me sentis saisi d'un profond respect, ayant ouï dire plus d'une fois qu'un canonicat de cette église valoit deux évêchés d'Italie. Voyant donc que j'avois l'honneur d'être avec un si gros bénéficier, je le pris sur un ton plus bas avec lui, et je commençai à mesurer mes paroles. Je ne sais s'il le remarqua; mais il n'en parut pas plus vain ni plus fier. Il s'informa à son tour qui j'étois. Je lui répondis que j'étois un bachelier de Salamanque; que je venois de la cour, où j'avois élevé un jeune seigneur, et que j'allois à Tolède chercher une nouvelle éducation. Vous la trouverez facilement, me répliqua le chanoine, étant, comme vous paroissez l'être, un garçon de mérite.

Nous ne cessâmes de nous entretenir pendant le voyage; et lorsqu'étant arrivés à Tolède, il fallut nous séparer tous deux, il me tendit la main en me disant : Sans adieu, monsieur le bachelier, je me nomme le licencié don Prosper : venez me voir, je m'intéresse pour vous. Dès demain je me donnerai des mouvements pour découvrir quelque maison où vous soyez bien. Je remerciai le chanoine de la bonté qu'il avoit d'entrer dans mes intérêts, et j'allai loger dans une hôtellerie que le muletier me vanta.

Quatre jours après, m'étant remis en linge, et m'étant

fait faire un habit neuf, je me rendis chez le chanoine, qui me dit : J'ai trouvé votre affaire. Don Jérôme de Polan, chevalier de Calatrava, et mon intime ami, a besoin d'un habile homme pour achever l'éducation du jeune don Louis, son fils unique. Je suis maître de cette place, voulez-vous l'accepter? Je répondis au licencié que je ne demandois pas mieux; et sur-le-champ il me conduisit à l'hôtel de don Jérôme de Polan.

Ce chevalier ne vit pas plutôt don Prosper, qu'il courut à lui les bras ouverts, avec des démonstrations d'amitié qui me firent connoître qu'ils vivoient tous deux dans la plus étroite union. Le chanoine, après avoir reçu et rendu cinq ou six accolades, me présenta au seigneur don Jérôme, en lui disant : J'ai appris que don Louis est actuellement sans précepteur; je vous en amène un dont je vous réponds. C'est un savant bachelier de Salamanque, qui revient de Madrid où il a élevé un jeune seigneur.

Don Jérôme, tandis que le licencié lui parloit de cette sorte, me regardoit avec attention; et il me sembloit, soit dit sans vanité, que je subissois heureusement cet examen oculaire; c'est ce que j'eus lieu de penser par le remercîment que le chevalier fit à don Posper, de lui procurer un sujet qui portoit avec lui sa recommandation. Il me conduisit à l'appartement de son épouse, où cette dame étoit avec son fils, auquel je trouvai un petit air mutin, et avec une suivante, qui ne me causa point d'alarmes, quoiqu'elle eût à peine vingt ans. Toutes ces personnes m'examinèrent bien; et j'ose dire que ma mine les prévint en ma faveur.

Me voilà donc retenu dans cette maison, où, étant

regardé comme un maître donné par le licencié Prosper, j'eus pendant quinze jours tous les agréments dont le préceptorat peut être susceptible. J'étois considéré de don Jérôme et de sa femme, respecté des domestiques, et je me croyois aimé de mon disciple; mais je ne le connoissois pas encore. Il avoit un valet de chambre qui, m'ayant pris en affection, me dit un jour : Monsieur le bachelier, je vous trouve un si galant homme, que je ne puis m'empêcher de vous apprendre une chose qu'il vous importe de savoir : vous avez pour écolier un très mauvais sujet. Don Louis est un menteur, un esprit malin et médisant; il hait surtout ses précepteurs : il ne peut les souffrir, et il n'y a point de stratagème dont il ne s'avise pour s'en défaire. Les deux derniers qu'il a eus étoient des personnes d'un mérite distingué; cependant il a si bien fait, qu'on les a remerciés. A ce que je vois, dis-je au valet de chambre, le père et la mère idolâtrent leur fils? Oui, me répondit-il, c'est un enfant gâté; vous aurez bien de la peine à le rendre disciplinable. J'y ferai, repris-je, tout mon possible; et si malgré mes efforts je n'en puis venir à bout, j'irai chercher ailleurs un élève plus digne de mes soins.

Pour n'avoir rien à me reprocher, je commençai à remplir mes devoirs essentiels avec une assiduité qui tenoit de l'esclavage. Je mis tout en œuvre pour me faire aimer et craindre en même temps du petit bonhomme. Quoiqu'il eût douze ans accomplis, et qu'il eût eu déjà trois ou quatre maîtres, à peine étoit-il capable des premiers thèmes. Je lui parlois sans cesse, et tâchois de m'en faire écouter. Je m'attachois à prévenir ses fautes autant que je le pouvois; les avoit-il

CHAPITRE VIII.

commises, ou je le punissois sans chaleur, ou je les lui pardonnois sans mollesse.

Néanmoins, avec tous ces ménagements, et malgré toute mon adresse, j'éprouvai la vérité de ce que m'avoit dit le valet de chambre. Don Louis me prit en aversion ; et sa haine augmentant à mesure que je montrois plus de zèle pour son éducation, il entreprit de me faire donner mon congé. Pour y réussir, il alloit parler de moi en particulier à ses parents : il se plaignoit, il m'accusoit d'être dur et déraisonnable, me prêtoit des ridicules, et déclaroit que si on ne le délivroit pas de son tyran, il ne feroit aucun progrès dans ses études. Il ajoutoit même à cette menace des pleurs de commande. Enfin il joua si bien son rôle, que ses parents, touchés de sa fausse douleur, prirent son parti, et mirent le précepteur à la porte. C'est ainsi que les pères et les mères, par foiblesse pour leurs enfants, congédieront quelquefois un honnête homme qui n'aura que trop bien fait son devoir.

Pour surcroît de chagrin pour moi, en sortant de cette maison j'allai voir le licencié don Prosper, pour l'informer de ce qui s'étoit passé. Je voulus lui représenter les mauvaises qualités du jeune don Louis, et lui détailler la manœuvre qu'il avoit employée pour me faire chasser de chez lui ; mais le chanoine, apparemment prévenu par don Jérôme, au lieu de me plaindre, m'écouta froidement, et me tourna le dos, après m'avoir dit, d'un air sec, qu'il ne se mêleroit plus de présenter des précepteurs, à moins qu'il ne les connût parfaitement.

CHAPITRE IX.

Conversation curieuse de don Chérubin avec un précepteur biscayen de ses amis. Fruit qu'il tire de cette conversation. Il entre au service d'une marquise. Caprice et goût singulier de cette dame pour les romans. Don Chérubin devient éperdument amoureux de sa maîtresse. Effet que produit son amour. Il la quitte cependant. Ses raisons.

J'avois fait connoissance avec un petit licencié biscayen, qui faisoit, comme moi, le métier de précepteur, et qui étoit alors aussi sur le pavé. Il se nommoit Carambola. Il n'avoit pas la figure désagréable; mais il étoit si petit, qu'on l'auroit pu prendre pour un nain. Il avoit en récompense beaucoup d'esprit, et l'humeur fort enjouée. Il pensoit plaisamment, s'exprimoit de même, et ses expressions étoient encore relevées par l'accent de son pays.

J'aimois surtout à l'entendre lorsqu'il se mettoit en colère; et il ne falloit pour l'y mettre que parler devant lui des pères et des mères. Cette matière ne manquoit pas de l'échauffer. Les parents, disoit-il avec emportement, sont presque tous des ingrats. Écoutez un père de famille : Je suis très content, dira-t-il, du précepteur de mon fils; aussi je prétends lui procurer un établissement solide; mais rien ne presse : il sera temps d'y penser après que j'aurai retiré mon fils d'entre ses mains. N'est-ce pas, ajoutoit Carambola, de même que s'il disoit : Je ne veux pas encore faire du bien à

CHAPITRE IX.

un honnête homme qui me rend service actuellement, qui a déjà mérité mes bienfaits; je penserai à sa fortune quand je ne l'aurai plus devant mes yeux, quand je ne songerai plus à lui?

Telles étoient les tirades réjouissantes dont le Biscayen me régaloit de temps en temps, et dont je ne laissois pas de profiter. Je le rencontrai un soir à la promenade. Il vint m'aborder d'un air riant : Qu'avez-vous, lui dis-je, mon ami? A votre air joyeux on diroit que vous avez déterré quelque poste admirable. Il y a quelque chose de cela, me répondit-il : j'ai découvert en effet une place qui me convenoit fort; mais, par malheur pour moi, on ne m'a pas trouvé convenable à la place. Je ne vous entends point, lui répliquai-je; parlez-moi plus clairement. Vous saurez donc, reprit-il, qu'ayant appris hier, par la voix publique, qu'une dame cherchoit un précepteur pour commencer son fils, qui n'a que cinq ans, j'ai ce matin été chez elle pour lui offrir mes services, qui ont été rejetés. On m'a dit que j'étois trop petit. Comment donc, interrompis-je en riant, pour entrer chez cette dame faut-il avoir six pieds de haut? Oui, repartit Carambola. La dame veut un garçon de belle taille; encore demande-t-elle avec cela qu'il soit fort jeune; car, quoique je n'aie que trente-trois ans, on m'a trouvé trop vieux.

Je redoublai mes ris à ces paroles, et jugeai que la dame en question devoit être une extravagante. Je le dis au licencié, qui me répondit d'un air sérieux : Non, non, c'est une femme de très bon sens, une prude qui sait concilier le goût des plaisirs avec le soin de sa réputation, et veut se faire un amant du précepteur de son fils. Comment la nommez-vous, dis-je au Biscayen? Elle se fait, dit-il, appeler madame la marquise. Son mari est un capitaine qui sert en Lombardie. C'est tout ce que j'en sais. Au reste, je puis vous assurer que c'est une belle dame, et qui paroît avoir de l'esprit. N'êtes-vous pas curieux de la voir? Vous m'en inspirez l'envie, lui repliquai-je, et je suis d'avis d'aller demain me présenter à cette marquise. Je vous y exhorte, s'écria-t-il; et je suis persuadé que vous êtes le précepteur qu'il lui faut.

Je ne manquai pas de me rendre le jour suivant chez la femme du capitaine, où je me fis annoncer sous le titre de bachelier de Salamanque. Une vieille suivante, qui ressembloit un peu à Rodriguez, m'introduisit dans un cabinet où sa maîtresse s'occupoit à lire. La marquise suspendit sa lecture en me voyant, et me demanda ce que je lui voulois. Madame, lui dis-je, j'ai appris que vous cherchiez un précepteur pour monsieur votre fils, et je prends la liberté de m'offrir à remplir ce poste, si mes services vous sont agréables. La dame, à ces paroles, attacha ses yeux sur moi. Je ne fus pas moins attentivement considéré de la soubrette, et je m'aperçus que ma personne avoit en elles deux juges favorables: je leur parus un tout autre homme que Carambola.

Monsieur le bachelier, me dit la dame, quel âge avez-vous? Comme je me ressouvins qu'elle avoit trouvé le petit licencié trop vieux à trente-trois ans, je répondis effrontément que je n'en avois pas encore vingt-deux, quoique j'en eusse déjà vingt-six. Tant mieux, reprit la marquise, je veux un précepteur qui soit jeune; j'ai cette fantaisie-là. Mais ne mentez point, poursuivit-

CHAPITRE IX.

elle : êtes-vous un garçon bien rangé? Car je vous déclare que je ne m'accommoderois point du tout d'un libertin qui sortiroit de chez moi tous les jours pour aller se divertir en ville. Je veux un homme sédentaire, et qui élève mon fils sous mes yeux.

Je suis donc votre fait, Madame, m'écriai-je. Quoique je sois à l'âge où les passions sont en fougue, ma raison, aidée des bonnes études que j'ai faites, les tient en bride, de façon que je crains peu leurs saillies. Outre cela, je ne connois personne à Tolède, et surtout aucune femme : ainsi, bornant mes plaisirs à l'éducation de monsieur votre fils, je ne m'attacherai qu'à cultiver cette jeune plante, si vous me faites l'honneur de m'en confier le soin.

Je serai bien contente de vous, reprit la femme du capitaine, si vous tenez une conduite si sage. Je vous choisis donc pour instruire et gouverner mon fils. A l'égard de vos appointements, ajouta-t-elle, n'en soyez point en peine : je les réglerai sur votre zèle et sur vos services. Elle accompagna ces paroles d'un air si modeste et si réservé, que, malgré ma vanité, je ne me laissai point prévenir contre sa vertu, ni ne me flattai pas de l'espérance de m'attirer son attention.

Pour raconter les choses en fidèle historien, je fus frappé des appas de la marquise, qui n'avoit pas encore trente-cinq ans. Sa beauté me parut ravissante. Je sentis, sans savoir pourquoi, une secrète joie de me voir arrêté dans cette maison, d'où je sortis avec empressement, pour y faire apporter mes hardes. Je rencontrai dans la rue le petit licencié, qui m'y attendoit par curiosité. Hé bien! mon ami, me dit-il, comment avez-vous été reçu de la marquise? On ne peut pas mieux, lui répondis-je, et je vous apprends que je suis précepteur de son fils.

A ces mots, Carambola fit un éclat de rire. Je me doutois bien, s'écria-t-il, que votre jeunesse et votre figure ne pouvoient manquer de faire leur effet. Que vous aurez d'agrément chez cette dame! Oh! doucement, s'il vous plait, monsieur le licencié, interrompis-je en pénétrant sa pensée; jugez d'elle plus charitablement. Pour moi, je la crois vertueuse; elle ne montre du moins que de beaux dehors. Pourquoi taxer d'hypocrisie son air sage? S'il ne faut pas se fier aux belles apparences, il ne faut pas non plus les condamner. Vous avez raison, reprit-il, je puis me tromper; mais je gagerois bien que je ne me trompe pas.

Je retournai quelques heures après à l'hôtel de la marquise avec mes hardes, et là je pris possession d'un appartement préparé pour mon écolier et pour moi. Je demandai à voir l'enfant, qui me fut amené par la vieille femme de chambre que j'avois déjà vue, et qui lui servoit de gouvernante. Je le trouvai fort joli. Il étoit à la lisière, et ne faisoit que bégayer. Quel disciple pour un bachelier de Salamanque! A ma place un pédagogue orgueilleux auroit refusé de s'abaisser jusqu'à montrer les lettres de l'alphabet : mais je regardai cela dans un autre point de vue; et comme Aristote se fit honneur d'être le premier maître d'Alexandre, je me fis gloire d'être celui d'un marquis.

Je m'entretins avec la vieille gouvernante, qui se nommoit Sephora : Seigneur bachelier, me dit-elle, je suis bien aise que votre personne ait plu à madame. Il ne falloit pas moins qu'un homme fait comme vous pour lui agréer, tant elle a le goût délicat. Il est venu se présenter ici vingt précepteurs, dont elle n'a pas voulu, quoiqu'il y en eût pourtant parmi eux d'assez agréables. Vous ne serez pas fâché, poursuivit-elle, d'être entré dans cette maison. Madame la marquise est riche et généreuse : en un mot, votre fortune est assurée, pourvu que vous ayez pour ma maîtresse une complaisance aveugle et des attentions infinies ; c'est son foible, je veux bien vous le dire : profitez-en ; et surtout accommodez-vous, si vous pouvez, au défaut qu'elle a d'aimer les romans de chevalerie à la fureur. Vous sentez-vous capable d'entrer dans ses sentiments? Sans doute, lui répondis-je ; il ne me sera pas difficile de flatter son entêtement, puisque j'aime beaucoup moi-même ces sortes de livres. Cela étant, reprit la soubrette, vous la charmerez. C'est sur quoi vous pouvez compter.

Véritablement, dès la première conversation que j'eus avec la marquise, je m'aperçus que c'étoit une personne qui avoit la mémoire farcie de lambeaux romanesques. Elle ne me parla que de Roland l'amoureux, du chevalier du Soleil, d'Amadis de Gaule, d'Amadis de Grèce, et surtout de l'incomparable don Quichotte de la Manche, et de bien d'autres ouvrages semblables dont elle faisoit ses délices, et qui composoient seuls sa bibliothèque. Quoique je ne fusse pas de son sentiment sur ces productions extravagantes, je feignis d'en être, et je mis ces romans au-dessus de tous les livres du monde. Peut-être aussi que j'en fus la dupe, et que la dame n'affectoit de paroître folle de ces sortes d'écrits que pour parvenir à ses fins. Quoi qu'il en soit, si elle eût borné sa folie au plaisir de lire ces impertinences, j'aurois toujours été assez complaisant pour les louer en dépit du bon sens; mais elle la poussa plus loin.

Monsieur le bachelier, me dit-elle un jour que j'entrai dans son appartement dans le temps qu'elle lisoit don Belianis de Grèce, vous voyez une femme enchantée d'un entretien qu'elle vient de lire. Que don Belianis et Florisbelle savent bien filer le parfait amour! Qu'il y a de délicatesse dans leurs sentiments! Que leurs expressions sont touchantes! J'en suis encore tout émue.

Je le crois bien, Madame, lui répondis-je; rien n'est plus propre à remuer les passions. Je suis comme vous, je me sens transporté de plaisir lorsque je lis certaines conversations dans certains livres de chevalerie; elles jettent mon âme dans un désordre, dans un ravissement..... Qu'entends-je! interrompit la marquise d'un air agité. Est-il possible que je rencontre un homme aussi sensible que moi à la lecture des romans, et que cet homme-là soit vous? J'en ai d'autant plus de joie, que je souhaite d'avoir un amant qui me rende des soins, et me serve en chevalier errant. Je fais choix de vous, mon cher bachelier. Métamorphosons-nous tous deux, vous en héros, et moi en héroïne de chevalerie. Prenez-moi pour votre amante, et je vous aimerai comme mon chevalier. Soupirons l'un pour l'autre; brûlons tous deux d'une flamme aussi vive que celle qui consumoit le prince de Grèce et sa maîtresse.

Elle accompagna ce discours de démonstrations si agaçantes, que le pauvre don Chérubin, qui ne trouvoit déjà la dame que trop aimable, en devint éperdûment amoureux. Au lieu de fuir cette dame insensée, j'eus la foiblesse de me prêter à toutes ses folies. Adieu ma raison. Voilà monsieur le bachelier de Salamanque changé en chevalier errant. Nous commençâmes, la marquise et moi, à nous parler en héros romanesques. J'empruntai le style du chevalier du Soleil, et elle celui de la princesse Lindabrides. Nous avions tous les jours des entretiens sur le haut ton; mais il arrivoit quelquefois par malheur que l'héroïne devenoit un peu trop tendre, et le héros trop passionné.

Tandis que je vivois chez la marquise comme Renaud dans le palais d'Armide, j'appris une nouvelle qui détruisit mon enchantement : on me dit que le capitaine Torbellino, époux de ma princesse, étoit sur le point d'arriver de Lombardie, et l'on m'avertit en même temps que c'étoit un homme violent et jaloux. Pour éviter toute discussion, et n'aimant point les combats singuliers, quoique chevalier errant, je pris la sage résolution de m'éloigner de Tolède; ce que je fis avec d'autant plus de raison, qu'il y avoit au logis un vieux domestique tout dévoué à son maître, et qui, par les rapports qu'il pouvoit lui faire, m'auroit exposé à devenir la victime du ressentiment du mari, après avoir été le martyr du tempérament de la femme.

CHAPITRE X.

Notre bachelier devient précepteur du neveu d'un joaillier de Cuença. Par ses soins et ceux du seigneur Diego Cintillo, il fait un moine de son écolier. Rencontre fâcheuse qu'il fait. Il retourne à Madrid.

Je partis secrètement de Tolède un matin, avec un muletier qui alloit à Cuença, ville des plus célèbres d'Espagne. Peu de jours après que j'y fus arrivé, le maître de l'hôtellerie où j'étois logé me dit qu'il connoissoit un vieux prêtre qui se mêloit de placer des précepteurs pour certaine somme qu'il exigeoit de leur reconnoissance ; et cette somme, selon la place, étoit plus ou moins considérable.

Je m'informai où demeuroit ce prêtre ; et l'étant allé trouver, je lui demandai s'il y avoit quelque poste de précepteur vacant. Il me répondit qu'il y en avoit plusieurs ; et comme je lui dis que j'étois un bachelier de Salamanque, il s'écria : C'est faire votre éloge en un mot ; je n'ai pas besoin d'en savoir davantage. Je vais vous présenter moi-même au seigneur Diego Cintillo, le plus riche et le plus fameux joaillier de Cuença. Il cherche un homme habile et vertueux pour mettre sous sa conduite un neveu dont il est tuteur. Je crois que vous lui conviendrez parfaitement.

Le vieux ecclésiastique me mena sur-le-champ chez Cintillo, auquel il répondit de moi sans me connoître, et qui me reçut dans sa maison sur le pied de cinquante pistoles d'appointements; ce que je jugeai à propos d'accepter, en attendant une meilleure place. Le joaillier étoit un homme qui faisoit le dévot : il avoit toujours un rosaire à la main, passoit une partie de la journée à l'église, et concilioit avec cela fort bien le métier d'usurier, qu'il exerçoit si secrètement, que personne ne l'ignoroit dans la ville.

Pour plaire à ce personnage, j'eus soin de me parer d'un extérieur pieux; ce qui s'accordoit à merveille avec son air hypocrite. Il fit appeler son neveu, qui étoit un garçon de dix-sept à dix-huit ans, et me le présentant : Vous voyez, me dit-il, le disciple que j'ai à vous donner : il sait déjà lire et écrire; il entend même un peu les auteurs latins. Enseignez-lui la philosophie, et surtout attachez-vous à le porter à la vertu, car c'est le principal.

Mon nouvel écolier s'appeloit Chrysostôme. Il avoit l'intelligence si épaisse, que mes premières leçons furent en pure perte pour lui. Je ne pus m'empêcher de dire à son oncle que je ne trouvois dans mon élève aucune disposition à profiter de mes préceptes, et que je désespérois enfin d'en faire un philosophe. Ne vous rebutez pas, monsieur le bachelier, me répondit-il ; je sais bien que Chrysostôme est un sujet pesant : aussi ne serai-je pas assez injuste pour me plaindre de vous, si vous ne pouvez le rendre savant.

Entre nous, continua-t-il, je vous dirai que j'ai dessein d'en faire un moine : je le crois né pour le froc. J'interrompis le joaillier dans cet endroit : Ah ! seigneur Diego, lui dis-je, gardez-vous bien de forcer les inclinations de monsieur votre neveu; le nombre des mauvais moines n'a pas besoin d'être augmenté. Que dites-vous, reprit Cintillo d'un air étonné? A Dieu ne plaise que j'aie envie de contraindre Chrysostôme, et d'en faire un religieux malgré lui. Rendez-moi plus de justice : je ne veux que son bien. Ne le croyant pas fait pour le monde, je souhaiterois qu'il embrassât la vie religieuse de son bon gré. Aidez-moi, je vous prie, à le tourner de ce côté-là. Je double vos honoraires pour mieux vous engager à me seconder. Unissons-nous tous deux pour lui faire prendre ce parti, qui dans le fond est le meilleur. Que j'aurois de plaisir à voir mon neveu vivre saintement dans un monastère!

Le bon joaillier ne disoit pas tout : outre le plaisir qu'il se faisoit d'avoir un nouveau saint Chrysostôme dans sa famille, il n'étoit pas fâché de faire moine un riche neveu dont il devoit hériter dans ce cas-là. J'entrai donc dans ses vues, devant être payé pour cela, et je m'érigeai en prédicateur. Je commençai à déclamer contre le monde, et à vanter à mon disciple les douceurs de l'état monastique. Cintillo, de son côté, lui prêchoit sans cesse la même chose; de sorte que le pauvre enfant, étourdi de nos sermons, qu'il prenoit sottement au pied de la lettre, entra au bout de dix mois au noviciat du grand couvent des pères de Saint-Dominique, où, persévérant dans sa ferveur, il procura au joaillier, son oncle, le plaisir de le voir profès, et d'hériter de tout son bien. Alors le seigneur Diego, n'ayant plus besoin de moi, me paya mes honoraires, que j'avois si bien gagnés; car j'avois presque tous les jours été voir Chrysostôme pendant son noviciat, pour l'entretenir dans ses bons sentiments. Si bien que Cin-

CHAPITRE X.

tillo et moi nous nous séparâmes également satisfaits l'un de l'autre.

Peu de temps après je quittai le séjour de Cuença, sur un avis qui me fut donné, et que je ne crois pas devoir passer sous silence. Un jour que je marchois en rêvant dans la rue, je me sentis frapper doucement sur l'épaule. Je tournai aussitôt la tête, et j'aperçus un homme que je reconnus pour un des deux braves qui m'avoient conduit de Madrid à Léganez. Je frémis à la vue de cet oiseau de mauvais augure, et je lui dis avec émotion : Comment donc, seigneur spadassin, serois-je encore assez malheureux pour vous avoir à mes trousses? Est-ce que je n'ai pas gardé mon ban? Pardonnez-moi, me répondit-il en riant, vous êtes un homme de parole, et nous n'avons plus aucune affaire à démêler ensemble. Je vous déclare même que vous pouvez retourner à Madrid si vous le souhaitez.

Je vous entends, lui répliquai-je, dona Louise est morte, apparemment? Non, repartit le brave, elle est encore vivante, et vous pouvez renouer avec elle si le cœur vous en dit; nous ne vous en empêcherons pas. Je vais vous en apprendre la raison : c'est que notre troupe s'est séparée à l'occasion d'un différent survenu entre deux de nos messieurs pour l'amour de la Gitanilla, de cette petite brune avec laquelle vous avez soupé un soir, et qui vous a paru si jolie. Ils se sont battus en duel pour savoir qui des deux la posséderoit seul, et ils ont eu le malheur de s'enfiler l'un l'autre. Cet événement a donné lieu à une séparation générale, et chacun de nous s'est retiré où il a voulu.

Cette nouvelle me causa une joie infinie; et je ne

manquai pas de reprendre bientôt le chemin de Madrid, ayant d'autant plus d'envie de revoir cette ville, qu'il m'avoit été défendu, sous peine de la vie, d'y remettre le pied.

CHAPITRE XI.

Don Chérubin retourne à Madrid, où il rencontre par hasard un homme qui lui dit des nouvelles de dona Louise de Padilla. Cette dame le fait entrer au service du duc d'Uzède en qualité de secrétaire en second. Connoissance qu'il fait de don Juan de Salzedo. Foible de ce don Juan. Description d'un bal où don Chérubin se trouve. Il part pour Naples en qualité de courrier extraordinaire du comte d'Urenna.

Je ne fus pas sitôt à Madrid, que le hasard me fit rencontrer Martin Cinquillo, mon ancien hôte, celui qui m'avoit placé chez dona Louise de Padilla. Nous nous reconnûmes sans peine l'un l'autre. Monsieur le bachelier, me dit-il d'un air étonné, est-il possible que je vous revoie sain et sauf après l'aventure qui vous est arrivée? J'ai cru, je vous l'avoue, que les spadassins qui vous enlevèrent vous avoient ôté la vie, et dona Louise actuellement vous compte parmi les morts. Que je vais lui causer de joie en lui apprenant que vous vivez encore! Venez demain chez moi, ajouta-t-il, et je vous dirai comment elle aura reçu cette nouvelle.

Curieux de savoir de quelle façon cette dame seroit affectée de mon retour à Madrid, je ne manquai pas le jour suivant de me rendre chez Cinquillo, où je trouvai la dame Rodriguez qui m'attendoit. D'abord que cette bonne vieille m'aperçut, elle vint au-devant de moi, et m'embrassant la larme à l'œil : Soyez le bien revenu, s'écria-t-elle, seigneur don Chérubin. Hélas! ma maîtresse et moi nous avions perdu l'espérance de vous revoir. Nous nous imaginions que tous les Padilla, irrités contre vous, avoient eu la cruauté de vous sacrifier à leur ressentiment. Que nous nous sommes affligées dans cette erreur! Que vous avez coûté de pleurs à dona Louise! Jugez par là de la joie qu'elle a sentie quand elle a su votre retour. Je viens vous la témoigner de sa part, et vous assurer qu'elle est dans la résolution de contribuer à vous faire un sort agréable.

Ce n'est pas, poursuivit Rodriguez, qu'elle soit encore dans le goût de vous épouser : grâce au ciel elle a ouvert les yeux sur l'extravagance de ce mariage, et sur le ridicule qu'il lui donneroit dans le monde. En un mot, elle n'y pense plus; mais elle veut, par amitié, vous mettre en état de faire fortune, en vous plaçant chez le duc d'Uzède, son parent, et favori du roi. Elle se flatte d'avoir assez de crédit pour vous faire recevoir parmi les secrétaires de ce ministre. Vous concevez bien l'importance de ce poste; et je ne doute pas que vous ne soyez bien aise de le remplir, à moins que vous n'ayez dessein de vous consacrer au service de l'église. Non, non, lui répondis-je, ce n'est pas là mon intention : je me sens assez de vertu pour être secrétaire, mais je n'en ai point assez pour devenir un bon prêtre.

Cela étant, reprit Rodriguez, quittez promptement l'habit que vous portez, et prenez-en un de cavalier.

C'est ce que je vous promets de faire sans balancer, lui repartis-je : aussi bien je commence à me dégoûter du préceptorat, qui me paroît un métier qu'un honnête homme ne doit faire que par nécessité. Je me fis donc habiller en cavalier, et j'entrai bientôt dans un bureau du ministère, dona Louise n'ayant eu besoin, pour m'y placer, que de dire un mot à sa nièce, dona Marie de Padilla, duchesse d'Uzède.

Dès que je me vis installé dans mon poste, je témoignai à la dame Rodriguez que je serois bien aise d'aller trouver sa maîtresse pour la remercier. Mais cette suivante me dit : Dona Louise vous en dispense. Après ce qui s'est passé entre vous, elle juge à propos de s'interdire votre vue, de peur de vous exposer encore à quelque désagréable traitement : elle veut vous protéger sans vous revoir, ce que ses parents ne sauroient trouver mauvais; tenez-lui compte de sa prudence. Je n'ai rien à répondre à cela, lui dis-je, ma chère Rodriguez; et puisqu'il faut que je renonce au plaisir de rendre de vive voix à dona Louise les grâces que je lui dois, assurez-la du moins de ma part que je suis pénétré de ses bontés. Dans le fond, je n'étois point fâché que ma protectrice ne voulût pas me voir; car si je me fusse mis sur le pied d'aller chez elle, et de lui faire ma cour, j'eusse fort bien pu avoir affaire à de nouveaux spadassins, qui m'auroient peut-être encore plus maltraité que les premiers.

Comme j'avois une assez belle main, ayant appris à écrire à Salamanque, on m'occupa dans mon bureau à mettre au net toutes sortes d'expéditions. Je fis connoissance avec les commis, et même j'eus le bonheur

CHAPITRE XI.

de m'attirer l'amitié de don Juan de Salzedo, premier secrétaire du duc d'Uzède. Ce don Juan ne manquoit pas d'esprit; mais il avoit le défaut d'aimer trop le latin, et de citer à tout propos des passages d'Horace, d'Ovide ou de Pétrone. Toutes les fois qu'il me voyoit il me parloit en latin, et je lui répondois dans la même langue, pour m'accommoder à son foible. Je le charmai par là; ce qui prouve bien que pour plaire aux hommes il n'y a qu'à se prêter à leurs inclinations. Don Chérubin, me dit-il un jour, je vous aime, et quand je trouverai l'occasion de vous en donner des marques, je la saisirai *lubenti animo*. Le hasard voulut qu'elle s'offrît bientôt : mais il faut dire avant ce qui la fit naître.

Un soir qu'il y avoit bal chez la duchesse d'Uzède, à son hôtel de la grande place, où se font les courses et les combats de taureaux, il me prit envie d'y aller. Je vis un grand nombre de seigneurs et des plus belles dames de la cour. On eût dit qu'on avoit choisi les personnes les plus aimables de la monarchie pour en former une si charmante assemblée.

Avant que le bal commençât, les femmes se disputèrent les regards des hommes; mais sitôt qu'on vit danser dona Isabelle de Sandoval, fille unique du duc d'Uzède, il n'y eut plus d'œillades que pour elle : chacun admira ses grâces, son air noble et majestueux, la douceur de ses pliés, la liaison de sa tête avec son corps et ses bras, et la finesse de son oreille : aussi, d'abord qu'elle eut achevé de danser, toute la salle retentit du bruit des applaudissements qu'elle reçut. Elle est inimitable, s'écrioit un marquis ! Que ne paroît-il sur nos théâtres une pareille danseuse ! j'en voudrois prendre soin à quelque prix que ce fût. Je la prierois de me ruiner, disoit un comte. Je lui demanderois la préférence, disoit un duc. En un mot, tous les seigneurs furent enchantés de cette nouvelle Terpsichore, et je n'en fus pas moins frappé qu'eux.

On juge bien qu'une si riche et si noble héritière ne manquoit point d'adorateurs. Parmi ceux qui aspiroient à l'honneur de l'épouser, aucun n'étoit plus en droit de se flatter de cette espérance que don Juan Tellés Giron, comte d'Urenna, fils unique du duc d'Ossone, et le plus digne de posséder Isabelle. Ce jeune seigneur exerçoit à la cour la charge de gentilhomme de la chambre du roi pour son père, qui étoit alors à Naples, dont il avoit le gouvernement.

Tandis que les amants de la fille du duc d'Uzède s'efforçoient par leurs soins de se supplanter les uns les autres, ce ministre envoya chercher le comte, et lui dit : Don Juan, vous savez l'étroite amitié qui nous lie, le duc votre père et moi, et l'intérêt que je prends aux affaires de votre maison; j'ai jugé à propos de vous entretenir en particulier, pour vous représenter que vous devez profiter du temps pendant que la fortune vous rit. Le duc d'Ossone a plus d'envieux et d'ennemis que jamais : ils travaillent sans relâche à le perdre, ils peuvent en venir à bout. Il faut, tandis que son crédit dure, songer à vous établir : vous êtes en âge de vous marier, et de posséder même de grands emplois. Il y a un an, poursuivit-il, que votre père m'écrivit pour me prier de vous chercher une femme. Je lui répondis qu'elle étoit toute trouvée; mais comme il a cessé de m'en parler depuis ce temps-là, j'ignore s'il est toujours dans le même sentiment. Ne manquez pas, ajouta-t-il, de lui mander ce que je viens de vous dire, et de l'assurer que, s'il veut une bru de ma main, je lui en destine une qui est assez riche, assez belle et assez noble pour mériter d'avoir un beau-père tel que lui.

A ce discours, le comte d'Urenna, jugeant bien qu'Isabelle étoit la bru dont il s'agissoit, fit paroître sur son visage une joie que le duc d'Uzède ne remarqua pas sans plaisir. Ce ministre toutefois ne fit pas semblant de s'en apercevoir, et dit à don Juan : Envoyez donc en diligence un exprès à Naples, et la réponse que vous fera le vice-roi décidera de votre mariage. Le comte pour marquer au duc d'Uzède l'impatience qu'il avoit d'être son gendre, prit aussitôt congé de son excellence, en lui disant qu'il alloit écrire à son père; et sur-le-champ il se rendit chez don Juan de Salzedo, qu'il aimoit comme un ancien serviteur de sa maison, et sans le conseil duquel il ne faisoit rien. Il lui fit part de la conversation qu'il venoit d'avoir avec le ministre, et lui dit ensuite : Je ne sais qui je dois envoyer à Naples : j'aurois besoin d'un homme d'esprit et de confiance, qui pût informer mon père de mille choses secrètes que je n'oserois lui écrire.

Alors Salzedo, songeant à moi, et croyant me procurer une bonne aubaine, me proposa comme une personne fort propre à s'acquitter de cette commission, et dont il répondoit. Là-dessus le comte, s'étant déterminé à se servir de moi, voulut m'entretenir. J'eus avec lui une conférence particulière, dans laquelle il me dit toutes les choses qu'il désiroit que son père apprît,

Enfin, après avoir reçu de ce jeune seigneur de très amples instructions, et deux paquets, l'un pour le duc, et l'autre pour la duchesse d'Ossone, avec une bourse de deux cents pistoles, je me disposai à partir pour l'Italie. Mais avant mon départ j'allai prendre congé du secrétaire Salzedo, qui me dit en m'embrassant avec affection : Allez, mon cher don Chérubin, je suis ravi que vous fassiez ce voyage; il vous en reviendra de bonnes pistoles, *et Lavina videbis littora.* Je partis donc de Madrid; et, suivant de près un courrier que la cour envoyoit par terre à Naples, j'y arrivai presque en même temps que lui.

CHAPITRE XII.

De quelle manière don Chérubin est reçu du vice-roi de Naples, et des entretiens qu'ils eurent ensemble. Il reçoit des présents considérables du duc et de la duchesse, ce qui le met au comble de la joie. Il retourne à Madrid.

Il y avoit déjà trois ans que le duc d'Ossone étoit vice-roi du royaume de Naples, après avoir, pendant quatre années, gouverné la Sicile. J'allai descendre au Palais-Royal, où il demeuroit, et je me fis annoncer à son excellence comme un courrier que le comte d'Urenna, son fils, lui dépêchoit.

Le vice-roi étoit alors dans son cabinet. Il ordonna qu'on me fît entrer. Je lui présentai le paquet qui lui étoit adressé. Il l'ouvrit; et, après avoir lu ce qu'il contenoit : Voilà, me dit-il, des dépêches qui me sont

CHAPITRE XII.

d'autant plus agréables, qu'elles me sont apportées par un secrétaire même du duc d'Uzède. Mais dites-moi, je vous prie, continua-t-il, si la fille de ce ministre est d'un mérite aussi rare que mon fils me le mande? Je me défie un peu des portraits que les amants font de leurs maîtresses. Monseigneur, lui répondis-je, avec quelques couleurs que monsieur le comte ait pu vous peindre Isabelle de Sandoval, la copie ne sauroit être qu'au-dessous de l'original. En un mot, quelque image charmante que vous vous fassiez de cette dame, votre imagination ne peut vous tromper : représentez-vous une personne de quinze ans, qui joint à une beauté parfaite un esprit vif et un jugement solide, cette idée ne renfermera qu'une partie des belles qualités d'Isabelle. Il est vrai qu'elle n'a pas l'humeur sérieuse et la gravité qu'ont ordinairement les dames espagnoles; mais ce défaut, qui n'en est un qu'en Espagne, trouvera grâce auprès de votre excellence. Vous avez raison, interrompit le duc en souriant, tout Espagnol que je suis, je préférerai toujours un naturel enjoué à un caractère grave.

Dans cet endroit de notre conversation, la duchesse d'Ossone, ayant su qu'il étoit arrivé un courrier dépêché par don Juan Tellés, entra dans le cabinet, fort impatiente d'apprendre des nouvelles de ce cher fils. Madame, lui dit son époux, il se présente un parti très avantageux pour le comte d'Urenna : le duc d'Uzède veut bien le recevoir pour gendre, préférablement à plusieurs seigneurs qui recherchent Isabelle, sa fille unique. Je remis aussitôt à la vice-reine le paquet dont j'étois chargé pour elle, et qui ne contenoit que les mêmes choses qui étoient dans l'autre. Lorsqu'elle en eut fait la lecture, ils commencèrent tous deux à délibérer, non s'ils consentiroient à ce mariage, mais sur ce qu'ils avoient à faire dans cette occasion. Ils résolurent de me renvoyer à Madrid dès le lendemain, pour témoigner au duc et à la duchesse d'Uzède l'empressement qu'ils avoient d'allier la maison de Giron à celle de Sandoval; il fut aussi arrêté entre eux qu'ils écriroient au duc de Lerme et à dona Isabelle.

Ils passèrent la journée à faire leurs dépêches; et, comme don Juan mandoit à son père que je pourrois l'instruire de plusieurs particularités dont il étoit bien aise de l'informer, j'eus le soir avec son excellence un entretien plus long que le premier. Faites-moi, me dit-il, un rapport fidèle de tout ce que le comte, mon fils, vous a chargé de m'apprendre. Vous m'allez parler sans doute de la dernière lettre que j'ai écrite au roi; vous m'allez dire qu'elle a révolté la plupart des grands. Justement, Monseigneur, lui répondis-je, c'est par là que je vais commencer. En proposant de rendre les charges vénales en Espagne, vous avez soulevé contre vous le conseil, lequel, étant composé de seigneurs intéressés à rejeter cette proposition, n'a eu garde de l'accepter. Ce qu'il y a de plus fâcheux, ajoutai-je, c'est que ces seigneurs ne se contentent pas de s'opposer à la vénalité des charges; ils éclatent en murmures, et, par de secrètes pratiques, s'efforcent de vous faire passer pour ennemi de la nation. Ils sont même secondés par des seigneurs napolitains, qui, d'accord avec eux, écrivent continuellement à la cour des lettres qui tendent à vous rendre suspect.

CHAPITRE XII.

Le duc d'Ossone, en cet endroit, ne put s'empêcher de m'interrompre. Voilà, s'écria-t-il en soupirant, voilà ces sujets si fidèles et si zélés, qui protestent qu'ils sont tout prêts à prodiguer leur sang et leurs biens pour la gloire de leur souverain! Si le roi faisoit acheter les charges qu'il donne en pur don, quelle maison y perdroit plus que la mienne? Je sacrifie au profit du monarque mes parents et mes alliés; je n'ai en vue que ses intérêts, et l'on m'en fait un crime! Telle est la récompense des serviteurs trop affectionnés.

Continuez, poursuivit-il; je suis très content du choix que mon fils a fait de vous pour m'instruire de ce qui se passe à la cour à mon préjudice : vous vous acquittez de cet emploi d'une manière qui m'est agréable. Continuez donc. Quelle injustice me fait-on encore? La plus effroyable, repris-je, et la plus sensible qu'on puisse faire à un fidèle sujet de Philippe : vous avez, dit-on, formé l'ambitieux projet de vous faire roi de Naples.

Le duc, à cette accusation, ferma les yeux, haussa les épaules, et me demanda qui pouvoit être assez son ennemi pour lui vouloir imputer un si coupable dessein? C'est le comte de Bénévent, lui répondis-je, et quelques autres seigneurs qui répandent ce bruit, que vos armements, ou, pour parler plus juste, vos belles actions et vos grands services semblent justifier. Il y a dans votre administration, dont ils sont jaloux, de quoi, disent-ils, faire votre procès. J'ai tort, interrompit encore son excellence, j'ai tort, je connois ma faute présentement : je devois suivre l'exemple des vice-rois de Sicile et de Naples, mes prédécesseurs; je devois laisser ravager par les Turcs ces deux royaumes, m'enrichir aux dépens du roi et de ses sujets, et après cela retourner à la cour pour y recueillir des louanges sur mon sage gouvernement. O malheureuse monarchie! s'écria-t-il, en levant les yeux au ciel; faut-il donc que ceux qui te servent avec le plus d'ardeur, et qui ne cherchent qu'à augmenter ta gloire, passent pour tes ennemis!

Après cette apostrophe pleine d'amertume, le duc me fit de nouvelles questions. Apprenez-moi, me dit-il, qui sont les seigneurs qui ont actuellement le plus de part à la confiance du prince d'Espagne? Je lui en nommai plusieurs, et je n'oubliai pas don Gaspard de Guzman comte d'Olivarès. C'est ce dernier, lui dis-je, qui paroît le plus chéri. Il est vrai que, si l'on en croit la chronique de Madrid, il se sert d'un moyen sûr pour gagner l'amitié du jeune Philippe. Quel est donc ce moyen? répliqua le duc. C'est celui qui fait réussir toutes les entreprises, lui repartis-je; c'est l'argent: on prétend que le comte d'Olivarès, qui a de grands biens, en emploie une bonne partie à procurer des plaisirs à ce prince; que l'avarice du roi réduit à désirer beaucoup de choses inutilement.

Les chroniqueurs, continuai-je, disent peut-être la vérité: du moins sais-je que le prince d'Espagne, lorsqu'il fait des parties de chasse, trouve souvent de superbes collations préparées par les soins et aux frais de don Gaspard. A ces paroles le vice-roi me dit en branlant la tête: D'Olivarès a bien la mine de supplanter le duc de Lerme et son fils. Je souhaite que ma prédiction soit fausse; mais si par malheur il arrive qu'elle s'accomplisse, qu'ils ne s'en prennent qu'à eux-mêmes. Pourquoi souffrent-ils auprès de l'héritier de la couronne un courtisan fin et délié, qui s'empare à leurs yeux du timon de la monarchie?

Quand le duc d'Ossone n'eut plus rien à me demander, ni moi rien à lui dire, il me livra ses dépêches, en me disant : Allez vous reposer, et demain retournez en Espagne ; mais avant votre départ voyez mon trésorier, je lui ai donné des ordres qui vous regardent. Je commençai par là le jour suivant. Je vis le trésorier, qui me mit entre les mains, de la part de son excellance, une lettre de change de trois mille écus, tirée sur un fameux banquier de Madrid, et payable à vue. Outre ce présent, j'en reçus un autre que m'envoya la vice-reine par un de ses écuyers : c'étoit une chaîne d'or admirablement bien travaillée, et qui valoit tout au moins deux cents pistoles. Je partis de Naples avec toutes ces richesses, et repris le chemin de Madrid, où j'eus le bonheur d'arriver sans avoir fait aucune mauvaise rencontre.

CHAPITRE XIII.

Don Juan Tellés épouse la fille du duc d'Uzède. Suite de ce mariage. Du nouveau parti que prit don Chérubin.

J'ALLAI d'abord rendre compte de ma commission à don Juan Tellés, qui m'embrassa de joie lorsqu'il eut fait la lecture de la lettre de son père. Ce jeune seigneur, pour me faire connoître jusqu'à quel point il étoit satisfait de moi, ou, pour mieux dire, des nouvelles que je lui apportois, me gratifia d'une bourse dans laquelle il y avoit deux cents doublons.

Il alla promptement communiquer au duc d'Uzède les dépêches du vice-roi; et, deux jours après, son mariage avec dona Isabelle de Sandoval fut déclaré. On en fit les apprêts avec toute la magnificence convenable à la qualité des époux; et le duc d'Uzède eut autant d'empressement à le faire consommer, que le duc d'Ossone avoit d'impatience qu'il le fût. Les parents et les amis des maisons de Giron et de Sandoval le célébrèrent avec de grandes démonstrations de joie; et véritablement l'hymen ne pouvoit unir deux personnes mieux assorties.

A peine les réjouissances étoient-elles achevées, que le vice-roi manda au duc d'Uzède que, pour parvenir au comble de ses vœux, il n'en avoit plus qu'un à remplir, qui étoit d'avoir sa belle-fille auprès de lui; qu'il le prioit de la lui envoyer pour lui faire voir l'Italie, et particulièrement la ville de Naples; et qu'enfin, pour rendre ce voyage plus agréable à la jeune épouse, il souhaitoit aussi que son époux l'accompagnât, sous le bon plaisir du roi. Le fils du cardinal de Lerme entra dans les sentiments du duc d'Ossone; et, se prêtant à ses désirs, il obtint de sa majesté la permission d'envoyer sa fille à Naples avec le comte d'Urenna. Les préparatifs du départ de ces époux furent bientôt faits, le vice-roi ayant expressément défendu à son fils d'avoir une nombreuse et fastueuse suite. Ils partirent donc pour se rendre à Barcelonne, où deux galères, envoyées par le duc d'Ossone, les attendoient pour les trans-

CHAPITRE XIII.

porter à Gênes; et là don Octavio d'Aragon devoit les venir prendre avec huit galères pour les conduire à Naples.

Il est rare qu'un gueux qui s'enrichit ne se laisse point étourdir de la possession de ses richesses. Je ne fus pas à l'épreuve de ces étourdissements. Lorsque je vins à compter mes espèces, et que je vis que j'avois devant moi près de deux mille pistoles, je me dégoûtai de mon poste de commis. Il me sembla qu'un garçon qui possédoit tant de bien devoit mener une vie libre, indépendante, et surtout oisive, telle qu'est ordinairement celle des honnêtes gens en Espagne. Puisque je puis vivre, disois-je, en cavalier noble, et faire le galant dans le monde, je serois un grand fou de demeurer dans les bureaux du ministère, où il faut travailler toute la journée. Il est bien plus gracieux de n'avoir rien à faire qu'à se promener et qu'à se réjouir avec ses amis.

C'est ainsi que, cédant au penchant qui m'entraînoit, je me laissai tout à coup aller au libertinage, sans que ma philosophie pût m'en défendre. Au contraire, je ne voulus écouter aucune remontrance de sa part; et quand je dis adieu au secrétaire Salzedo, tous les discours qu'il me tint pour m'arrêter dans son bureau, quoique remplis de raison et de latin, furent inutiles. Je louai un bel appartement dans un hôtel garni, et je me fis faire deux riches habits, sous lesquels alternativement j'allois me faire voir à la cour et au Prado.

CHAPITRE XIV.

Don Chérubin rencontre le petit licencié Carambola. De l'entretien qu'il eut avec lui. Aventure plaisante arrivée au licencié. Quelle en est la suite.

Un jour que j'étois à la promenade, où je prenois plaisir à lorgner les dames qui passoient auprès de moi, j'aperçus le petit licencié biscayen que j'avois laissé à Tolède. Il ne me reconnut pas d'abord sous mon nouvel habillement; mais je l'appelai. Il vint à moi, et nous nous embrassâmes. Je suis ravi, lui dis-je, mon ami, que la fortune nous rassemble ici tous deux. Au lieu de me répondre, Carambola ouvrit de grands yeux, et se mit à me considérer depuis les pieds jusqu'à la tête. Ensuite, riant de toute sa force : Quelle métamorphose ! s'écria-t-il. Vous en cavalier ! Qui vous a fait quitter la soutane pour l'épée ? Je m'en doute bien : c'est cette belle marquise chez qui vous avez été précepteur à Tolède; c'est elle apparemment qui robe à l'église le bachelier don Chérubin. Je lui répondis que non. Vous vous êtes donc, reprit-il, faufilé à Madrid avec quelque riche dame qui fait avec vous bourse commune ? Avouez-moi la vérité, vous avez ici quelque bonne fortune.

Si vous voulez, dis-je au Biscayen, m'écouter un moment, je satisferai votre curiosité. Il me laissa parler. Alors je lui racontai ce qui m'étoit arrivé depuis notre séparation. Après cela je le priai de m'apprendre à son tour ce qu'il faisoit actuellement à Madrid. Toujours le métier de précepteur, me répondit-il; je n'en puis faire un autre : je suis condamné au préceptorat, ou, pour mieux dire, aux galères pour toute ma vie.

Pendant que vous étiez, continua-t-il, chez la marquise de Torbellino, et que vous y passiez le temps plus agréablement que moi, qui me voyois sur le pavé sans argent, ou du moins fort près d'en manquer, j'abandonnai Tolède, comme une ville qui me devenoit de jour en jour plus désagréable. Je vins à Madrid, où je trouvai moyen d'entrer chez un riche bourgeois qui étoit veuf, et qui avoit un fils de douze ans. Ce bourgeois ne mangeoit presque jamais chez lui. Il alloit dîner et souper en ville tous les jours, ce qui ne rendoit pas au logis notre ordinaire meilleur. Une femme de quarante-cinq à cinquante ans, qui gouvernoit sa maison, nous apprêtoit à manger.

La mauvaise cuisinière! Tantôt elle mettoit trop de sel dans ses ragoûts, et tantôt trop de poivre, de girofle, ou de safran. J'avois beau m'en plaindre, la maudite créature avoit la malice de ne vouloir pas se corriger. Je crois même qu'elle le faisoit exprès pour me dégoûter de cette maison et m'obliger d'en sortir, m'ayant pris en aversion, je ne sais pas pourquoi, si ce n'est à cause que j'avois avec elle un air de Caton.

De mon côté, pour me venger de cette vieille sorcière, je m'obstinai, malgré ses ragoûts épicés, à demeurer chez ce bourgeois, où je serois encore, sans une aventure qui n'est peut-être jamais arrivée à aucun précepteur. Un jour que j'avois reçu vingt pistoles à compte de mes appointemens, j'entrai dans un tripot où j'avois la rage d'aller jouer dès que je me sentois un écu. La fortune, qui m'est plus souvent contraire que favorable au jeu, me rit cette fois-là. Je gagnai dix doublons, qui ne furent pas sitôt dans ma poche, qu'il me prit envie de donner à souper à deux dames avec qui j'avois fait connaissance, et qui demeuroient à la porte du Soleil. Je me rendis chez elles dans cette louable intention, après avoir ordonné chez un traiteur un repas bien conditionné.

Je fus reçu de ces dames d'autant plus joyeusement, que j'avois coutume de les régaler dans les visites que je leur faisois. Nous commençâmes à nous entretenir gaiement; et d'abord qu'on nous eut apporté le souper que j'avois commandé, nous nous assîmes à table. Je m'attendois à me bien réjouir pour mon argent, quand j'entendis ouvrir la porte de la chambre où nous étions, et que, dans un homme qui entra tout à coup, je reconnus le bourgeois dont j'élevois le fils, le père de mon écolier. Il me remit aussi dans le moment; et sa surprise égalant la mienne, nous demeurâmes tous deux interdits et muets, nous regardant l'un l'autre comme si nous eussions douté du rapport de nos yeux. Mais le désordre où étoient nos esprits ne dura pas long-temps; nous nous rassurâmes bientôt; et, perdant la honte de nous rencontrer là, nous nous mîmes à faire de si grands éclats de rire, que les dames nous prirent pour deux amis qui se trouvoient chez elles par hasard.

A ce que je vois, Messieurs, nous dit l'une de ces nymphes, vous vous connoissez? Nous devons bien nous connoître, lui répondit le bourgeois, nous nous voyons tous les jours ; nous mangeons quelquefois ensemble, et nous couchons sous le même toit : il ne nous manquoit que d'avoir des amies communes, nous n'avons plus rien à désirer. L'air railleur dont il dit ces paroles, me mit en train de plaisanter aussi ; ce que je fis à tout événement, et bien résolu de rompre en visière au bourgeois, s'il s'avisoit de me chicaner sur notre rencontre chez ces dames. Mais au lieu de me témoigner le moindre mécontentement là-dessus, il s'assit à table avec nous, en disant d'un air aisé qu'il ne croyoit pas être de trop dans la compagnie. Véritablement il fut de si belle humeur, qu'il me parut fort agréable. Il me porta des brindes, et me fit mille amitiés. Insensiblement j'oubliai que j'étois avec le père de mon disciple, et nous fîmes ensemble la débauche.

Lorsqu'il fut temps de nous retirer, nous prîmes congé des dames, et retournâmes au logis. Quand nous y fûmes arrivés, le bourgeois me dit : Monsieur le licencié, je ne vous sais point mauvais gré d'aller chez ces femmes que nous venons de voir ; mais gardez-vous bien, je vous prie, d'y mener mon fils avec vous.

Carambola ne put s'empêcher de rire en achevant ces derniers mots, et ses ris furent accompagnés des miens. Voilà, lui dis-je, un père admirable, et une excellente maison pour un précepteur. Je l'ai pourtant quittée, reprit le Biscayen, pour l'honneur de mon caractère : j'ai cru qu'il ne convenoit point à un licencié vicieux de demeurer dans un endroit où il étoit connu. Je suis placé ailleurs. J'élève le fils naturel d'un conseiller du conseil des Indes, et j'espère que son éducation me sera plus utile que celle d'un enfant légitime. Je souhaite, dis-je à Carambola, que vous ne vous flattiez point d'une vaine espérance; mais, vous me l'avez dit cent fois, il ne faut pas trop compter sur la reconnoissance des parents. Cela n'est que trop vrai, me repartit le petit licencié; cependant les personnes à qui j'ai affaire me paroissent si généreuses, que je ne puis m'empêcher de faire un grand fonds sur elles.

CHAPITRE XV.

Don Chérubin fait connoissance avec un aimable cavalier, nommé don Manuel de Pedrilla. De quelle façon ils passoient le temps ensemble. De l'agréable surprise où se trouva un soir don Chérubin en soupant avec des dames. Ce qu'elles étoient. Leurs entretiens.

Notre conversation fut troublée par un cavalier avec qui j'avois depuis peu fait connoissance, et qui me vint joindre à la promenade. Sans adieu, me dit aussitôt le Biscayen, nous nous reverrons. En même temps il se retira, me laissant avec mon nouvel ami, qui se nommoit don Manuel de Pedrilla. C'étoit un gentilhomme de la ville d'Alcaraz, sur les confins de la Castille nouvelle, un cavalier à peu près de mon âge, et d'une agréable figure. L'envie de voir la cour l'avoit attiré à Madrid. Il logeoit dans mon hôtel garni, nous mangions ensemble, et nous allions tous les jours aux spectacles ou à la promenade. Enfin nous nous attachâmes l'un à l'autre, et nous devînmes inséparables.

Un matin, pendant que nous nous entretenions dans

CHAPITRE XV.

son appartement, il y entra un petit laquais qui lui remit une lettre. Don Manuel la lut, et dit ensuite au porteur : Mon enfant, tu peux assurer ta maîtresse que je n'y manquerai pas. Ensuite, m'adressant la parole : Seigneur don Chérubin, poursuivit-il, je dois souper ce soir chez deux dames où il m'est permis de mener un ami; voulez-vous bien m'accompagner? J'acceptai la proposition, en répondant avec un sourire à don Manuel que je le remerciois de la préférence. Vous avez raison, répliqua-t-il en souriant à son tour; la partie que je vous propose mérite bien un remercîment. Sachez que vous souperez avec deux dames des plus aimables et des plus amusantes : elles ont des manières aisées; ce sont deux femmes de qualité, qui demeurent et vivent ensemble à frais communs, et à la françoise. Leur maison est ouverte aux honnêtes gens, on y joue et l'on y soupe. Et elles s'entretiennent sans doute du profit du jeu, interrompis-je en riant? C'est ce que je ne sais point, reprit-il. Peut-être ont-elles des amants qui font secrètement leur dépense; mais elles ne paroissent pas en avoir : on ne voit rien chez elles qui rende leur vertu suspecte.

Je demandai comment ces dames se nommoient. L'une s'appelle Isménie, répondit mon ami, et l'autre Basilisa. Elles se disent veuves de deux gentilshommes grenadins; et, à les entendre, elles ne sont venues à Madrid que par curiosité. A laquelle des deux, lui dis-je, votre cœur s'est-il rendu? J'aime Isménie, repartit don Manuel, et j'ai tout lieu de croire que je ne soupire pas pour une ingrate; mais je n'en suis point aimé comme je voudrois l'être : elle n'a pour moi que des demibontés. Que j'ai d'impatience, m'écriai-je, de voir cette Isménie, aussi bien que sa compagne! Vous verrez, me dit-il, deux personnes que vous me saurez bon gré de vous avoir fait connoître.

Le soir étant venu, don Manuel me mena chez ces dames, qui logeoient dans une maison assez belle et fort bien meublée. Mesdames, leur dit-il en me présentant à elles, je crois que vous trouverez bon que je vous amène le meilleur de mes amis, qui est un gentilhomme de la province de Léon, et de plus un garçon de mérite. Les dames lui répondirent que ma vue confirmoit le bien qu'il pouvoit leur dire de moi, et elles m'honorèrent de l'accueil le plus gracieux.

Je ne ferai point le portrait de ces dames; je dirai seulement que je fus frappé de leur beauté, et qu'après un quart d'heure de conversation, je me sentis également charmé de l'une et de l'autre, quoiqu'elles fussent d'un caractère différent. Isménie étoit sérieuse, et Basilisa fort enjouée. La première parloit avec autant de dignité que d'élégance, et ne donnoit rien au hasard; et la seconde hasardoit volontiers, mais presque toujours heureusement. Comme don Manuel s'aperçut que je prenois un extrême plaisir à les entendre: Seigneur don Chérubin, me dit-il, avouez que vous ne me savez pas mauvais gré de vous avoir amené ici?

Au nom de don Chérubin, Basilisa me regarda fort attentivement, et me demanda dans quel endroit d'Espagne j'étois né. Madame, lui répondis-je, la province de Léon m'a vu naître. Pourquoi me faites-vous cette question? La dame parut troublée de ma réponse, et me répliqua de cette sorte: Ce n'est pas sans raison

CHAPITRE XV.

que je vous la fais : Je connois quelques personnes de Salamanque. Est-ce dans cette ville que vous avez pris naissance? Non, lui repartis-je, mais aux environs. Je suis venu au monde à Molorido, gros bourg, dont mon père étoit alcade. Comment se nommoit-il, dit Basilisa? Il s'appeloit don Roberto de la Ronda. Ah! mon frère, s'écria la dame en se levant pour venir m'embrasser, mon cher don Chérubin, c'est vous! Est-il possible que la fortune vous rende aujourd'hui à votre sœur Francisca! car c'est elle que vous rencontrez ici sous le nom de Basilisa.

Le sang fit en moi également bien son devoir. J'eus tant de joie d'avoir retrouvé ma sœur, que je la serrai entre mes bras avec un saisissement qui m'empêcha de parler pendant quelques instants. De son côté, pénétrée de l'excès de ma sensibilité, elle devint muette à son tour; de manière que nous ne pûmes d'abord nous exprimer que par des larmes. Isménie et don Manuel furent attendris de notre reconnoissance, et nous accablèrent d'accolades, pour nous marquer la part qu'ils y prenoient tous deux.

Après tant d'embrassements, nous nous remîmes à table, et nous recommençâmes à nous entretenir avec la même gaieté qu'auparavant. La conversation n'étoit pas toujours générale. De temps en temps Basilisa, que je n'appellerai plus désormais que dona Francisca, me faisoit tout bas des questions sur la famille; et tandis que nous parlions ainsi, don Manuel entretenoit Isménie de la même façon. La nuit étoit fort avancée quand nous prîmes congé de ces dames. Don Chérubin, me dit ma sœur, venez demain dîner avec moi tête-à-tête. Je meurs d'impatience d'apprendre vos aventures, et vous ne devez pas en avoir moins de savoir les miennes.

CHAPITRE XVI.

Don Chérubin de la Ronda va dîner chez sa sœur. Ils se racontent ce qui leur est arrivé depuis leur séparation. Histoire et aventures galantes de doña Francisca.

A mon retour dans mon hôtel garni, j'eus beau vouloir me procurer quelques heures de sommeil, mes esprits étoient dans une si grande agitation, qu'il me fut impossible de m'endormir.

Je n'étois pas peu curieux d'entendre ma sœur conter les événements de sa vie, quoique je ne doutasse nullement qu'elle ne m'en fît un récit tronqué. De son côté, n'ayant pas moins d'envie de me revoir que j'en avois de l'entretenir, elle ne prit pas plus de repos que moi. Si bien que, m'étant rendu chez elle quand je jugeai qu'il y étoit jour, je la trouvai qui m'attendoit tout habillée dans son appartement. Venez, mon frère, me dit-elle, venez satisfaire ma curiosité; après cela je contenterai la vôtre. Hé bien, qu'avez-vous fait depuis que vous avez quitté l'université de Salamanque? Ma chère sœur, lui répondis-je, j'aurai bientôt rempli votre attente. En même temps je lui détaillai fidèlement mes bonnes et mes mauvaises aventures. Lorsque j'eus cessé de parler, doña Francisca me fit compliment sur l'état présent de ma fortune. Ensuite, se disposant à me ra-

CHAPITRE XVI.

conter son histoire, elle la commença dans ces termes :

Après la mort de don Roberto de la Ronda, mon père, ou, pour mieux dire, du corrégidor de Salamanque, vous prîtes, comme vous savez, votre parti, mon frère don César et vous, et je demeurai avec ma mère, à qui la médiocrité de nos biens ne permettoit pas de me donner une belle éducation; ce qui lui causa tant de chagrin, qu'elle en mourut. Heureusement dona Melancia, ma marraine, et don Balthasar de Favanella, son époux, n'en furent pas plutôt informés, qu'ils vinrent me chercher à Molorido; et, comme ils n'avoient point d'enfants, ils m'emmenèrent à Salamanque, dans le dessein de m'élever chez eux. Je retrouvai dans ma marraine et dans son mari de nouveaux parents, qui, me donnant tous les jours de nouvelles marques de tendresse, me permettoient peu de sentir le malheur d'être orpheline.

Quoique je n'eusse guère alors plus de dix ans, j'étois si avancée pour mon âge, que je m'attirai l'attention de don Fernand de Gamboa, jeune gentilhomme de nos voisins. Il venoit souvent au logis avec son père, qui vivoit dans une liaison si étroite avec don Balthasar, qu'ils étoient presque toujours ensemble. A la faveur de cette union, don Fernand avoit la liberté de me voir et de me parler quand il lui plaisoit. Comme il n'avoit que deux ou trois années plus que moi, on ne croyoit pas devoir encore épier nos petits entretiens : cependant nous méritions déjà d'être observés; et peut-être s'en seroit-on bientôt aperçu, si tout à coup on n'eût pas fait disparoître à mes yeux don Fernand. Mais son père l'emmena brusquement à la cour avec lui, pour le mettre dans la garde espagnole, où il venoit d'obtenir une enseigne par le crédit de ses amis. Je fus deux ou trois jours fort affligée de la perte de mon amant; mais enfin je m'en consolai comme une grande fille.

Peu de temps après le départ du jeune Gamboa, je fis naître une nouvelle passion. Don Balthasar, quoique âgé de cinquante et quelques années, prit dans mes yeux un amour auquel je répondis d'abord sans m'en apercevoir, recevant les caresses qu'il me faisoit comme des marques innocentes de l'amitié d'un parrain; car je l'appelois ainsi. Ce vieux pécheur m'auroit infailliblement séduite, si par bonheur ma marraine n'eût pénétré et fait avorter son dessein, en m'envoyant promptement à Carthagène, dans un couvent dont l'abbesse étoit sa parente. Après avoir évité deux écueils dangereux, j'entrai dans ce monastère comme dans un port où vraisemblablement je devois être à couvert des traits de l'Amour. Mais ce dieu, attaché à sa proie, avoit résolu de me poursuivre partout; et je ne crois pas qu'il y ait d'asile qui lui soit inaccessible.

Madame l'abbesse, à qui doña Melancia m'avoit fortement recommandée, me prit en affection. Elle me mit au nombre des pensionnaires et des jeunes religieuses qui composoient sa cour, et parmi lesquelles il y avoit des personnes d'une beauté parfaite. Toutes ces filles à l'envi s'empressoient à la divertir par leurs talents. Celles qui avoient de la voix formoient des concerts avec celles qui savoient jouer de quelque instrument; et celles qui dansoient avec grâce concouroient aussi au plaisir de l'abbesse, laquelle, environnée de ces gentilles pucelles, ressembloit à Diane au milieu

CHAPITRE XVI.

de ses nymphes. Je voyois d'un œil d'envie les efforts que ces filles faisoient pour lui plaire, et j'aurois voulu réunir en moi tous leurs divers talents pour lui devenir plus agréable. Quoique j'eusse des principes de danse, et que je ne manquasse pas de voix, je n'étois qu'une ignorante, ou du moins je n'étois pas encore assez habile pour contribuer au divertissement de notre abbesse, qui, voyant ma bonne volonté, me fit apprendre à danser et à chanter par deux excellents maîtres.

Ils eurent peu de peine à me perfectionner dans ces deux arts, tant j'y avois de disposition. En moins d'une année ils me rendirent la meilleure chanteuse et la plus forte danseuse du couvent. J'appris aussi à pincer un luth avec délicatesse; de sorte que je devins peu à peu un sujet admirable et universel. Toutes les dames de Carthagène qui venoient prendre part à nos fêtes m'accabloient de compliments, et n'oublioient pas d'en faire à madame l'abbesse sur l'avantage qu'elle avoit de posséder une fille d'un si rare mérite. L'abbesse elle-même se faisoit honneur de mes talents, qu'elle regardoit en quelque façon comme son ouvrage. Néanmoins, au lieu de s'applaudir de me les avoir fait acquérir, elle devoit plutôt se le reprocher. Aussi eut-elle bientôt sujet de s'en repentir. Un de ses neveux, qu'elle aimoit tendrement, et qui se nommoit don Gregorio de Clévillente, vint à Carthagène exprès pour la voir, et pour passer quinze jours avec elle; ce qu'il avoit coutume de faire une fois tous les ans. Ce cavalier étoit jeune, beau et très bien fait. Il soupoit tous les soirs au parloir avec sa tante et ses pensionnaires favorites, du nombre desquelles j'avois l'honneur d'être. Les plus spirituelles tenoient pendant le repas des discours réjouissants pour divertir don Gregorio; et, après le souper, toutes les personnes capables de former un concert s'assembloient, et la fête finissoit toujours par des danses.

Je remarquai le premier jour que Clévillente, charmé de voir tant de belles filles ensemble, promenoit sur elles des regards incertains, sans pouvoir se décider pour aucune. Quand l'une le touchoit par une voix moelleuse, l'autre le ravissoit par une danse remplie de grâces : il étoit aussi embarrassé qu'un sultan qui veut jeter le mouchoir. Il se détermina pourtant, et devint amoureux de ma figure, au préjudice de plusieurs personnes qui valoient mieux que moi. Il me le fit assez connoître par les œillades qu'il me lança le second jour, ou plutôt il n'eut des yeux que pour votre sœur.

Je ne fis pas semblant d'y prendre garde, et je ne répondis point à ses mines; mais le diable n'y perdit rien. Dès le moment qu'il me parut que je m'étois fait un amant de don Gregorio, je me sentis naître de l'inclination pour ce cavalier, que j'avois auparavant impunément regardé. Quelle joie pour lui s'il eût pu lire sur mon visage ce qui se passoit dans mon cœur ! Mais j'y renfermai si bien mon amour naissant, qu'il n'en eut pas le moindre soupçon. Au contraire, s'imaginant que je n'avois fait aucune attention à ses regards, il entreprit de me déclarer ses sentiments en termes formels; et voici de quelle manière il réussit dans son entreprise.

Il fit confidence de sa passion à un jeune valet de chambre qu'il avoit, et qui étoit un garçon fort adroit. Brabonel, lui dit-il ensuite, pourrois-tu bien faire tenir

CHAPITRE XVI.

secrètement un billet à dona Francisca? Pourquoi non? lui répondit Brabonel; j'ai fait des choses beaucoup plus difficiles. J'ai lié connoissance avec une tourière de ce couvent, et je puis vous assurer que je l'engagerai facilement à vous rendre ce petit service. Donnez-moi seulement votre lettre, et je me charge du reste.

Brabonel ne se vantoit pas sans raison d'être des amis de la tourière, puisque effectivement dès le même jour elle me dit, en me coulant secrètement dans la main un billet de Clévillente : Tenez, belle Francisca, lisez ce papier, vous y verrez quelque chose qui vous fera plaisir. Je lui demandai ce que c'étoit ; mais au lieu de me répondre, elle s'éloigna de moi avec une précipitation qui me fit soupçonner cette bonne tourière d'être un peu trop obligeante.

Je trouvai en effet dans la lettre de don Gregorio une déclaration d'amour des plus vives ; et ce cavalier m'y pressoit, par des instances énergiques, de lui permettre de me parler en particulier. J'aurois dû, je l'avoue, porter d'abord ce billet à madame l'abbesse; mais c'est ce que je ne fis point, et ce que je ne fus pas même tentée de faire : une fille de treize ans n'a pas tant de prudence. Plus flattée de la conquête d'un amant qui ne me déplaisoit pas, qu'irritée de son audace, je pris le parti de dissimuler, et de voir s'il persisteroit à m'aimer, ou plutôt à vouloir me séduire; car il n'avoit pas une autre intention. Il fit donc encore agir la tourière, qui ne se contenta pas de me remettre de sa part d'autres billets; elle eut l'adresse de m'engager à lui faire réponse, et de nous ménager même une entrevue, dans laquelle don Gregorio me fit entendre qu'il avoit résolu de m'épouser; mais que, pour y parvenir, il falloit qu'il m'enlevât, attendu que sa tante ne consentiroit point, disoit-il, à notre mariage.

Il eut peu de peine à me persuader; et, m'imaginant que je suivois un époux, je me laissai docilement conduire sous un habit d'homme au château de Clévillente, où pendant deux mois mon ravisseur eut pour moi de grandes attentions. Il en eut moins dans la suite, et son amour enfin se refroidit. Je lui fis ressouvenir qu'il m'avoit promis de m'épouser, et je le pressai de me tenir parole; il me paya de défaites. Cela me déplut; et, piquée de sa mauvaise foi, je commençai à le mépriser. Du mépris je passai à la haine; et lorsque j'en fus là, j'eus bientôt pris la résolution de quitter le parjure; ce que j'exécutai courageusement. Un jour qu'il étoit allé à la chasse du côté d'Alicante, je m'échappai sous mon habit d'homme, et marchai vers Origuela, où j'arrivai sur la fin de la journée. J'entrai chez une bonne veuve qui tenoit hôtellerie, et qui jugeant à mon air que je devois être un enfant de famille qui couroit le pays : Mon petit gentilhomme, me dit-elle, que venez-vous faire à Origuela? Je viens, lui répondis-je, y chercher condition; je servois à Murcie en qualité de page une dame dont je n'étois pas content; je l'ai quittée, et j'ai dessein d'aller de ville en ville jusqu'à ce que j'aie trouvé une nouvelle maîtresse, ou quelque seigneur qui veuille me prendre à son service.

Un garçon fait comme vous, me dit la fille de l'hôtesse en se mêlant de notre entretien, ne sera pas long-temps dans la ville sans être bien placé. Je répondis par une révérence à ce gracieux compliment, et je

CHAPITRE XVI.

m'aperçus que la personne qui venoit de le faire me consideroit avec une extrême attention. Je remarquai de plus que c'étoit une fille de vingt-cinq à trente ans, assez jolie et très bien faite : observation qu'un cavalier à ma place eût faite peut être avec plus de plaisir que moi.

Me sentant fort fatiguée d'avoir marché toute la journée, je demandai une chambre pour m'y aller reposer. Juanilla, dit alors l'hôtesse à sa fille, menez ce petit poulet au cabinet qui donne sur le jardin, et où il y a un bon lit. Juanilla m'y conduisit aussitôt, et, lorsque nous y fûmes toutes deux arrivées, elle me dit : Seigneur page, vous serez ici comme un prince. Quand il vient loger dans cette hôtellerie quelque homme d'importance, c'est dans cette chambre que nous le faisons coucher.

Pour mieux contrefaire un cavalier qui se trouve en pareil cas, je crus devoir faire le galant, et prodiguer des douceurs ; ce que je fis pourtant avec beaucoup de prudence, de peur d'allumer un feu que je ne pouvois éteindre. Mais, avec quelque circonspection que j'affectasse de lui parler, tous les mots flatteurs qui m'échappoient étoient autant de flèches qui lui perçoient le cœur. Lorsqu'elle voulut se retirer, je l'embrassai, et cet embrassement acheva de lui faire perdre la raison. Néanmoins elle sortit brusquement de la chambre comme une fille qu'agitent des mouvements trop tendres, et qui craint de succomber à sa foiblesse.

Je fus ravie de sa retraite ; et m'étant couchée un moment après, le sommeil s'empara de mes sens. Je me réveillai au milieu de la nuit ; et entendant marcher quelqu'un dans la chambre, je demandai qui c'étoit. Aussitôt une voix me répondit d'un ton bas et plein de douceur : Beau page, qui goûtez le repos que vous ôtez aux autres, réveillez-vous pour apprendre votre victoire : vous avez enflammé Juanilla, qui mourra de douleur et de désespoir si vous dédaignez son cœur et sa main.

Je feignis, pour l'amuser, d'être sensible à son amour, croyant que j'en serois quitte pour des discours passionnés ; mais elle s'approcha de mon lit, et m'agaça de manière qu'il me fut impossible de la tromper plus long-temps. Ma chère Juanilla, lui dis-je, que ne puis-je sceller votre passion du sceau de l'hyménée ! Vous êtes la personne du monde pour qui j'aurois le plus de goût, si le ciel m'eût fait homme au lieu de me faire naître fille comme vous.

Si les ténèbres de la nuit ne m'eussent pas caché son visage, je suis sûre que je l'aurois vue changer de couleur à ces paroles ; et quand elle ne put plus douter de ma sincérité, je crois qu'elle fut un peu fâchée d'être détrompée. Néanmoins, prenant en fille d'esprit le parti de rire de son erreur, elle se soumit de bonne grâce à la nécessité. Par ma foi, s'écria-t-elle, je suis plus heureuse que sage, et il faut avouer que je l'ai échappé belle. Quand je songe à la foiblesse que je me sentois pour vous, je frémis d'un péril où je ne me suis point trouvée.

Lorsque je vis que Juanilla le prenoit sur ce ton, je suivis son exemple ; et, après nous être toutes deux répandues en plaisanteries sur cette aventure, nous nous vouâmes l'une à l'autre une éternelle amitié. Pour m'engager à lui conter mes affaires, elle me fit confidence des siennes; et j'eus tout lieu de juger par son récit qu'elle n'avoit pas toujours rencontré des filles sous des habits de garçon. La franchise de Juanilla excita la mienne. Je lui fis un détail fidèle de mon enlèvement, et lui appris pourquoi je m'étois séparée de mon ravisseur. Elle me loua d'avoir eu la force de m'éloigner de ce lâche et perfide suborneur; ensuite elle me conseilla de cesser de me travestir, afin, ajouta-t-elle en souriant, que d'autres filles n'y soient point attrapées.

Je n'ai pas, lui dis-je, une autre intention que celle de me mettre auprès de quelque dame de qualité; et je suis en état d'acheter des habits de fille, en me défaisant d'un gros brillant que je tiens de don Gregorio. Gardez votre diamant, interrompit Juanilla, et me laissez suivre une idée qui me vient. Je suis connue, et j'ose dire aimée, d'une riche et vertueuse dame qui fait son séjour à Origuela depuis la mort de son mari, qui étoit gouverneur de Mayorque. Je ne veux que l'entretenir de vous un moment, et je ne doute pas qu'elle ne veuille vous avoir.

Je laissai agir Juanilla, qui me dit dès le jour suivant : J'ai parlé à la comtesse de Saint-Agni; et, sur le portrait que je lui ai fait de vous, cette dame a témoigné qu'elle seroit bien aise de vous avoir. Je lui ai, à la vérité, raconté votre infortune; pardonnez-moi cette indiscrétion, je ne vous en ai que mieux servie. La comtesse est la meilleure femme que j'aie jamais connue : une jeune fille qui a été séduite lui paroît plus digne de pitié que de mépris. En un mot, elle compatit

Le Bachelier.

à votre malheur, et n'impute votre faute qu'au traître qui vous l'a fait commettre.

Vous êtes donc à madame de Saint-Agni, continua la fille de l'hôtesse. Allez la trouver tout à l'heure; elle veut vous voir en page, après quoi elle vous fera donner un autre habillement. Je remerciai Juanilla du service qu'elle m'avoit rendu, et m'étant fait enseigner la demeure de la comtesse, je m'y transportai sur-le-champ.

CHAPITRE XVII.

Dona Francisca va se présenter à la comtesse de Saint-Agni. De la réception gracieuse que cette dame lui fit, et de l'entretien qu'elles eurent ensemble. Caractère de la comtesse. Dona Francisca hérite de mille pistoles. Ses regrets sur la mort de la comtesse. Résolution qu'elle prend avec Damiana.

Vous vous imaginez bien, mon frère, poursuivit ma sœur, que je ne m'offris pas sans rougir à la vue d'une dame qui savoit mon histoire. Je fis plus, je me troublai; et, quoique naturellement assez hardie, je ne m'approchai de la comtesse qu'en tremblant. Elle s'aperçut de mon désordre, et pénétrant ce qui le causoit: Rassurez-vous, me dit-elle, après avoir fait sortir une femme qui étoit dans sa chambre; Juanilla m'a tout dit, et je vous plains. Si votre jeunesse, votre honte et votre repentir ne peuvent rendre votre faute excusable, ils vous attirent du moins ma compassion.

CHAPITRE XVII.

A ces paroles je me laissai tomber aux pieds de la comtesse, et je ne lui répondis que par un torrent de larmes que je ne pus retenir. Mes pleurs produisirent un effet admirable. La dame en fut attendrie; et me relevant avec bonté : Consolez-vous, ma fille, me dit-elle, il est inutile de vous affliger présentement. Prenez plutôt une ferme résolution d'être désormais toujours en garde contre les hommes : vous ne pouvez trop vous en défier; vous êtes à peine au printemps de vos jours; vous êtes jolie, vous devez craindre de nouveaux séducteurs.

La dame de Saint-Agni me tint encore d'autres discours semblables pour me porter à la vertu. Ensuite, voulant savoir de moi-même qui j'étois et m'entendre parler, elle me questionna sur mes parents. Comme je ne suis pas d'une naissance assez basse pour en rougir, je ne me dis point d'une famille au-dessus de la mienne, et je fis des réponses sincères à toutes ses questions. Quelque basse que soit la naissance, on n'en doit pas rougir : la condition ne donne pas des vertus.

Elle parut assez contente de mon esprit. Francisca, me dit-elle après une longue conversation, je suis ravie que la fortune vous ait adressée à moi. Je conçois de l'affection pour vous, et je veux vous tenir lieu de mère. Je rendis toutes les grâces que je devois à une dame si généreuse; et, me hâtant de profiter de ses bontés, j'entrai chez elle dès le lendemain, moins sur le pied d'une soubrette, que comme une fille que madame aimoit, et dont elle vouloit prendre un soin particulier.

Je m'étudiai d'abord à connoître ma maîtresse à fond. Que cette étude me fit découvrir en elle de bonnes qualités! Je la trouvai douce, affable, débonnaire, et d'une humeur égale : elle étoit spirituelle, prudente, vertueuse, et même dévote sans affecter de le paroître. Une maîtresse d'un si rare caractère est trop aimable pour n'être pas adorée des personnes qui la servent : aussi la comtesse étoit l'idole de ses domestiques. Pour moi, j'en étois si charmée, que je ne croyois pouvoir apporter assez d'attention à lui plaire. Je ne suis pas maladroite; et je sus si bien lui faire ma cour, que je gagnai en peu de temps sa confiance, ou du moins que je la partageai avec Damiana, vieille femme de chambre, qui depuis vingt années étoit à son service.

Vous observerez, s'il vous plaît, que madame de Saint-Agni étoit alors sur la fin de son neuvième lustre. Elle avoit passé pour une beauté dans sa jeunesse; elle étoit même fort belle encore; mais ses appas commençoient à céder au pouvoir du temps. Je fus assez surprise un matin de l'entendre soupirer tristement à sa toilette, et de remarquer qu'elle avoit les yeux baignés de pleurs. Je pris respectueusement la liberté de lui demander si quelque secret ennui troubloit son repos. Elle ne me répondit que par un long soupir. Je la pressai de me dire ce qu'elle avoit; et mes instances furent si fortes, qu'elle n'y put résister. Oui, ma chère Francisca, dit-elle en me regardant d'un air triste, oui, je suis la proie d'un chagrin d'autant plus vif, que je suis obligée de le renfermer au fond de mon âme.

N'en demeurez point là, Madame, lui répliquai-je, voyant qu'elle cessoit de parler, ouvrez-moi votre cœur. Ne me cachez pas le sujet de vos peines ; je les partage déjà sans les connoître, et vous les soulagerez en me

CHAPITRE XVII.

les apprenant. Je n'ose vous les révéler, repartit ma maîtresse : il y a du ridicule à les sentir, et je ne puis sans confusion vous en faire confidence. Vous me les découvrirez pourtant, ma chère maîtresse, lui dis-je en me jetant à ses genoux ; je ne puis vivre sans les savoir. Devez-vous me les laisser ignorer, à moi qui vous suis entièrement dévouée ? Ne me faites plus, de grâce, un mystère de ce qui vous chagrine. S'il ne m'est pas possible de vous consoler, du moins que je m'afflige avec vous.

Je parus prendre tant d'intérêt à la situation dans laquelle madame se trouvoit, que je lui arrachai enfin son secret. Ma fille, me dit-elle, je ne saurois tenir plus long-temps contre votre zèle et votre amitié ; il faut vous avouer ma foiblesse. Apprenez la cause de mon affliction. Je suis sensible à la perte de mes charmes : je les vois tomber peu à peu en ruine, malgré les secours que je puis emprunter de l'art pour les conserver ; cela m'attriste ; que dis-je ! cela me plonge dans une mélancolie qui va si loin quelquefois, que je crains d'en perdre l'esprit. Ce discours vous étonne, poursuivit-elle, en remarquant que j'étois effectivement fort surprise de l'entendre parler ainsi ; mais c'est un foible que j'ai, et dont ma raison ne sauroit triompher.

Permettez-moi, lui dis-je, Madame, de vous représenter que vous ne voyez point ce que vous croyez voir. Pourquoi, trop prompte à vous tourmenter, vous imaginez-vous n'être plus ce que vous êtes toujours ? Regardez-vous avec des yeux plus favorables, ou plutôt rapportez-vous-en aux miens. Ils vous diront que le temps n'a point encore flétri vos appas, et que vous jouissez de toute votre beauté. A ces mots, qui suspendirent pour un instant sa douleur, la comtesse répondit en souriant : Que vous êtes flatteuse, Francisca ! mon miroir est plus sincère que vous : il m'annonce chaque jour quelque changement dans ma personne, et mes yeux ne peuvent démentir son témoignage.

Après que la comtesse de Saint-Agni m'eut fait cette confidence singulière, elle ne se contraignit plus devant moi, et laissant éclater librement ses plaintes, elle me donnoit tous les matins la même scène à sa toilette. Je m'entretenois souvent de sa foiblesse avec Damiana, qui ne pouvoit s'empêcher d'en rire. Si madame, disoit-elle, étoit une femme galante, je lui pardonnerois sa tristesse : une vieille coquette s'est fait une si douce habitude d'avoir des amants, qu'elle doit être au désespoir quand elle n'en a plus. Mais ma maîtresse a toujours fui la galanterie. C'est l'intérêt seul de sa propre personne qui la rend si sensible aux outrages des années. Il faut bien s'aimer soi-même pour vieillir de si mauvaise grâce.

Madame de Saint-Agni n'avoit que ce défaut, dont malheureusement on ne pouvoit espérer qu'elle se corrigeroit. Au contraire, se trouvant de jour en jour moins aimable à mesure qu'elle avançoit dans sa carrière, au bout de trois ou quatre ans, elle se parut si changée, qu'elle n'osoit plus se regarder dans son miroir. Francisca, me dit-elle un matin comme en se désespérant, ma chère Francisca, je suis décrépite : on ne peut plus m'envisager sans horreur ; il n'y a plus moyen de me montrer dans le monde. Il faut me cacher au fond d'un cloître : j'aime mieux m'y tenir renfermée le reste de mes jours, que d'offrir aux yeux un objet effroyable.

Nous eûmes beau, Damiana et moi, faire tous nos efforts pour lui remettre l'esprit, et pour l'obliger à considérer son visage avec plus d'indulgence (comme en effet, quoique vieille, elle avoit des restes de beauté, dont une coquette à sa place auroit encore tiré parti), il nous fut impossible de la détourner du dessein de se retirer dans un couvent. Avant que d'exécuter sa résolution, elle me demanda si je la suivrois de bon cœur dans un monastère. Si vous en doutiez, Madame, lui répondis-je, vous me feriez une grande injustice. Le couvent, à la vérité, par lui-même ne me plaît guère ; mais il deviendra un séjour agréable pour moi, lorsque j'y vivrai avec vous. La dame fut si satisfaite de ma réponse, qu'elle m'embrassa, en me disant que mon attachement pour elle faisoit toute sa consolation.

Ma maîtresse alla donc s'ensevelir dans un couvent, et nous nous enfermâmes avec elle, Damiana et moi. Nous y aurions pu vivre toutes deux sans ennui, si, pendant six mois entiers, il ne nous eût pas fallu sans cesse exhorter la dame à soutenir avec plus de courage la décadence de ses attraits. Elle ne vouloit point entendre raison là-dessus. Heureusement le ciel s'en mêla. Madame de Saint-Agni rentra peu à peu en elle-même, et triompha insensiblement de sa foiblesse. Quel changement ! cette même femme, qui avoit été si vaine de sa beauté, devint insensible à la perte de ses charmes, et se détacha de la vie.

Cette bonne veuve ne demeura que deux ans dans sa retraite. Elle y tomba malade, et mourut après avoir fait un testament, dans lequel ses suivantes ne furent point oubliées. Elle nous légua mille pistoles à chacune pour nous laisser à toutes deux de quoi vivre honnêtement le reste de nos jours, sans être obligées de nous remettre à servir. Nos sentimens, à quelque chose près, se trouvèrent conformes à l'intention de la comtesse, et Damiana me fit une proposition. Je suis lasse, me dit-elle, d'avoir des maîtresses; je veux jouer à mon tour dans le monde le rôle d'une dame. Faites comme moi, ma mignonne. Ne nous séparons point ; unissons nos fortunes : allons nous établir dans quelque grande ville d'Espagne ; et là, nous donnant pour des personnes de qualité, nous ferons de bonnes connoissances, et vivrons fort gracieusement. Si j'eusse eu plus d'expérience, je me serois révoltée contre une pareille proposition; j'aurois pénétré les vues de Damiana, et je l'aurois quittée comme une friponne qui avoit envie de me perdre. Mais, ne voyant rien que d'innocent dans ce qu'elle me proposoit, je liai volontiers mon sort au sien. Nous tînmes conseil sur ce que nous avions à faire, et voici quel en fut le résultat.

CHAPITRE XVIII.

Dans quelle ville Francisca et Damiana résolurent d'aller s'établir, et des aventures qui leur y arrivent. Enlèvement de dona Francisca. Suite de cet enlèvement.

Nous choisîmes Séville pour le lieu de notre résidence, Damiana m'ayant assuré que l'Andalousie étoit l'endroit le plus agréable de toute l'Espagne. Nous ré-

CHAPITRE XVIII.

solûmes de nous y rendre par mer; aussitôt que nous aurions touché nos legs.

Effectivement, lorsqu'on nous les eut délivrés, nous allâmes nous embarquer à Carthagène sur un vaisseau de Malaga qui s'en retournoit. Nous fûmes un peu incommodées de la mer; mais comme nous eûmes toujours le vent favorable, nous arrivâmes bientôt à Malaga, où nous nous arrêtâmes quelques jours, au bout desquels, nous étant déterminées à achever notre voyage par terre, nous partîmes pour Séville, par la voie des muletiers, et nous fûmes assez heureuses pour y arriver sans éprouver le moindre des malheurs que nous avions à craindre.

Nous louâmes d'abord une maison auprès du Change, autrement appelé la Bourse; nous la fîmes meubler proprement, et nous prîmes à notre service une cuisinière et un laquais, lesquels, ne nous connoissant pas, ne pouvoient apprendre à personne qui nous étions. Ma tante, dis-je à Damiana, car nous étions convenues que je passerois pour sa nièce, il me semble que nous le prenons sur un ton trop haut. Pourrons-nous soutenir toujours la figure que vous voulez que nous fassions? Taisez-vous, ma nièce, me répondit-elle, de quoi vous inquiétez-vous? Laissez-moi le soin de toute la dépense, et vous verrez que nous ne serons jamais à la peine de réformer notre domestique. Nous pourrons bien plutôt l'augmenter dans la suite.

Ma bonne tante, en parlant de cette manière, avoit des vues, qu'elle se promettoit de remplir sans me les communiquer. Elle se flattoit que nous ferions d'utiles connoissances dans une ville où abordent les flottes et les galions des Indes occidentales, chargés de pistoles d'Espagne, de lames d'or et de barres d'argent ; elle comptoit que j'enflammerois quelque riche négociant, et que nous ne manquerions pas de nous enrichir de ses dépouilles. C'étoit sur une si belle espérance qu'elle fondoit la durée de notre brillante situation.

Damiana, comme vous voyez, faisoit grand fonds sur ma gentillesse et sur ma docilité. La suite fit connoître qu'elle n'avoit pas tort. Un Mexicain, étant un jour dans l'église de Saint-Sauveur, où j'allois tous les matins entendre la messe, fut frappé de la richesse de ma taille, et encore plus de deux grands yeux noirs que je tournois vers lui de temps en temps comme par hasard. Il m'apprit par ses œillades que je l'avois charmé. Quand je ne m'en serois point aperçue, cela ne seroit point échappé à ma tante, qui étoit au guet là-dessus, et qui remarquoit tout. Nous fîmes donc toutes deux cette observation, et nous jugeâmes que ce galant du Nouveau-Monde chercheroit bientôt à s'introduire dans notre maison.

Notre conjecture ne fut pas fausse. Il écrivit à ma tante pour la prier de lui permettre de l'entretenir. Elle lui en accorda la permission. Il vint au logis, et ils eurent ensemble une longue conversation, dans laquelle, après avoir déclaré qu'il m'aimoit, il proposa de m'épouser et de m'emmener avec lui au Mexique, où il possédoit, disoit-il, des biens immenses. Damiana lui répondit qu'elle me parleroit de l'honneur qu'il me vouloit faire, et que dans trois jours elle lui rendroit de ma part une réponse positive.

Ma tante m'ayant informée de cet entretien, me demanda si j'étois curieuse de voir le pays de Montézume. Non vraiment, lui répondis-je : il faudroit, pour consentir à ce voyage, que j'eusse pour mon nouvel amant les yeux que j'avois pour don Gregorio; et c'est de quoi je suis fort éloignée. Je dirai plus, je me sens de l'aversion pour l'Indien sans savoir pourquoi : je lui trouve un air ténébreux qui me prévient contre lui. N'en parlons donc plus, reprit Damiana, je n'ai pas plus d'envie que vous d'aller aux Indes. Quand notre Mexicain reviendra chercher la réponse promise, je lui donnerai son congé.

Elle n'y manqua pas. Elle lui fit connoître que nos volontés ne s'accordoient pas avec les siennes, et le pria de ne plus remettre le pied au logis. Il ne parut pas fort mortifié de ce compliment; et l'on eût dit, à l'air dont il se retira, qu'il étoit peu sensible au refus qu'il venoit d'essuyer : mais nous étions dans l'erreur. D'autant plus piqué qu'il sembloit moins l'être, au lieu de songer à m'oublier, il ne pensa qu'aux moyens de me posséder malgré moi; et, pour y parvenir, il eut recours à l'expédient de Romulus, c'est-à-dire qu'il résolut de m'enlever. Vous allez entendre quel succès eut son projet.

Un soir, après m'être promenée avec Damiana dans le Jardin-Royal, auprès duquel nous demeurions, j'en sortois pour m'en retourner chez moi, lorsque je me sentis saisir par trois hommes, dont l'intention étoit de me jeter dans un carrosse. Les cris que nous poussâmes, ma tante et moi, avant qu'ils pussent faire leur coup, furent cause qu'ils le manquèrent. Le hasard voulut qu'il se trouvât là deux jeunes cavaliers, qui, voyant la violence qu'on me faisoit, ne balancèrent point à s'y opposer. Ils mirent l'épée à la main, et fondirent impétueusement sur les ravisseurs, qui, désespérant de conserver leur proie, l'abandonnèrent, et prirent la fuite.

Mes libérateurs ne firent pas les choses à demi : ils me conduisirent au logis, où nous leur fîmes, Damiana et moi, tous les remercîments que nous leur devions. Nous les invitâmes même à souper; ce qu'ils acceptèrent fort volontiers. Pendant le repas, il ne fut question que de l'aventure qui venoit de m'arriver. Un des deux cavaliers me demanda si je savois qui pouvoit être l'auteur de cet attentat. Je répondis que je soupçonnois un Mexicain de l'avoir formé, pour se venger du refus que je lui avois fait de ma main. Cela suffit, dit l'autre cavalier, avant trois jours nous serons pleinement informés de tout. Je suis fils de don Indico de Mayrenna, corrégidor de cette ville. Il vient tous les matins cher mon père des alguazils; j'en chargerai un de me rendre compte de cette affaire. Ce n'est point assez, ajouta-t-il, d'avoir fait avorter cette entreprise; il faut punir le téméraire qui l'a conçue. C'est à quoi je m'engage; et vous pouvez vous reposer de ce soin-là sur moi.

Il prononça ces paroles avec la vivacité d'un homme dont le cœur commence à s'enflammer, et son compagnon ne se montra pas moins ardent que lui à servir ma vengeance.

Le cavalier qui étoit fils du corrégidor se nommoit don Joseph, et l'autre don Félix de Mendoce. Ils paroissoient tous deux également vifs et petits-maîtres. Je m'attendois à tout moment à quelque brusque et pétulante déclaration d'amour : cependant il se contentèrent

CHAPITRE XVIII.

ce soir-là de me lorgner; ce qu'ils firent d'un air à me persuader que j'avois pris leurs deux cœurs d'un coup de filet. Ils se retirèrent chez eux, en nous assurant de nouveau qu'ils nous feroient avoir raison de la témérité du Mexicain.

Lorsqu'ils furent sortis, je dis à Damiana : Que pensez-vous de ces jeunes seigneurs? Je crains qu'ils ne veuillent me faire payer bien cher le service qu'ils m'ont rendu. C'est ce que j'appréhende aussi, me répondit Damiana : ils sont l'un et l'autre épris de vos charmes, ou je ne m'y connois pas ; ils ne voudront point soupirer pour une ingrate : cela est embarrassant. Nous pouvons nous tromper, ma bonne, lui répliquai-je, et nous prenons peut-être l'alarme mal à propos.

Le jour suivant, nous n'entendîmes point parler de nos libérateurs : ils furent occupés de la recherche de l'Indien, dont ils étoient bien aises d'avoir des nouvelles à m'apprendre en me revoyant. Mais le surlendemain, le fils du corrégidor revint au logis, d'un air empressé : Madame, me dit-il, vous êtes vengée ; l'audacieux qui a voulu vous enlever est en prison, aussi bien que les trois malheureux qui ont porté sur vous leurs mains hardies. On va faire leur procès, et vous verrez bientôt avec quel zèle je vous ai servie. Je lui répondis qu'on ne pouvoit être plus sensible que je l'étois au plaisir qu'il m'avoit fait, et que je souhaitois de trouver une occasion de le lui témoigner. L'occasion est toute trouvée, me répliqua-t-il : répondez aux sentimens que vous m'avez inspirés, et je serai payé avec usure de tout ce que j'ai fait pour vous.

Ce discours ne fut que le commencement d'une infinité d'autres qu'il me tint, en les accompagnant des plus vives démonstrations de tendresse. A peine fut-il hors de chez moi, que don Félix, son ami, vint prendre sa place, et me dire les mêmes choses. A l'entendre, c'étoit le plus amoureux de tous les hommes. Il ne vouloit vivre, disoit-il, que pour m'adorer, que pour consacrer tous ses moments à mon service. Il faut ajouter à cela que don Félix avoit le débit plus séduisant que don Joseph, et qu'il étoit mieux fait et plus aimable; néanmoins il ne fit pas sur moi plus d'impression que lui, tant j'étois devenue difficile à persuader.

Quoique je ne fisse concevoir aucune espérance à ces deux seigneurs, je les recevois au logis gracieusement, l'obligation que je leur avois ne me permettant pas d'en user autrement avec eux. Ces rivaux commencèrent à se disputer mon cœur par des soins empressés, sans que l'amitié qui les unissoit en parût altérée; mais insensiblement elle se refroidit, et la jalousie enfin fit naître entre eux une haine qui aboutit à un duel, où don Joseph perdit la vie, et don Félix fut dangereusement blessé. Le corrégidor, informé de la cause de ce combat, fit arrêter la tante et la nièce, et, dans les premiers mouvements de sa colère, les fit enfermer dans la maison des filles pénitentes, comme deux malheureuses aventurières.

Cependant deux jours après, faisant réflexion que tout mon crime étoit d'avoir plu à deux cavaliers, son équité l'emporta sur son ressentiment; il nous remit en liberté, en nous ordonnant de sortir au plus tôt de Séville. Nous nous en serions consolées, si, lorsque nous fûmes hors de prison, nous eussions retrouvé au logis les effets que nous y avions laissés; mais ils avoient été pillés et emportés par nos deux domestiques ; de sorte qu'il ne nous restoit pour tout bien que soixante pistoles et mon diamant, avec quoi nous nous laissâmes conduire par un muletier à Cordoue le long du Guadalquivir.

CHAPITRE XIX.

Des nouvelles conquêtes que dona Francisca fit à Cordoue. Elle devient infidèle à son premier amant, pour suivre un prétendu valet du commandeur, et part pour Grenade.

Comme nous ne pouvions faire à Cordoue qu'une figure très modeste, étant aussi mal dans nos affaires que nous l'étions, nous nous mîmes en chambre garnie, et nous commençâmes à vivre avec beaucoup de circonspection. Nous sortions le matin pour aller à l'église, et nous passions au logis le reste de la journée, sans chercher à faire des connoissances. Damiana s'imaginoit qu'une vie si retirée se feroit remarquer, et nous attireroit quelque visite utile. L'événement justifia sa conjecture.

Une vieille femme, nommée la dame Camille, proprement habillée, nous vint voir un jour. Mesdames, nous dit-elle, vous voulez bien qu'une voisine, qui juge à votre air que vous êtes de très honnêtes gens, vienne vous témoigner l'envie qu'elle a de lier avec vous un petit commerce d'amitié. Nous lui répondîmes poliment qu'elle nous faisoit honneur et plaisir. Ensuite nous eûmes une conversation qui roula sur les mœurs de Cordoue. Il n'y a pas de ville au monde, nous dit cette dame, où la galanterie soit plus à la mode. Les hommes y sont galants jusque dans leur vieillesse; avec cela, galants et généreux jusqu'à la prodigalité. Là-dessus elle nous raconta maintes histoires de filles étrangères qui y avoient fait fortune : ce que nous écoutâmes avec une attention qui lui fit assez voir que nous trouvions ses récits intéressants. Mais si elle s'aperçut que nous mordions à la grappe, nous remarquâmes, de notre côté, que la voisine avoit toute la mine d'être une intrigante.

Nous n'avions pas tort de porter d'elle ce jugement. C'étoit une faiseuse de mariages clandestins, et qui surtout savoit unir des barbons avec des mineures, et des veuves surannées avec des adolescents; c'étoit là son fort. Dès la première fois que nous la revîmes, elle offrit ses talents et ses services à ma tante, en lui disant en particulier qu'elle avoit en main un parti très avantageux pour moi : c'est, ajouta-t-elle, le commandeur de Monteréal, de la maison de Fonseca. Il n'est pas jeune, à la vérité; mais, à cela près, il n'y a point de seigneur plus aimable; il n'y en a pas du moins qui sache mieux aimer. D'ailleurs, je vous le donne pour un homme magnifique, et qui a un revenu considérable, puisque, sans parler de ses autres biens, sa commanderie lui rapporte dix mille écus de rente.

Cette ouverture de cœur ne déplut point à ma tante, qui, ne demandant pas mieux que d'aider à plumer un oiseau d'un si riche plumage, entra sans façon dans les

CHAPITRE XIX.

vues de la dame Camille; et ces deux bonnes pièces se chargèrent, l'une de vanter mes charmes au commandeur, l'autre de me disposer à le regarder d'un œil favorable.

La première fois que je vis ce vieux seigneur, ce fut à l'église où j'étois avec Damiana, qui, considérant fort attentivement tous les cavaliers qui nous environnoient, en démêla un qu'elle jugea devoir être le commandeur. Elle me le fit remarquer; et je crus comme elle que c'étoit lui, au soin qu'il prenoit de me lancer de tendres œillades dont je ne perdois pas une, quoique j'affectasse de les éviter toutes. J'examinai à la dérobée ce galant, qui, s'étant adonisé, me parut jeune encore, bien qu'il eût plus de soixante ans.

Que vous semble de notre commandeur, me dit ma tante quand nous fûmes retournées au logis? Pour moi je ne le trouve pas trop vieux pour mériter les regards d'une dame. Outre qu'il est bien fait encore, il a un air de propreté qui doit tenir lieu de jeunesse. Qu'en dites-vous, belle Francisca? Ne vous paroît-il pas digne de quelque complaisance? Oui, vraiment, lui répondis-je, il me semble encore de mise; mais nous ne savons pas si l'homme dont nous parlons est le commandeur de Monteréal. C'est ce que nous apprendrons bientôt, répliqua ma tante. Notre vieille voisine viendra nous voir aujourd'hui; elle nous dira si nous avons pris le change.

Véritablement, dès le même jour, la dame Camille vint au logis. Elle nous dit que le commandeur en question avoit été à l'église; qu'il m'y avoit vue; et nous reconnûmes, au portrait qu'elle nous fit de lui, que

Le Bachelier.

nous ne nous étions point trompées. Ce seigneur, ajouta-t-elle, est déjà fort épris de dona Francisca. Qu'elle a l'air noble, m'a-t-il dit! Que son air est majestueux! Si la beauté de son visage répond à cela, voilà une personne que j'aimerai toute ma vie. Là-dessus il m'a fait les plus vives instances pour lui procurer le plaisir d'avoir avec elle un moment d'entretien. Je le lui ai promis, et je dois ce soir vous l'amener ici.

A ces derniers mots, Damiana, s'imaginant être déjà en possession des revenus de la commanderie de Monteréal, ne put s'empêcher de laisser éclater sa joie; et, pour ne vous rien celer, je la partageai avec elle : ce qui m'étoit d'autant plus pardonnable, que nous commencions à tomber dans la misère, ou, pour mieux dire, étant sans cesse exhortée par ma fausse tante à mettre mes appas à profit, il m'étoit impossible de ne pas devenir coquette.

Je me préparai donc à recevoir la visite du commandeur. Je passai quelques heures à ma toilette à consulter mon miroir, et encore plus Damiana, qui prétendoit, ayant autrefois été galante, avoir découvert des airs de visage victorieux. Mais je puis vous assurer que je prenois des soins bien inutiles, puisque, pour faire la conquête que je méditois, ou plutôt pour la conserver, je n'avois besoin que de me montrer telle que j'étois naturellement: ma jeunesse suffisoit pour enflammer un homme du caractère de ce vieux seigneur. D'abord qu'il me vit sans voile, il crut voir le ciel entr'ouvert. Il fit paroître une extrême surprise : on eût dit qu'il n'avoit jamais rien vu de si beau. Ah! Camille, s'écria-t-il comme par enthousiasme, en s'adressant à sa conductrice, vous ne

CHAPITRE XIX.

m'avez point surfait ! Que dis-je ? vous m'avez rabaissé les attraits de la divine Francisca, bien loin de me les avoir exagérés. Qu'elle est aimable ! Quel bonheur peut égaler celui de la posséder !

Comme j'avois déjà les oreilles rebattues de discours flatteurs, j'écoutai de sang-froid monsieur le commandeur, qui, jugeant bien qu'il en falloit tenir de plus intéressants pour arriver à son but, poursuivit dans ces termes, en apostrophant Damiana : Madame, j'implore votre protection. Employez, de grâce, tout le pouvoir que vous avez sur votre nièce pour l'engager à souffrir mes soins. Je veux m'attacher à elle, et changer la face de sa fortune, qui ne me paroît pas convenable à son mérite.

Il s'arrêta dans cet endroit pour attendre ma réponse; mais je laissai ma tante répondre pour moi. Je ne me contentai pas même de garder le silence, j'affectai de me montrer honteuse et troublée; ce qui ne fit pas un mauvais effet. Damiana porta donc la parole, et s'en acquitta en femme d'esprit. Si elle remercia le commandeur des bons sentiments qu'il témoignoit avoir pour moi, elle lui fit connoître en même temps que je les méritois : elle lui vanta mon éducation, mes talents, et lui fit un si beau roman de la conduite que j'avois toujours tenue, que ce vieux seigneur me regarda comme la meilleure connoissance qu'il pût jamais faire.

Pour la commencer sous un heureux auspice, il nous fit quitter notre chambre garnie, pour aller occuper un appartement qu'il fit louer et bien meubler dans un hôtel. Il nous donna des domestiques de sa main, et se chargea du soin de faire la dépense. Outre cela, il nous accabla de présents; de manière que nous nous vîmes bientôt sur un bon pied. Vous vous imaginiez bien que je ne payai pas d'ingratitude un procédé si galant et si généreux; mais vous ne devineriez jamais quelle fût ma reconnoissance.

Dès le premier entretien particulier que j'eus avec ce seigneur, je sus à quoi m'en tenir avec lui. Charmante Francisca, me dit-il, je n'ignore pas que ce seroit une folie à un homme de mon âge de prétendre vous inspirer de l'amour. Je me fais justice ; je n'attends de vous que de l'estime et de l'amitié. Cependant, vous le dirai-je ? telle est la passion que j'ai pour vous, que je mourrois de jalousie si je me voyois un rival aimé.

Je vous découvre le fond de mon cœur, ajouta-t-il; et le vôtre peut-être va se révolter contre le sacrifice que j'ai à vous demander, et qui pourra vous paroître une tyrannie.

Quel est donc ce sacrifice, lui dis-je? Il faudra qu'il soit impossible, si je ne vous l'accorde pas. De quoi s'agit-il? Parlez hardiment. Il s'agit, répondit le vieux commandeur, de borner vos conquêtes à la mienne, et, pour vous accommoder à ma délicatesse, de n'écouter aucun amant que moi. Vous sentez-vous capable d'une si grande complaisance pour un homme qui n'a que de tendres sentiments pour la mériter?

J'affectai de rire à ce discours, quoique dans le fond ce que ce vieux seigneur exigeoit de moi ne fût pas de mon goût; ensuite, faisant la réservée : Comment donc, m'écriai-je, monsieur le commandeur, est-ce là cet effort pénible que vous attendez de ma reconnoissance pour prix des bontés que vous avez pour moi? Ah!

CHAPITRE XIX.

comptez que j'aurois peu de peine à vous sacrifier tous les hommes ensemble, tant ils me sont indifférents. Mon vieux seigneur pensa mourir de plaisir en entendant prononcer ces paroles. Il me baisa les mains avec transport, en me disant que j'étois née pour faire le bonheur de sa vie.

Je lui promis donc de n'écouter personne que lui, et je fis cette promesse de bonne foi. Je résolus de lui tenir parole autant que cela me seroit possible; et, pour preuve de ce que je dis, c'est que, depuis cette singulière conversation, je m'attachai à ne lui donner aucun ombrage. Étois-je à l'église? au lieu de promener ma vue comme auparavant sur les cavaliers qui étoient autour de moi, j'apportois une attention toute particulière à me couvrir le visage, de façon que je mettois leurs yeux en défaut. Si le patron de la case, ce qui arrivoit quelquefois, amenoit au logis quelques-uns de ses amis pour souper, bien loin de les agacer par des œillades coquettes, je détournois d'eux mes regards avec un soin dont le commandeur ne me savoit pas peu de gré. J'étois sûre de recevoir de lui le lendemain quelque beau présent.

Je faisois donc à peu de frais la félicité de mon vieil amant, qui, de son côté, n'épargnoit rien pour rendre la mienne parfaite, lorsque l'amour vint troubler notre innocente union. Le commandeur s'avisa de prendre à son service un jeune et grand garçon, nommé Pompeïo, dont il fit bientôt son laquais favori. Ce jeune homme étoit bien fait, et il avoit tout l'air d'un enfant de famille. Son esprit répondoit à sa bonne mine, et il parloit avec une élégance qui marquoit qu'il avoit été bien élevé. Il venoit tous les matins m'apporter un billet de la part de son maître; et je m'amusois le plus souvent à m'entretenir avec lui. Je ne m'aperçus point d'abord qu'il prenoit plaisir à ma conversation, quoiqu'il ne tînt qu'à moi de le remarquer; car monsieur Pompeïo, en me parlant, me regardoit d'un air si tendre, que si je n'y prenois pas garde ce n'étoit nullement sa faute. A la fin pourtant j'ouvris les yeux, et je vis mon ouvrage.

Dans cet endroit j'interrompis doña Francisca. Juste ciel! m'écriai-je, ma sœur, que m'allez-vous dire? Seroit-il possible que ce laquais se fût attiré votre attention? J'en devins folle, me répondit-elle, mais folle à lier. Cependant, mon frère, continua-t-elle, suspendez les reproches que cet aveu semble vous mettre en droit de me faire. Écoutez-moi jusqu'au bout.

Sitôt que j'eus démêlé mes sentiments, j'en rougis de confusion. J'eus honte d'avoir pour vainqueur un domestique, quoique j'eusse entendu dire que des femmes de meilleure maison que la mienne ne dédaignoient pas quelquefois de brûler d'une pareille ardeur. J'appelai ma fierté à mon secours; et, voulant étouffer un indigne amour dans sa naissance, je n'eus plus d'entretiens avec Pompeïo. Je recevois froidement de ses mains les lettres qu'il m'apportoit; je ne lui disois pas une parole; je m'interdisois jusqu'au plaisir de l'envisager.

Le pauvre garçon fut bien mortifié de ce changement, dont il ne pénétra pas la cause. Il crut que j'avois lu sa témérité dans ses regards, que j'en étois indignée, et que, pour le punir, j'avois cessé de lui parler. Il en

CHAPITRE XIX.

eut tant de chagrin, qu'il excita ma pitié. Je recommençai à lier avec lui conversation. Je fis plus, je l'engageai à me découvrir le fond de son âme, ou du moins je me l'imaginai. Pompeïo, lui dis-je un jour, m'aimez-vous ? Cette question, à laquelle il ne s'étoit point attendu, le déconcerta. Pour lui donner le temps de se remettre, je poursuivis ainsi mon discours : Si vous m'aimez, vous me ferez une confidence dont je vous promets de ne point abuser. Je vous soupçonne de n'être rien moins que ce que vous paroissez : vos manières vous trahissent. Convenez que vous êtes un homme de condition, et que vous méditez quelque dessein que vous ne pouvez exécuter qu'en prenant la forme d'un laquais.

Pompeïo fut si troublé de ces paroles, qu'il demeura quelques moments sans parler. Votre trouble et votre silence, lui dis-je, m'apprennent que je vous ai pénétré. Révélez-moi tout, et je vous garderai le secret. Madame, répondit Pompeïo, après s'être un peu remis de son désordre, si vous voulez absolument que je satisfasse votre désir curieux, je vous obéirai ; mais je vous avertis que je ne l'aurai pas plutôt contenté, que vous m'en saurez mauvais gré. N'importe, lui répliquai-je avec précipitation, parlez ; vous ne faites qu'irriter ma curiosité.

Alors le laquais du commandeur, mettant un genou à terre devant moi, comme un héros de théâtre devant sa princesse, me dit d'un ton de déclamateur : Hé bien ! Madame, hé bien ! je vais donc me découvrir, puisque vous me l'ordonnez. Je ne suis point, il est vrai, un malheureux réduit par la fortune à la servitude, je suis un homme de qualité travesti : je m'appelle don Pompeïo de la Cueva. Je passois par cette ville, où je suis inconnu ; le hasard vous a présentée à ma vue, et vous m'avez charmé. J'ai su que le commandeur vous aimoit ; et, ne pouvant m'imaginer qu'il fût aimé de vous, je formai le dessein de vous plaire, plus encouragé par son âge que par ma vanité : j'ai eu l'adresse de me faire recevoir à son service, et, par ce stratagème, je me suis introduit chez vous.

Oui, c'est l'amour, adorable Francisca, poursuivit-il d'un ton de voix plein de douceur, c'est l'amour qui m'a inspiré cet artifice pour vous faire connoître mes feux. Si vous les voyez sans colère, rien ne sera comparable à mon bonheur ; mais si, trop fidèle à mon rival, vous ne voulez écouter que lui, quelle que soit l'ardeur dont je me sens brûler pour vous, je vais pour jamais m'éloigner de Cordoue.

Si mon cœur n'eût point été prévenu pour ce jeune cavalier, j'aurois été en garde contre ses paroles, et contre l'air de persuasion dont il les assaisonna : je me serois souvenue que don Gregorio de Clévillente m'avoit parlé sur le même ton ; au lieu qu'étant enchantée de don Pompeïo de la Cueva, je ne doutai pas un instant de sa sincérité. Je poussai les choses plus loin, j'ajoutai à la foiblesse de le croire celle de lui avouer que j'étois sensible à son amour.

La joie qu'il fit éclater lorsqu'il apprit sa victoire fut excessive, et je n'en eus pas moins à le voir si satisfait. C'est ainsi que je gardai le serment que j'avois fait à mon commandeur, de ne lui donner aucun rival. Mais le moyen de tenir ces sortes de paroles à un vieux seigneur? C'est tout ce qu'on peut faire aux galants les plus jeunes et les plus accomplis. Je dirai pourtant à ma louange que je ne lui devins pas infidèle sans remords : je le plaignis ; et, ce qu'une friponne à ma place n'eût point fait, je résolus de le quitter, me faisant un scrupule de continuer à recevoir ses présents, et d'avoir deux amants à la fois.

Pour ma tante, elle n'étoit pas si scrupuleuse ; et, trouvant la pratique du commandeur plus lucrative que celle de son laquais, elle me conseilloit de donner la préférence au premier, ou du moins de les ménager tous deux, l'un pour l'utile, et l'autre pour l'agréable ; ce qui n'auroit pas été sans exemple. Mais j'aimai mieux suivre les conseils de l'amour que les siens, et m'en aller avec don Pompeïo, qui me pressoit de céder à l'envie qu'il avoit de me conduire à Grenade, où nous attendoit, disoit-il, un sort plein de charmes. Je laissai donc là mon vieux soupirant, aussi-bien que ma fausse tante, à laquelle j'abandonnai tous nos effets pour la consoler de notre séparation, et la faire rouler jusqu'à ce qu'elle eût une autre nièce ; et, n'emportant avec moi, pour ainsi dire, que ma jeunesse et mes appas, je sortis un matin de Cordoue à la dérobée avec mon nouvel amant, et nous nous rendîmes tous deux à Grenade le lendemain.

CHAPITRE XX.

Quel homme c'étoit que don Pompeïo. De l'aveu sincère et de la proposition qu'il fit à dona Francisca, lorsqu'il l'eut épousée. Elle se console aisément de la supercherie de son mari. Elle consent à ce qu'il lui propose.

Je n'eus pas besoin de presser don Pompeïo de m'épouser; il en avoit une si grande impatience, qu'il ne s'occupa, en arrivant à Grenade, que des démarches qu'il falloit faire pour y parvenir. Nous nous mariâmes enfin; et le lendemain de nos noces nous eûmes ensemble un plaisant entretien.

Ma chère Francisca, me dit-il en m'embrassant avec tendresse, nous voici donc liés tous deux par les doux nœuds de l'hyménée. C'est à présent, ma mignonne, que nous devons nous parler à cœur ouvert : il n'est permis qu'aux amants de mentir; il faut que les maris soient sincères. Je vais changer de style et ne vous rien celer. Quand je vous dis à Cordoue que j'étois un laquais supposé, et que l'amour m'avoit inspiré cette ruse pour m'introduire auprès de vous, je vous dis la vérité; mais lorsque j'empruntai le nom de don Pompeïo de la Cueva, je vous avouerai que je vous trompois, et que je me parois de ce beau nom pour rendre ma témérité plus excusable. Cependant, ajouta-t-il, si je ne suis pas d'un sang noble, je ne sors pas non plus de la lie du peuple. Je m'appelle Bartolome de Mortero, et je dois le jour à un vénérable apothicaire de la célèbre ville de Saragosse. Ce n'est donc, ma princesse, qu'une petite supercherie que je vous ai faite, et que la fille d'un juge de village doit me pardonner.

Je vous la pardonne volontiers, lui dis-je en souriant, le hasard n'assortit pas toujours si bien les époux. Mais apprenez-moi si vous exercez la pharmacie ? Je m'en suis mêlé d'abord, me répondit-il ; j'ai fait des décoctions, et cela m'a dégoûté du métier. J'ai senti que j'étois né pour des choses plus élevées. Je me suis fait prince : tantôt je suis un héros maure, et tantôt un prince chrétien. Vous devez voir par-là que je fais la comédie : je joue les premiers rôles ; c'est mon emploi.

Je doute fort, lui répliquai-je, que le revenu de vos principautés soit bien considérable. Il est vrai, repartit-il, qu'il est un peu mince, à moins que nos pièces nouvelles, bonnes ou mauvaises, ne jettent de la poudre aux yeux du public, et ne l'attirent en foule pendant deux mois ; ce qui, je l'avoue, est fort casuel. Pour nos princesses, continua-t-il, elles sont beaucoup plus heureuses que nous : que le théâtre leur rapporte ou non, elles vivent toujours dans l'aise et dans l'abondance ; il faut être témoin de leur bonheur pour le croire. Elles sont adorées des seigneurs dans toutes les villes par où nous passons. Par exemple, les actrices de la troupe qui est actuellement dans cette capitale de la province de Grenade sont toutes parfaitement bien établies, depuis la plus belle jusqu'à la plus laide. On diroit que les filles de théâtre ont un talisman pour plaire aux hommes distingués par leur naissance ou par leurs richesses.

Après que mon mari m'eut ainsi vanté le bonheur des comédiennes de Grenade, il me proposa d'en augmenter le nombre, en me disant : Francisca, croyez-moi, embrassez ma profession. Jeune et belle comme vous l'êtes, vous n'y aurez que de l'agrément. Vous vous moquez de moi, lui répondis-je; il faut avoir du talent pour le théâtre, et je n'en ai point. Vous en avez de reste, me dit-il. Je me souviens de vous avoir quelquefois entendu chanter des romances devant le commandeur; je n'étois pas moins enchanté que lui de la douceur et de la force de votre voix : il n'y a pas de serin de Canarie qui ait un plus joli gosier que le vôtre.

Se peut-il, m'écriai-je en riant, que mon chant ait fait sur vous tant d'impression! Que diriez-vous donc si vous m'aviez vu danser? Je suis persuadée que vous seriez encore plus satisfait de mes pas que de ma voix. Cela n'est pas possible, me dit-il avec surprise. Ah! ma reine, de grâce, ayez la complaisance de faire devant moi quelques pas : que je voie de quelle façon vous vous en acquittez. Je dansai aussitôt une sarabande pour le contenter : ce que je fis d'une manière qui l'enleva. Ma chère épouse, s'écria-t-il dans l'excès de son ravissement, quel trésor pour moi d'avoir une femme qui possède deux talents qu'on peut appeler aujourd'hui deux mines d'or et de pierreries! Hâtons-nous de les faire valoir. Dès demain je veux assembler les comédiens, et vous présenter à leur compagnie comme un sujet capable de l'enrichir.

De mon côté, ajouta-t-il, je n'ai qu'à me montrer à ces messieurs pour être reçu parmi eux. Ils connoissent de réputation Bartolome de Mortero; ils seront bien aises de m'avoir. Quand je passai par Cordoue, où votre beauté m'arrêta, je revenois de Séville, où j'ai brillé trois ans; et j'y brillerois encore, si je n'eusse pas été obligé de disparoître brusquement, sur l'avis qu'on me donna que mes créanciers s'impatientoient.

Enfin mon époux me fit envisager tant d'avantages, tant de douceurs, tant de plaisirs dans la vie comique; il me fit tant d'instances pour prendre le parti du théâtre, qu'il vint à bout de m'y déterminer.

CHAPITRE XXI.

Dona Francisca entre dans la troupe des comédiens de Grenade. Comment elle fut reçue du public, et du grand nombre de seigneurs que ses talens et ses appas attachèrent à son char. Son mari lui procure le comte de Cantillana pour amant. Elle le reçoit par obéissance pour son mari.

QUOIQUE mon mari m'eût inspiré quelque confiance par les louanges excessives qu'il m'avoit données, cependant je ne me présentai le lendemain qu'en tremblant à l'hôtel des comédiens, où toute la troupe, curieuse de me voir, ne manqua pas de s'assembler. Les femmes, parmi lesquelles il y en avoit d'assez jolies, me considérèrent avec une attention critique, et me trouvèrent plus de défauts que je n'en avois; et je parus aux hommes plus aimable que je ne l'étois effectivement.

Nous nous fîmes de part et d'autre mille politesses, et les embrassemens furent prodigués, comme si nous

-eussions tous été les meilleurs amis du monde. Après cela il fut question de savoir quel emploi je remplirois. Messieurs, dit alors mon mari, ma femme chante et danse à ravir. Je crois qu'avec ces deux talents elle ne sera pas la moins utile de ses camarades. A l'égard de la déclamation c'est une actrice à faire; mais outre la disposition que je lui connois à devenir une bonne amoureuse, elle aura pour maître Bartolome de Mortero, qui vous répond d'en faire en six mois une excellente comédienne.

Ils convinrent tous que si j'étois telle que Bartolome l'assuroit, je leur serois d'un grand secours, puisqu'ils avoient une infinité de pièces d'agrément qu'ils ne pouvoient représenter faute d'avoir une chanteuse et une danseuse. Là-dessus ils me firent chanter; et lorsque j'eus fini, ils me donnèrent comme à l'envi des applaudissemens.

Ce n'est rien que cela, Messieurs, s'écria mon époux, ravi d'entendre louer ma voix, vous allez voir que ma femme sait encore mieux charmer les yeux que les oreilles. En effet, lorsque j'eus dansé, la compagnie m'honora d'un battement de mains général, et me fit des complimens outrés. Voilà, disoit l'un, comme on doit danser. Voilà, s'écrioit l'autre, ce qu'on appelle des pas. Quelle noblesse! Quel naturel! Ah, bourreau, dit tout bas un comédien à mon mari, en lui donnant un petit coup sur l'épaule, où as-tu été pêcher une pareille femme? Que de pluies de pistoles il va tomber dans ton ménage! En un mot, chacun témoigna que j'étois une bonne acquisition pour la troupe, et j'y fus reçue d'un consentement unanime, aussi-bien que Bartolome, qui sans contredit étoit un fort bon acteur.

Nous ne songeâmes plus l'un et l'autre qu'à nous préparer à paroître sur la scène : ce qui ne laissoit pas d'être embarrassant pour nous, qui nous trouvions sans équipage, sans habits, sans linge ; nous étions même si mal en espèces, qu'à peine avions-nous de quoi payer la chambre garnie où nous étions logés. Nous aurions donc eu bien de la peine à nous mettre en état de débuter, si je n'eusse pas eu le diamant de don Gregorio ; mais par bonheur je l'avois encore. Nous le vendîmes, et nous en donnâmes l'argent à-compte à des ouvriers, qui nous firent à chacun un habit de théâtre aussi riche que galant.

Le jour de notre début étant enfin venu, les comédiens, toujours prêts à saisir l'occasion de prendre le double, ne laissèrent point échapper celle-là. Ils nous annoncèrent avec éloge au public dans une affiche, qui portoit que deux incomparables sujets, nouvellement arrivés à Grenade, paroîtroient dans le *Phénix de l'Allemagne*, pièce de don Juan de Matos Fragoso, remise au théâtre. Le public, qui partout est avide de nouveautés, vint en foule à l'hôtel, et fut fort content de mon mari, qui joua le rôle de Ricardo. Pour moi, qui faisois le personnage d'une musicienne au premier acte, je n'eus pas sitôt fait entendre ma voix, que la salle retentit du bruit des applaudissements de toute l'assemblée. Je fus encore mieux reçue au troisième acte, que je finissois par une danse. Quels battements de mains ! Quelle fureur ! Je ne puis vous dire jusqu'à quel point je plus aux spectateurs, qui demeurèrent une heure entière après le spectacle à s'entretenir de mon mérite.

Les uns disoient que je chantois mieux que je ne dansois ; les autres mettoient mes pas au-dessus de ma voix ; et ce qu'ils admiroient tous, c'étoit de me voir réunir deux talents qui se trouvent si rarement ensemble. Il y en eut aussi qui furent frappés de ma jeunesse et de ma figure, et parmi ceux-ci quelques-uns qui formèrent le dessein de s'attacher à moi.

A la seconde représentation que nous donnâmes de la même comédie, il y eut encore un fort grand monde ; et, comme j'avois plus de confiance, je chantai et dansai mieux que la première fois. On ne parla plus dans la ville que de la nouvelle actrice. Avez-vous vu ce prodige ? se disoit-on les uns aux autres. Les seigneurs grenadins commencèrent à rechercher mes bonnes grâces par des présents. Je recevois tous les matins à ma toilette quelques bijoux qu'on m'envoyoit sans m'apprendre de quelle part. Tantôt c'étoit une montre d'or, et tantôt un collier de perles avec des boucles d'oreilles ; une autre fois c'étoit une pièce d'étoffe riche, ou bien une corbeille remplie de gants, de dentelles, de bas de soie et de rubans.

Les seigneurs qui me faisoient ces petites galanteries sans se découvrir se déclarèrent bientôt, et se mirent à mes trousses. Ce fut alors à qui l'emporteroit sur les autres. Celui-ci me guettoit pour me parler dans les coulisses en passant, et me dire quelque chose de flatteur, celui-là m'écrivoit tous les jours des billets doux, et vouloit filer avec moi le parfait amour, croyant sottement par là parvenir à ses fins ; un autre enfin, s'y prenant mieux, engageoit une vieille comédienne de ses amies à m'inviter à souper chez elle, où il ne manquoit pas de se trouver. Mais tous ces galants ne retiroient pas leurs frais. Outre que je devenois plus vaine à mesure que je me voyois plus applaudie du public, mon époux, à qui je ne celois rien, m'exhortoit sans cesse à n'écouter qu'un millionnaire ou qu'un grand seigneur.

Il sembloit qu'il pressentît la bonne fortune qui m'attendoit. Le comte de Cantillana vint à Grenade. A peine y fut-il arrivé, qu'il voulut voir la comédie, sur le bien qu'on lui dit de la troupe, et de moi en particulier. Je paroissois ce soir-là dans la pièce. J'y chantois, mais je n'y dansois pas. Cependant je n'eus besoin que de ma voix pour faire la conquête de ce seigneur; c'est ce que Bartolome m'apprit lui-même deux jours après. Vous avez, me dit-il, mis dans vos chaînes le comte de Cantillana; vous ne pouviez faire un amant d'une plus grande utilité pour vous : il joint à cent mille écus de rente une façon noble de les dépenser. Il est si généreux, qu'il commence, à ce qu'on m'a dit, par enrichir une maîtresse avant que de lui parler; au reste, c'est un seigneur de quarante ans tout au plus, et fort agréable de sa personne.

Comment savez-vous, dis-je à mon mari, que le comte de Cantillana est devenu amoureux de moi? Vous le croyez peut-être parce que vous le souhaitez. Non, non, me répondit-il, je le sais de sa propre bouche ; et je vous apprends qu'on meuble actuellement, par son ordre, une belle maison, qu'il a fait louer pour vous à deux cents pas de notre hôtel. Je ne fis que rire de ces paroles, ne pouvant m'imaginer qu'elles lui fussent échappées sérieusement. Cependant il ne badinoit point.

Le Bachelier.

Je vous dirai de plus, continua-t-il, que nous aurons un cuisinier, un aide de cuisine et un marmiton, qui seront aux gages de ce seigneur, et qui, sans que nous soyons obligés de nous embarrasser du moindre soin, feront toute la dépense du logis, et nous entretiendront une table à six couverts. *Item*, il ne prétend pas vous gêner : il ne mettra point auprès de vous de duègne pour veiller sur vos actions et vous observer; il sait trop bien aimer, pour marquer une défiance qui ne laisse pas d'être odieuse, quoiqu'on n'ait aucune envie de la tromper : il se reposera de votre fidélité sur les attentions qu'il aura pour vous.

Item, sans préjudice des présents que vous recevrez de lui tous les jours, vous aurez un bon carrosse, dont les chevaux seront nourris dans ses écuries, et dans lequel vous irez superbement au théâtre, au grand mal de cœur de celles de vos camarades qui ne peuvent s'y rendre qu'à pied ou qu'en carrosse de louage.

A vous entendre, dis-je à Bartolomé, on croiroit que vous ne seriez pas fâché que j'eusse sur mon compte le seigneur dont vous parlez. On auroit raison de le croire, me répondit-il ; et dans le fond j'aimerois mieux que vous eussiez un si riche et si noble amant, que de vous voir sottement entêtée d'un comédien ou d'un auteur. Je le répète encore, oui, j'en serois ravi. Si je pensois autrement, je serois sifflé de tous les maris de notre compagnie.

Je pris là-dessus mon sérieux, comme si ma vertu se fût fortifiée à la comédie, et je fis des reproches à mon époux, sur ce qu'il vouloit m'engager lui-même dans un commerce galant. Mais il se moqua de mes

CHAPITRE XXI.

scrupules, et me dit, pour les lever, qu'une comédienne qui n'avoit qu'un amant à la fois, étoit au même degré de sagesse qu'une autre femme qui n'en avoit aucun. Sur ce pied-là, dis-je à Bartolome en riant, je choisis donc pour le mien le comte de Cantillana, que vous me proposez de si bon cœur, et je ratifie, par mon consentement, le traité d'alliance que vous avez fait avec lui.

Quoique je parusse ne pas prononcer ces paroles sérieusement, mon époux ne laissa pas de les prendre au pied de la lettre. Il assura le comte que j'étois dans la disposition qu'il désiroit : ce qui plut si fort à ce seigneur, qu'il m'envoya pour dix mille écus de pierreries, en me demandant la permission de me venir voir dans ma chambre garnie, en attendant que j'allasse demeurer dans ma nouvelle maison. Je reçus donc sa visite, ne pouvant honnêtement m'en dispenser après avoir accepté ses pierreries. Un matin, lorsque j'étois à ma toilette, il arriva conduit par Bartolome, qui, pour mieux nous laisser en liberté de nous entretenir, s'éclipsa, un moment après, en mari qui savoit les règles.

Madame, me dit le comte de Cantillana, je ne vous ferai point d'excuse de venir indiscrètement vous présenter mes hommages à votre toilette. Je sais bien que ce seroit mal prendre mon temps avec la plupart de vos camarades ; mais pour vous, belle Francisca, il n'y a pas de moment où vous soyez plus redoutable que dans celui-ci. Après un compliment si flatteur, il se répandit en discours qui ne l'étoient pas moins. Je lui trouvai toute la politesse du commandeur de Montéréal, avec quelque chose de plus, je veux dire une figure si gracieuse, que je me serois applaudie de m'être fait aimer d'un pareil seigneur, quand il n'auroit pas eu toutes les richesses qu'il possédoit.

Après un entretien assez long et très vif, il se retira fort content de sa visite, à ce qu'il me parut; ce qui me fut confirmé par Bartolome, qui, m'ayant rejointe aussitôt que ce seigneur m'eut quittée, me dit : Le comte sort enchanté de votre esprit et de vos manières. Il vient de me le dire; et je gagerois bien que de votre côté vous n'êtes pas mal affectée de lui. J'en suis très-satisfaite, lui répondis-je. Voilà de ces seigneurs avec lesquels une femme fait agréablement sa fortune. Il est vrai, reprit mon mari, qu'il y en a d'autres qui sont si plats et si désagréables, que leurs maîtresses peuvent dire avec raison qu'elles gagnent bien leur argent.

CHAPITRE XXII.

Des nouveaux présents que le comte de Cantillana fait à dona Francisca. Des attentions qu'il eut pour elle. Un autre de ses amants lui envoie pour présent des diamants de prix. Elle les refuse. Son amant favori, en reconnoissance de ce refus, lui fait la donation d'un château magnifique. De quelle manière finit un aussi tendre engagement.

Nous allâmes habiter notre nouvelle maison sitôt qu'elle fut en état de nous recevoir. Quand elle auroit été meublée pour une princesse, je ne crois pas qu'elle eût pu l'être plus magnifiquement. La richesse et le bon goût y régnoient également partout. Il y avoit deux

CHAPITRE XXII.

appartements séparés, l'un pour mon époux, et l'autre pour moi, le comte l'ayant ainsi voulu par délicatesse. Le mien éblouissoit par l'or et l'argent qu'on y voyoit briller de toutes parts; et celui de Bartolome, quoique bien plus modeste, auroit fait honneur à un chevalier de Saint-Jacques.

Nous visitâmes la maison depuis le haut jusqu'en bas, et nous n'aperçumes pas sans plaisir, dans une cuisine garnie de tous les ustensiles nécessaires, trois personnes occupées à préparer notre souper, c'est-à-dire un cuisinier, un aide de cuisine et un fouille-au-pot. Je m'imaginois, en considérant la quantité des mêts qu'ils apprêtoient, que nous serions une douzaine de personnes à table; je croyois du moins que le comte, qui, pour nous installer dans notre nouvelle demeure, devoit venir souper avec nous, amèneroit quelques-uns de ses amis. Cependant il arriva tout seul; et j'eus avec lui une seconde conversation, dans laquelle je resserrai ses chaînes en exerçant sur lui tous les charmes de ma voix, je veux dire en chantant les morceaux les plus tendres de nos pièces, desquels je lui faisois l'application en le regardant d'un air de langueur qui pénétroit jusqu'au fond de son âme.

Si ce seigneur prit plaisir à cet entretien, il n'en eut pas moins pendant le souper. Je lui fis cent minauderies pour irriter son ardeur; et je m'en acquittai avec tant de succès, qu'il m'envoya le lendemain pour mille pistoles de vaisselle d'argent. Trois jours après on m'apporta de sa part deux habits de théâtre superbes. Que vous dirois-je? cela ne finissoit point; c'étoit tous les jours quelque nouveau présent.

Tous ces dons, joints aux émoluments que nous tirions, mon époux et moi, de la comédie, qui, grâce à notre début, étoit alors fort fréquentée, nous mirent si bien dans nos affaires, que nous commençames à faire une figure plus brillante. Nous prîmes à notre service deux laquais et une femme de chambre; et je n'allai plus au théâtre que dans un beau carrosse, dont j'étois maîtresse, et que je n'entretenois point.

D'abord que ce changement de décoration fut remarqué, il égaya les railleurs de la troupe, et fit bien des envieuses; mais on cessa bientôt d'en parler, et l'on s'y accoutuma. Pour moi, qui ne voyois là-dedans que du gracieux, j'imitois celles de mes camarades qui se trouvoient dans le même cas : bien loin d'en avoir la moindre confusion, je bravois les caquets et les regards malins du public; et, dans le fond, s'il y avait du ridicule dans nos équipages, ce n'étoit pas sur nous qu'il tomboit.

Je ne voyois plus qu'au théâtre les autres comédiennes, à l'exception de Manuela, qui faisoit comme moi rouler un carrosse de seigneur. Elle avoit pour amant don Garcie de Padul, gentilhomme grenadin, qui jouissoit d'un revenu considérable, qu'il mangeoit noblement avec elle. Cette fille rechercha mon amitié, et la gagna en me donnant la sienne. Nous nous liâmes si étroitement l'une à l'autre, qu'à peine étions-nous séparées, que nous brûlions d'impatience de nous revoir. Je ne sais si nous n'étions pas plus aises d'être ensemble qu'avec nos amants. Une si forte liaison fut cause que don Gracie et le comte cherchèrent à se connoître; et quand leur connoissance fut faite, nous formâmes tous quatre une société dans laquelle on vit régner la gaieté, les plaisirs et la bonne chère. Nous soupions tous les soirs chez mon amie ou chez moi. Nous ne respirions que la joie; et nous vivions tous si familièrement, qu'on n'eût pu dire si c'étoient ces seigneurs qui descendoient jusqu'à nous, ou si c'étoit nous qui nous élevions jusqu'à eux.

Tandis que nous menions une vie si agréable, je faisois ailleurs des malheureux : j'appelle ainsi quelques jeunes gens qui venoient tous les jours au théâtre pour me voir, et qui brûloient d'un feu caché, ou qui, s'ils me le faisoient voir, n'en tiroient aucun fruit. Parmi ceux-là, il y en avoit un qui se faisoit distinguer par sa naissance, et plus encore par son mérite personnel. C'étoit don Guttière d'Albunuelas, fils aîné du gouverneur de Grenade, et le plus beau cavalier de son temps. Il revenoit d'achever ses études à Salamanque. Il n'avoit plus de précepteur ni de gouverneur, et il commençoit à goûter le plaisir d'être maître de ses actions.

Ce jeune seigneur ne manquoit pas une comédie où je devois paroître. Comme un amant regarde autrement qu'un autre, il me fit remarquer sa passion dans ses yeux. Il se contenta long-temps de me lorgner et de m'applaudir sur la scène, soit par timidité, soit qu'il désespérât de supplanter un rival aussi redoutable que le comte de Cantillana. Il se lassa toutefois de garder le silence; et, ne pouvant se résoudre à parler, il prit le parti de me détailler ses souffrances dans une lettre qu'il eut l'adresse de me faire tenir secrètement, et à laquelle vous jugez bien que je ne fis aucune réponse. J'affectai même, pour lui ôter toute espérance, de dé tourner de lui mes regards toutes les fois que le hasard me fit rencontrer les siens.

Tant de rigueur ne le rebuta point; et s'imaginant que les présents auroient plus de pouvoir sur moi que son amour et sa bonne mine, il m'envoya un écrin, où y avoit pour plus de quatre mille pistoles en toutes sortes de pierreries, qu'il avoit trouvé le moyen de voler à madame la gouvernante, sa mère. Je consultai Bartolome sur la conduite que je devois tenir dans une conjoncture si délicate. Vous n'avez qu'une chose à faire, me dit-il après avoir rêvé quelques moments, il faut sans différer renvoyer ces pierreries à don Guttière; nous nous perdrions tous deux infailliblement, si nous étions assez imprudents pour les garder. Madame la gouvernante, car je ne doute nullement qu'il ne les ait dérobées, ne tardera guère à s'apercevoir de ce vol; elle en recherchera l'auteur, et à force de perquisitions, le découvrira. Monsieur le gouverneur se mêlera de cette affaire; il voudra tout approfondir, et cela l'indisposera contre vous. Je ne crois pas, ajouta-t-il, qu'il soit nécessaire que je vous en dise davantage. Vous savez que les femmes de théâtre, quelques talents qu'elles puissent avoir, jouent gros jeu quand elles fâchent les personnes qui sont en place. Après le traitement que vous a fait le corrégidor de Séville, vous devez craindre ces messieurs-là.

Votre conseil est trop judicieux pour que je ne le suive pas, répondis-je à Bartolome. Je me suis représenté tous les inconvénients que vous venez de m'exposer, et je ne balance point à rendre les diamants; je suis même persuadée que cela fera le meilleur effet du

CHAPITRE XXII.

monde dans l'esprit du comte de Cantillana. N'en doutez pas, reprit mon époux, il vous tiendra compte du sacrifice que vous lui ferez de don Guttière, et vous y gagnerez peut-être plus que vous n'y perdrez. Ne pouvant donc sans péril retenir les pierreries, je les fis remettre au fils du gouverneur, en lui faisant dire poliment de ma part que je les lui renvoyois, ne me sentant pas capable de la reconnoissance dont il faudroit les payer.

Nous n'avions pas tort, Bartolome et moi, de penser que le comte seroit sensible au sacrifice que je lui ferois d'un rival si dangereux. Dès qu'il l'apprit, il en fut transporté de joie. Vous me préférez, me dit-il, au cavalier de Grenade le plus aimable! Ah! charmante Francisca, que ne pouvez-vous lire au fond de mon cœur dans ce moment! vous verriez jusqu'à quel point je suis pénétré de cette glorieuse préférence. Comte, lui répondis-je en le regardant d'un air tendre, je ne prétends pas m'en faire un mérite auprès de vous : un cœur que vous possédez peut-il cesser de vous être fidèle! Non, comte, ajoutai-je d'un air passionné, soyez assuré que don Guttière et tous les hommes du monde ensemble ne sauroient vous l'enlever.

Le comte, à ces paroles flatteuses, se jetant avec transport à mes genoux, se répandit en discours pleins d'amour et de reconnoissance. Après quoi ce seigneur se servit d'un autre style, qui fut plus de mon goût que les lieux communs de la galanterie. Pour vous dédommager, me dit-il, des pierreries que vous avez refusées pour l'amour de moi, je vous fais présent d'un château que j'ai sur les bords du Guadalquivir, entre Jaën et Ubeda. Ce château n'est pas d'un grand revenu; mais un séjour fort agréable. Je remerciai ce généreux seigneur du nouveau présent qu'il me faisoit; et dès le même jour le contrat de donation me fut livré en bonne et due forme.

Rien n'est égal au ravissement où se trouva Bartolome, quand je lui annonçai la nouvelle acquisition que mes charmes venoient de faire. Je savois bien, s'écriat-il, que vous ne feriez pas pour rien le sacrifice de don Guttière. Comment diable, un château ! il faut avouer que le comte a de belles manières. Enfin, mon mari ne pouvoit contenir sa joie; et, cédant à l'impatience de voir ce château qui nous avoit coûté si peu, il s'y rendit en diligence, et en prit possession; puis, en étant revenu peu de jours après : Le comte de Cantillana, me dit-il, vous a fait un présent encore plus beau que vous ne pensez : apprenez ce que c'est que votre château ; c'est une maison qui semble avoir été bâtie par les fées. Là-dessus il m'en fit une si magnifique description, que je ne pus m'empêcher cinq ou six fois de l'interrompre, pour lui reprocher qu'il en exagéroit les beautés. Tout au contraire, me répondoit-il toujours, au lieu de l'embellir par mes expressions, j'en affoiblis plutôt les agréments, puisque c'est un chef-d'œuvre de l'art et de la nature.

Outre qu'elle a de quoi charmer la vue, poursuivit-il, elle est affermée trois mille écus au plus riche laboureur du pays : j'en ai lu le bail, c'est un fait constant. Ajoutez à cela que nous sommes, vous et moi, seigneur et dame du village de Caralla, et que nous aurons le pas sur tous les *hidalgos* de la paroisse; ce qui ne laisse pas d'être une belle prérogative. Il est vrai qu'on rira d'abord un peu à nos dépens, à cause de notre profession; mais nous en serons quittes pour cela, et nous jouirons à bon compte de notre revenu et de tous nos droits seigneuriaux. Tournent présentement les affaires du théâtre au gré de la fortune; que nos pièces nouvelles aient le succès qu'il plaira à Dieu, nous avons un asile inaccessible à la faim!

C'est ainsi que mon époux se réjouissoit de nous voir déjà sûrs d'une retraite, qui n'est même que très rarement le fruit tardif des longs travaux de nos pareils. J'étois aussi contente que lui, et bientôt le public en pâtit. Je commençai à me mettre sur le pied de paroître moins souvent sur la scène, et insensiblement point du tout; et cela à l'exemple de quelques grands acteurs qui, sous prétexte de se ménager, se dispensoient de remplir leur devoir. Il me sembla qu'une dame qui possédoit un fief dominant de trois mille écus de rente pouvoit se donner les mêmes airs. Bartolome, à mon imitation, ne voulut plus jouer que rarement. Cela déplut au reste de nos camarades, qui se liguèrent contre nous, et la discorde se mit dans la troupe.

Me voici arrivée à l'époque d'un événement assez triste pour moi. Le comte de Cantillana reçut alors des dépêches de la cour : le duc de Lerme, dont il étoit aimé, lui mandoit de se rendre incessamment à Madrid, ce ministre ayant jeté les yeux sur lui pour remplacer un conseiller d'état qui venoit de mourir. Quoique le comte fût d'autant plus ravi de cette nouvelle, que son amour commençoit à se ralentir, il ne manqua pas de me témoigner qu'il en étoit au désespoir, et que peu s'en falloit qu'il ne refusât la place qu'on lui offroit;

mais en même temps il me représenta que, s'il ne l'acceptoit point, il se brouilleroit avec tous ses parents, et perdroit pour jamais l'amitié du duc de Lerme. Enfin, pour dorer la pillule, il me protesta qu'il se souviendroit toujours de sa chère Francisca. Je fis semblant d'être la dupe de ses protestations; et comme les pleurs de commande ne coûtent rien à une bonne comédienne, j'en répandis en abondance dans nos adieux.

CHAPITRE XXIII.

Ce que fit dona Francisca après le départ du comte de Cantillana. Son mari et elle vont prendre possession de leur château. Aventure singulière qui lui arrive, et quel amant lui fait la cour.

Voila de quelle façon nous nous séparâmes, le comte et moi. Manuela de son côté, presque dans le même temps, fut abandonnée de don Garcie, les seigneurs n'étant pas plus constants les uns que les autres. Padul, sous prétexte d'aller voir un oncle malade à Badajoz, s'éloigna d'elle et de Grenade. Heureusement nous étions toutes deux bien nippées, et dans un âge à nous consoler de la perte de nos volages amants.

A peine nous eurent-ils quittées, qu'il s'en présenta d'autres pour remplir leurs places; mais, outre que nous aurions été embarrassées sur le choix, les divisions qui régnoient dans la troupe augmentèrent à un point, qu'elles nous dégoûtèrent de la profession comique, et nous firent prendre la résolution d'y renoncer. Ma chère Manuela, dis-je à mon amie, je suis lasse de me donner en spectacle sur un théâtre, et de divertir le public. Je veux me retirer à mon château de Caralla, et faire la dame de paroisse. Puis-je me flatter que vous m'aimez assez pour vouloir m'accompagner?

Ce doute m'outrage, répondit Manuela : vous savez que rien au monde ne m'est si cher que votre amitié ; j'en serois indigne si je refusois d'aller partager avec vous les douceurs de votre retraite. Partons, Francisca, partons : je suis prête à vous sacrifier tous les galants de Grenade. Nous sortîmes donc l'une et l'autre de la troupe, aussi-bien que Bartolome, qui, préférant le rôle de seigneur de village à celui de prince de théâtre, nous conduisit volontiers à Caralla, où nous arrivâmes gaiement tous trois dans un bon carrosse acheté de nos propres deniers, ou si vous voulez de ceux du comte. Une chaise, où étoient ma suivante et celle de Manuela nous suivoit, avec six valets, qui menoient autant de mules chargées de notre bagage ; après quoi venoient notre cuisinier et le laquais de Bartolome, montés sur d'assez beaux chevaux ; ce qui composoit une suite digne de l'admiration des paysans et de l'envie des *hidalgos*.

Je ne trouvai point le château au-dessus de la description que mon mari m'en avoit faite ; mais il me parut bien bâti, bien meublé, et même aussi soigneusement entretenu que si le comte y eût fait sa résidence ordinaire. Je fus surtout frappée de la beauté des jardins et des vastes prairies qui s'étendent du côté du septentrion jusqu'aux bords du Guadalquivir. Je ne considérai pas avec moins de satisfaction les bois qui règnent du côté du midi. Bartolome, voyant que j'étois charmée de ce séjour, me dit d'un air triomphant : Hé bien, ma mignonne, vous ai-je trompée en vous vantant votre château ? Y en a-t-il un en Espagne où l'on respire un air plus pur, et qui présente à la vue des objets plus riants ? Non sans doute, s'écria mon amie, encore plus enchantée que moi des agréments de ma retraite, et il faut avouer que c'est un vrai présent de seigneur. Nous passerons ici nos jours fort agréablement, pour peu que la noblesse du pays soit raisonnable.

Il est vrai, dit Bartolome, que les *hidalgos* sont des gens un peu fiers : lorsqu'ils ont pour seigneur un homme du commun, il ne doit guère attendre d'eux de respect et de considération. Cependant on voit tous les jours de riches marchands, après avoir fait banqueroute, se retirer dans une terre qu'ils achètent aux dépens de leurs créanciers, et même des gens de métier, ainsi que nous : mais notre art étant d'être bons comédiens, nous saurons nous accommoder à leur sotte fierté. Cela ne nous coûtera pas beaucoup ; et nous pourrons, en flattant leur orgueil, nous réjouir de leurs différents ridicules. J'ai meilleure opinion que vous de ces messieurs-là, dis-je à mon tour ; je crois qu'il y en a parmi eux qui sont d'un bon caractère. Au reste, quels qu'ils puissent être, nous les obligerons, par des manières engageantes et polies, à nous rendre ce qu'ils nous doivent.

Il est certain que nous n'étions pas prévenus en faveur de ces nobles, dont la plupart habitoient des chaumières. Nous nous imaginions qu'ils étoient sots et grossiers; et nous fûmes assez surpris, lorsqu'ils vinrent nous faire visite, de les trouver aussi civilisés qu'ils nous le parurent. Leurs femmes surtout nous firent connoître par leurs compliments qu'elles ne manquoient pas d'esprit; et j'en remarquai parmi elles quelques-unes qui avoient de fort bons airs. Nous leur fîmes à tous un accueil si gracieux, qu'ils eurent sujet d'être contents de nous : aussi nous le témoignèrent-ils en nous protestant qu'ils étoient ravis d'avoir des seigneurs qui sussent si bien recevoir la noblesse.

Nous allâmes les voir à notre tour chez eux; et dans les visites que nous leur rendîmes, nous mîmes toute notre attention à ne rien dire et à ne rien faire qui pût blesser leur vanité. Avec cette circonspection, qui étoit d'une nécessité absolue pour vivre avec eux en bonne intelligence, nous gagnâmes leur amitié. Après cela, il ne fut plus question que de fêtes et de festins. Il venoit, presque tous les soirs, souper au château quatre ou cinq gentilshommes avec leurs épouses et leurs sœurs, et nous formions après le repas une espèce de bal qui duroit souvent toute la nuit. Je passois ordinairement la journée dans le château à jouer ou à m'entretenir avec les femmes, tandis que mon époux chassoit avec les hommes aux environs. Tels étoient nos amusements, et bientôt il ne tint qu'à moi d'en avoir d'autres.

Parmi ces petits nobles, il y en avoit un qui se nommoit don Dominique Rifador [1]. Il justifioit parfaitement bien son nom par son caractère : c'étoit un contradicteur impoli, un disputeur échauffé, un querelleur, un

---

[1] Querelleur.

franc brutal; avec cela, il avoit un orgueil insupportable. Aucune dame jusque-là n'avoit pu vaincre sa fierté; une victoire si difficile m'étoit réservée. Je lui plus; et il me fit l'aveu de sa passion, avec toute la confiance d'un galant qui s'imagine que son amour fait honneur à l'objet aimé. Quelque aversion que j'eusse pour ce personnage, je l'écoutai sans me révolter contre son amour; mais je lui déclarai de sang-froid, en termes clairs et nets, que je ne me sentois aucune disposition à l'aimer; et je le priai de ne plus remettre le pied au château.

Vous croyez peut-être que, mortifié du mauvais succès de sa déclaration, il se retira plein de fureur, et changea son amour en haine? point du tout. Il me rit au nez, en me disant qu'il vouloit persister à m'aimer malgré moi. Je ne suis pas, poursuivit-il, si facile à rebuter. Je connois les femmes, et je ne prends point leurs grimaces pour des marques de vertu. Allons, ma princesse, ajouta-t-il, changez, s'il vous plaît, de langage : laissez-là les façons; elles vous conviennent encore moins qu'à une autre.

A ce discours insolent je ne pus retenir ma colère; et dans mon premier mouvement je traitai Rifador comme un nègre : mais il se moqua de mes invectives, et sortit en n'y répondant que par des ris, qui redoublèrent ma fureur. J'en pleurai de rage; et j'avois encore les yeux baignés de larmes lorsque Manuela survint. Qu'avez-vous, me dit-elle, en s'apercevant de l'état où j'étois? Quel sujet de chagrin pouvez-vous avoir dans un séjour où tout le monde ne songe qu'à vous plaire?

Je lui rendis compte de ce qui venoit de se passer entre don Dominique et moi; et quand je lui eus tout dit, au lieu d'entrer dans mon ressentiment, elle n'en fit que rire. Vous avez tort, me dit-elle, de vous offenser de l'impolitesse et du ridicule d'un amant grossier, vous devez plutôt vous en réjouir; le mépris dont vous payez ses feux vous venge assez de son impertinence. Vous avez raison, répondis-je à mon amie : désormais, bien loin de prendre avec lui mon sérieux, je prétends me divertir de ses extravagances.

CHAPITRE XXIV.

Du malheur qui arriva dans le château de Caralla, et quelle en fut la suite. Dona Francisca prend la résolution de se retirer à Madrid avec doña Manuela, sa compagne de théâtre. Elles se font passer pour des dames de condition.

Je m'étois donc déterminée à souffrir encore la vue de don Dominique Rifador, sans rien rabattre des sentiments que j'avois pour lui; mais il cessa de venir au château. Son orgueil se soulevant enfin contre mes rigueurs, lui fit former, pour m'en punir, le dessein de ne plus m'honorer de ses visites.

Il ne borna pas là sa vengeance; il insulta Bartolome, lequel étant encore plus que lui d'humeur spadassine, lui fit tirer l'épée, et le blessa dangereusement. Cependant Rifador n'en mourut point, et cette affaire insensiblement parut assoupie : on n'en parloit plus. Mais

Le Bachelier.

six mois après, mon époux étant à la chasse tout seul dans un bois, y rencontra don Dominique, qui lui lâcha traîtreusement un coup de carabine, et le coucha par terre roide mort. Quoique cet assassinat eût été commis sans témoins, son lâche auteur, persuadé que je l'en soupçonnerois, et que je pourrois le faire arrêter, prit la fuite pour se dérober à la rigueur des lois.

Je pleurai amèrement Bartolome; et j'étois d'autant plus affligée de sa mort, que je ne pouvois la venger. Je m'en consolai pourtant à l'aide de Manuela, qui, toujours prête à m'offrir son assistance, avoit l'art d'adoucir mes peines. Cependant nos plaisirs furent interrompus par ce funeste événement, ou, pour mieux dire, nous nous ennuyâmes de vivre dans la solitude. Je ne sais, dis-je un jour à mon amie, si vous êtes dans la disposition où je me trouve; je commence à me lasser de la compagnie des gentilshommes de campagne, et de leurs épouses. J'ignore ce qui peut produire en moi ce changement; si c'est un effet de mon inconstance naturelle, ou de la mort de mon mari. C'est à votre délicatesse seule qu'il faut l'attribuer, répondit Manuela : une fille accoutumée aux fleurettes des seigneurs doit bientôt se dégoûter du commerce des personnes que nous voyons dans ce pays-ci.

Ne vous imaginez pas, poursuivit-elle, que je sois plus propre que vous à demeurer dans la solitude. Je vous dirai aussi franchement que je m'ennuie dans ce château; je n'y ai plus que le plaisir d'être avec vous. Les différents originaux qui viennent ici ne me divertissent plus : le ridicule réjouit d'abord; mais il déplaît ensuite, et devient insupportable. Si vous m'en voulez

CHAPITRE XXIV.

croire, ajouta-t-elle, nous suivrons une idée qui m'est venue, et que je ne vous ai point encore communiquée.

Je demandai à mon amie ce que c'étoit que cette idée. C'est, répondit-elle, d'abandonner ce séjour quelques années, et d'aller nous établir à Madrid. Nous sommes assez riches pour y vivre noblement, et nous y passerons sans peine pour des femmes de qualité, puisque nous en avons toutes les manières. Que pensez-vous de ce projet? a-t-il votre approbation? N'en doutez pas, lui dis-je, il me flatte infiniment. Que d'images agréables il présente à mon esprit! Hâtons-nous de l'exécuter. Je suis bien aise, dit Manuela, que vous applaudissiez à ce voyage; j'ai un pressentiment qu'il ne sera pas malheureux. Préparons-nous donc à partir. Laissez le soin du château à votre fermier, avec ordre de vous en faire toucher le revenu à Madrid. Je joindrai à cela les dépouilles de don Garcie, pour mieux soutenir la figure que nous nous proposons de faire dans cette capitale de la monarchie.

Nous ne fûmes plus occupées que des préparatifs de notre départ, qui ne furent pas plutôt achevés, que nous nous mîmes en chemin avec nos soubrettes, toutes quatre dans un carrosse; et nous étions accompagnées de deux valets montés sur des mules, et bien armés. Après une traite aussi pénible que longue, nous arrivâmes heureusement dans cette ville, où nous jugeâmes à propos de changer de nom. Manuela prit celui d'Isménie, moi, celui de Basilisa; et nous disant deux dames veuves de deux gentilshommes grenadins, nous louâmes cette maison, où nous commençâmes à recevoir compagnie. Nous y attirâmes d'honnêtes gens par nos manières aisées, et nous nous en fîmes estimer par une conduite sage.

Nous voyons, continua-t-elle, un assez grand nombre de cavaliers nobles, et il n'y en a pas un qui n'ait pour nous de l'estime et de la considération. Vous en pouvez juger par don Manuel de Pedrilla, votre ami. J'ignore ce qu'il vous a dit de nous, mais je sais qu'il n'a pas dû vous en dire du mal. Quoique nous lui permettions de nous venir voir librement, nous ne craignons pas les rapports qu'il peut faire. Il n'a rien remarqué qui l'ait pu prévenir contre nos mœurs. Si nous ne suivons pas l'usage austère des dames qui s'interdisent l'entretien des hommes, nous n'en avons pas pour cela moins de vertu.

CHAPITRE XXV.

De la conversation qu'eut dona Francisca avec don Chérubin, après lui avoir raconté son histoire. Elle lui propose de venir demeurer chez elle. Don Chérubin s'y détermine.

Dona Francisca, ma sœur, acheva dans cet endroit le récit de ses aventures, et me dit ensuite en souriant : Hé bien, mon frère, que vous semble de la veuve de Bartolome ? ne vous paroît-elle pas une dame d'importance ? Oui vraiment, lui répondis-je, vous avez fait votre chemin en peu de temps. Je vous en félicite, et je rends grâce au ciel d'avoir une sœur si bien dans ses affaires. Mais j'appréhende une chose. Nous sommes sujets dans notre famille à sacrifier à l'amour. Je crains que, parmi les cavaliers qui viennent chez vous, il ne se trouve quelque aimable fripon qui vous fasse perdre votre château comme vous l'avez gagné. N'ayez pas cette crainte, me repartit Francisca, je suis plus capable d'en acquérir encore un autre, que de donner le mien au même prix qu'il m'a coûté.

Mais changeons de matière, poursuivit-elle; puisque j'ai le plaisir de retrouver mon frère, ne nous séparons plus. Je vous offre un logement dans cette maison; venez-y demeurer avec nous. Isménie n'en sera pas moins ravie que moi. Vous nous aiderez de vos bons conseils. Il pourra se présenter des conjonctures embarrassantes, dans lesquelles votre prudence nous sera d'un grand secours : vous nous sauverez de fausses démarches. Que nous vous ayons cette obligation-là.

La proposition, je l'avouerai, ne me plut pas d'abord. Je me fis un scrupule d'être le conseiller et le guide de deux beautés, dont je ne laissois pas de croire la sagesse équivoque, quoi qu'en pût dire ma sœur. Néanmoins je ne pus m'en défendre; et je m'y déterminai aux dépens de qui il appartiendroit, me réservant au surplus le droit de me séparer d'elles pour peu que je fusse mécontent de leur compagnie.

CHAPITRE XXVI.

Don Chérubin va loger chez sa sœur. Des connoissances nouvelles qu'il y fit, et de l'extrême considération qu'on eut pour lui lorsqu'on sut qu'il avoit l'honneur d'être frère de Basilisa. Don André recherche l'amitié de don Chérubin ; il l'acquiert. Raison pour laquelle il vouloit s'en faire un ami.

Il me fallut donc aller demeurer avec ma sœur et sa bonne amie, qui me donnèrent un petit appartement fort propre, qu'elles avoient de réserve dans leur maison. Dès le soir même je me rendis chez elle avec don Manuel de Pedrilla. Venez, lui dis-je, mon ami, venez m'installer dans mon nouveau domicile, où je vous proteste que mon plus grand plaisir sera d'être à portée de vous servir auprès d'Isménie. Je ne refuse pas vos bons offices, me répondit-il; mais je ne sais si j'en serai plus heureux. Quoique Isménie paroisse avoir de tendres sentiments pour moi, elle ne veut pas mettre le comble à mon bonheur. Je doute que votre amitié ait plus de pouvoir que mon amour.

Il vint ce soir-là souper chez les dames deux chevaliers de Saint-Jacques, qui me donnèrent mille accolades quand ils apprirent que j'étois frère de Basilisa. Mon gentilhomme, me disoit l'un, que je vous embrasse pour l'amour de votre charmante sœur. Voilà votre vivante image, Madame, disoit l'autre à la veuve de Bartolome, que vous devez avoir de joie de vous revoir tous deux ! Je prends part à votre satisfaction mutuelle.

Ces discours ne firent que précéder une infinité de compliments qu'il me fallut essuyer, et auxquels je répondis sur le ton, comme on dit, de la bonne compagnie, pour montrer à ces messieurs que je n'étois pas embarrassé de ma contenance en pareille occasion. Aussi parurent-ils très contents des échantillons que je leur laissai voir de mon esprit. Ils le furent encore davantage de quelques heureuses saillies qui m'échappèrent pendant le repas, et qu'ils relevèrent avec éloge.

Ces chevaliers, dont l'un se nommoit don Denis Langaruto, et l'autre don Antoine Peleador, avoient des figures et des caractères bien différents. Don Denis étoit un grand corps sec, et don Antoine un gros petit homme trapu. Le premier, pour trancher de l'érudit, ne parloit que des sciences ; et le second, faisant le guerrier, nous fatiguoit de récits militaires. C'étoit à qui des deux nous ennuieroit davantage. Aussitôt que l'un avoit rapporté un passage d'auteur, l'autre, prenant brusquement la parole, entamoit la relation d'un combat. Pendant ce temps-là don Manuel et la belle Isménie se lançoient réciproquement des regards qui les consoloient des discours fastidieux de ces deux convives, ou plutôt qui les sauvoient de l'ennui de les entendre. Pour ma sœur et moi, nous eûmes la politesse de n'en perdre pas un mot, et même de paroître y prendre beaucoup de plaisir.

En récompense, lorsque ces messieurs se furent retirés, je ne les épargnai point. Si tous les cavaliers qui viennent chez vous, dis-je, à ma sœur, ne sont pas plus amusants que ceux-ci, je ne crois pas qu'en quittant vos *hidalgos* de Caralla, vous ayez gagné au change. Il est vrai, dit Francisca, que voilà deux mortels assommants; mais vous en verrez d'autres dont vous serez plus satisfait. Cependant je le fus encore moins de deux commis des bureaux du duc de Lerme, qui soupèrent au logis le jour suivant.

Ceux-ci, voulant qu'on eût autant de respect pour eux que pour des secrétaires d'état, affectoient une orgueilleuse gravité. Quand on leur eut dit que j'étois frère de Basilisa, ils ne se répandirent point en éloges, ainsi que les chevaliers de Saint-Jacques, ils se contentèrent de m'honorer d'une simple inclination de tête, comme s'ils eussent été des conseillers du conseil de Castille. Quoiqu'ils fussent amoureux de nos dames, ils n'en paroissoient pas plus émus. Bien loin de leur tenir des discours galants, ils gardoient un superbe silence; ou s'ils le rompoient quelquefois, ce n'étoit que par des monosyllabes.

Je m'imaginois que du moins ils rabattroient de leur gravité quand ils seroient à table. Je les attendois là, pour les voir peu à peu changer de maintien, et se livrer au plaisir, comme font en pareil cas tous les graves personnages. Mais ni ma bonne humeur, ni les agaceries des dames, ne purent leur faire perdre leur morgue de bureau, ni leur arracher un souris. Je n'ai jamais vu de gens qui m'aient tant déplu que ceux-là.

Aussi, dès qu'ils furent sortis, je fis de nouveaux reproches à ma sœur. Comment, lui dis-je, pouvez-vous faire de si mauvaises connoissances, vous qui avez de l'esprit et du goût? Ces commis sont encore plus ennuyeux que vos chevaliers d'hier. En vérité, ma sœur,

CHAPITRE XXVI.

puisque vous vous plaisez à recevoir compagnie chez vous, il me semble que vous devriez mieux choisir votre monde. Donnez-vous patience, répondit Francisca, vous verrez ici plus d'un cavalier dont vous ne serez pas fâché d'acquérir l'amitié.

J'en vis en effet dans la suite plusieurs qui pouvoient passer pour la fleur des galants, et que je ne pus m'empêcher de regarder comme autant de beaux-frères, quoique ma sœur me jurât tous les jours qu'elle leur tenoit à tous la dragée haute. Il y en avoit un, entre autres, nommé don André de Caravajal de Zamora, qui réunissoit en lui toutes les bonnes qualités dont les hommes les mieux nés n'ont ordinairement qu'une partie. Ce cavalier ne sut pas sitôt que j'étois frère de Basilisa, qu'il n'épargna rien pour s'insinuer dans mes bonnes grâces. Il eut peu de peine à y réussir, étant un de ces hommes agréables qui préviennent d'abord en leur faveur. Il ne fut pas plutôt de mes amis, que, voulant devenir quelque chose de plus, il me fit une confidence. Seigneur don Chérubin, me dit-il, j'aime votre sœur, et ma plus chère envie seroit de l'épouser. Je suis assez riche et d'assez bonne maison pour me flatter qu'elle pourroit agréer ma recherche; mais je m'aperçois qu'elle a du penchant pour un autre cavalier, et j'ai tout lieu de craindre ce rival.

Je demandai à don André qui étoit le galant qu'il paroissoit tant appréhender. Vous ne le devineriez jamais, répondit-il; et quand je vous l'aurai nommé, vous aurez de la peine à me croire; car enfin ce n'est point don Félix de Mondejar ni don Vincent de Cifuentes; c'est don Pedro Retortillo. Cela n'est pas possible, m'écriai-je avec étonnement. Don Pedro, le plus mal fait de tous les amants de ma sœur, un capricieux, un fat : non, je ne puis penser qu'elle soit d'un goût assez dépravé pour vous le préférer. Vous direz de ce cavalier ce qu'il vous plaira, reprit Caravajal; mais il est aimé de Basilisa, rien n'est plus véritable : elle a les yeux fermés sur ses défauts; elle le trouve fort bien fait; et il a beau parler à tort et à travers, elle admire son esprit.

Je promis à don André de traverser de tout mon pouvoir l'amour de don Pedro; et, pour lui tenir parole, j'eus avec Francisca le lendemain une longue conversation, dont on verra l'effet dans le chapitre suivant.

CHAPITRE XXVII.

Du malheureux succès qu'eut le service que don Chérubin voulut rendre à son ami don André. Il sort de chez sa sœur pour ne la plus revoir. Doña Francisca épouse don Pèdre. Quel est cet homme.

Je ne sais, lui dis-je, ma sœur, si vous vous ressouvenez de m'avoir prié de vous aider de mes conseils. Oui sans doute, mon frère, me répondit-elle; et je vous en prie encore. Hé bien, repris-je, puisque vous le voulez, je vais donc m'ériger en conseiller. Mais faites-moi un aveu sincère auparavant : aimez-vous don Pedro Retortillo?

A cette question, doña Francisca devint plus rouge que le feu, et se troubla. Vous rougissez, poursuivis-je, ma sœur : à ce que je vois, je n'ai pas besoin de votre réponse pour savoir ce que je dois penser, votre trouble ne me l'apprend que trop. Il est donc vrai que vous aimez don Pèdre! O ciel! faut-il que vous ayez jeté les yeux sur celui de vos amants qui me paroît le moins digne de vous posséder!

Qui peut, répondit-elle, vous avoir si bien instruit d'un amour que je ne croyois pas avoir fait éclater? C'est, lui répliquai-je, un rival de don Pèdre qui l'a pénétré. Et ce rival si pénétrant, reprit avec précipitation ma sœur, est apparemment Caravajal, pour qui vous avez la bonté de vous intéresser? Eh bien, puisqu'il a démêlé mes sentiments, je ne les désavouerai point. Oui, don Pèdre m'a su plaire, je ne vous le cèle pas. Je suis fâchée que vous n'estimiez point ce gentilhomme; mais sachez que je le regarde d'un œil si favorable, que je le préfère à Caravajal, comme à tous ses autres rivaux.

Oh! pour cela, ma sœur, interrompis-je avec quelque émotion, je ne puis m'accorder avec vous là-dessus. Je ne vois dans don Pèdre, pardonnez-moi ma franchise, qu'un tissu de mauvaises qualités. Il est bourru, emporté, plein de caprices, et je le crois avec cela très jaloux de son naturel. Qu'il soit tout ce que vous voudrez, interrompit à son tour la veuve de Bartolome d'un air brusque et chagrin, quelque mal que vous m'en puissiez dire, il sera mon époux; et c'est vouloir se brouiller avec moi pour jamais que d'entreprendre de me détacher de lui.

Ma sœur prononça ces paroles d'un ton de voix qui m'imposa silence. Je n'osai plus combattre sa sotte tendresse pour Retortillo, ni parler en faveur de Caravajal, qui fut obligé, avec tout son mérite, de céder la place à son indigne rival. J'en fus d'autant plus mortifié, que je sentois augmenter de jour en jour mon amitié pour l'un et mon aversion pour l'autre. Je détestai le caprice de Francisca, et je commençai à craindre que notre union ne fût pas de longue durée.

Effectivement, depuis cet entretien, ma sœur changea de conduite à mon égard; elle rabattit beaucoup des attentions et des déférences qu'elle avoit eues pour moi jusque-là. Elle affectoit même d'éviter ma conversation; et quand elle ne le pouvoit, elle me parloit d'un air glacé. Enfin, ne pouvant me pardonner de n'approuver pas le dessein qu'elle avoit d'épouser un homme haïssable, elle ne me regarda plus que comme un censeur incommode et fâcheux dont elle devoit se défaire. Aussitôt que je m'en aperçus je pris mon parti. Je sortis de sa maison, d'où je fis porter mes nippes à l'hôtel garni où j'avois auparavant demeuré, et je rejoignis mon ami don Manuel. Après cela, qu'on me vienne vanter la force du sang! quelque amitié qu'il y ait entre les frères et sœurs, il faut bien peu de chose pour l'altérer.

Après notre séparation, je cessai de voir Francisca, qui ne tarda guère à lier son sort à celui de don Pèdre par un hymen qui ne produisit pour elle que des fruits très amers, puisqu'au lieu de trouver dans son second mari l'humeur commode et complaisante du premier, elle reconnut qu'elle étoit tombée entre les mains du plus jaloux de tous les hommes. Dès le lendemain de leurs noces, tout changea de face dans la maison; l'entrée en fut interdite aux galants. Il n'y eut plus de jeu, plus de soupers. Don Pèdre changea de domestiques, et mit auprès de son épouse la duègne d'Espagne la plus rébarbative. En un mot, il fit une femme misérable de la plus heureuse de toutes les veuves. J'appris peu de temps après qu'il l'avait emmenée à la campagne avec Isménie, de manière que don Manuel fut obligé de se consoler de l'éloignement de sa maîtresse, comme moi de celui de ma sœur.

CHAPITRE XXVIII.

Don Manuel de Pedrilla se voyant dans la nécessité de retourner dans son pays, engage don Chérubin, son ami, à l'accompagner. De leur arrivée à Alcaraz.

Comme on oublie plus facilement une sœur qu'une maîtresse, je ne pensai plus à dona Francisca vingt-quatre heures après que je m'en fus séparé, au lieu que don Manuel eut besoin de huit jours pour chasser de son souvenir sa chère Isménie. Enfin nous ne songions plus à ces dames, lorsque mon ami reçut une lettre d'Alcaraz, par laquelle don Joseph, son père, lui mandoit que, se sentant frappé d'une maladie dont il ne pouvoit revenir, il souhaitoit de mourir dans ses bras. Don Manuel, fort affligé de cette nouvelle, se disposa dans le moment à obéir à son père; mais voulant en même temps accorder avec son devoir l'amitié qu'il avoit pour moi, il me pria de l'accompagner, et je ne pus m'en défendre.

Nous partîmes de Madrid suivis d'un valet, tous trois

montés sur de bonnes mules ; et nous prîmes le chemin d'Alcaraz, où nous arrivâmes en moins de six jours. Nous trouvâmes le bonhomme don Joseph prêt à faire le trajet de ce monde-ci à l'autre. Il y avoit dans sa chambre deux médecins, qui saluèrent don Manuel, en lui disant d'un air gai : Il y a trois jours que votre père devroit être mort; mais, grâce à la vertu de nos remèdes, et aux soins que nous avons eus de lui, nous avons prolongé sa vie jusqu'à votre retour : il désiroit la satisfaction de vous embrasser; nous la lui avons procurée. Quand ces docteurs auroient guéri leur malade, ils n'eussent pas paru plus contents. Cependant le vieillard, qui tiroit à sa fin, n'eut pas sitôt vu son cher fils, qu'il expira, et remplit de deuil sa maison.

Il laissoit après lui une vieille sœur, une jeune fille, et don Manuel. Ces trois personnes pleurèrent amèrement son trépas, et lui firent des funérailles dignes d'un gentilhomme qui avoit été officier général dans les armées du roi sous le règne précédent. Lorsqu'ils eurent essuyé leurs pleurs, et que don Manuel se fut mis en possession des biens de son père, il reparut dans le monde, et ne se refusa plus aux plaisirs de la société. Il fit son premier soin de me présenter aux plus honnêtes gens de la ville comme un gentilhomme de ses amis. Voilà le personnage que j'eus à jouer, et dont j'ose dire que je ne m'acquittai point mal. J'étois trop bien en habits et en argent pour faire une triste figure. Je donnois des fêtes aux dames, et, sans vanité, je ne m'attirois pas moins leur attention que mon ami.

On ne peut pas long temps fréquenter de jolies femmes sans payer le tribut qu'on leur doit. Don Manuel devint amoureux. Dona Clara de Palomar, jeune beauté d'Alcaraz, prit dans son cœur la place qu'Isménie y avoit occupée, et même y alluma une flamme plus vive. Pour moi je faisois ma cour aux dames en général, sans m'attacher à aucune en particulier; ce qui étonnoit fort mon ami. Don Chérubin, me disoit-il, toutes les dames d'Alcaraz auront-elles le honteux malheur d'avoir inutilement essayé sur vous leurs regards? Quelqu'une ne vengera-t-elle pas les autres de votre injurieuse indifférence?

Je riois des reproches de don Manuel; mais, hélas! il ne me les auroit pas faits s'il eût pu lire au fond de mon âme. Bien loin d'être insensible, je brûlois des feux les plus ardents pour sa sœur dona Paula : je l'adorois secrètement, comme on adore une divinité. Je n'avois garde de faire confidence à son frère d'une passion si audacieuse ; quelque amitié qu'il me témoignât, je m'imaginois que si je me déclarois, il se révolteroit contre ma témérité.

Je cachois donc bien soigneusement mon amour. Je pris même la vigoureuse résolution de le vaincre, et ce triomphe ne me parut pas impossible ; car, malgré ma préoccupation, je convenois que dona Paula n'étoit pas une beauté parfaite, et qu'il y avoit lieu d'espérer qu'en m'éloignant d'elle, je viendrois à bout de m'en détacher. Ayant donc formé le dessein de tenter le secours de l'absence, pour suivre le conseil d'Ovide, je dis à Pedrilla que je le priois de me permettre de retourner à Madrid; mais il s'opposa fortement à mon départ.

Est-ce là, me dit-il, cet ami qui me protestoit qu'il vouloit passer sa vie avec moi? Don Chérubin, ajouta-t-il, vous vous ennuyez dans ce séjour, ou bien je vous ai peut-être, sans y penser, donné quelque sujet de mécontentement. Non, lui répondis-je, mon cher don Manuel, je n'ai jamais été plus content de vous que je le suis. Pourquoi donc, répliqua-t-il, avez-vous envie de m'abandonner? Là-dessus il me fit de si pressantes instances pour savoir mon secret, que je le lui révélai. Voilà, lui dis-je ensuite, ce qui m'oblige à m'éloigner d'Alcaraz, et vous devez approuver ma résolution.

Don Manuel, après m'avoir attentivement écouté, prit un air sombre et chagrin. Je crus que, malgré l'amitié qui nous unissoit, la fierté de ce gentilhomme se révoltoit contre un téméraire qui élevoit trop haut sa pensée; et, dans cette erreur, j'ajoutai qu'il ne devoit pas s'offenser de l'aveu d'une passion que j'avois condamnée au silence, et qu'il auroit toujours ignorée s'il ne m'eût pas forcé de la lui découvrir. En jugeant ainsi de don Manuel je ne lui rendois pas justice. Don Chérubin, me dit-il, je suis au désespoir que vous ne m'ayez pas plus tôt fait connoître vos sentiments pour ma sœur: je l'ai promise, il y a huit jours, à don Ambroise de Lorca. Que ne l'avez-vous prévenu? Je n'aurois point donné ma parole à ce gentilhomme, quoique ce soit peut-être le parti le plus avantageux qui puisse se présenter pour ma sœur.

Je fus accablé de cette nouvelle, et don Manuel parut fort touché du saisissement qu'elle me causa. Mais, changeant tout à coup de visage: Mon ami, me dit-il d'un air consolant, le mal n'est pas sans remède. Je me souviens qu'il y a dans mon engagement avec Lorca une circonstance qui peut le rendre nul: je ne lui ai promis ma sœur, qu'à condition qu'elle souscriroit sans répugnance à ma promesse. Réglez-vous là-dessus. Faites bien votre cour à dona Paula. Je vous fournirai de fréquentes occasions de la voir et de l'entretenir en particulier. Tâchez de lui plaire ; et, si vous en venez à bout, je me charge du reste. Ces paroles me rappelèrent, pour ainsi dire, à la vie. Je commençai à me flatter que je pourrois bien devenir l'époux de dona Paula. Je ne craignois qu'une chose : j'avois peur que cette dame ne fût prévenue en faveur de mon rival ; et c'étoit en effet de là que mon sort dépendoit. Heureusement, dès la première conversation que j'eus avec elle, je perdis ma frayeur ; je remarquai même que don Ambroise étoit haï : ce que j'eus la vanité de regarder comme un présage d'amour pour moi.

CHAPITRE XXIX.

Don Chérubin se fait aimer de dona Paula. Don Ambroise de Lorca, son rival, presse don Manuel de la lui accorder. Il la lui refuse. Suite funeste de ce refus. Don Manuel et don Chérubin vont se battre avec lui. Ils sont les vainqueurs.

EFFECTIVEMENT, je ne me flattai point d'une trompeuse espérance. A force de faire, tantôt le languissant, tantôt le mourant, tantôt le passionné, j'obligeai dona Paula de m'avouer qu'elle étoit sensible à ma tendresse. Il est vrai que le frère et la tante ne contribuèrent pas peu à lui faire agréer mes soins par le bien qu'ils lui disoient de moi tous les jours : de sorte que je me vis bientôt dans cette ravissante situation où se trouve un amant chéri qui est sur le point d'épouser ce qu'il aime.

D'un autre côté, mon rival, aussi amoureux que moi pour le moins, et comptant sur la promesse de Pedrilla, le pressoit vivement de la tenir. Don Manuel, lui dit-il un jour, il semble que vous ayez perdu l'envie d'être mon beau-frère. Parlez-moi franchement, auriez-vous changé de sentiment, au mépris de votre parole donnée ? Non, lui répondit don Manuel ; mais ressouvenez-vous qu'en vous promettant ma sœur, je vous déclarai que je ne prétendois pas la marier malgré elle. Vous devez m'entendre. Je suis fâché de vous le dire, son cœur est échappé à vos galanteries.

A d'autres, interrompit don Ambroise en rougissant de honte et de dépit, car c'étoit un noble des plus fiers et des plus glorieux ; ce n'est point à moi qu'on en fait accroire : je suis mieux informé que vous ne pensez de ce qui ce passe. Je sais tout. Vous voulez préférer à un homme de ma qualité le fils d'un petit juge de village, un bourgeois à qui je ferai donner les étrivières pour punir son audace et son insolence. Ce bourgeois, lui dit Pedrilla, porte une épée, et je vous apprends que ses ennemis sont les miens. Cela étant, reprit Lorca, trouvez-vous demain tous deux, au lever du soleil, à l'entrée des montagnes de Bogarra ; vous y verrez un homme disposé à vous faire connoître qu'on ne lui manque pas de parole impunément.

En prononçant ces mots d'un air menaçant, il se retira plein d'impatience d'être au lendemain. Mon ami vint me rendre compte de cette conversation, et ne me fit pas grand plaisir en m'annonçant qu'il falloit nous préparer à nous battre. Il avoit beau se montrer courageux jusqu'à se faire un jeu de cet appel, je ne m'en faisois qu'une image très désagréable. Néanmoins, quoique je sentisse frémir la nature, je ne laissai pas d'affecter par honneur de paroître résolu. Je pris même un air d'intrépidité, dont je suis sûr que mon ami fut la dupe. Mais tout cela ne me rendoit pas plus vaillant, et, dans le fond de l'âme, j'aurois voulu la partie rompue.

Je dirai plus, pour accommoder les choses, je fis la nuit un plan de pacification, par lequel je cédois de bonne grâce ma maîtresse à mon rival. Véritablement je rejetai ensuite une pensée si lâche : je me représentai le mépris dans lequel je tomberois, si je ne marquois pas de la fermeté dans cette occasion, et qu'enfin je perdrois avec mon honneur l'estime de mon ami, et l'objet de mon amour. Ces réflexions m'échauffèrent peu à peu, et m'inspirèrent tant de courage, que je ne respirai plus que le combat.

Je me levai dans cet accès de bravoure pour voler au rendez-vous avec don Manuel, qui, sans le secours de l'amour, étoit dans la même disposition que moi. Nous montâmes sur nos deux meilleurs chevaux, et nous piquâmes vers Bogarra. Don Ambroise y étoit déjà avec un autre cavalier. Nous nous joignîmes tous quatre ; et nous étant salués de part et d'autre, Lorca dit à don Manuel : Êtes-vous toujours dans la résolution de me refuser votre sœur après me l'avoir promise? Oui, lui répondit Pedrilla, et vos menaces m'ont confirmé dans ce dessein, au lieu de m'en détourner. Vous n'avez donc, répliqua don Ambroise, qu'à descendre, votre Chérubin et vous.

Il ne fut point obligé de nous le dire deux fois ; nous mîmes pied à terre dans le moment. Nos ennemis firent la même chose. Nous attachâmes nos chevaux à des arbres qui bordoient le grand chemin, et nous nous présentâmes fièrement les uns devant les autres. Don Ambroise attaqua don Manuel, et j'eus affaire à l'autre cavalier, qui joignoit à l'avantage d'être bon escrimeur, celui d'avoir à se battre contre un homme qui ne savoit seulement pas manier une épée. Cependant, je ne sais par quel hasard, je fis sentir à ce spadassin la pointe de ma lame si rudement, que je l'étendis sur le carreau. Dans le temps que mon homme tomba sous mes coups, don Manuel eut aussi le bonheur d'expédier le sien ; de sorte que nous demeurâmes maîtres du champ de bataille.

CHAPITRE XXX.

Ce que firent don Manuel et don Chérubin après cette aventure. Ils sont poursuivis par la famille de don Ambroise de Lorca, et sont obligés de se retirer dans un monastère. Rare portrait d'un supérieur de couvent.

La première chose que nous jugeâmes à propos de faire après ce triste événement, fut de penser à notre sûreté. Don Ambroise étoit parent du gouverneur

CHAPITRE XXX.

d'Alcaraz, et nous pouvions compter que ce gouverneur mettroit la Sainte-Hermandad à nos trousses dès qu'il seroit informé de notre combat. Il faut ajouter à cela que le cavalier qui avoit eu le malheur d'étrenner ma rapière, étoit d'une famille qui avoit aussi beaucoup de crédit. D'un autre côté, dans quelque endroit du monde qu'il nous prît envie de nous retirer, il nous falloit de l'argent. Tout cela bien considéré, nous résolûmes de regagner Alcaraz avant qu'on y sût la mort de Lorca, de nous munir d'or et de pierreries, et de nous sauver à Barcelonne pour nous y embarquer sur le premier vaisseau qui mettroit à la voile pour l'Italie.

Sitôt que nous eûmes formé ce dessein, nous retournâmes en toute diligence au logis, où, sans perdre de temps, nous nous chargeâmes de tout ce que nous pûmes emporter de pistoles et de bijoux; ensuite nous dîmes adieu à doña Paula et à sa tante, après être convenus avec elles des moyens d'avoir secrètement ensemble un commerce de lettres. Nous partîmes pour Barcelonne, suivis d'un seul valet; mais ne trouvant point, en arrivant dans cette ville, l'occasion de passer en Italie, nous fûmes obligés, en l'y attendant, de nous arrêter quelques jours.

On ne sauroit s'imaginer ce que je souffris pendant ce temps-là. Il faut avoir fait un mauvais coup pour concevoir les alarmes et les inquiétudes qui troublèrent mon repos. Quoique j'eusse tué mon cavalier en galant homme, je n'avois pas moins de peur de tomber entre les mains de la justice que si j'eusse commis un assassinat. Je croyois voir sans cesse des archers qui venoient fondre sur moi. Quand j'apercevois quelqu'un qui m'envisageoit, je le prenois pour un espion payé pour me suivre. Enfin, j'avois le jour mille frayeurs, et la nuit je faisois des songes funestes.

Outre les craintes continuelles dont j'étois la proie, je ne me souvenois pas sans remords de ce que j'avois fait. Je me repentois d'avoir donné la mort à un cavalier, au lieu d'avoir suivi le plan de pacification qui m'étoit venu dans l'esprit la veille du jour de notre combat. J'en avois d'autant plus de regret, qu'il me sembloit que je n'aimois plus tant dona Paula : ce qu'il falloit attribuer à l'horrible situation où j'étois, l'amour se plaisant à régner seul dans un cœur, et n'y pouvant souffrir que les craintes et les inquiétudes qu'il cause lui-même aux amants.

Tandis que nous étions agités, don Manuel et moi, de toutes les terreurs qui accompagnent un homme que poursuit la justice, Mileno, notre valet, les augmenta un soir, en nous disant qu'il venoit de voir descendre à la porte d'une hôtellerie des gens qui lui étoient suspects, et qu'il croyoit même avoir reconnu parmi eux un alguazil d'Alcaraz. Mais, ajouta-t-il, je puis m'être trompé : pour savoir la vérité, je vais me glisser subtilement dans cette hôtellerie.

Nous laissâmes faire ce garçon, dont nous connoissions l'adresse, et qui, revenant nous joindre deux heures après, nous dit : L'avis que je vous ai donné n'est que trop vrai. Un alguazil et des archers sont à vos trousses ; ils vont vous chercher d'hôtellerie en hôtellerie, et vous ne devez pas douter qu'ils ne viennent dans celle-ci : vous n'avez point de temps à perdre si vous voulez leur échapper. Allez vite demander un asile dans quelque monastère : c'est le seul endroit où vous puissiez être en sûreté.

Nous jugeâmes que Mileno avoit raison. Nous nous réfugiâmes chez les carmes déchaussés, dont le supérieur nous reçut à bras ouverts lorsque nous eûmes dit que nous étions deux gentilshommes qu'une affaire d'honneur obligeoit à se cacher. Il est vrai que, pour mieux l'engager à nous faire l'hospitalité, nous lui laissâmes entrevoir dans nos discours que nous étions en état de la bien payer. Il voulut, avant toutes choses, être informé de l'aventure qui nous réduisoit à la nécessité de chercher une retraite. Nous ne lui celâmes rien ; et lorsque nous lui eûmes tout conté, il nous dit : Votre affaire peut s'accommoder ; les cavaliers qui ont succombé sous vos coups se sont eux-mêmes attiré leur malheur. Ne songez plus à vous embarquer pour l'Italie. Il n'est pas besoin que vous fassiez ce voyage pour vous mettre en sûreté : demeurez tranquilles dans ce couvent, vous y serez à couvert du ressentiment de vos ennemis ; et j'espère que, par le crédit de mes amis, je vous tirerai de l'embarras où vous êtes.

Nous remerciâmes sa révérence de la bonté qu'elle avoit d'entrer ainsi dans nos intérêts ; et c'étoit en effet un grand bonheur pour nous. Ce supérieur avoit sous sa direction les premières personnes de la ville, et, entre autres, le gouverneur don Guttière de Terrassa, dont il étoit fort considéré. Le nom du père Théodore emportoit dans Barcelonne une idée d'homme de bien, ou plutôt d'homme de Dieu. Ce carme joignoit à cela beaucoup d'esprit ; mais ce qu'il avoit de plus admirable, c'étoit une humeur gaie, qu'il savoit concilier avec une vie dure et mortifiée. Il passoit les trois quarts de la nuit à prier et à méditer; il employoit la matinée à prêter l'oreille aux pécheurs qui vouloient se convertir par son ministère; et l'après-dînée, dans ses heures de récréation, il avoit, avec les honnêtes gens qui le venoient voir, des entretiens dans lesquels il faisoit paroître l'esprit et toute la gaieté d'un homme du monde. De tels religieux sont aujourd'hui bien rares.

Le père Théodore, tel que je viens de le peindre, nous fit donner deux cellules, où il y avoit deux grabats composés chacun d'une paillasse et d'un matelas fort mince, et qui pourtant, tout durs qu'ils étoient, pouvoient passer pour des lits mollets en comparaison de ceux des religieux de ce couvent. Seigneurs cavaliers, nous dit ce saint supérieur, ne vous attendez point à trouver dans cet asile toutes les commodités que vous auriez dans le monde : outre que vous serez ici fort mal couchés, on ne vous y servira que notre pitance, qui n'est propre qu'à ôter la faim sans piquer la sensualité. Mais, ajouta-t-il en souriant, je crois que vous voudrez bien souffrir cette petite mortification pour apaiser le ciel que vous avez irrité contre vous par votre combat. Nous nous soumîmes volontiers à cette légère pénitence. Je dirai même qu'en peu de jours nous nous accoutumâmes à la dureté de nos lits, et à la frugale portion des moines, comme si nous n'eussions jamais été couchés plus mollement ni mieux nourris.

CHAPITRE XXXI.

De quelle façon tourna l'affaire de don Chérubin et de don Manuel, par l'entremise et les protections du père Théodore. De la résolution que prit subitement le premier, et de quelle manière il l'exécuta. Il va entendre l'exhortation d'un religieux à un mourant. Édification de don Chérubin. Il déclare à son ami don Manuel sa résolution, et ils se quittent.

Le père Théodore ne négligea point notre affaire : pour l'accommoder, il eut recours au crédit du gouverneur de la principauté de Barcelonne, son pénitent, qui, voyant que sa révérence y prenoit beaucoup de part, n'épargna rien pour la terminer à l'amiable. Ce seigneur écrivit de la manière du monde la plus forte aux parents de don Ambroise de Lorca, et, entre autres, au gouverneur d'Alcaraz, dont, par bonheur pour nous, il étoit intime ami.

Comme don Ambroise avoit été l'agresseur, ses parents n'étoient pas si animés contre nous qu'ils l'auroient été s'il eût eu raison. Ils sacrifièrent sans peine leur ressentiment à don Guttière, et aux démarches que la famille de don Manuel fit pour les apaiser. Ils cessèrent de nous poursuivre, et cette affaire fut entièrement finie au bout de six mois. Je ne doute point que le lecteur ne s'imagine qu'après cela nous retournâmes gaiement à Alcaraz, mon ami et moi, pour y épouser nos maîtresses; mais il se trompe. Je demeurai à Barcelonne, où il m'arriva ce que je vais raconter.

Pendant qu'on travailloit à notre accommodement, j'avois souvent des entretiens avec le père Théodore; et plus je le voyois, plus j'étois charmé de lui. Il avoit un air de satisfaction que j'admirois; je le lui disois souvent, et il me répondoit toujours que si je voulois l'avoir aussi, je n'avois qu'à passer ma vie dans ce monastère. Considérez bien nos religieux, me dit-il un jour, vous lirez sur leur visage la tranquillité qui règne dans leur conscience. Vous êtes, ajouta-t-il, si occupé de vos affaires, que vous n'avez pas encore pris garde à cela, quoique ce soit une chose qui mérite d'être remarquée.

J'y fis attention, et véritablement j'en fus édifié. J'étois étonné de voir des hommes si satisfaits d'un genre de vie si austère. Je commençai à rechercher leur conversation par curiosité. Je les engageois à parler, pour savoir s'ils jouissoient effectivement d'une paix intérieure qu'aucun chagrin ne troubloit. Je trouvai leurs discours d'accord avec leurs visages; et j'eus lieu de penser qu'ils étoient aussi contents qu'ils le paroissoient. Cela me fit faire des réflexions qui m'agitèrent terriblement. Comment donc, dis-je en moi-même, il y a des mortels assez détachés des biens et des plaisirs du monde pour leur préférer la solitude des cloîtres! Que leur bonheur est digne d'envie!

Entre ces vénérables religieux, il y en avoit un qui se distinguoit par un talent aussi rare qu'utile. Il sembloit n'avoir qu'une fonction; et cette fonction consistoit à confesser les malades, et à les exhorter à la mort. On le venoit chercher à toutes les heures du jour et de la nuit pour aller disposer des mourants à faire une fin chrétienne. Ayant entendu dire qu'il s'acquittoit à ravir d'un si triste emploi, il me prit envie d'accompagner ce père une nuit. Il s'agissoit d'engager à se confesser un vieux gentilhomme catalan, qui, pendant quarante ans pour le moins, avoit mené une vie de miquelet. Deux ecclésiastiques y avoient déjà renoncé, n'ayant pu tenir contre les injures dont il les avoit accablés en les voyant seulement paroître dans sa chambre.

Ce pécheur endurci ne fit pas d'abord à notre carme une réception plus gracieuse. Retire-toi, moine, lui cria-t-il, ta figure me déplaît ; et ces paroles furent suivies d'une infinité d'autres pleines de fureur. Le religieux, au lieu de se rebuter, répondit avec douceur à ses emportements, et s'arma d'une patience infatigable. Le malade en fut étonné. Que venez-vous faire ici, père ? lui dit-il ; retirez-vous. Un aussi grand pécheur que moi doit vous épargner des discours superflus : je suis trop coupable pour échapper à la justice divine.

Alors le père Séraphin, c'est ainsi que se nommoit le carme, étendit les bras, et adressa ces paroles au ciel, d'un ton qui émut toutes les personnes qui étoient présentes : O divin Sauveur ! père des miséricordes, vous voyez une de vos créatures prête à tomber dans le désespoir. Faites-lui la grâce, par mon organe, de la préserver de ce malheur. Jetez sur elle un œil de pitié. Que votre bonté, Seigneur, la dérobe à votre justice. Le malade fut effrayé de cette apostrophe, et demanda au religieux s'il lui étoit permis de concevoir quelque espérance de salut après avoir commis tant de péchés.

Là-dessus notre saint carme, emporté par son zèle, s'approcha du gentilhomme; et, se répandant en discours sur la miséricorde de Dieu, il lui en tint de si consolants et de si pathétiques, qu'il fit fondre en pleurs tous ceux qui l'écoutoient. Pour rendre son exhortation plus touchante encore et plus efficace, il l'accompagnoit de ses larmes, dont il baignoit les joues du malade en l'embrassant à tout moment. Il y avoit de l'onction dans la manière dont il disoit les choses autant que dans les choses mêmes. Aussi le gentilhomme en fut si pénétré, qu'il rentra en lui-même, se repentit de ses fautes, et mourut, du moins en apparence, parfaitement converti.

Je ne regardai plus après cela le père Séraphin qu'avec admiration. Je recherchai son amitié, qu'il ne put refuser à un homme dans lequel il entrevit une disposition prochaine à devenir dévot, comme en effet de jour en jour je me sentois plus de goût pour la retraite; et les entretiens que j'avois, tantôt avec ce père, et tantôt avec le supérieur, m'inspirèrent insensiblement le désir d'y passer le reste de ma vie; et ce désir se tourna bientôt en résolution. Je fis confidence d'un si louable dessein au père Théodore, qui le combattit, moins pour m'en détourner, que pour éprouver la fermeté de mes sentiments. Mon cher enfant, me dit-il, quand votre affaire sera terminée, vous penserez peut-être autrement que vous ne faites aujourd'hui. Non, mon père, lui répondis-je, non; je veux mourir dans ce monastère sous votre habit.

Tandis que j'étois dans cette disposition, notre affaire s'accommoda. Le supérieur, après m'avoir annoncé

CHAPITRE XXXI.

cette nouvelle, me dit d'un air riant : Hé bien, mon fils, qui vit présentement dans votre esprit, du monde ou de la solitude, de l'abondance où de la pauvreté ? Il ne tient qu'à vous de retourner à Alcaraz, où la main d'une jeune et belle personne vous attend. Pourrez-vous préférer à un sort si charmant les rudes travaux de la pénitence ? Consultez-vous bien avant que vous vous déterminiez.

Je répondis au père Théodore que j'avois fait toutes mes réflexions, et que je souhaitois d'augmenter le nombre de ses religieux. J'ajoutai à cela que je voulois, en prenant l'habit, lui remettre tout le bien que je possédois, et dont je faisois présent à sa communauté ; à quoi d'abord il fit difficulté de consentir, de peur qu'on ne dît dans le monde qu'il m'avoit séduit. Je combattis sa délicatesse, qui résista long-temps à ma pieuse intention ; néanmoins, comme sa révérence vouloit que la volonté du ciel se fît en toutes choses, elle eut la bonté de me sacrifier sa répugnance.

Je n'avois point encore parlé de mon projet à don Manuel, qui étoit fort éloigné de le pénétrer. Il s'apercevoit bien que je devenois dévot à vue d'œil ; mais il ne me croyoit pas homme à pousser la dévotion jusqu'à vouloir prendre le froc. S'imaginant que j'étois toujours épris de sa sœur, comme lui de dona Clara, il ne fut pas peu surpris lorsque après notre affaire finie, je l'informai du changement qui s'étoit fait en moi, et du dessein que j'avois pris d'entrer dans l'ordre des carmes déchaussés.

J'avois compté, me dit-il, que nous retournerions tous deux à Alcaraz, où vous épouseriez ma sœur ; que nous n'y ferions qu'une famille, et qu'enfin la mort seule nous séparerait. C'est, lui répondis-je, ce que je me promettois aussi quand nous sommes venus dans ce couvent. Je me faisois une idée charmante de vivre avec vous et dona Paula; mais le ciel en ordonne autrement. Il m'a parlé du ton dont il parle aux cœurs qu'il veut arracher aux délices du siècle. Je ne me fais plus un plaisir de ceux que l'hymen le plus doux peut offrir à la pensée; ou plutôt je m'en fais un de les sacrifier tous. Heureux, si ce sacrifice peut expier les désordres de ma vie passée!

Je redoublai par ce discours l'étonnement de don Manuel. S'il étoit permis, reprit-il, de murmurer contre le ciel, je lui reprocherois de m'avoir enlevé le plus cher de mes amis. Au lieu de vous plaindre du ciel, lui repartis-je, craignez plutôt qu'il ne mette au nombre de vos plus grandes fautes celle de n'avoir pas profité comme moi des bons exemples que les religieux de ce monastère nous ont donnés. Cependant, mon cher don Manuel, il en est temps encore. Laissez vos biens à votre sœur, et renoncez courageusement à dona Clara. L'amour n'est pas une passion qui soit invincible, et le souvenir d'une maîtresse ne tiendra pas ici long-temps contre le secours que la grâce vous prêtera pour en triompher. Allons, poursuivis-je, mon ami, faites un effort pour rompre des liens qui vous attachent au monde. Demeurez dans ce couvent pour y partager avec moi les douceurs d'une tranquillité qu'on ne peut trouver que dans la retraite. Quel contentement pour moi, si je vous voyois prendre cette résolution!

Ne l'espérez pas, me dit don Manuel : je vous admire

CHAPITRE XXXI.

sans pouvoir vous imiter. Nous ne sommes pas tous nés pour le cloître. Il est beau, pour l'honneur du christianisme, qu'il y ait des personnes qui soient détachées de la terre, et qui vivent fort austèrement; mais on peut faire son salut dans toutes les conditions de la vie, en en remplissant bien les devoirs. Demeurez donc, ajouta-t-il, dans cette sainte solitude, puisque le ciel vous y arrête : mais il a sur moi d'autres vues; il veut que je retourne à Alcaraz, et que je garde la foi jurée à doña Clara.

Tel fut le dernier entretien que j'eus à Barcelonne avec mon ami, et que nous finîmes par des embrassements mutuels. Adieu, don Chérubin, me dit-il d'un air attendri, puissiez-vous toujours persévérer dans la ferveur qui vous anime! Je soutins avec plus de fermeté que lui notre séparation; et à peine fut-il parti, que je commençai à l'oublier : ce qui me fit croire que j'avois de la disposition à me dépouiller de toute affection terrestre, et que je pourrois acquérir avec le temps cette sainte dureté, qui rend un religieux insensible à la voix du sang et de l'amitié.

CHAPITRE XXXII.

Comment, après six mois de noviciat, la ferveur de don Chérubin se trouve ralentie. De sa sortie du couvent, et du nouveau parti qu'il prend. Il rencontre par hasard le licencié Carambola. Sa conversation avec lui. Il prend le parti de se mettre encore gouverneur de quelque enfant. Ce qui l'en détourne.

Je portai pendant six mois l'habit de novice avec plaisir, m'acquittant avec ardeur de tous mes devoirs, et comptant bien que je passerois le reste de mes jours dans ce monastère. Malheureusement pour moi, le père Théodore fut obligé de quitter Barcelonne, et de se rendre à Madrid, pour y remplir la place de supérieur dans le grand couvent des carmes déchaussés. Pour surcroît de mortification, je perdis en même temps le père Séraphin, qui mourut d'une pleurésie qu'il avoit gagnée à force de s'échauffer en exhortant un alguazil malade à faire une bonne fin.

Je fus vivement affligé de la perte de ces deux religieux. Privé de ces guides, qui me conduisoient sûrement dans la voie du salut, je demeurai livré à moi-même. Je ne tardai guère à ressentir la tyrannie des passions dont je m'étois cru délivré : elles portèrent de si vives atteintes à ma vocation, qu'elle n'y put toujours résister. Néanmoins, avant qu'elle y succombât, je fis tous mes efforts pour la soutenir. Je cherchai du secours contre ma foiblesse; et m'imaginant que j'en trouverois dans les conversations de quelques novices qui me paroissoient bien appelés, je dis un jour à l'un d'entre eux : Mon cher frère, que vous êtes heureux d'avoir oublié le monde, et de fournir votre carrière avec tant de courage ! Que ne puis-je vous ressembler !

Le novice me répondit : Si vous lisiez dans mon cœur, vous n'envieriez point ma situation. Ma famille m'a forcé de me rendre carme, et je suis réduit à faire de nécessité vertu : jugez si je puis être aussi content de mon état que vous le pensez. Un autre novice me dit que s'étant fait moine de regret d'avoir perdu une dame qu'il aimoit, il sentoit bien qu'il étoit consolé de sa perte ; mais qu'il y avoit des moments où il se repentoit de ne s'être pas servi d'un autre moyen de l'oublier. Je crois que si j'eusse interrogé tous les novices, j'en aurois encore trouvé plus d'un peu satisfait de sa condition.

Quoi qu'il en soit, je me dégoûtai de la vie monacale ; et, reprenant mon habit séculier, je sortis du couvent comme d'une prison, ravi de me revoir en liberté ; quoique sans argent ; car j'avois donné tout le mien à ces bons religieux, et c'étoit à quoi il ne falloit plus penser. Je ne laissai pas de me trouver un peu embarrassé, et je ne savois à quoi me déterminer. Je ne pouvois me résoudre à retourner à Alcaraz, ignorant de quel œil doña Paula me regarderoit. J'aimois mieux renoncer au plaisir de la voir, que de courir le risque d'en être mal reçu, outre que je n'étois pas trop assuré de retrouver mon ami dans don Manuel marié.

Je ne savois donc ce que je devois faire, lorsque le licencié Carambola, que je ne m'attendois plus à revoir de ma vie, s'offrit tout à coup à mes yeux dans la rue. Nous fûmes également étonnés de nous rencontrer tous deux dans la capitale de la Catalogne. Vous à Barcelonne, lui dis-je, en l'embrassant! Vous y êtes bien vous-même, me répondit-il : qu'est-ce que vous y êtes venu faire? Une sottise, lui repartis-je. En même temps je lui appris ma dernière équipée. Après m'avoir écouté jusqu'au bout, il me dit que j'avois été bien prompt à me défaire de mon argent, et que je n'aurois dû le livrer qu'à condition qu'il me seroit rendu si je n'achevois pas mon noviciat. La faute en est faite, interrompis-je, mon ami; n'en parlons plus. Ce qu'il y a de consolant pour moi, c'est que ces bons pères, en me disant adieu, m'ont assuré que j'aurai part aux prières qu'ils feront pour les bienfaiteurs de leur couvent.

Pour obliger le licencié à me raconter à son tour ce qu'il avoit fait depuis notre séparation : Pourquoi, lui dis-je, avez-vous abandonné le séjour de Madrid, et le petit bâtard confié à vos soins? Le conseiller du conseil des Indes, son père putatif, vous auroit-il congédié par caprice? Non, me répondit-il, c'est moi qui l'ai quitté par raison. Je vais vous en apprendre le sujet.

Monsieur le licencié, me dit un jour ce magistrat, je suis dans l'habitude de me faire lire pendant la nuit quelque livre pour m'endormir; sans cela je ne pourrois fermer l'œil. Mon lecteur ordinaire est tombé malade. Voulez-vous bien prendre sa place jusqu'à ce que sa santé soit rétablie? vous me ferez plaisir. Très volontiers, Monsieur, lui répondis-je, ne sachant pas à quelle peine je m'exposois : et dès le soir même, sitôt qu'il fut au lit, je m'assis à son chevet, ayant devant moi une petite table, sur laquelle il y avoit un vieux bouquin espagnol, qu'on appeloit par excellence au logis le *Pavot du patron*, avec une tranche de jambon, du pain, un verre, et une bouteille de vin pour rafraîchir le lecteur.

Je pris le livre, et j'en eus à peine lu quelques pages, que mon conseiller s'assoupit. Quand je le crus bien endormi, je suspendis ma lecture pour reprendre haleine, ou plutôt pour boire un coup : mais il se réveilla dans le moment; ce qui fut cause que je me remis promptement à lire. O prodige étonnant! dix lignes de ce livre admirable replongèrent le magistrat dans le sommeil. Alors, saisissant d'une main le verre et de l'autre la bouteille, je sablai un bon coup de vin de Lucène. Je voulus ensuite manger un morceau de jambon, m'imaginant que le juge m'en donneroit le temps; mais je me trompai : il se réveilla si vite, que je ne pus me satisfaire.

Je reprends aussitôt ma lecture, j'endors mon homme pour la troisième fois ; et, pour rendre son sommeil plus profond, je lis jusqu'à trois pages mortelles. Après lui avoir fait avaler une si forte dose d'opium, je crois mon conseiller endormi pour long-temps. Pardonnez-moi, le bourreau se réveille à l'instant ; et, remarquant que j'ai le verre à la bouche, il s'écrie d'un air brusque : Hé, que diable, monsieur le licencié, vous ne faites que boire! Et vous, Monsieur, lui répondis-je, vous ne faites que vous endormir et vous réveiller. Vous n'avez, s'il vous plaît, qu'à vous pourvoir dès demain d'un autre lecteur. Je ne veux plus prêter si désagréablement mes poumons, quand vous doubleriez mes honoraires. C'est pourtant, reprit le magistrat, à quoi vous devez vous résoudre, si vous souhaitez de continuer l'éducation de mon fils. Voyant qu'il me mettoit ainsi le marché à la main, vous connoissez la vivacité biscayenne, je lui répondis fièrement. Nous nous brouillâmes là-dessus, et le lendemain nous nous séparâmes.

Quelques jours après, poursuivit le licencié, un de mes amis me proposa d'élever le fils d'un gentilhomme catalan. J'acceptai la proposition. Il me présenta au père, qui m'arrêta, et m'emmena de Madrid à Barcelonne, où je suis depuis six mois. Êtes-vous, lui dis-je, satisfait de votre poste? Très satisfait, me répondit-il. Les parents de mon disciple sont de bonnes gens. J'ai bien la mine de demeurer long-temps chez eux. L'enfant, qui ne fait que d'entrer dans sa huitième année, est un enfant que le père et la mère idolâtrent, et gâtent par l'aveugle complaisance qu'ils ont pour lui. Quelque espiéglerie qu'il fasse, on n'en fait que rire: on lui passe tout. Il m'est défendu, non-seulement d'en venir avec lui aux voies de fait, mais même de le gronder, de peur de le rendre malade en le chagrinant. Aussi, bien loin de le corriger quand il le mérite, j'applaudis à ses actions. En un mot, j'encense l'idole, et je m'en trouve bien. Par là je me fais aimer de mon élève et de ses parents, qui ont pour moi des considérations infinies.

Je félicitai Carambola sur son heureuse situation; après quoi, nous étant embrassés réciproquement, nous nous séparâmes tous deux avec promesse de nous revoir. Lorsque je l'eus quitté, je me replongeai dans les réflexions. Quel parti vais-je prendre, disois-je, pour me tirer de l'indigence où je me trouve? Si j'avois mon habit de bachelier, je me remettrois dans le préceptorat. Mais ne puis-je, sous celui dont je suis revêtu, faire à peu près le même métier? Pourquoi non? Je n'ai qu'à chercher quelque grande maison où l'on ait besoin d'un gouverneur pour conduire un jeune homme qu'on veut mettre dans le monde. Je ferai ce personnage aussi bien que celui de précepteur.

Je m'arrêtai à cet emploi, que je me proposai d'exercer dès que l'occasion s'en présenteroit. Cependant le ciel, qui avoit d'autres vues sur moi, en ordonna autrement, et changea tout à coup la face de ma fortune, par un événement auquel je ne me serois jamais attendu, et qui fut précédé d'un songe trop singulier pour n'être pas raconté.

CHAPITRE XXXIII.

Du songe que fit don Chérubin, et du changement subit qui arriva dans sa fortune. Mécontentement qu'il reçoit des religieux. Il devient un riche héritier. Son inclination pour Narcisa.

Je rêvai que j'étois dans la ville de Mexique, dans un superbe appartement, où je voyois mon frère don César en robe de chambre, assis dans un fauteuil, et dictant les articles de son testament à un notaire qui les écrivoit. Il y avoit auprès de lui un coffre-fort, d'où tirant des sacs remplis de pièces d'or, il me les montroit, en me disant : Tiens, don Chérubin, mon cher frère, voilà le fruit de mon voyage et des mouvements que je me suis donnés dans les Indes pour m'enrichir. Je te laisse en mourant tous ces biens ; ils sont à toi. Ensuite il me faisoit manier des doublons, que j'étois si aise de toucher, que je me réveillai de plaisir, croyant en tenir une poignée.

Ce songe fit une si forte impression sur moi, que j'en fus tout ému à mon réveil. Au lieu de le regarder comme une chimère, je pensai sérieusement que c'étoit un secret avis que mon bon génie me donnoit de quelque bonheur prochain. Cela se peut, disois-je : après toutes les histoires que j'ai ouï conter là-dessus, je crois qu'il y a des songes mystérieux ; et si cela est, le mien en doit être un certainement. Mon frère est peut-être mort, et laisse après lui des richesses qui m'appartiennent. Je fus surtout si frappé de cette idée, que si j'eusse été bien en argent, j'aurois, je crois, été assez fou pour aller recueillir sa succession dans la Nouvelle-Espagne. Enfin, sur la foi de ce songe, je me levai plein de joie ; et, pressentant une bonne fortune, j'allai me promener dans la ville.

Comme je traversois le marché de Notre-Dame-del-Mar, j'aperçus, à la porte de l'église du même nom, plusieurs personnes qui lisoient attentivement une pancarte qu'on y venoit d'afficher. Curieux de la lire aussi, je fendis la presse pour m'en approcher, et je ne fus pas peu surpris de la trouver conçue dans ces termes : « Le public est averti qu'un particulier, nommé don César de la Ronda, venu des Indes occidentales avec de l'argent et des marchandises à Séville, y est mort deux jours après son arrivée. Ceux ou celles qui sont en droit de prétendre à sa succession n'ont qu'à se rendre à Séville avec leurs titres, et on leur délivrera ses effets, suivant l'inventaire qui en a été fait par ordre de nos seigneurs les juges du commerce. »

Je lus jusqu'à quatre fois cette affiche, n'osant me fier tout-à-fait au rapport de mes yeux; néanmoins, ne pouvant plus douter de mon bonheur, j'entrai dans l'église pour en remercier Dieu. Je n'oubliai pas don César dans ma prière. Je pleurai sa mort, mais de manière qu'on n'auroit pu distinguer si mes pleurs étoient des marques de douleur ou de joie. Il ne tiendroit qu'à moi, pour faire honneur à mon naturel, de dire que je ne fus sensible qu'au trépas de mon frère; mais, outre qu'on pourroit douter de ma sincérité, je suis ennemi du mensonge, et j'avouerai franchement que je pleurai don César, comme un bon cadet pleure un aîné qui l'enrichit.

Tout ce qui me faisoit de la peine, c'est qu'il me falloit des espèces pour m'aller mettre en possession des biens que le ciel m'envoyoit si à propos; et je n'en avois point. J'étois sorti du couvent les poches vides; et, me voyant sans ressource, je me trouvois fort sot, tout riche héritier que j'étois. A force pourtant de rêver, il me vint dans l'esprit un moyen qui me parut sûr pour avoir de quoi faire le voyage de Séville. Les pères carmes, dis-je en moi-même, me prêteront volontiers une cinquantaine de pistoles. Ce sont de bons religieux, qui ne demanderont pas mieux que d'obliger un homme qui leur a fait un don assez considérable.

Dans cette confiance, je m'adressai au supérieur qui

avoit succédé au père Théodore; je lui exposai ma situation, et le priai de me faire donner cinquante pistoles, lui promettant de les lui rendre avec usure, aussitôt que j'aurois recueilli la succession de mon frère. Le bon religieux, après m'avoir écouté avec attention, me répondit froidement qu'il ne pouvoit me faire ce plaisir, sans avoir auparavant tenu chapitre sur cela; et là-dessus il me remit à la quinzaine, c'est-à-dire aux calendes grecques. Je ne m'attendois pas à ce refus, après leur avoir fait la donation de ce que j'avois lorsque je voulois être des leurs. Ce qui me fait dire que tous ceux qui aiment qu'on les oblige n'aiment pas à obliger, et surtout les moines : rien ne se fait chez eux qu'on ne tienne chapitre, paroles dont ils endorment la plupart de ceux qui leur demandent des grâces.

Peu satisfait de la reconnoissance monacale, je retournai tristement à l'hôtellerie où j'étois logé. Mon hôte, qui se nommoit Geronimo Moreno, remarquant que j'avois un air mécontent, m'en demanda le sujet. Je ne lui en fis pas un mystère, et il ne lui en fallut pas davantage pour se déchaîner contre les moines; ce qu'il avoit coutume de faire toutes les fois qu'il entendoit parler d'eux, de quelque ordre qu'ils fussent. A cela près, c'étoit un bonhomme, plein de franchise, obligeant et généreux. Seigneur don Chérubin, me dit-il, consolez-vous de l'ingratitude de ces révérends pères. Vous n'avez pas besoin de leur bourse pour faire votre voyage; Geronimo Moreno n'est pas, Dieu merci, hors d'état de prêter de l'argent à un honnête homme. S'il ne vous faut que cinquante pistoles pour aller à Séville, je les ai à votre service. Vous me pa-

CHAPITRE XXXIII.

roissez un garçon d'honneur; je vous prêterois tout mon bien sur votre parole.

Je remerciai mon hôte de l'offre qu'il me faisoit, et je le pris au mot. Il me compta cinquante pistoles. Je lui en fis mon billet, et deux jours après je m'embarquai sur un vaisseau génois qui alloit à Séville. Il y avoit à bord plusieurs passagers, et entre autres un vieux marchand de Tortose, que l'intérêt de son commerce appeloit en Andalousie. Je liai connoissance avec ce Catalan; et la sympathie qui se trouva entre nous fit naître une amitié qui devint si forte, qu'en arrivant à Séville, il me dit : Ne nous séparons point; je sais une hôtellerie où nous serons bien, et chez de bonnes gens. J'y consentis; et nous allâmes tous deux dans la rue de Lonxa, loger à l'enseigne du Perroquet.

Le maître de cette hôtellerie, sa femme et sa fille, me parurent si joyeux de revoir le marchand de Tortose, que je jugeai bien qu'ils se connoissoient de longue main. Voici, leur dit-il, un cavalier que je vous amène, et que je vous prie de regarder comme un autre moi-même. Il suffit, lui répondit l'hôte fort poliment, que ce gentilhomme soit de vos amis pour mériter toutes nos attentions. L'hôtesse, qui pouvoit avoir quarante ans, et qui ne démentoit point la réputation que les femmes de Séville ont d'être flatteuses et coquettes, ne put s'empêcher d'ajouter à la réponse de son mari, qu'un cavalier fait comme moi devoit être assuré qu'on auroit pour lui tous les égards imaginables.

Le soir, quand il fut temps de souper, l'hôte, appelé maître Gaspard, nous demanda si nous voulions être servis en particulier. Non, non, lui répondit le vieux

Catalan, nous mangerons avec vous et votre aimable famille ; nous aimons la compagnie. Nous nous mîmes donc à table avec l'hôte, l'hôtesse et la jeune Narcisa, leur fille, qui joignoit au vif éclat de la jeunesse des traits réguliers, un air riant, et des yeux pleins de feu qui invitoient à la regarder. Aussi j'eus souvent la vue sur elle pendant le repas. De son côté, elle ne fut point avare d'œillades, et elle m'en lança quelques-unes qui me donnèrent fort à penser. Je crus y démêler un désir de me plaire, qui fit promptement son effet. Je me troublai. Je me sentis agité de tendres mouvements, et mon cœur, que le séjour du couvent n'avait fait que rendre plus combustible, s'enflamma tout à coup pour la belle Narcisa.

Le marchand de Tortose, qui peut-être s'en aperçut, et voulut servir ma tendresse naissante, en me faisant passer pour un homme opulent, parla de l'affaire qui m'amenoit à Séville. Il éblouit par là le père et la mère, et multiplia les regards favorables que je reçus de la fille. Maître Gaspard m'offrit ses services. Il me proposa de me mener le lendemain chez un jurisconsulte de sa connoissance, dont la principale occupation étoit de faire rendre justice aux étrangers qui venoient à Séville pour des affaires de commerce. Cette homme-là, poursuivit-il, vous apprendra de quelle façon vous devez vous conduire pour n'être pas friponné par les officiers dont vous serez obligé d'employer le ministère ; ou plutôt, si vous voulez, il se chargera de tous les soins qu'il faut prendre pour cela, et vous en serez quitte pour une petite marque de reconnoissance ; car c'est un homme fort désintéressé.

Le vieux marchand me conseilla d'accepter la proposition de l'hôte; ce que je fis sans hésiter. Après quoi l'heure de nous coucher étant venue, nous nous retirâmes, le Catalan et moi, dans les chambres qui nous avoient été préparées, et qui étoient assez propres pour des chambres d'hôtellerie. Je me mis au lit, où je m'occupai d'abord des charmes de Narcisa, préférablement à la fortune brillante dont j'étois sur le point de jouir; mais l'image de la fille de Gaspard cédant à son tour à l'idée des richesses, je m'endormis sur l'or et sur l'argent.

CHAPITRE XXXIV.

Don Chérubin va à Salamanque, et revient à Séville avec ses papiers. Il reçoit la succession de son frère. Devoirs funèbres qu'il rend à sa mémoire. Suite de son amour pour Narcisa.

Le jour suivant, mon hôte, pour me faire voir qu'il étoit homme de parole, me mena chez le jurisconsulte en question, et me présentant à lui : Seigneur don Mateo, lui dit-il, vous voyez un gentilhomme qui est logé chez moi. Il n'entend pas trop bien les affaires, et il auroit besoin de vos conseils. Là-dessus le docteur me demanda gravement ce qui m'amenoit à Séville. Je le mis au fait. Ensuite il me dit : Il faut, avant toutes choses, avoir votre extrait baptistaire en bonne forme, avec un certificat qui prouve que vous êtes frère dudit César de la Ronda, depuis peu mort à Séville. Ne perdez point de temps. Partez tout à l'heure pour aller chercher ces pièces à Salamanque. Apportez-les-moi ; et comptez que je vous ferai remettre aussitôt les effets de votre frère, malgré tous les tours de passe-passe qu'on voudra faire pour en retarder la délivrance.

L'impatience que j'avois d'être muni des papiers qui m'étoient nécessaires pour tirer des griffes de la justice de Séville les biens qui m'appartenoient, ne me permit de différer mon départ que du temps qu'il me falloit pour m'y préparer, et me fit faire tant de diligence, qu'au bout de quinze jours on me vit revenir pourvu de mon extrait baptistaire et de certificats, tant du corrégidor que de tous les autres magistrats de Salamanque; de sorte qu'on ne pouvoit me nier que je fusse fils de mon père, et par conséquent frère dudit don César. Aussi, quand don Mateo eut examiné mes paperasses, il s'écria comme par enthousiasme : Vive Dieu, voilà des pièces victorieuses ! De plus, me dit-il, je vous apprends que pendant votre absence j'ai vu les juges du commerce, qui m'ont dit que votre frère a fait un testament la veille de sa mort, et vous a nommé son légataire universel. Ainsi vous serez en peu de temps maître de ses biens, ou je ne veux jamais me mêler d'aucune affaire, quelque bonne qu'elle puisse me paroître.

Comme ce jurisconsulte me sembla mériter ma confiance, je la lui donnai tout entière ; et je n'eus pas sujet de m'en repentir, puisqu'en trois semaines il me mit en possession de tous les effets de don César, lesquels consistoient en barres d'argent, en pistoles d'Espagne, et en marchandises de défaite. Pour dire les choses comme elles se passèrent, il ne laissa pas de m'en coûter beaucoup pour arracher ces richesses des mains qui les tenoient en dépôt ; et elles ne me furent délivrées qu'après tant de formalités, qu'on peut dire que les officiers de la justice furent mes cohéritiers. Néanmoins, malgré le suc que ces frelons tirèrent de mes marchandises, mon jurisconsulte honnêtement récompensé, après une infinité de droits payés, tout compté, tout rabattu, je me trouvai encore de net la valeur de quatre-vingt mille écus.

Quelle bénédiction ! Le premier usage que je fis d'une si bonne fortune fut de donner des marques publiques de ma reconnoissance à la mémoire de mon frère. J'ordonnai, pour le repos de son âme, des services solennels dans toutes les églises de Séville. J'occupai pour mon argent le clergé, tant séculier que régulier, à prier Dieu pour lui. Je fis connoître enfin que don César de la Ronda n'avoit pas choisi un mauvais frère pour son héritier. Lorsque je me fus acquitté des soins que je devois à sa cendre, je songeai à mes affaires. Je vendis mes marchandises, et j'en déposai l'argent, par le conseil du marchand de Tortose, entre les mains du seigneur Abel Hazendado, qui avoit la réputation d'être le plus sûr banquier qu'il y eût alors dans Séville.

Tandis que je mettois ainsi mon bien en règle, maître Gaspard, chez qui j'étois toujours logé avec le vieux Catalan, avoit pour moi de grandes considérations, aussi-bien que sa femme ; et la belle Narcisa me prodiguoit les plus doux regards. Le marchand, de son côté, me vantoit sans cesse le mérite de cette fille. Il louoit son esprit et son bon caractère, sans oublier sa vertu.

Je voyois bien où il en vouloit venir : il souhaitoit, autant que l'hôte et l'hôtesse, qu'il me prît envie d'épouser cette aimable personne, dont il étoit le parrain, et peut-être même quelque chose de plus. J'avois assez de disposition à faire cette folie ; je crois même que je l'aurois faite, si je n'eusse pas eu le bonheur d'en être préservé par une nouvelle que j'appris, et qu'on lira dans le chapitre suivant.

CHAPITRE XXXV.

Don Chérubin rencontre Mileno. Ce qu'il lui apprend, et de la nouvelle qui l'empêche d'épouser la fille de maître Gaspard; ce qui fut cause qu'il s'éloigna de Séville avec autant de précipitation que s'il eût fait quelque mauvais coup.

IL est constant que j'aimois Narcisa, et que, m'imaginant en être uniquement aimé, j'étois sur le point d'en faire la demande à son père, lorsque le hasard me fit rencontrer Mileno, que je croyois encore au service de Pedrilla. Hé, te voilà, lui dis-je, mon cher Mileno! Don Manuel seroit-il à Séville ? Je ne suis plus à lui, répondit-il. Nous nous sommes séparés tous deux à l'occasion d'un différend que j'ai eu avec son cuisinier pour la soubrette de dona Paula. Le cuisinier et moi, nous étions fort épris de la petite personne; nous devînmes jaloux l'un de l'autre, nous nous battîmes; je blessai mon homme, et je pris aussitôt la fuite. Je suis venu à Séville, où j'ai l'honneur de servir un jeune chanoine qui sait accorder avec son bréviaire le plaisir d'avoir une maîtresse. Il voit secrètement, par le ministère d'une officieuse vieille et par le mien, la fille d'un maître d'hôtellerie.

Ces dernières paroles me firent frémir. Je demandai en tremblant à Mileno s'il savoit le nom de cet hôtellier. Il s'appelle, répondit-il, maître Gaspard, et sa fille se nomme Narcisa. Vous la connoissez apparemment, ajouta-t-il, puisque vous changez de visage en entendant prononcer son nom? Vous prenez quelque intérêt à cette dame? Plus que tu ne peux penser, repris-je, mon enfant. Je suis amoureux de cette beauté perfide; j'allois en faire mon épouse. Tu me rends un bon office en me donnant un avis dont je t'assure que je profiterai.

Si j'eusse su, me dit-il, que vous étiez dans le dessein de lier votre sort à celui de Narcisa, je me serois bien gardé de vous révéler la foiblesse qu'elle a pour le licencié don Blas Mugerillo, mon maître. Il ne faut nuire à personne; et je serois fâché que mon rapport vous empêchât d'épouser une charmante fille qui n'a qu'une petite galanterie sur son compte. Monsieur Mileno, répliquai-je, cessez, s'il vous plaît, de faire avec moi le mauvais plaisant, et continuez de servir si honnêtement votre chaste maître. Apprenez-moi des nouvelles de don Manuel. N'est-il pas l'époux de dona Clara? Non, vraiment, répondit-il. Vous ne savez donc pas qu'à son retour de Barcelonne à Alcaraz, il apprit que cette dame étoit dans un couvent de filles de Ninaterra, et qu'elle y avoit pris le voile; de sorte qu'elle est perdue pour lui, selon toutes les apparences? Hé! dans quelle situation, repris-je, as-tu laissé doña Paula? Dans la situation, repartit-il, d'une fille qui auroit été bien aise de subir avec vous le joug de l'hyménée, et qui, se croyant dans la nécessité de renoncer à cette espérance, a pris le mariage en aversion, et ne veut plus en entendre parler.

Je voulois avoir un plus long entretien avec Mileno; mais il ne me fut pas possible de l'arrêter. Il me quitta tout à coup, en me disant : Adieu, seigneur don Chérubin; pardon si je ne demeure pas plus long-temps avec vous. Je suis pressé. Mon maître donne à souper ce soir à cinq ou six de ses confrères : je vais chez le traiteur ordonner un repas digne de leur sensualité.

Après la retraite de Mileno, je fis bien des réflexions. Parbleu, dis-je en moi-même, il y a des physionomies furieusement trompeuses. Qui n'auroit pas cru, comme moi, Narcisa sage et vertueuse? Il faut avouer que mon front vient de l'échapper belle! Ensuite, venant à don Manuel, et le plaignant d'avoir perdu une maîtresse aussi estimable que doña Clara, je partageois sa douleur. Si j'étois, dis-je, à Alcaraz présentement, je lui serois d'un grand secours. Qui m'empêche d'y aller? La consolation d'un ami, l'intérêt de mon repos, tout m'excite à faire ce voyage. Tout indigne que Narcisa est de ma tendresse, je me sens retenir par ses charmes, et j'ai besoin, pour l'oublier, de revoir doña Paula. Enfin toutes mes réflexions aboutirent à me déterminer à prendre au plus tôt le chemin d'Alcaraz. Je sortis secrètement de Séville; mais en partant je fis tenir à la fille de maître Gaspard un billet, par lequel je lui mandois qu'étant obligé de m'écarter d'elle pour quelque temps, j'avois chargé un jeune chanoine de la cathédrale du soin de la consoler pendant mon absence.

CHAPITRE XXXVI.

Don Chérubin se rend à Alcaraz. Dans quel état il y trouva don Manuel de Pedrilla et dona Paula, sa sœur. De l'accueil qu'ils lui firent. Son amour se renouvelle pour la sœur de don Manuel.

APRÈS avoir été mal nourri, mal couché sur la route, et m'être fort ennuyé pendant six jours, j'arrivai à Alcaraz. J'allai descendre chez Pedrilla, qui crut voir un fantôme lorsque je parus devant lui. Est-ce une illusion? s'écria-t-il. Est-ce don Chérubin de la Ronda que je vois?

Oui, lui répondis-je, mon ami, c'est lui-même. C'est moi que vous avez laissé à Barcelonne sous un habit que ma foible vertu ne m'a pas permis de porter jusqu'au bout. En même temps je lui contai de quelle façon ma ferveur s'étant ralentie, je n'avois pu achever mon noviciat. Et les moines, me dit-il, vous ont-ils du moins rendu une partie de l'argent que vous leur aviez donné en prenant le froc? Non, lui repartis-je, c'est de quoi il n'a pas été question. Mais je serois content d'eux, s'ils n'eussent pas refusé de me prêter cinquante pistoles, que je leur demandai quelques jours après ma sortie. A ces mots, don Manuel haussa les épaules d'une manière qui valoit la plus vive déclamation contre les moines. Souffrez, reprit-il ensuite, que mon amitié vous reproche de ne m'avoir pas mandé l'état où vous étiez : ne savez-vous pas qu'entre Espagnols, c'est offenser un ami que de ne pas recourir à lui quand on a besoin de sa bourse ou de son épée?

Pour réparer votre faute, continua-t-il, vous demeurerez toujours avec moi, et partagerez ma fortune. Tout ce que j'exige de votre reconnoissance, c'est d'être persuadé que votre mauvaise situation ne lassera jamais mon amitié. Je dirai plus, je vous ai promis ma sœur, et je vous renouvelle cette promesse. Elle conserve encore les sentiments qu'elle avoit pour vous avant votre départ pour Barcelonne; car ne vous imaginez pas que, pour l'avoir quittée, vous ayez perdu la place que vous occupiez dans son cœur : elle a pleuré votre inconstance, sans se plaindre vous.

Je ne pus entendre parler ainsi Pedrilla sans m'attendrir; et le serrant étroitement entre mes bras : Ah! mon cher don Manuel, m'écriai-je, quel bonheur pour moi d'avoir un ami si parfait! et qu'il m'est doux d'apprendre que je puis encore aspirer à la possession de dona Paula ! J'en ai d'autant plus de joie, que je ne suis point dans l'état indigent que vous pensez. J'ai quatre-vingt mille écus à lui offrir avec ma foi. Est-il possible, interrompit don Manuel, que la fortune ait répandu tant de biens sur vous en si peu de temps?

Alors je rendis compte à mon ami de ce qui m'étoit arrivé depuis ma sortie du couvent; et mon détail lui fit tant de plaisir, qu'il me conduisit aussitôt à l'appartement de sa sœur, à laquelle il dit en entrant tout transporté de joie : Grande, grande nouvelle ! voici don

Chérubin de la Ronda, qui revient à vous plus amoureux que jamais. Oui, Madame, dis-je à dona Paula, l'amour me ramène à vos pieds. Le ciel, content des efforts que j'ai faits pour me détacher de vos charmes, vous renvoie un amant qu'il n'a pas voulu vous enlever. Je vous pardonne ces efforts, me répondit-elle en souriant; ma fierté n'en est point offensée, et je respecte trop la cause de votre changement pour vous le reprocher.

Que vous êtes heureux l'un et l'autre ! s'écria mon ami. Vous touchez au moment qui va combler vos souhaits. Pour moi, misérable jouet de l'amour, j'ai perdu l'espérance de posséder dona Clara : je viens d'apprendre qu'elle a fait profession, et que la cruelle me laisse le pénible emploi de l'oublier. Don Chérubin, ajouta-t-il, vous ne vous attendiez pas à cette nouvelle? Je la savois déjà, lui répondis-je. Mileno, que j'ai rencontré à Séville, m'a tout dit. J'ai ressenti vivement vos peines; mais j'espère qu'en les partageant avec vous, j'aiderai à les adoucir.

Je demeurai donc chargé de deux soins, de consoler le frère, et de faire ma cour à la sœur. Je m'en acquittai si bien, que je diminuai le chagrin de l'un, et que j'augmentai l'amour de l'autre. Il est vrai que si je redoublai les feux de dona Paula, de son côté cette dame irrita les miens, et leur rendit leur première vivacité.

CHAPITRE XXXVII.

Par quel hasard don Chérubin apprend des nouvelles de dona Francisca, sa sœur, et de quelle façon il en fut affecté. Il se marie à dona Paula. Honneurs qu'il reçoit.

Je passois fort agréablement le temps avec la plus brillante jeunesse d'Alcaraz, en attendant que je devinsse l'heureux époux de dona Paula, lorsqu'étant un soir dans une des principales maisons de la ville, je vis arriver un grand homme maigre, à qui la compagnie s'empressa de faire beaucoup de civilités. Je considérai ce cavalier, que je reconnus d'abord pour don Denis Langaruto, ce chevalier de Saint-Jacques que j'avois vu chez ma sœur à Madrid. Il me remit aussi; et venant se jeter à mon cou : Le seigneur don Chérubin, me dit-il, veut bien que je l'embrasse? Je suis ravi de le revoir. Pour ne pas demeurer en reste de politesse avec ce gentilhomme, je lui témoignai une joie égale à la sienne; et Dieu sait pourtant à quel point cette rencontre nous étoit indifférente à tous les deux.

Nous soupâmes ensemble dans cette maison. Comme nous étions dix ou douze à table, la conversation ne pouvoit être toujours générale; chaque convive de temps en temps s'entretenoit tout bas avec son voisin. Ainsi, me trouvant auprès de don Denis, nous nous adressions souvent la parole à demi-voix de part et d'autre. Seigneur don Chérubin, me dit-il, j'ai pris, je

CHAPITRE XXXVII.

vous assure, toute la part possible au triste accident qui est arrivé au mari de votre sœur, don Pedro Retortillo. Je lui demandai d'un air surpris ce que c'étoit que cet accident. Comment donc, reprit-il, vous ignorez que don Pèdre, étant à la chasse il y a trois mois, tomba de cheval, et se blessa, de façon qu'il ne vécut pas deux heures après sa chute? Voilà ce que je ne savois pas, lui dis-je, et cela ne doit pas vous étonner : je suis brouillé avec ma sœur depuis son mariage avec don Pèdre, et nous avons rompu tout commerce ensemble. Mais, de grâce, ajoutai-je, seigneur don Denis, apprenez-moi si ce que vous venez de me dire est véritable. Vous n'en devez pas douter, répondit-il : ce malheur est arrivé à votre beau-frère auprès de Cuença, dans son château de Villardesaz, où il s'étoit retiré avec sa femme, quelques jours après l'avoir épousée.

Je fus si ému de cette nouvelle, que j'en eus l'esprit tout occupé le reste de la soirée. Ma sœur, pour qui je ne croyois plus avoir que de l'indifférence, s'offrit à ma pensée d'une manière qui me fit sentir que je m'intéressois encore pour elle : la cause de notre brouillerie ne subsistant plus, le sang reprit aisément ses droits.

Sitôt que je revis don Manuel, je l'informai du funeste accident que don Denis m'avoit appris. Ensuite, je lui témoignai un désir curieux de savoir en quel état pouvoient être alors les affaires de ma sœur. Je n'ai pas moins d'envie que vous d'en être instruit, me répondit mon ami. Nous irons, si vous voulez, au château de Villardesaz consoler cette belle veuve de la mort de son époux, et nous reverrons en même temps

Isménie, que je crois toujours avec elle. Mais, ajouta-t-il, je suis d'avis que nous remettions ce voyage après vos noces. Je consentis à ce délai d'autant plus volontiers, que j'avois beaucoup d'impatience d'être beau-frère de don Manuel de Pedrilla.

On fit donc les apprêts de mon mariage avec magnificence, et j'épousai dona Paula, qui lia son sort au mien avec une satisfaction qui rendit mon bonheur parfait. Ce ne fut, pendant quinze jours, que concerts, que bals, que festins : quand j'aurois été un grand seigneur, je ne crois pas que mon hymen eût été célébré par plus de fêtes et de réjouissances.

CHAPITRE XXXVIII.

Avec quel cavalier don Chérubin fit connoissance, et ce qui s'ensuivit. Il part avec don Manuel pour le château de Clévillente. Ce qu'il y reconnut.

PARMI les jeunes gentilshommes qui se trouvèrent à mes noces, il y en eut un surtout qui me frappa par son air noble et agréable. D'abord que je le vis, je demandai à don Manuel qui étoit ce beau cavalier-là. Il s'appelle, me dit-il, don Gregorio de Clévillente.

A ce mot de Clévillente, je changeai de visage et me troublai, ne doutant nullement que ce gentilhomme ne fût le séducteur de ma sœur Francisca. Néanmoins je dérobai mon trouble aux yeux de Pedrilla, qui poursuivit ainsi : Il revient de Calatrave, et passe par Alcaraz pour retourner à son château, qui est auprès

CHAPITRE XXXVIII.

d'Alicante. Je me sais très bon gré d'avoir fait connoissance avec lui; il me paroît un cavalier accompli.

Si don Gregorio charma don Manuel, don Manuel ne plut pas moins à don Gregorio, qui s'arrêta quinze jours à Alcaraz, pendant lesquels il se forma entre ces deux gentilshommes une amitié si vive, que j'en fus d'abord un peu jaloux. Mais ma jalousie ne put tenir contre les avances que me fit Clévillente pour devenir de mes amis; de sorte qu'oubliant ce qui pouvoit s'y opposer, je répondis de bonne foi aux sentiments affectueux et sincères qu'il me témoigna. Ce cavalier, la veille de son départ, en nous marquant le regret qu'il avoit de nous quitter, nous proposa de nous mener à son château pour quelques jours; ce qu'il fit avec des instances si pressantes, que nous y consentîmes. Je partis donc pour le château de Clévillente, non que je me fisse un plaisir de voir un séjour que le frère de ma sœur ne pouvoit regarder sans peine, mais entraîné par une secrète inspiration du ciel qui vouloit par mon ministère accomplir ses desseins.

Le premier objet qui frappa ma vue dans ce château fut un garçon de dix à douze ans, qui vint se jeter dans les bras de don Gregorio, qui, l'ayant fort caressé, nous le présenta en disant : Vous voyez le fruit de mes premières amours. Nous trouvâmes ce petit garçon fort joli; nous l'embrassâmes, don Manuel et moi, et nous félicitâmes le père d'avoir un fils d'une si belle espérance. Clévillente se montra sensible aux compliments que nous lui fîmes là-dessus, et nous dit : Cet enfant m'est d'autant plus cher, qu'il sort d'une mère que je ne puis me consoler d'avoir perdue.

Il accompagna ces paroles d'un soupir, que je relevai dans l'intention de l'engager à nous raconter une histoire dans laquelle je craignois que ma sœur ne fût intéressée. Seigneur, lui dis-je, il est bien triste de se voir enlever, par une mort prématurée, un objet chéri. La personne dont je pleure la perte, interrompit-il, n'est point morte; je ne le crois pas du moins. Mais y a dix ans qu'elle disparut subitement de ce château; et, quelques perquisitions que j'en aie pu faire, je ne sais ce qu'elle est devenue.

Vous nous donnez, dit don Manuel, une grande idée des charmes de cette dame : elle devoit être ravissante, puisqu'après dix ans vous prenez encore plaisir à vous souvenir d'elle. Ce n'étoit pas, répondit-il, une beauté achevée; cependant on ne pouvoit la voir sans l'aimer, tant elle avoit l'air gracieux. Vous en allez juger par vous-même, ajouta-t-il, si vous voulez me suivre. A ces mots il nous mena dans son cabinet, où parmi plusieurs portraits étoit celui de ma sœur. Je le reconnus d'abord, tant il étoit ressemblant : toute la différence que j'y trouvois, c'est que la copie avoit un vif éclat de jeunesse que l'original commençoit à n'avoir plus.

Voilà, nous dit Clévillente, en nous montrant du doigt le portrait en question, les traits de la mère de Francillo. N'ai-je pas raison de regretter une si charmante personne? Je ne fis pas semblant de reconnoître Francisca dans ce portrait; cependant je demeurai persuadé que Francillo étoit un enfant de sa façon. Je ne puis, disois-je, m'empêcher de le croire, quoiqu'elle n'ait fait aucune mention de ce bâtard dans le récit de ses aventures : elle aura jugé à propos de supprimer cette circonstance, croyant par cette suppression rendre son histoire plus innocente. Puis, changeant de pensée: Peut-être aussi, ajoutois-je, que ce fils naturel est de quelque autre dame que Clévillente aura séduite comme dona Francisca.

Pour savoir mieux à quoi m'en tenir en faisant parler don Gregorio, je lui dis : Vous devez en effet être sensible à la perte d'une beauté si touchante : mais comment l'avez-vous perdue? Vous a-t-elle quitté par inconstance, ou si vous lui avez donné sujet de se plaindre de vous? Hélas! me répondit-il tristement, je suis la cause de notre séparation. C'est ma faute, et c'est ce qui me rend inconsolable. Si dona Francisca m'eût abandonné par légèreté, il y a long-temps que je l'aurois oubliée; au lieu que, reconnoissant mon mauvais procédé à son égard, je ne puis l'ôter de mon souvenir. Je l'avoue, poursuivit-il, je ne puis imputer sa faute qu'à mes parjures. Quand je l'enlevai du couvent où elle étoit pensionnaire, je promis, je jurai que je l'épouserois; et elle se rendit moins à la violence de mon amour qu'à ce serment. Cependant, loin de lui tenir parole, je l'amusai, je la trompai, et je lassai enfin sa patience. Après une année de séjour, elle s'échappa de ce château sans pouvoir être retenue par un enfant nouveau-né, qu'elle me laissa pour que sa vue me reprochât sans cesse ma perfidie et ma trahison.

Je fis, continua don Gregorio, chercher partout Francisca sitôt que je sus sa fuite; mais les personnes que je chargeai de ce soin s'en acquittèrent si mal, qu'elles n'en apprirent aucune nouvelle. Depuis ce temps-là, je ne suis pas tranquille : j'ai toujours Francisca dans l'esprit, et son image vengeresse me poursuit la nuit et le jour. Je crois la voir; je crois l'entendre, déplorant sa crédulité, se répandre en imprécations contre moi. Peut-être, dis-je à Clévillente, ne vous la peignez-vous pas telle qu'elle est; peut-être que, n'accusant qu'elle-même de son malheur, le souvenir de ses bontés pour vous ne lui arrache que des larmes. Peut-être enfin régnez-vous encore dans son cœur, malgré votre ingratitude.

Ah! si je le croyois, s'écria-t-il, et que je susse où elle est, j'irois détester à ses pieds l'indigne traitement qu'elle a reçu de moi. Oui, j'irois la trouver, quand elle seroit au bout du monde. Vous n'auriez pas besoin, lui répliquai-je, de l'aller chercher si loin, si vous étiez effectivement dans la disposition d'expier, par un mariage, l'atteinte mortelle que vous avez portée à son honneur, et l'affront que vous avez fait à sa famille. Qu'entends-je! me dit don Gregorio d'un air étonné. Don Chérubin, seroit-il possible que vous connussiez la dame que représente ce portrait? N'en doutez pas, lui répondis-je, et elle n'est pas inconnue à don Manuel.

A ces paroles, Pedrilla considéra le portrait avec plus d'attention, et démêlant les traits de ma sœur: Qu'est-ce que je vois, mon ami, me dit-il d'un air troublé? Je n'ose vous découvrir ma pensée: j'aime mieux croire que mes yeux me trompent en ce moment. Non, non, lui repartis-je, leur rapport est fidèle. Dona Francisca, qui vous est connue sous le nom de Basilisa, est l'original de cette peinture. Clévillente a séduit ma sœur, elle me l'a elle-même avoué. Il l'enleva d'un couvent de Carthagène où elle étoit pensionnaire, et l'amena dans ce château. C'est un rapt dont l'honneur veut que je demande raison ; mais, puisque dona Francisca est veuve, il est un moyen plus doux de contenter l'honneur.

Après les sentiments que don Gregorio vient de faire paroître, dit alors don Manuel, je suis persuadé que sa plus chère envie est d'épouser dona Francisca. Je n'ai pas un autre dessein, s'écria Clévillente ; les remords, dont je suis la proie depuis dix ans doivent vous en répondre. Enseignez-moi seulement l'endroit d'Espagne que cette dame habite, et j'y vole à l'instant. Je prétends vous y conduire moi-même, lui dis-je, pour être témoin de la joie que vous aurez tous deux à vous revoir. Je crois que don Manuel ne refusera pas de nous acccompagner. Non, sans doute, répondit Pedrilla : j'ai mes raisons aussi pour faire ce voyage, indépendamment de la complaisance que vous êtes en droit d'attendre de mon amitié.

CHAPITRE XXXIX.

Du voyage que ces trois cavaliers firent au château de Villardesaz. Ils se travestissent en pèlerins pour entrer dans ce château. De quelle manière ils furent reçus. Entretiens singuliers d'un domestique de dona Francisca. Surprise imprévue de la dernière. Reconnoissance.

Nous prîmes donc tous trois sur-le-champ la résolution d'aller au château de Villardesaz, où je jugeai que ma sœur devoit être encore. Nous nous disposâmes à partir ; et, suivis de trois valets, montés comme nous sur des mules, nous nous mîmes en chemin pour Cuença, où nous nous rendîmes en moins de six jours.

Lorsque nous fûmes arrivés dans cette ville, nous trouvâmes à propos de nous y arrêter pour nous informer de ce que nous voulions savoir, c'est-à-dire de ce qui se passoit au château de Villardesaz, qui n'est qu'à trois quarts de lieue de la ville. Nous apprîmes qu'effectivement le seigneur don Pedro Retortillo s'étoit tué en tombant de cheval dans une chasse, et que sa veuve, encore affligée de sa mort, menoit une vie triste au château, n'ayant avec elle pour toute consolation qu'une dame de ses amies. Quand don Manuel entendit parler de cette amie, il en tressaillit de joie, ne doutant nullement que ce ne fût Isménie, qu'il n'étoit pas moins ravi de revoir, que don Gregorio de retrouver sa chère Francisca.

Comme nous tenions tous trois conseil sur la manière dont nous irions nous présenter à ces deux dames, il me vint une idée folle, que mes camarades approuvèrent, et que nous résolûmes de suivre. Nous fîmes faire trois habits de pèlerins, sous lesquels, après avoir laissé nos valets à Cuença, nous nous rendîmes, à l'entrée de la nuit, auprès du château de Villardesaz. Nous frappâmes à la porte, et nous dîmes à un domestique qui vint nous l'ouvrir, que trois pèlerins aragonois, qui alloient à Saint-Jacques en Galice, demandoient la permission de passer la nuit dans les écuries du château. Le domestique rentra pour nous annoncer, et vint nous dire un moment après que sa maîtresse y consentoit; et là-dessus nous ayant introduits dans le château, il nous conduisit jusqu'au fond d'une salle basse, où il y avoit de la paille fraîche, et une lampe attachée au mur dans un coin. Amis, nous dit-il, quand il passe par ici des pélerins, ce qui arrive assez souvent, c'est dans cette salle que nous les faisons coucher. Vous n'y serez point mal; et comme vous ne manquez pas, je crois, d'appétit, je vais vous apporter de quoi le satisfaire. Vous verrez qu'on ne fait point dans ce château les choses à demi.

En achevant ces mots, il se retira, nous laissant la liberté dont nous avions besoin pour céder à l'envie qu'il nous prit de rire de l'hospitalité qu'on nous faisoit. Il étoit, en effet, assez plaisant de voir traiter ainsi des pèlerins tels que nous, et cela nous réjouissoit infiniment. Nous attendions que le même domestique revînt; et nous n'étions pas peu curieux de savoir en quoi consisteroit le soupé dont il nous avoit fait fête, lorsqu'un quart d'heure après, il rentra dans la salle avec un panier, dans lequel il y avoit du pain, du fromage et des ognons. Il étoit suivi d'un autre valet qui portoit une grande cruche de vin de la Manche; et s'approchant de nous d'un air gai : Voici, nous dit-il, des rafraîchissements que je vous apporte pour vous donner de nouvelles forces; bourrez-vous-en bien l'estomac, car c'est lui qui porte les pieds.

Ce garçon nous paroissant un gaillard qui ne demandoit qu'à parler, nous lui fîmes tous trois tour à tour des questions auxquelles il répondit en serviteur discret et affectionné. Nous lui donnâmes occasion de nous conter le malheur de don Pèdre; ce qu'il nous détailla sans oublier la moindre circonstance. Et madame son épouse, lui dis-je ensuite, a-t-elle été fort touchée de sa mort? Elle l'est bien encore, me répondit-il. Je n'aurois jamais cru qu'une femme pût pleurer si longtemps son mari. Don Pèdre, votre maître, lui dit don Gregorio, étoit apparemment un cavalier fort aimable? Pas trop, repartit le domestique : c'étoit un mortel d'un assez mauvais caractère, un jaloux, un grondeur, un homme plein de fantaisies. Cependant, malgré tout cela, il avoit un je ne sais quoi qui le rendoit agréable à Madame. Hé! n'y a-t-il personne qui cherche à consoler cette belle veuve? dit don Manuel. Pardonnez-moi, reprit le domestique : outre que la señora Ismenia, son amie, combat sans cesse sa douleur, il vient ici presque tous les jours, un jeune gentilhomme de Cuença, qui me paroît propre à soulager les ennuis du veuvage.

Ce cavalier, continua-t-il, se nomme don Simon de Romeral. Je ne doute point qu'il n'ait envie de succéder au seigneur don Pèdre, et la chose n'est pas impossible. Depuis quelques jours Madame me paroît un peu moins affligée qu'à son ordinaire, soit que les discours d'Isménie aient opéré, soit que don Simon commence à plaire.

Le rapport de ce valet me fit craindre que nous ne fussions arrivés trop tard, et que ce don Simon ne se fût déjà rendu maître du cœur de Francisca. Si cela est, disois-je en moi-même, ma sœur ne me saura peut-être pas bon gré du soin que je prends de son honneur; elle ne reverra point avec plaisir son premier amant, si elle est actuellement prévenue en faveur d'un autre. Don Gregorio faisoit à peu près les mêmes réflexions; et nous commencions l'un et l'autre à douter que notre pèlerinage fût heureux.

CHAPITRE XXXIX.

A force de faire des questions à ce domestique, qui n'étoit pas sot, nous nous rendîmes suspects. Messieurs, nous dit-il en branlant la tête, vous m'avez bien la mine d'être de fins pèlerins : vous n'êtes pas des *picaros*, comme le sont pour la plupart ceux qui portent votre habit : vous avez tout l'air d'être des gens d'importance. Vous vous êtes déguisés de cette sorte pour jouer quelque comédie, et peut-être même avez-vous choisi ce château pour le lieu de la scène. Si vous avez besoin, ajouta-t-il, d'un quatrième acteur pour représenter votre pièce, je vous offre mes talents.

Nous le prîmes au mot; et voyant que c'étoit un homme qui pourroit nous être utile, nous nous découvrîmes à lui; et pour mieux l'engager à nous rendre service, nous lui donnâmes une trentaine de pistoles. Il connut par là qu'il n'avoit point mal jugé de nous; et charmé de nos manières à son égard : Messieurs, nous dit-il, disposez de Clarin, votre serviteur, vous n'avez qu'à commander. Quel est votre dessein? Que puis-je faire pour vous? Nous connoissons, lui dis-je, la maîtresse de ce château et son amie : il y a long-temps que nous ne les avons vues, et nous nous faisons une fête de paroître devant elles, pour voir si elles nous remettront sous cet habillement. Allez, poursuivis-je, allez dire en secret à dona Francisca que, si elle est curieuse d'apprendre des nouvelles de don Chérubin de la Ronda, il y a ici un pèlerin qui pourra satisfaire sa curiosité. Si vous n'exigez que cela de moi, répondit Clarin, c'est peu de chose; je me serai bientôt acquitté de cette commission.

En effet, nous ayant quittés, il revint à nous quelques moments après. Venez avec moi, me dit-il, Madame veut vous entretenir. En même temps il me conduisit à un fort bel appartement, où ma sœur étoit seule avec Isménie. Elles me reconnurent d'abord toutes deux. Ah! mon frère, s'écria ma sœur, quelle agréable surprise pour moi de vous revoir! Mais pourquoi vous offrir à ma vue sous cet habillement? Ma sœur, lui répondis-je, vous cesserez de vous étonner que je paroisse devant vous sous cette forme, quand vous saurez la cause de mon pèlerinage. Mais permettez auparavant que je vous témoigne la part que j'ai prise à la mort du seigneur don pèdre. Comme je n'ignore pas que vous êtes très sensible à la mort de vos époux, je viens ici partager votre affliction.

La veuve, à ce discours, sentit renouveler sa douleur, et ses yeux se couvrirent de larmes. Je crus qu'elle alloit se répandre en nouveaux regrets, et je m'attendois à essuyer la bordée; mais heureusement Isménie détourna l'orage, en disant à son amie : Ma mignonne, vous avez assez pleuré, il est temps de vous consoler; votre frère vient ici dans l'intention d'y contribuer. Oh, pour cela oui, dis-je, c'est mon dessein; et j'ose vous prédire que les choses vont bien changer de face dans ce château : je suis accompagné de deux bons pèlerins qui sont dans la résolution d'y faire succéder la joie à la tristesse. Et qui sont ces pèlerins, dit dona Francisca? je ne veux pas les voir que je ne le sache. Souffrez, lui repartis-je, que je ne vous les nomme point, pour vous laisser le plaisir de la surprise. Ordonnez qu'on vous les amène. Alors Isménie ayant appelé Clarin, le chargea d'aller chercher les deux autres

CHAPITRE XXXIX.

pèlerins, qui n'avoient pas peu d'impatience de se montrer sur la scène.

Dès qu'ils y parurent, Isménie reconnut don Manuel ; mais ma sœur ne démêla pas dans le moment don Gregorio, qui ne l'eut pas sitôt aperçue, qu'il courut se jeter à ses pieds. Souffrez, Madame, lui dit-il, qu'un coupable, entraîné par ses remords, vienne vous demander grâce. Dona Francisca, moins frappée de ces paroles que du son de la voix de Clévillente, se le remit, et s'évanouit aussitôt. Je m'étois bien douté que la vue du père de Francillo la troubleroit ; mais je ne m'étois point attendu qu'elle feroit sur elle une si vive impression.

Nous lui donnâmes, Isménie et moi, promptement du secours ; et lorsqu'elle eut repris l'usage de ses sens, elle garda quelques moments le silence. Ensuite m'adressant la parole : Mon frère, me dit-elle, vous voyez l'effet de votre imprudence. Ne deviez-vous pas me prévenir avant que d'offrir à mes yeux don Gregorio ? Vous n'ignorez pas les raisons que j'ai d'éviter sa présence. J'ai tort, lui répondis-je, ma sœur ; je conviens que j'aurois dû, par un entretien particulier, vous préparer à revoir un amant à qui vous êtes en droit de faire les reproches les plus sanglants, et qui pourtant n'est pas indigne de pardon. Il a reconnu sa faute, et il la pleure depuis dix ans. Permettez-lui de vous exposer ce qu'il a souffert ; daignez l'écouter. Je vous réponds de sa sincérité.

Oui, Madame, s'écria Clévillente, donnez-moi, de grâce, un moment d'audience ; accordez-le aux prières de mon ami don Chérubin. Quelque prévenue que vous puissiez être contre moi, les choses que j'ai à vous apprendre désarmeront votre ressentiment. Hé! que pouvez-vous dire pour votre justification, répliqua la veuve de don Pèdre? Plût au ciel que vous ne fussiez pas le plus perfide et le plus ingrat de tous les hommes! Je demeure d'accord de ma perfidie, lui repartit don Gregorio; mais que n'ai-je point fait pour l'expier? En même temps il enfila le détail de ses souffrances, que nous lui laissâmes, Isménie et moi, continuer en particulier, et qui ne manqua pas de produire son effet, c'est-à-dire d'attendrir Francisca; d'où il faut conclure, que si les premières passions ne sont pas toutes à l'épreuve du temps, du moins ce sont des feux mal éteints, qui peuvent aisément se rallumer.

Tandis que ces deux amants s'entretenoient tout bas, je les observois, et il me sembloit que la colère de ma sœur s'éteignoit à vue d'œil. Je crois que mon neveu Francillo ne fut pas oublié dans leur conversation, et qu'il ne nuisit point à leur raccommodement. Pendant ce temps-là, don Manuel et moi nous apprîmes à Isménie de quelle façon nous avions fait connoissance avec don Gregorio, et tout ce qui s'étoit passé entre nous et ce cavalier au château de Clévillente.

Vous me ravissez, nous dit Isménie, en m'annonçant le retour d'un parjure, que mon amie n'a jamais pu entièrement bannir de sa mémoire; mais, par ma foi, vous ne pouviez l'amener ici plus à propos : il étoit temps. Un mois plus tard vous auriez trouvé doña Francisca remariée. Elle commençoit à se sentir du goût pour don Simon de Romeral, et je la voyois disposée à l'épouser. Grâces au ciel, m'écriai-je, nous sommes donc arrivés bien heureusement, pourvu que ma sœur ne s'avise pas de vouloir préférer au premier en date le dernier venu. Fi donc, reprit Isménie, rendez plus de justice à dona Francisca. Quand même son penchant l'entraîneroit du côté de don Simon, elle se déclareroit pour Clévillente sans balancer : l'amant offert par l'amour céderoit à l'amant présenté par l'honneur.

Quoi qu'Isménie pût dire pour me rassurer là-dessus, je ne laissai pas de craindre que ma sœur ne pensât autrement qu'elle. Cependant ma crainte fut vaine. Don Gregorio étoit un galant de la première classe. Il possédoit l'heureux talent de persuader les dames : aussi dona Francisca sentit-elle renaître toute la tendresse qu'elle avoit eue pour lui; et comme elle n'étoit pas, de son côté, moins habile que ce cavalier dans l'art de plaire, elle le rendit plus amoureux qu'il ne l'avoit jamais été. Don Manuel ne revit pas non plus Isménie sans reprendre les sentiments qu'il avoit eus pour elle à Madrid; et cette dame lui fit assez connoître, par la manière obligeante dont elle le reçut, que son bonheur ne dépendroit que de lui, s'il l'attachoit au plaisir d'être son époux.

CHAPITRE XL.

Nos trois voyageurs soupent avec doña Francisca et doña Ismenia. Don Chérubin entretient particulièrement sa sœur. Elle épouse don Gregorio, son premier amant. Doña Ismenia épouse aussi don Manuel de Pedrilla. Don Chérubin et don Manuel se retirent du château de Clévillente, et partent avec leurs épouses pour Alcaraz. Convention qu'ils firent.

CES deux pèlerins, qui ne s'ennuyoient pas avec leurs maîtresses, furent interrompus par l'arrivée d'un domestique qui vint avertir que le soupé étoit prêt. Là-dessus la veuve de don Pèdre nous mena dans une salle où il y avoit une table couverte de toutes sortes de viandes bien apprêtées. A la vue d'un repas où régnoient l'abondance et la propreté, je me ressouvins du fromage et des ognons que Clarin nous avoit apportés dans l'écurie. Je dis à Pedrilla : Beau-frère, voilà des mets qui valent bien ceux qui nous ont été présentés tantôt. Qu'en pensez-vous ?

Cette réflexion excita un éclat de rire général, et nous mit tous en train de nous réjouir. Messieurs, nous dit Isménie, sous votre habillement nous vous avons pris pour trois aventuriers, et nous réglons ici l'hospitalité sur la mine de nos hôtes ; mais des pèlerins tels que vous méritent que nous les recevions comme d'honnêtes gens : aussi sommes-nous, mon amie et moi, très disposées à vous faire un bon traitement. Je n'ai pas besoin de vous le protester, ajouta-t-elle en regardant avec un sourire mes deux compagnons, vous devez déjà vous en être aperçus. Enfin, notre pèlerinage fit la matière de notre entretien pendant le soupé, et nous fournit mille plaisanteries, qui nous amusèrent agréablement jusqu'au milieu de la nuit. Alors plusieurs domestiques, qui portoient des flambeaux, parurent pour nous conduire aux appartements qui nous avoient été préparés : ainsi les trois pèlerins, au lieu de reprendre le chemin de l'écurie pour y coucher sur la paille, allèrent se reposer, comme des inquisiteurs, dans des lits de duvet.

Le lendemain, dans la matinée, ma sœur m'envoya dire qu'elle vouloit avoir une conversation particulière avec moi. Je me rendis à son appartement, où m'ayant fait asseoir au chevet de son lit : Mon frère, me dit-elle, je suis contente de don Gregorio : il se repent de m'avoir offensée. Il en a, dit-il, depuis dix ans des remords qui le suivent comme autant de furies. Il me cherchoit partout pour expier par le mariage son mauvais procédé. Il me retrouve, il m'offre sa main ; et, plus épris de ma personne que jamais, il me jure un éternel amour. Il a rallumé dans mon cœur tous les feux qu'il y avoit fait naître à Carthagène, et j'accepte son offre avec transport.

J'applaudis à ce discours de ma sœur. Vous faites bien, lui dis-je ; Clévillente est votre premier vainqueur ; et le gage de votre amour doit vous le faire regarder comme un époux qui vous rejoint après avoir été long-temps séparé de vous. Ces paroles firent rougir dona Francisca, qui me dit : Je crois, mon frère, que vous voudrez bien me pardonner de vous avoir fait un mystère de ce gage dont vous parlez; lorsqu'une fille tendre raconte son histoire, il ne faut pas trouver mauvais qu'elle en supprime quelque circonstance. Ah! vraiment, lui répondis-je, ma chère sœur, je vous le pardonne volontiers; mais aussi qu'il me soit permis de vous entretenir aujourd'hui de Francillo. Il n'y a jamais eu d'enfant plus aimable. Quand vous l'aurez vu, vous le plaindrez d'avoir été privé de vos caresses dans sa première enfance, et vous avouerez qu'il mérite bien que son père et sa mère le reconnoissent pour leur légitime héritier. Enfin je plaidai si bien la cause de mon neveu, que dona Francisca s'attendrit sur son sort jusqu'à verser des larmes. Francillo, lui dis-je, n'est plus à plaindre, puisque le ciel rassemble ici ses parents, et que l'hymen va les unir tous deux : ils fixeront son état, et par-là ils donneront un nouveau membre à la noblesse de Valence.

Après nous être entretenus assez long-temps de Francillo, nous parlâmes de la mort de don César, notre frère, et du riche héritage qu'il m'avoit laissé. Ma sœur (je lui dois cette justice), au lieu de témoigner un avare regret de n'y avoir point eu de part, fut assez généreuse pour m'en féliciter de bonne foi. Il est vrai qu'étant encore mieux que moi dans ses affaires, et sur le point d'épouser un gentilhomme opulent, elle devoit être contente de sa fortune. Notre entretien finit par des questions qu'elle me fit sur mon mariage, et elle eut tout lieu de juger, par mes réponses, que je ne me repentois pas de m'être marié.

Après cette conversation, j'en eus une autre avec

don Gregorio, qui, sentant irriter de moment en moment son amour, parut fort impatient de posséder Francisca. Tandis que j'étois avec ce cavalier, don Manuel arriva. Je viens, nous dit-il, de quitter Isménie : j'en suis enchanté ; je meurs d'envie de joindre mon sort au sien. Hé bien, Messieurs, leur dis-je, puisque vous êtes si amoureux, il faut hâter votre bonheur. C'est un soin dont je me charge. Je vais trouver vos dames, et leur marquer l'impatience que vous avez d'être unis avec elles : je doute fort qu'elles aient la cruauté de vouloir vous faire languir dans cette attente. Véritablement, dès qu'elles virent que leurs amants se soumettoient de si bonne grâce au joug de l'hyménée, elles se conformèrent, sans hésiter, à leurs intentions.

Quand je vis que les quatre parties intéressées étoient d'accord, nous tînmes un grand conseil sur ce qu'il convenoit de faire, et il fut résolu que ce double mariage seroit célébré au château de Clévillente, pour plus d'une raison. Cela étant arrêté, nous fîmes venir de Cuenca nos valets avec notre équipage, et nous nous préparâmes à partir; ce que nous fûmes bientôt en état de faire. Nous quittâmes nos robes de pèlerins pour reprendre nos habits de cavaliers; et ma sœur, ayant laissé au fermier le soin du château de Villardesaz, prit avec nous et tous ses domestiques le chemin d'Alicante, où nous n'arrivâmes qu'au bout de huit jours, n'ayant pas voulu faire plus de diligence, de peur d'incommoder nos dames. Nous ne nous arrêtâmes point dans cette ville, et nous gagnâmes promptement le château de Clévillente, où la veuve de don Pèdre, se rappelant les chagrins, ou peut-être les plaisirs qu'elle y avoit eus, ne put retenir ses larmes, qui furent redoublées par la vue de Francillo. Mais cet aimable enfant essuya lui-même les pleurs qu'il faisoit couler, et inspira pour lui tant de tendresse à sa mère, qu'elle en fit son idole : outre qu'elle voyoit en lui sa vivante image, il étoit son fils unique ; car elle n'avoit point eu d'enfant de ses deux maris.

On ne s'occupa dans le château que des apprêts des noces de mes beaux-frères. Tandis qu'on y travailloit, j'allai chercher à Alcaraz dona Paula, ma femme, sans laquelle la fête n'eût pas été complète. Ce ne fut qu'un voyage de six jours, après lesquels le château de Clévillente me revit avec mon épouse, dont l'heureuse arrivée augmenta la joie qui y régnoit. Isménie et dona Francisca lui firent à l'envi des caresses, et trouvèrent en elle une personne disposée à vivre avec ses belles-sœurs en bonne intelligence.

Don Manuel et don Gregorio se donnèrent tant de mouvements pour hâter le jour qui devoit combler leurs vœux, qu'il arriva bientôt. Ils reçurent la bénédiction nuptiale de la main de l'évêque d'Orihuela, parent de Clévillente ; sa grandeur, qui étoit un moine de l'ordre de Saint-Dominique, ayant bien voulu prendre la peine de venir au château pour cet effet.

Voilà de quelle façon Isménie et ma sœur furent mariées. Après s'être donné bien du bon temps, elles eurent le bonheur d'épouser deux gentilshommes qui, par un excès d'amour pour elles, en firent deux dames d'importance. Que l'amour est admirable ! Il tire le rideau sur la vie passée d'une coquette, quand il veut la marier à un honnête homme.

CHAPITRE XL.

Ces deux mariages furent suivis de réjouissances, qui durèrent plus de trois semaines. Après quoi don Manuel et moi, nous priâmes don Gregorio et son épouse de nous permettre de nous retirer à Alcaraz; mais nous eûmes bien de la peine à les y faire consentir. Il y avoit si long-temps que ma sœur vivoit dans une étroite liaison avec Isménie, qu'elle ne pouvoit se résoudre à cette séparation. Cependant elle cessa de s'opposer à notre départ, à condition que, pour être ensemble la moitié de l'année, nous irions, don Manuel et moi, avec nos épouses, passer trois mois de l'été au château de Clévillente, et que don Gregorio et ma sœur viendroient l'hiver demeurer trois autres mois à Alcaraz. Ils nous laissèrent enfin la liberté de les quitter, sur la promesse que nous leurs fîmes d'observer exactement la convention.

CHAPITRE XLI.

Farce singulière, où se trouve don Chérubin. Sérieuse réflexion sur sa fortune et sur celle de sa sœur. Don Manuel et lui sont volés par un de leurs laquais. Ils en prennent un autre. Qui il étoit. Surprise de don Chérubin et de son ami, lorsqu'ils le reconnoissent.

Après nous être témoigné de part et d'autre, par des caresses mutuelles, combien notre séparation nous était sensible, nous partîmes, don Manuel et moi, accompagnés de nos charmantes épouses, laissant don Gregorio et ma sœur, fort tristes de notre départ, dans leur château. Pour nous, la possession de ce que nous avions de plus cher dans le monde nous consola, et nous eûmes un plaisir infini dans notre petit voyage. Comme nous étions obligés de coucher en chemin, nous nous arrêtâmes dans une bourgade, où nous eûmes le divertissement d'une pièce jouée par des bateleurs : ils l'avoient intitulée *Inès de Castro*. Sur la réputation que cette tragédie s'étoit acquise à Madrid, nous procurâmes à nos épouses le plaisir de la voir; mais nous fûmes bien désolés lorsque nous vîmes paroître, dans une chambre d'auberge, où se donnoit cette comédie, une femme prête d'accoucher; elles nous débita un galimatias auquel on n'entendoit rien. Ensuite vint un autre acteur, âgé de soixante ans environ : il représentoit *don Pedro*. Enfin, cette pièce, qu'on ne peut nommer comique ni tragique, ne dura qu'un quart d'heure, au grand contentement des spectateurs. Ils donnoient après un divertissement composé de danses, de sauts et de voltiges; et, pour terminer le spectacle, celui qui avoit joué le rôle de *don Pedro* se mit à faire des armes avec son pied droit, la tête en bas : comme il s'en tiroit assez bien, il fut fort applaudi. Mais le plus comique de l'aventure, c'est que madame *Inès*, qui, en jouant avoit fait beaucoup de grimaces, par les douleurs qu'elle sentoit de sa grossesse, accoucha le même soir sur le théâtre, presqu'en notre présence. Nous nous retirâmes après cette catastrophe. Les acteurs nous prièrent de les excuser, s'ils ne nous donnoient pas un ballet chinois qui avoit fait beaucoup de bruit à Madrid; mais que l'événement imprévu de l'actrice accouchée les en empêchoit. Nous eûmes beaucoup plus d'agrément à notre

CHAPITRE XLI.

soupé. Le lendemain nous arrivâmes de bonne heure à Alcaraz. Nos épouses avoient besoin de repos, et, de notre côté, nous en avions besoin aussi. Nous jouissions de la félicité la plus parfaite : quoique nous fussions mariés depuis trois mois, nous aimions encore nos femmes plus que jamais. Trop heureux si le bonheur dont je jouissois en mon particulier avoit duré toute ma vie! Mais il étoit écrit dans la table des destinées, qu'il devoit m'arriver des malheurs plus grands que ceux que j'avois déjà éprouvés. Les aventures de ma sœur me revenoient sans cesse à l'esprit, et j'admirois la Providence qui ne nous a jamais abandonnés. Une femme aussi coquette jouir de la plus brillante fortune, me disois-je, cela est heureux. Que l'on voit de personnes avec plus de mérite et plus de vertu que ma sœur, dans l'opprobre et dans la misère! Quel est ce monde! Une fille débauchée, comédienne, devenir l'épouse d'un bon gentilhomme! Cela ne se voit pas souvent. L'honneur de ma sœur est réparé par ce moyen. Elle est riche, et son mari ne l'est pas beaucoup : ainsi l'un fait passer l'autre. Puisse la fortune nous laisser jouir long-temps de ses bienfaits! Il ne me prendra plus envie de prendre le froc, et de donner mon bien à des moines : ceux à qui j'ai eu affaire ont été trop reconnoissants des biens que je leur ai laissés malgré moi. Je peux avoir tort de parler ainsi; je dois peut-être ma nouvelle fortune à l'efficacité de leurs prières. Don Manuel vient de mettre le comble à mon bonheur, en me faisant la donation de la moitié de son château; les personnes les plus distinguées d'Alcaraz nous honorent de leurs visites, et la meilleure société est la nôtre : la promenade, la chasse, la pêche, le jeu, la lecture, sont nos occupations et nos amusements.

Nos plaisirs furent troublés par un accident imprévu qui nous arriva. Le feu prit pendant la nuit dans notre château, et consuma presque la moitié de nos effets : heureusement que nous eûmes le temps de faire enlever ce que nous avions de plus précieux, et quelques répations remirent les choses dans le même état qu'elles étoient avant. Nous nous serions consolés aisément de cette perte, si l'on ne nous avoit pas volé beaucoup d'argenterie et les bijoux de nos épouses, qui ne laissoient pas que de monter à une somme considérable. Nous ne soupçonnions aucun de nos domestiques, et cependant c'en étoit un, qui fut découvert par le marchand à qui ce coquin avoit été pour vendre une partie de ce qu'il avoit pris. Don Manuel vouloit le remettre entre les mains de la justice ; mais, par considération pour moi, il se contenta de le chasser, en lui ordonnant, sous peine de le déclarer, de sortir du royaume en deux tours de soleil. Nous récompensâmes libéralement notre honnête homme de marchand : il est rare d'en voir de son espèce.

Quelques jours après il se présenta pour notre service un jeune garçon dont la physionomie et la taille répondoient pour lui. Il venoit avec une recommandation d'un de nos amis. Nous l'arrêtâmes le même jour. Son nom étoit Alvarès. Sa douceur, sa complaisance et son exactitude à bien remplir ses devoirs, lui attirèrent notre estime. Il avoit un esprit de modestie et d'humilité qui le faisoit aimer de tout le monde ; mais, malgré l'excellent caractère qu'il possédoit, il étoit d'une mélancolie

CHAPITRE XLI.

affreuse : il soupiroit toujours. Je m'intéressois à son sort. Ce garçon me montroit de l'amitié, et j'y répondois : il suffisoit qu'il fût malheureux pour qu'il me devînt cher.

J'aimois si fort Alvarès, que je me mis dans la tête de dissiper son chagrin : son air sombre et triste m'inquiétoit. Je le fis venir un jour dans l'appartement de don Manuel, pour qu'il me découvrît le sujet de sa douleur. Je commençai par lui demander s'il se déplaisoit avec nous; que nous étions contents de lui, et que la mélancolie qui le rongeoit l'emporteroit tôt ou tard au tombeau. Alvarès m'écoutoit en soupirant, et ne disoit rien. Vous aimez, continuai-je, et on ne répond point à vos désirs. Avouez-le-moi : si la personne qui vous est chère dépend de nous, ou qu'elle habite dans notre voisinage, ne vous contraignez pas; ouvrez-moi votre cœur, je suis assez votre ami pour vous faire obtenir l'objet de vos soupirs. J'aime, il est vrai, me répondit Alvarès, mais sans aucun espoir, quoique je sois aimé de la plus aimable créature que le ciel ait pu former. Ces paroles me surprirent dans la bouche d'un valet. Vos bontés excessives pour moi, continua-t-il, sont si réitérées, que je ne fais aucune difficulté de me confier en vous, et de vous apprendre ce que je suis.

Don Manuel, qui nous écoutoit de son cabinet, ne pouvant retenir sa curiosité, étant extrêmement gêné, en sortit aussitôt. Alvarès fut surpris de le voir si près de nous, et voulut se retirer. Don Manuel le fit rester, en lui disant qu'il avoit entendu notre conversation, et que la part qu'il y prenoit l'avoit engagé à sortir de son cabinet pour en entendre le reste, et qu'il pouvoit ne voir en nous que ses amis. Messieurs, nous dit-il, que je suis confus de vos bienfaits !

Ma famille est noble; mais la noblesse est bien peu de chose quand elle n'est pas soutenue par de grands biens. J'eus une mère qui, par sa coquetterie et les grands airs qu'elle se donnoit, ruina mon père en fort peu de temps; heureusement que je fus le seul fruit de leur hyménée. Mon père, dont le nom étoit don Alvar del Sol, en mourut de chagrin; et ma mère, ne pouvant résister à la perte qu'elle avoit faite, suivit mon père peu de temps après. Quoi! interrompit don Manuel, vous êtes le fils du seigneur don Alvar del Sol? Ah! mon cher don Carlos, que je vous embrasse! Don Manuel se jeta à son cou, et lui rappela qu'ils avoient étudié ensemble à Madrid. Je fus charmé de cette découverte en moi-même, et je priai don Carlos de nous faire part de ses infortunes. Mon ami lui demanda des nouvelles de don Lopez, dont la richesse étoit immense, et qui demeuroit à Madrid. Hélas! repartit don Carlos, c'est l'auteur de tous mes malheurs : et voici comment.

CHAPITRE XLII.

Histoire tragique de don Carlos et de dona Sophia.

Après la mort de mes père et mère, don Lopez de la Crusca, mon oncle maternel, prit soin de mon enfance, et c'est sous ses yeux que je fis mes études.

CHAPITRE XLII.

Malgré son avarice extrême, il m'aimoit, et m'avoit retiré chez lui, où je vivois heureux et sans inquiétude; mais l'amour vint troubler mon repos. Mon oncle me procuroit tous les plaisirs qui peuvent flatter un jeune homme qui sort du collége : nous allions souvent au Prado ensemble; et la promenade étoit notre principal amusement. Un jour que nous y étions, mon oncle, se lassant de se promener, voulut s'asseoir; par bienséance je restai avec lui. Il y avoit vis-à-vis de nous un banc sur lequel étoit assise la plus aimable personne que l'on peut voir. Elle jetoit ses regards de temps en temps sur moi, et c'étoit autant de traits que l'amour me lançoit. Cependant sa compagne, que je crus sa mère, se leva, et elle la suivit. Voyant qu'elles sortoient de la promenade du côté de notre logis, je feignis de me trouver indisposé, pour obliger mon oncle à rentrer aussi. Mon oncle y consentit, et j'eus le plaisir de suivre de loin la personne du monde qui m'étoit devenue la plus chère. Quelle fut ma surprise de les voir entrer justement vis-à-vis notre demeure! Je demandai à mon oncle s'il connoissoit les dames qui demeuroient vis-à-vis sa maison. Il me répondit que, n'ayant jamais voulu voir ses voisins, il ne désiroit pas les connoître. Je lui dis qu'il y avoit cependant un trésor dans cette maison, puisqu'elle renfermoit la plus aimable personne du monde. Cela se peut, me dit mon oncle, et je n'y prends aucun intérêt. Si vous vous intéressiez pour moi, repris-je, mon cher oncle, vous m'introduiriez dans cette maison. Non, mon neveu, me dit-il. J'ai eu soin de vous jusqu'à présent, et je ne m'en repens point, puisque vous m'avez toujours obéi; croyez-moi, n'allez point dans cette maison : j'ai mes raisons. Ensuite il se retira, et me laissa seul.

Je fus sensible à ces paroles : mais l'amour l'emporta; et, dès le lendemain, j'allai saluer, comme voisin, les parents de la demoiselle que j'avois vue la veille. La réception qu'ils me firent m'enchanta. Je m'aperçus que leur fille, en me regardant, avoit extrêmement rougi; je crois que je n'étois pas trop bien de mon côté, sentant un feu qui m'avoit été jusqu'alors inconnu se répandre dans tout mon corps. Les père et mère de dona Sophia, ainsi étoit son nom, sachant que j'étois le neveu de don Lopez de la Crusca, me firent un reproche d'avoir été jusqu'alors sans les venir voir. Je m'en excusai le mieux que je pus, et leur dis que mon oncle étoit un homme si extraordinaire, qu'il ne voyoit personne; que de mon côté, je me voulois beaucoup de mal de ne leur avoir pas rendu plus tôt ma visite, et qu'ils pouvoient compter sur moi dorénavant, puisqu'ils me le permettoient. Dona Sophia, pendant que je parlois, ne cessoit de me regarder, et je sortis le plus enflammé de tous les hommes. Je continuai mes visites pendant six mois entiers. Aucun bonheur n'égaloit le mien : j'aimois et j'étois aimé. Je formai le dessein de demander dona Sophia en mariage à ses parents. Ils me l'accordèrent sans hésiter, aux conditions que mon oncle y souscriroit; que, sans cela, ils retiroient leur parole, attendu que je ne pouvois espérer aucuns biens que de mon oncle. J'allai faire part à dona Sophia de mon bonheur ; elle rougit, et, pour la première fois, j'eus le plaisir de l'embrasser. Je vis dans ses yeux que je ne lui déplaisois pas pour époux. Ses père et mère vinrent nous interrompre : je rentrai chez mon oncle. En arrivant, je me jetai à ses genoux, et je lui avouai que, malgré sa défense, j'avois été voir doña Sophia, que j'aimois éperdument; que ses parents consentoient à me la donner en mariage, pourvu qu'il ne mît aucun obstacle à ma félicité. Mon neveu, me dit-il, je n'en veux mettre aucun. Épousez votre maîtresse, j'y consens. Je sais qu'il y a six mois que vous la voyez régulièrement, je ne vous en ai jamais parlé; vous me l'avouez aujourd'hui, soyez heureux; mais n'espérez jamais, pendant que je vivrai, aucun bien de moi. Ah! mon oncle, votre consentement me suffit, et je préfère doña Sophia à tous les biens de la terre. Le jour suivant, je fis part à ma maîtresse de la réponse de mon oncle; elle en instruisit ses père et mère, qui allèrent aussitôt rendre visite à don Lopez, afin de concerter ensemble les arrangements qu'ils prendroient pour notre mariage. Ils me laissèrent avec leur fille, et allèrent chez mon oncle, qui, de son côté, fut très surpris de leur visite. Il les laissa parler tant qu'ils voulurent, et leur répondit qu'il consentoit fort à l'honneur qu'ils vouloient bien me faire, mais que je n'avois rien à espérer tant qu'il vivroit; que c'étoient là ses intentions. Ils eurent beau remontrer à mon oncle que je ne méritois point cette injustice, ce vieillard implacable n'en voulut pas démordre, et leur tourna le dos. Les parents de doña Sophia s'en offensèrent cruellement, et, rentrant chez eux, ils me dirent que mon oncle ne voulant rien faire pour moi, ils me prioient de ne plus mettre le pied dans leur maison, et qu'ils défendoient à leur fille de me voir.

Le Bachelier. 14

Un criminel à qui on lit sa sentence n'a jamais été plus saisi et plus troublé que je le fus à cette nouvelle accablante. Je me trouvai si mal, que l'on fut obligé de m'emporter chez moi ; je ne revins que long-temps après, et mon oncle, que je peux appeler cruel, eut la barbarie de me laisser seul, et partit pour sa maison de campagne. Je demandai des nouvelles de doña Sophia ; on m'apprit que ses parents l'avoient envoyée à Carthagène, dans un couvent où elle avoit une tante qui en étoit l'abbesse. Quand je fus en état de sortir, j'y portai mes pas ; mais il me fut impossible de voir celle que j'aimois. Désespéré, sans ressource, sans appui, je ne voulus point remettre les pieds chez mon oncle, ni le voir davantage. J'errai pendant deux ans de ville en ville, où, ne sachant que faire, j'ai servi jusqu'à ce qu'il plaise au ciel de me retirer de ma misère. La mort seule peut finir mes malheurs.

Nos épouses vinrent nous interrompre pour nous faire part des nouvelles de Madrid, qui portoient que le seigneur don Lopez de la Crusca étoit mort, et qu'ayant laissé à don Carlos del Sol, son neveu, tous ses biens, il eût à se faire connoître. Don Carlos donna des larmes à sa mort ; ce qui marquoit son bon naturel. Nos épouses n'étant pas prévenues du changement d'état d'Alvarès, étoient surprises de le voir pleurer ; nous leur apprîmes ce qu'il étoit. Elles le félicitèrent de son bonheur. Don Carlos, un moment après, s'écria : Que je vais être heureux ! mon oncle n'est plus. Il écrivit sur-le-champ aux parents de doña Sophia cette nouvelle : en attendant leur réponse, il nous quitta pour aller recueillir sa succession. Après nous avoir remerciés et nous avoir embrassés, il partit plus amoureux que jamais. Nous le fîmes accompagner par un de nos valets, qui vint nous éclaircir de son sort. Nous fûmes un mois sans recevoir aucune nouvelle de lui ; cependant il revint. Notre premier mouvement fut de demander des nouvelles de don Carlos. Quel fut notre étonnement d'entendre notre valet nous dire qu'il n'étoit plus ! Il nous apprit qu'étant à la maison de campagne de son oncle pour en prendre possession, il y reçut la nouvelle qu'on lui accordoit dona Sophia en mariage, et qu'il n'avoit qu'à se rendre à Madrid pour l'épouser ; qu'on avoit écrit à Carthagène pour qu'elle revînt du couvent. Cette nouvelle fut si grande pour lui, et la joie qu'il en eut fut si violente, qu'après mille démonstrations et mille extravagances que lui causoit son transport, il mourut entre les bras de plusieurs amis à qui il avoit fait part de son bonheur.

On m'envoya à Madrid, continua notre valet, pour apprendre cette triste nouvelle aux parents de dona Sophia, qui écrivirent sur-le-champ à l'abbesse du couvent où elle étoit que don Carlos venoit de mourir de joie, et que leur fille pouvoit rester avec elle. On apprit que dona Sophia avoit reçu avec beaucoup d'indifférence la nouvelle qu'elle alloit épouser don Carlos, aimant, disoit-elle, assez la solitude. Cependant quelques jours après, dès qu'elle sut que don Carlos étoit mort, elle tomba évanouie, et si mal, qu'elle resta huit jours sans connoissance. Elle avoit les yeux tournés vers le ciel, et on entendoit qu'elle prononçoit ces paroles : Oh ciel ! est-il possible ! il n'est plus ! Les soupirs qu'elle faisoit, et les larmes qu'elle versoit en abondance l'empêchoient de continuer. Elle est morte dans cet état, sans vouloir prendre aucune nourriture.

Ces nouvelles nous affligèrent beaucoup, et nous ne pûmes refuser nos pleurs aux malheurs de l'infortuné don Carlos et de dona Sophia. Ce qui nous dissipa fut la visite de don Gregorio, mon beau-frère, avec ma sœur. Ils restèrent avec nous un mois, et prirent beaucoup de part à l'histoire tragique de don Carlos, dont nous leur fîmes le récit. Nous leur procurâmes tous les plaisirs que nous goûtions ci-devant. C'est ainsi que nous entretenions par nos visites réciproques l'amitié qui régnoit entre nous.

CHAPITRE XLIII.

Don Chérubin de la Ronda, quinze mois après son mariage, devient le plus malheureux des époux. Don Gabriel enlève sa femme. Il poursuit inutilement le ravisseur. Son entretien avec son valet. Il cesse de chercher celle qui le fuit, et se résout d'aller au Mexique.

Nous vivions donc de cette sorte avec nos épouses, mes beaux-frères et moi. Don Gregorio et don Manuel me donnoient chaque jour quelque nouvelle marque d'amitié, comme, de mon côté, j'avois pour eux les déférences les plus attentives. Ce qu'il y a d'admirable, c'est que nos dames n'étoient pas moins unies entre elles que nous l'étions entre nous. Quoique nous ne fissions, pour ainsi dire, qu'un ménage des trois, elles s'accordoient merveilleusement bien ensemble. Elles ne se contredisoient presque jamais, et, lorsque cela arrivoit, c'étoit sans aigreur : leurs disputes finissoient toujours par des ris.

Pour comble de bonheur, le ciel nous fit bientôt connoître qu'il bénissoit nos mariages. Isménie, au bout de dix mois, accoucha d'un garçon, doña Paula d'une fille, et doña Francisca, ma sœur, en mit au monde deux à la fois, comme pour réparer, par ce double enfantement, une longue stérilité ; ou, si vous voulez, pour faire voir à Clévillente que lui seul avoit le privilége de la rendre féconde.

Notre société, ravie de ces heureux accouchements, les célébra par des fêtes, qui furent pour toute la ville autant de jours de réjouissance. Enfin, nous n'avions plus de vœux à faire. Dans quelque endroit que nous fussions, la joie régnoit toujours parmi nous ; et quoique nos plaisirs eussent, dans notre seule famille, une source inépuisable, nous avions encore un grand nombre d'amis qui venoient les augmenter en les partageant. Étions-nous au château de Clévillente, les *hidalgos* des environs nous y tenoient bonne compagnie ; et quand nous faisions notre séjour à Alcaraz, la maison de don Manuel devenoit le rendez-vous de la jeune noblesse de la ville, ainsi que des illustres étrangers qui s'y trouvoient.

Nous goûtions les douceurs de la félicité la plus parfaite, et en mon particulier j'étois fort satisfait de mon sort : je trouvais dans les bras de doña Paula la source de plaisirs purs et inexprimables ; je l'aimois, quoique marié, encore plus que jamais. Trop heureux si le bonheur dont je jouissois eût duré plus long-temps ! Je croyois avoir atteint le terme de mes infortunes; mais je n'avois point subi ma destinée : elle me réservoit des malheurs encore plus grands que ceux que j'ai déjà essuyés.

Entre plusieurs cavaliers qui venoient prendre part à nos plaisirs, il y en avoit un qui se faisoit appeler don Gabriel de Monchique. Il se disoit du royaume des Algarves, et se donnoit pour un parent du comte de Villa-Nova. En voyageant en Espagne par curiosité, il s'étoit arrêté à Alcaraz, et nous avions fait connoissance avec lui. Outre qu'il avoit une suite de seigneur, il étoit fait de façon, et il avoit des manières si nobles, qu'on ne pouvoit le soupçonner d'être un homme du commun : on l'auroit plutôt pris pour un jeune prince qui parcouroit *incognito* les provinces de la monarchie espagnole, que pour un simple gentilhomme. Je n'ai jamais vu de cavalier qui eût un meilleur air ni une figure plus gracieuse. D'ailleurs son esprit répondoit à sa bonne mine. Il nous charma, mes beaux-frères et moi, dès la première vue, et nous n'épargnâmes rien pour devenir de ses amis. Nous nous fîmes un plaisir de le présenter à nos dames, qui peut-être en elles-mêmes nous taxèrent d'imprudence de leur faire voir un objet si dangereux. Pour nous autres maris, au lieu d'en craindre les conséquences, nous en usâmes avec lui comme de vrais François, en l'admettant bonnement dans notre société, à nos risques, périls et fortunes.

Il nous fit bientôt connoître que nous avions introduit le loup dans la bergerie; et, malheureusement pour moi, ma femme fut la brebis qu'il eut envie de dévorer. Je m'aperçus bien qu'elle ne lui déplaisoit pas,

CHAPITRE XLIII.

mais cette remarque ne m'alarma point : je n'en fis que rire. Je félicitois même quelquefois en badinant dona Paula d'avoir fait la conquête d'un si joli homme ; et elle me répondoit sur le même ton, qu'elle étoit bien aise d'avoir un sacrifice si flatteur à me faire. Je dirai plus : je me faisois, pour ainsi dire, un jeu de l'amour de Monchique. Bien loin d'en avoir quelque inquiétude, je m'applaudissois en secret de voir un amant si aimable soupirer inutilement : j'en sentois ma vanité flattée. En un mot, je croyois la sœur de don Manuel trop sage pour s'écarter de son devoir : mais je comptois trop sur sa sagesse. Le galant qui avoit formé le dessein de la séduire, n'y réussit que trop par le ministère d'une vieille soubrette, qui avoit grand pouvoir sur l'esprit de ma femme, et dont il trouva moyen de corrompre la fidélité.

Ce qu'il y eut de plus singulier dans cette séduction, c'est qu'elle fut ménagée si secrètement, que je n'en eus pas le moindre soupçon. Ma femme étoit même déjà loin d'Alcaraz, quand j'appris qu'elle avoit disparu avec Antonia, sa suivante, aussi-bien que don Gabriel, et que vraisemblablement ce cavalier les avoit enlevées.

Je n'ajoutai aucune foi au premier rapport qu'on me fit de ce ravissement : je n'y trouvois pas de vraisemblance. Non, non, disois-je, il n'est pas possible que mon épouse, dont la vertu jusqu'ici ne s'est point démentie, commence par se porter à cette extrémité. Ce seroit un coup d'essai bien extraordinaire. Je serois moins surpris de cette aventure, si les femmes de mes beaux-frères en étoient les héroïnes : cela leur conviendroit mieux en effet qu'à dona Paula, dont la conduite a toujours été irréprochable. Cependant c'est elle qui, malgré l'excellente éducation qu'elle a reçue, vient de se couvrir d'infamie. Comment cela s'est-il pu faire? Il faut que don Gabriel ait employé la force pour l'enlever. Mais par quelle adresse a-t-il pu l'arracher du sein de sa famille et des bras d'un époux? Par quel enchantement a-t-il pu commettre ce crime sans en laisser la moindre trace? Cet événement me confond.

Clévillente et Pedrilla, ne sachant que penser de ce rapt, n'en étoient pas moins étonnés que moi. Nous n'en demeurâmes pas aux réflexions que nous fîmes là-dessus. Nous nous donnâmes tous trois de grands mouvements pour découvrir la route que le ravisseur pouvoit avoir prise avec sa proie. Nous fîmes, tant du côté de Murcie, que du côté de Valence, les plus exactes perquisitions, qui furent toutes infructueuses. Nous jugeâmes que Monchique avoit gagné la côte de Carthagène, et qu'il s'étoit embarqué là sur un bâtiment préparé par son ordre pour le transporter en Portugal avec son Hélène. Je m'arrêtai à cette conjecture; et, prenant la résolution de suivre ce nouveau Pâris, je me disposai à l'aller chercher dans le royaume des Algarves, où je me flattois de le trouver.

Don Manuel, ne se croyant pas moins intéressé que moi à tirer raison du procédé de don Gabriel, vouloit absolument m'accompagner, quelque chose que je pusse lui dire pour le détourner de son dessein, ne demandant pas mieux que de me prouver qu'un frère tel que lui n'étoit pas moins sensible qu'un époux à l'affront fait à la famille. Je n'eus pas peu de peine à obtenir de lui qu'il me laissât le soin de notre commune ven-

CHAPITRE XLIII.

geance. Il se rendit pourtant aux opiniâtres instances que je lui en fis, et qui furent appuyées des pleurs de son épouse. Je me disposai donc à courir après Monchique; mais, avant mon départ, je priai don Manuel de se charger de l'éducation de ma fille, sa nièce, et de l'administration de mes revenus. Puis, m'étant bien muni d'or et de pierreries, comme un homme qui pressentoit qu'il alloit s'éloigner d'Alcaraz pour long-temps, je pris congé de mes beaux-frères et de leurs femmes, que je ne quittai point sans exciter leurs larmes, ni sans en répandre aussi abondamment. Les dames surtout s'attendrirent fort dans nos adieux, soit qu'elles fussent véritablement affligées de mon départ, soit qu'elles fussent encore bonnes comédiennes.

Je me rendis au port de Vera, où je m'embarquai avec un valet dont je connoissois le courage et la fidélité, sur un vaisseau frété pour Lagos, ville qui fait la pointe du royaume des Algarves sur le bord de la mer. Je n'y fus pas sitôt arrivé, que je m'informai de don Gabriel de Monchique; et, comme on me dit qu'on ne le connoissoit point à Lagos, j'allai de ville en ville en demander des nouvelles. Je parcourus Tavira, Faro, Sagres, en un mot tout le royaume des Algarves, sans recueillir d'autre fruit de mes recherches que le chagrin de les avoir faites inutilement. J'étois au désespoir de ne pas rencontrer mon ennemi : je ne respirois que vengeance.

Quelle rodomontade, pourront s'écrier en cet endroit les lecteurs qui se rappelleront l'affaire de don Ambroise de Lorca, et la peine que j'eus à me résoudre à un combat de deux contre deux! Cependant il est certain que j'aurois voulu déterrer don Gabriel pour me couper la gorge avec lui. Il falloit que je fusse effectivement devenu brave depuis ce temps-là, ou que mon honneur offensé m'inspirât un esprit de vengeance qui suppléoit à la valeur.

Quoi qu'il en soit, Toston, mon valet, commençant à se lasser de tant de courses vaines, me dit un jour : Monsieur, nous nous fatiguons tous deux infructueusement. Cessons de courir en Portugal après un homme qui peut avoir pris le chemin de Flandres, ou la route d'Italie. D'ailleurs, savez-vous si la dame enlevée mérite que vous exposiez pour elle votre vie? Pour moi, si vous me permettez de dire ce que je pense, je doute qu'elle voyage à regret avec don Gabriel, ou, pour parler plus juste, avec un aventurier; car je me trompe fort si ce galant n'est pas un nouveau Guzman d'Alfarache, ou quelque chose d'approchant. Si cela étoit ainsi, ajouta-t-il, ne feriez-vous pas beaucoup mieux d'abandonner une infidèle épouse à son mauvais destin, que de vouloir vivre encore avec elle? Assurément, lui répondis-je. Ne t'imagine pas que je pense autrement que toi. Si je savois que son enlèvement fût volontaire, le mépris que je concevrois pour elle m'empêcheroit de la chercher plus long-temps. Que dis-je? Au lieu d'en continuer la recherche, je la regarderois comme une infâme, dont je croirois ne pouvoir assez m'éloigner. Mais je ne puis la croire si coupable.

Quelle prévention! reprit mon confident. Est-il possible, Monsieur, que vous vous imaginiez, avec le bon esprit que vous avez, qu'une femme vertueuse ne puisse

CHAPITRE XLIII.

pas cesser de l'être quand elle est si vivement poursuivie par un joli homme? Quelle erreur! Je juge moins favorablement que vous de dona Paula, et j'ai particulièrement raison de douter de sa vertu. Il faut que je vous l'avoue. J'ai vu don Gabriel un jour et la vieille Antonia qui s'entretenoient d'un air mystérieux en particulier. Je suis sûr que vous étiez intéressé dans leur conversation, ou plutôt qu'ils concertoient ensemble l'exécution du projet qu'ils méditoient, et qu'enfin madame étoit d'accord avec eux.

Ce zélé serviteur me dit encore tant d'autres choses, et revint si souvent à la charge, qu'il vint à bout de me persuader que j'avois été trompé par une épouse hypocrite. Je n'en doutai plus; et passant d'une extrémité à l'autre : Toston, m'écriai-je, tu me dessilles les yeux. Oui, j'ai été la dupe d'une fausse vertu. Certaines circonstances que tu m'as dites ne me le font que trop connoître. O ciel! quel aveuglement a été le mien! Dona Paula est une perfide dont je ne veux plus me souvenir que pour la détester. Je suis ravi, me dit Toston, de vous voir dans ces sentiments. Le ciel en soit loué! Allons, mon cher maître, ne courons plus après une personne qui s'est rendue digne de votre haine. Retournons à Alcaraz, où les seigneurs don Manuel et don Gregorio, vos beaux-frères, et, qui plus est, vos amis, vous aideront à la bannir de votre mémoire.

Ah! Toston, lui répondis-je, qu'oses-tu me proposer? Tu devrois plutôt me conseiller de passer les colonnes d'Hercule, et d'aller au fond de l'Afrique cacher ma honte et mon nom. Je sens une répugnance invincible à revoir le séjour d'Alcaraz, après le coup mortel que mon honneur y a reçu. J'aime mieux m'en écarter pour jamais, ou du moins pour quelques années. Hé bien, reprit-il, puisque vous vous faites une si grande peine d'aller retrouver vos amis, prenons donc un autre parti. Faisons le voyage des Indes occidentales. Après toutes les merveilles que j'ai ouï raconter du Mexique, je serois bien aise que vous voulussiez voir ce pays charmant, qui mérite qu'on lui donne la préférence sur tous les climats du monde; un pays où règne, à ce qu'on dit, un éternel printemps; où l'on ne voit presque point de malades; où les entrailles de la terre sont d'argent, et où dans mille endroits les rivières roulent leurs eaux sur un sable d'or. C'est là, mon cher patron, c'est là que vous devez aller. Tu m'en inspires l'envie, lui repartis-je, mon enfant. Je le veux bien, partons pour la Nouvelle-Espagne. C'en est fait, je me détermine à faire ce voyage. Peut-être me fera-t-il oublier plus facilement l'indigne sœur de don Manuel.

Je n'eus pas plutôt formé cette résolution, qui véritablement étoit préférable à celle de m'obstiner à chercher une femme qui me fuyoit, que je me rendis à Cadix, où je n'attendis pas huit jours l'occasion de m'embarquer pour le Mexique. Je trouvai un navire marchand qui se préparoit à mettre à la voile pour Vera-Cruz, et je me hâtai de profiter de cette commodité.

CHAPITRE XLIV.

Don Chérubin de la Ronda part de Cadix, et arrive à la Vera-Cruz, où il loue des mules pour aller par terre au Mexique. Du curieux entretien qu'il eut la première journée sur la route avec son muletier. Histoires singulières racontées par Tobie. Ce qu'il apprend du Mexique lui donne beaucoup d'espérance.

Pour épargner au lecteur un journal ennuyeux de mon passage aux Indes, je me contenterai de dire qu'après avoir couru quelque péril sur la mer, j'arrivai heureusement à Saint-Jean de Ulhua, autrement appelé la Vera-Cruz. Comme on va sur des mules de cette ville à Mexico, je priai le maître de l'hôtellerie où j'étois logé de me donner un muletier de sa main. Il m'en fit venir un, et me le présentant : Seigneur gentilhomme, me dit-il, vous voyez le meilleur muletier de ce pays-ci, sans contredit. Il vous fournira de très bonnes mules, et aura un soin tout particulier de vos hardes. Outre cela, c'est un garçon d'esprit et de belle humeur, qui vous réjouira par ses chansons, et par le récit de cent petites histoires dont il a la mémoire farcie. N'est-il pas vrai, maître Tobie, ajouta-t-il en lui adressant la parole?

Oui, seigneur Guttierez, lui répondit le muletier. J'ai, grâces à Dieu, dans mon sac une si copieuse quantité de ces denrées-là, que monsieur n'en manquera pas d'ici à Mexico, bien que nous ayons quatre vingts bonnes lieues à faire. Il y a deux mois, poursuivit-il, que je menois un gros moine de la Merci : je lui contai sur la route des historiettes qui le firent tant rire, qu'il en pensa crever.

Je jugeai par cette réponse que maître Tobie étoit un babillard, et je n'en fus pas fâché. Il pourra, disois-je, m'étourdir souvent les oreilles de ses chansons et de ses récits ; mais quelquefois en récompense il me divertira. Je suis même persuadé qu'il m'apprendra des choses que je serai bien aise de savoir. Pour Toston, il en eut d'autant plus de joie, qu'il espéra qu'un homme de ce caractère l'aideroit à me tirer d'une noire mélancolie dans laquelle je tombois de temps en temps malgré moi, l'image de dona Paula au pouvoir de Monchique me revenant sans cesse dans l'esprit.

Le lendemain, dès la pointe du jour, maître Tobie, suivant l'accord fait entre nous, entra dans la cour de l'hôtellerie avec quatre mules, dont il y en avoit une pour moi, une autre pour lui, la troisième pour mon valet, et la dernière étoit destinée à porter un coffre et une valise qui contenoient tous mes effets. Nous nous mîmes en chemin ; et nous eûmes à peine fait un quart de lieue, que voilà maître Tobie qui fait entendre une grosse voix qui auroit pu faire honneur à un chantre de cathédrale. Il entonna des couplets, composés du temps de Charles-Quint, sur la conquête du Mexique. J'aimois trop la gloire de ma nation pour écouter sans plaisir les exploits héroïques du vaillant Cortès et de ses compagnons ; mais outre que j'avois entendu raconter mille fois l'histoire incroyable de cette conquête, les vers que chantoit maître Tobie n'en rendoient pas

CHAPITRE XLIV.

le récit fort agréable à l'oreille : la poésie n'étoit pas mesurée à la dignité du sujet.

Après avoir essuyé une vingtaine de couplets sur le même air, j'interrompis le chanteur, qui m'ennuyoit, quoique ses couplets fussent assez ridicules pour devoir me réjouir. Je m'avisai, pour mes péchés, de lui adresser la parole : Maître Tobie, vous chantez à merveille; mais en voilà assez pour cette fois, mon ami. Le seigneur Guttierez mon hôte m'a dit, comme vous savez, que vous avez la mémoire ornée d'une infinité d'histoires divertissantes; voulez-vous bien nous en conter quelques-unes ? Très volontiers, répondit-il, et plutôt dix qu'une, pour vous faire voir que Guttierez vous a dit la vérité. Je veux même, ajouta-t-il en souriant d'un air malin, puisqu'il vous a fait fête des histoires que je sais, commencer par la sienne, qui vous paroîtra peut-être assez plaisante. En même temps il m'en fit le récit à peu près dans ces termes :

Le seigneur Guttierez, natif de Zamora, étant allé faire un voyage en Portugal, y épousa la fille d'un bourgeois de Santarem, jeune et jolie. Un mois après son mariage, il s'embarqua dans le port de Lisbonne avec elle pour la Vera-Cruz, dans le dessein de s'y établir. Se flattant d'y faire fortune, il loua la maison qu'il occupe aujourd'hui, et se mit à tenir hôtellerie. Il s'aperçut bientôt qu'il avoit fait une très bonne affaire d'être venu à la Vera-Cruz : sa taverne étoit toujours remplie de monde que la gentillesse de sa femme y attiroit. On ne parloit dans la ville que de la belle Portugaise (car elle fut ainsi nommée), et l'on peut dire qu'elle faisoit autant de conquêtes qu'il alloit de jeunes gens dans sa maison. Guttierez, naturellement jaloux, ne put voir sans effroi ce concours de galants; et, pour soustraire sa femme aux yeux des hommes, il la renferma dans une chambre, où il lui faisoit porter à manger par un esclave nègre qui possédoit sa confiance. Vous jugez bien qu'un époux qui traitoit ainsi sa femme, sans avoir sujet de se plaindre d'elle, et seulement par jalousie, ne manqua pas de se rendre odieux à tous ceux qui savoient sa tyrannie, c'est-à-dire à toute la ville, puisqu'il n'y avoit personne qui l'ignorât. Chacun s'intéressant pour la belle Portugaise faisoit des vœux au ciel pour qu'elle fût promptement délivrée de son tyran; et ces vœux furent exaucés. Le nègre, à qui seul il étoit permis d'entrer dans la chambre de cette dame, l'entendant tous les jours gémir et se plaindre, fut touché de ses lamentations; de sorte qu'une belle nuit il la tira d'esclavage, et disparut avec elle de la Vera-Cruz : on ne les a pas vus depuis l'un et l'autre, ni même appris de leurs nouvelles.

Le muletier, s'étant arrêté dans cet endroit, se mit à faire des éclats de rire aux dépens de Guttierez. Comme j'étois assez sérieux, Tobie crut que cette histoire ne m'avoit pas plu; et, pour me donner une humeur plus gaie que celle qu'il me voyoit, il commença à nous faire le récit d'un songe qu'avoit fait dernièrement un bon bourgeois de la Vera-Cruz dont la femme étoit extrêmement économe. Elle menoit son mari, et étoit la maîtresse de la maison. Il est vrai qu'elle avoit raison, dit le muletier : cet homme étoit un joueur de profession, qui, n'ayant pas plutôt de l'argent, alloit le jouer et le perdre; lorsqu'il revenoit à la maison, ce n'étoit plus un homme, mais un diable; ce qui avoit fait prendre à sa femme le parti de maîtriser, et de se mettre à la tête des affaires de son commerce, où elle réussissoit fort bien. Si toutes les femmes suivoient ce modèle, que de ménages heureux il y auroit! mais il y en a beaucoup où, lorsque le mari ne fait rien, la femme de son côté en fait de même. Et quelles sont les raisons de la plupart des femmes? c'est qu'elles ne prennent de mari que pour s'assurer de quoi vivre : elles ont même la sotte gloire de le dire tout haut. On reconnoît bien les femmes à ce portrait. Mais je m'égare, continua le muletier; et il reprit ainsi : Une des qualités que possédoit encore cette femme étoit la propreté, qui régnoit dans sa maison depuis la cave jusqu'au grenier.

Un certain jour son mari revint fort tard de l'académie où il avoit coutume d'aller jouer; et, n'ayant pas un sou, il demanda à sa femme de l'argent pour le lendemain, disant qu'il le devoit, et qu'il avoit donné sa parole d'honneur à celui qui l'avoit gagné; mais on le refusa selon la coutume. Sa colère fut extrême : il prit les chaises, et les jeta les unes sur les autres; il accabla sa femme d'injures, et il ne cessa de l'envoyer au diable : je crois que si le diable fût venu dans ce moment, il lui auroit laissé emporter sa femme, tant sa fureur étoit grande. Il vouloit quitter la maison, se promettant bien de ne plus revenir. La femme, accoutumée à cette sorte de vie, se contentoit de préparer son soupé, et laissoit marmotter monsieur son mari tant qu'il vouloit. Le couvert mis, il soupa avec sa femme : soit qu'il oubliât sa colère, ou que le vin dissipât sa fureur, il resta tranquille, et mangea comme quatre ; ensuite il alla se coucher, ruminant toujours dans sa tête comment il auroit de l'argent. Il s'endormit avec tous les projets qu'il faisoit. Sa femme l'entendant roufler, en fit autant que son mari, et se coucha auprès de lui le plus doucement qu'elle put, dans la crainte qu'elle avoit de le réveiller. Mais notre homme, le cerveau échauffé de l'avidité du gain et de la perte de l'argent qu'il venoit de faire, fit le songe le plus plaisant que j'aie jamais entendu, continua Tobie. Le voici ; et vous en jugerez vous-même : il rêva qu'il sortoit de grand matin de sa maison, et que, ne sachant quel parti prendre pour avoir de l'argent, il se résolut d'en aller emprunter sous le nom de sa femme. Dans son chemin, il rencontra un petit homme mal fait, bossu, et ayant trois jambes, dont une naturelle et deux de bois, qui l'arrêtant : Zador (c'étoit son nom), lui dit-il, où vas-tu si matin? Je viens de chez toi ; et, ne t'ayant pas trouvé, je suis bien aise de te rencontrer, pour savoir si tu es dans la même intention où tu étois hier. Comment, répondit Zador, et qui êtes-vous ? Je ne vous connois pas, et je ne vous ai jamais vu. Il est vrai, dit l'autre, que je ne te suis pas connu ; mais tu peux avoir entendu parler de moi, ayant déjà fait assez de bruit dans l'Espagne et dans bien des cours étrangères où je brille encore. Je suis *le diable boiteux* ; mon nom est *Asmodée*. Quoi! reprit Zador, c'est vous qui avez rendu tant de services au jeune Cléofas? Moi-même, repartit le diable ; et comme je veux t'en rendre aussi de fort importants, dis-moi si tu veux me donner ta femme, ainsi que tu l'as fait hier, en l'envoyant au diable. Je mérite bien la préférence; et, si tu me la donnes, je te ferai présent d'un trésor inépuisable qui est hors de cette ville, et où tu puiseras tout l'or et tout l'argent dont tu pourras avoir besoin pour assouvir ta passion dominante du jeu. Je crois que tu ne peux balancer au change que je te propose; et, comme je suis un bon diable, ta femme ne peut être en meilleures mains que les miennes. Quoi! répondit Zador, étonné de ce qu'il venoit d'entendre, vous me donneriez un pareil trésor pour ma femme? Mais la connoissez-vous bien pour faire une telle proposition? Si je la connois! Sans doute, reprit le diable. Mets ta main dans la mienne pour assurance de ta parole, mon trésor est à toi, comme ta femme est à moi. Je le veux, dit Zador, ma femme est à toi, et je te la donne pour ce prix : on ne peut avoir un trésor à meilleur marché, et peut-être bien je t'aurois donné ma femme pour rien. Avec le trésor que tu me donnes, j'en trouverai plus d'une. Je suis persuadé de ta générosité, reprit le diable. Mais fais-moi voir le trésor, reprit Zador, et rends-m'en à cette heure l'unique possesseur. Cela est juste. Suis-moi, dit Asmodée. Il conduisit Zador par delà les portes de la ville jusque dans un pré charmant, dont la verdure enchantoit les yeux, et dont l'étendue étoit immense. Lorsqu'il fut au milieu de ce pré, le diable fit arrêter Zador, qui regardoit de tout côté s'il ne verroit pas son trésor. C'est là, dit Asmodée, où est le trésor que je te donne : tout ce que tu vois couvert de cette verdure est rempli d'or et d'argent; mais il n'y a que par ce seul endroit où tu puisses en puiser. Regarde bien, continua le diable, ce que je vais faire. Il se baissa;

et, après avoir arraché plusieurs poignées d'herbes, il découvrit la terre, aidé de Zador, qui ne cessoit de regarder le diable. Il lui fit voir de l'or et de l'argent en toutes sortes de monnoie. Ce que tu vois, dit Asmodée, est à toi, et je t'en fais présent. Adieu, je n'ai plus besoin ici; maintenant je vais te débarrasser de ta femme. Tu feras bien, dit Zador; que je ne la trouve pas quand je rentrerai chez moi; car elle s'empareroit encore de ce trésor. Cela suffit, dit Asmodée, je vais te satisfaire. Si par hasard tu as besoin de moi, tu n'as qu'à m'appeler trois fois, le ventre à terre, par ces mots: *Asmodée, le meilleur des diables, viens à moi;* tu me verras paroître. Aussitôt il disparut. Zador, à la vue de son trésor, ne se possédoit pas de joie : il remplit ses poches d'or et d'argent, et se chargea comme un mulet. Dès qu'il eut fait, de peur qu'un autre ne s'aperçût du trésor qu'il possédoit, il boucha le trou que le diable avoit fait, et remit les poignées d'herbes par-dessus la terre, afin qu'on ne s'aperçût de rien : il s'en alla. Lorsqu'il fit réflexion que s'il revenoit il auroit bien de la peine à retrouver l'ouverture du trésor, cela l'inquiéta beaucoup; il se retourna même, et il ne reconnoissoit déjà plus la place que le diable lui avoit indiquée ; il fit beaucoup de chemin dans cette prairie pour retrouver son trésor sans qu'il le pût jamais. Il se ressouvint de ce que le diable lui avoit dit avant que de le quitter; il se coucha le ventre à terre, et appela par trois fois: *Asmodée, le meilleur des diables, viens à moi.* Le diable apparut tout d'un coup à lui, et lui demanda ce qu'il vouloit. Ah! reprit Zador, je suis dans un grand embarras : le pré est si vaste, que je ne pourrai jamais

CHAPITRE XLIV.

trouver le trésor que tu viens de me donner, à cause de la verdure qui le couvre ; je l'ai même déjà perdu. Le diable le conduisit à l'endroit où étoit le trésor ; Zador le reconnut, et exprimoit sa joie au diable par des sauts qu'il faisoit. Mais ce n'est pas encore assez, dit Zador, il faut que tu m'instruises de la façon que je m'y prendrai pour reconnoître mon trésor. S'il n'y a que cela qui t'embarrasse, dit Asmodée, je vais te donner le moyen le plus sûr pour retrouver cette place : mon avis est que tu fasses ton cas dessus l'ouverture même. Ton conseil est fort bon, répondit Zador ; et personne n'osera par ce moyen y mettre la main, encore moins le nez. Asmodée lui dit : Tu n'as plus besoin de moi, adieu. Zador, se voyant seul, se mit en devoir d'exécuter l'avis du diable ; et, après quelques efforts, il fit un cas assez considérable pour reconnoître son trésor. Il s'applaudissoit déjà de sa fortune présente, lorsqu'il se sentit poussé avec tant de force, qu'il tomba ; la frayeur qu'il en eut l'éveilla en sursaut, et sa surprise fut bien grande d'entendre sa femme, qui lui disoit : Que viens-tu de faire, misérable que tu es ? Tu m'empestes, et je ne puis y résister. Comment, dit Zador à demi-éveillé, est-ce que je suis dans mon lit ? Où veux-tu donc être ? reprit sa femme. Je suis bien malheureux, dit Zador ; j'ai fait le plus beau songe qu'on puisse jamais faire. C'est bien le plus puant, répondit sa femme. Mais, tiens, dit Zador à sa femme, regarde dans mes poches tout l'argent que je possède, et que j'ai pris dans mon trésor. Va, va, dit-elle, lève-toi, et regarde dans ton lit. Sa surprise fut extrême, en voyant que ce qu'il avoit fait dans un pré pour reconnoître son trésor, il venoit de le faire dans son lit.

On ne m'a pas dit la suite, continua le muletier, qui, ne pouvant s'empêcher de rire avec tant d'éclat, me fit croire qu'il étoufferoit, et qu'il creveroit, comme le gros moine de la Merci qu'il conduisoit avant nous. Pour moi, dans la disposition d'esprit où j'étois, je ne fus pas tenté d'en faire autant, l'histoire d'une femme enlevée, et un songe, n'étant guère propres alors à me divertir. Toston, devinant bien pourquoi je ne riois pas, remarquant même que j'aurois voulu au diable Tobie et ses histoires, dit à ce muletier, pour changer de discours : Ce que vous venez de nous raconter est assez plaisant; mais voulez-vous bien que nous parlions un peu de Mexico? Vous qui connoissez parfaitement cette grande ville, vous êtes en état de nous en dire des particularités intéressantes. Qu'y trouvez-vous de plus beau à voir? Cinq choses, répondit Tobie : les femmes, les habits, les chevaux, les rues et les carrosses de la noblesse, qui surpassent en magnificence et en beauté ceux de toutes les cours de l'Europe sans exception. Il est vrai que pour les orner on n'épargne ni l'or ni l'argent. On y emploie même les pierres précieuses avec les plus belles soies de la Chine. Les chevaux portent des brides enrichies de perles fines : ils ont des fers d'argent; et l'on diroit, à leur allure fière, qu'ils sentent l'avantage qu'ils ont d'être les plus parfaits animaux de leur espèce.

Venons aux rues, poursuivit-il : elles sont presque toutes d'une largeur prodigieuse; ce qui est nécessaire à une ville où quinze mille carrosses roulent tous les jours. Mais il faut admirer en même temps leur propreté : car il n'y a pas de ville au reste du monde où les rues soient si nettes : et ce seroit dommage qu'elles

CHAPITRE XLIV.

ne le fussent pas, à cause des boutiques, qui offrent aux yeux des passants un air d'opulence qu'on ne voit point ailleurs : celles, entre autres, de la rue des Orfévres sont remplies de richesses immenses et d'ouvrages merveilleux.

J'attends maître Tobie aux femmes, interrompit Toston. Votre impatience est juste, reprit le muletier. Ce que j'ai à vous dire des femmes mérite assurément d'être entendu. Les dames espagnoles de Mexico sont belles en général, et elles s'habillent d'une manière qui relève encore leur beauté. Elles ont une si prodigieuse quantité de pierreries, qu'elles paroissent plus brillantes que les étoiles. Quel luxe! quelle magnificence! Il faut les aller voir sur la fin du jour au champ de *la Alomeda*, qui est la promenade des gentilshommes et des principaux bourgeois. C'est là que vous pourrez juger de la dépense excessive qu'elles font en habits. Mais elles ont beau être aimables naturellement, et richement vêtues, elles ne font tout au plus que partager les regards des hommes avec les filles indiennes de leur suite, qu'elles font marcher aux portières de leurs carrosses : ces négresses sont si jolies et si mignonnes, que souvent on les préfère à leurs maîtresses.

Fi donc, maître Tobie, s'écria mon valet en faisant la grimace, ne badinons point : ces faces basanées peuvent-elles être regardées avec quelque plaisir? Avec quelque plaisir! lui repartit le muletier fort sérieusement; ah! que vous parlez bien en homme qui vient d'Espagne, et qui n'a jamais vu ces brunettes! Allez, allez, quand vous les aurez bien considérées, vous ne les trouverez pas si dégoûtantes. Les gentilshommes, ajouta-t-il, et les officiers de la chancellerie, leur rendent plus de justice. Le vice-roi lui-même leur fait fête; et son excellence prend tant de goût à leur conversation, que les railleurs disent que le noir est devenu sa couleur favorite.

Je ne pus me défendre de rire à ces paroles de maître Tobie : et pour l'engager à me dire tout ce qu'il savoit du comte de Gelves, qui étoit alors vice-roi de la Nouvelle-Espagne, je lui fis plusieurs questions sur ce seigneur, auxquelles il répondit d'une façon qui me fit connoître que les vices et les vertus des hommes en place n'échappent point au public. Le comte de Gelves, nous dit le muletier, aime un peu trop l'argent et ces négresses dont je viens de parler. Quoiqu'il ait tous les ans cent mille ducats à prendre dans l'épargne du roi, et qu'il tire un million pour le moins tant des présents qu'il reçoit du pays, que du commerce qu'il fait en Espagne et aux Philippines, tout cet argent ne peut rassasier son appétit pour les richesses. A cela près, c'est un vice-roi parfait : il sait mieux que ses prédécesseurs faire respecter les lois et l'autorité royale; il est si sévère, qu'on l'appelle par excellence *le boucher des brigands*.

Il mérite bien en effet ce surnom, continua Tobie, par le soin qu'il a pris, et qu'il prend encore tous les jours, de nettoyer de voleurs les grands chemins : car, depuis qu'il est vice-roi, il a fait exécuter plus de malfaiteurs et d'assassins qu'on n'en a vu punir depuis que les états du grand Montézume ont changé de maître. Mais il faut tout dire : si le gouvernement du Mexique fait tant d'honneur au comte de Gelves, je crois, entre nous, qu'il en est un peu redevable au seigneur don Juan de Salzedo, son premier secrétaire, qui est un homme de mérite, et sur lequel il a raison de se reposer des plus pénibles soins de la vice-royauté.

J'interrompis Tobie pour lui demander si don Juan de Salzedo, dont il parloit, n'avoit pas été employé dans les bureaux du duc d'Uzède. Oui, vraiment, me répondit-il; et il y seroit encore, si, depuis la mort de notre bon roi Philippe III, le duc d'Uzède n'eût point été exilé : mais, immédiatement après la disgrâce de ce ministre, don Juan a quitté la cour pour venir trouver à Mexico le comte de Gelves, qui est de ses anciens amis, et dont il est plutôt le collègue que le secrétaire.

Je fus ravi d'apprendre, par cette nouvelle, que je serois à Mexico en pays de connoissance; car don Juan de Salzedo étoit ce même secrétaire qui m'avoit fait choisir pour aller porter à Naples des dépêches importantes au duc d'Ossone, et qui avoit la mauvaise habitude de citer à tout propos des passages d'auteurs latins. Je dis au muletier que je connoissois ce don Juan de Salzedo, et même que je pouvois me vanter d'avoir autrefois été de ses amis. Ah! seigneur gentilhomme, s'écria là-dessus maître Tobie avec beaucoup de vivacité, que vous êtes heureux d'avoir un ami de cette importance ! J'ignore ce qui vous amène à Mexico ; mais, dans quelque dessein que vous y puissiez venir, soyez sûr que vous réussirez, puisque vous connoissez un homme qui dispose de tous les emplois que le vice-roi peut donner, et qui, pour ainsi dire, est la cheville ouvrière du gouvernement.

Lorsque le muletier Tobie eut parlé de cette sorte

du comte de Gelves et de son secrétaire, il se remit sur les agréments de Mexico. Quand vous aurez vu, nous dit-il, cette ville et ses environs, vous conviendrez que s'il y a quelque pays sur la terre qui soit comparable au paradis terrestre, c'est celui-là. L'Andalousie et la Lombardie, si vantées par les voyageurs, n'en approchent point; et sur cela maître Tobie nous en fit une description assez intéressante, mais si longue, qu'elle n'étoit pas encore finie quand nous arrivâmes à Xalapa, première bourgade qu'on trouve sur le chemin, et dans laquelle y a une hôtellerie ordinairement bien pourvue de toutes sortes de provisions.

CHAPITRE XLV.

De la rencontre que don Chérubin fit d'un religieux de l'ordre de Saint-François en entrant dans Xalapa. Suite de cette rencontre. Il soupe avec le gardien du monastère. Portraits des religieux qui se trouvent avec lui. Après le repas il joue, gagne, et se retire à minuit du couvent.

COMME nous descendions à la porte de cette hôtellerie, il passa près de nous un religieux de l'ordre de Saint-François, que nous regardâmes, mon valet et moi, avec toute l'attention qu'il nous parut mériter. Il étoit monté sur un bon cheval, et accompagné de deux esclaves maures qui marchoient à ses étriers. Il portoit une robe de laine brune retroussée et attachée à sa ceinture de soie blanche cordonnée, laissant voir des caleçons de toile de Hollande brodés par le haut, des bas de soie bleus avec des souliers de maroquin à talons rouges. Il avoit sur son froc un chapeau de castor du Canada, dont la coiffe étoit de satin incarnat. Une si grande propreté dans un religieux mendiant me parut un peu scandaleuse; mais, ayant appris que dans ce pays-là les yeux y étoient tout accoutumés, je me préparai à voir d'autres choses qui me surprendroient.

On me dit que ce cordelier étoit le gardien du couvent de Xalapa, qui probablement alloit faire quelque visite à l'extrémité de la bourgade. Je le saluai d'un air respectueux, et il me rendit le salut avec beaucoup de civilité. Je ne l'eus pas sitôt perdu de vue, que je ne pensai plus à lui; et j'étois fort éloigné de deviner que nous souperions ensemble ce soir-là, quand, trois heures après, il entra dans l'hôtellerie un petit moine qui demanda le muletier Tobie. Ils se parlèrent un moment en particulier, après quoi ils vinrent me trouver. Seigneur, me dit le muletier en me présentant le moine, voilà un petit frère qui vient ici pour s'acquitter d'une commission que son supérieur lui a donnée. Oui, seigneur cavalier, me dit le moine, notre révérendissime père gardien vous prie de vouloir bien lui faire l'honneur de venir souper avec sa révérence. Je répondis poliment au petit frère que la proposition étoit trop agréable pour ne la pas accepter avec plaisir, et qu'il pouvoit assurer son révérendissime supérieur que je m'allois disposer à me rendre à son monastère; ce que je fis effectivement, laissant Toston et le muletier à l'hôtellerie.

Je trouvai à la porte du couvent le père gardien qui

m'attendoit pour me conduire lui-même à son appartement. Seigneur cavalier, me dit-il en me saluant d'un air aisé, pardonnez à un de vos compatriotes d'avoir pris la liberté de vous inviter à souper; mais j'ai coutume d'en user de la sorte avec tous les cavaliers espagnols qui passent par cette bourgade pour aller à Mexico. Je me fais un extrême plaisir de les recevoir, et d'apprendre d'eux des nouvelles de ma patrie : car je suis natif de Bilbao, capitale de la Biscaye, ce que mon accent vous fait assez connoître. Je descends des anciens comtes de Durango, qui se sont tant signalés dans les guerres de Ferdinand contre les Maures, et dans celles de Charles-Quint dans les Pays-Bas.

Je jugeai par ce début que le moine, malgré les vœux qu'il avoit faits, conservoit toujours le caractère biscayen. Aussi lui répondis-je, pour flatter sa vanité, qu'à son air noble et majestueux, je m'étois d'abord bien douté qu'il devoit être un homme de condition; que cela sautoit aux yeux; et qu'enfin je me trouvois bien honoré de l'invitation qu'il m'avoit faite.

Là-dessus ce religieux, qui paroissoit un homme de quarante et quelques années, m'introduisit dans une grande salle décorée de tableaux qui représentoient divers saints de son ordre. De là, m'ayant fait traverser une vaste cour remplie de palmiers et d'orangers, il me mena dans un corps-de-logis isolé où il logeoit. Pour me montrer toutes les pièces de son appartement, il me fit passer par plusieurs chambres tapissées de tapisseries de coton, et parées de buffets garnis de vases de porcelaine. Ce bon père m'ouvrit ensuite un cabinet où il couchoit sur une simple mante de laine, étendue sur une natte. Comment donc, mon révérend père, m'écriai-je, est-ce là-dessus que repose votre révérence? Je vous croyois un lit plus mollet. Que vous êtes bon, me répondit-il avec un sourire! Ne me trouvez-vous pas bien à plaindre? Apprenez que je dors sur cette natte d'un sommeil plus profond que celui des inquisiteurs qui couchent sur du duvet : admirez la force de l'habitude. Je n'ai plus, poursuivit-il, que ma bibliothéque à vous faire voir. En même temps il me fit entrer dans une chambre toute nue; et dans laquelle j'aperçus une vingtaine de vieux bouquins par terre, entassés les uns sur les autres, mal reliés, couverts de poudre et de toiles d'araignées, et sur lesquels il y avoit une guitare, quelques papiers de musique, avec quantité de boîtes de conserves. A cette vue, qui me parut avoir quelque chose de ridicule, je n'eus pas peu de peine à garder mon sérieux. Je résistai pourtant à la tentation de rire; et je fis bien, car le révérend père y alloit de la meilleure foi du monde.

Lorsqu'il fut temps de se mettre à table, nous passâmes dans une salle où il y avoit trois jeunes religieux qui devoient souper avec nous, et qu'il me présenta en faisant leur éloge. Il me vanta leurs talents : l'un, à ce qu'il me dit, avoit la voix belle; l'autre faisoit bien des vers, et le troisième savoit jouer de toutes sortes d'instruments. C'étoient ses courtisans et ses convives ordinaires quand il régaloit des étrangers. Ces jeunes moines, ce que j'aurois tort d'oublier, étoient vêtus dans le goût de leur supérieur : ils laissoient apercevoir sous leurs larges manches des pourpoints piqués de satin blanc, et les poignets de leurs chemises de toile de Hollande étoient garnis de dentelle. Ce qu'il y a de plus remarquable, c'est qu'à l'exemple de leur gardien ils se disoient tous gentilshommes, soit qu'ils le fussent véritablement, soit que, ne se connoissant pas les uns les autres, chacun crût pouvoir impunément s'agréger à la noblesse. Au reste, ils avoient de l'esprit, et leurs manières étoient plus militaires que monacales.

Je fus étonné de l'abondance des mets qui nous furent servis. Il y en auroit eu assez pour rassasier un chapitre général. Toutes sortes de grosse viande, de volaille et de gibier, composèrent le premier service, et le second ne me surprit pas moins par la diversité des fruits et des confitures, tant sèches que liquides, dont la table fut couverte. Je me souviens, entre autres choses, que trouvant quelques conserves d'un goût exquis, je dis au gardien : Voilà des conserves admirables. Que vous êtes heureux, mon père, d'avoir de si habiles confiseurs dans votre couvent ! Ces conserves, me répondit-il, n'ont point été faites dans notre maison : c'est l'ouvrage de quelques bonnes religieuses dont le monastère est dans notre voisinage, et qui se donnent la peine de les faire pour nous.

Pendant le soupé, tous ces moines ne cessèrent de me faire des questions sur la cour d'Espagne. Les uns me demandoient de quel caractère étoit le roi ; les autres, si le nouveau ministre, le comte duc d'Olivarès, remplaçoit dignement les ducs de Lerme et d'Uzède ; et le gardien surtout, tranchant de l'homme d'importance, s'informoit successivement de tous les grands, se disant de leurs maisons. Il se vanta d'être cousin du duc d'Ossone, neveu des ducs de Frias et d'Albuquerque, allié des marquis de Peñafiel et d'Avila-Fuente. En un mot il fit sa généalogie, dans laquelle il comprit modestement les plus grands noms de la monarchie d'Espagne.

Après le repas, quelques-uns proposèrent de jouer à la prime, et cette proposition fut généralement acceptée. On apporta des cartes. Le premier qui les prit pour les mêler s'en acquitta de bonne grâce, et d'un air qui marquoit bien qu'il étoit dans l'habitude d'en manier. Nous voilà donc engagés au jeu. D'abord la fortune sembla ne vouloir favoriser personne. Tantôt elle flattoit ses compagnons, mais enfin elle se déclara contre deux moines, qui, perdant leur sang-froid avec leur argent, apostrophèrent cette divinité dans des termes peu mesurés pour des religieux, et plus convenables à un tripot qu'à un monastère.

Le petit corps-de-logis du révérend père gardien retentissoit encore de leurs apostrophes, quand j'entendis sonner minuit. Alors m'adressant à ce supérieur, je le priai de me permettre de me retirer, lui représentant que j'avois une grande journée à faire, et que je devois avant l'aurore me remettre en chemin. Il eut la politesse de ne vouloir pas m'arrêter plus long-temps. Je pris congé de sa noble révérence, après l'avoir remerciée de sa gracieuse réception, et je regagnai mon hôtellerie, au grand regret des autres moines, qui m'auroient volontiers retenu toute la nuit, dans l'espérance de rattraper quelques pistoles que je leur emportois malgré leur savoir-faire.

CHAPITRE XLVI.

De l'arrivée de don Chérubin à Mexico, et dans quel endroit il alla loger. Il est charmé de la femme de son hôte, quoique mauricaude.

Dès que je fus de retour à mon hôtellerie, je me couchai pour prendre quelque repos; mais à peine le sommeil se fut-il emparé de mes sens, que la bruyante voix de Tobie me réveilla. Il étoit déjà sur pied, et chantoit à pleine tête en apprêtant ses mules. Je me levai aussitôt; et, comme j'achevois de m'habiller, on m'apporta mon chocolat; après quoi je remontai sur ma mule pour continuer mon voyage.

Le muletier, ennemi du silence, le rompit bientôt. Il chanta ce jour-là des romances sur les guerres de Grenade. Ensuite il nous débita quelques historiettes, les mêmes peut-être qui avoient tant fait rire son gros père de la Merci; mais elles ne firent pas sur nous un si bon effet. Au contraire, elles nous ennuyèrent à un point, que nous trouvâmes le chemin plus long qu'il n'étoit. Aussi j'en ferai grâce au lecteur, de même que de celles qu'il nous fit essuyer les jours suivants. Hâtons-nous d'arriver à Mexico.

En entrant dans cette célèbre ville, je demandai à Tobie à quel endroit il se proposoit de nous conduire. Dans le quartier de la noblesse, me répondit-il; dans une hôtellerie où logent ordinairement les gentils-

CHAPITRE XLVI.

hommes qui viennent d'Espagne, chez un Espagnol natif de Carmona, près de Séville, et qui se nomme maître Jérôme Juan Moralès. Se voyant sans bien dans sa patrie, il la quitta pour venir à Mexico, où il tient hôtellerie avec une jeune Indienne qu'il a épousée, et qui fait tomber des pluies d'or dans sa maison. Gare le Maure! s'écria Toston, en faisant un éclat de rire. Oh! il n'y a point ici de Maure à craindre, lui repartit le muletier : Moralès, loin de ressembler à votre hôte de la Vera-Cruz, n'est nullement jaloux, quoiqu'il ait pour femme une Indienne des plus appétissantes. Vous avouerez, quand vous l'aurez vue, qu'il y a des faces basanées qu'on peut envisager sans horreur.

Sur ce pied-là, dis-je au muletier, son cabaret ne doit pas être mal achalandé. Il ne l'est pas mal non plus, répondit Tobie. Il y va tous les jours d'honnêtes gens, moins pour boire que pour la voir. Elle les reçoit d'un air si affable, qu'ils en sont enchantés; et les conversations qu'ils ont avec elle ne manquent guère d'être suivies de présents; ce qui plaît fort à Moralès, qui est ravi de posséder une jolie femme, et de voir qu'on la cajole.

Ce discours me frappa, et me fit souhaiter d'être à l'hôtellerie pour le vérifier par mes propres yeux, ne pouvant me mettre dans l'esprit qu'une Indienne fût capable de charmer des Européens. Maître Tobie, secondant l'impatience que je marquois d'arriver chez Moralès, nous fit doubler le pas. Il nous mena dans la rue de l'Aigle, où il ne demeure que des gentilshommes et des officiers de la chancellerie. Nous descendîmes à la porte d'une maison qui avoit pour enseigne un serpent avec ces paroles : *Al Basilico, buena cama*, au Basilic, bon gîte. Parbleu, dis-je en moi-même, cette enseigne me paroît assez plaisante : il semble qu'elle ait été faite pour avertir les étrangers qu'il y a du danger pour eux à loger dans cette hôtellerie. Mais je trouvois le péril trop agréable pour en être effrayé : malgré tout ce que Tobie m'avoit dit de l'hôtesse, au lieu de craindre ce basilic, je m'exposai sans hésiter à ses regards.

Je les soutins d'abord impunément : je dirai plus, son teint basané me déplut. Néanmoins, je m'y accoutumai bientôt. Que dis-je ? elle me fascina les yeux insensiblement par des manières aisées et toutes gracieuses; de sorte qu'après un quart d'heure de conversation je sentis que les cœurs n'étoient pas moins en danger avec de pareilles Indiennes qu'avec les beautés de Madrid les plus redoutables. Elle ressembloit un peu à la Gitanilla, dont j'ai parlé dans le premier volume de ces mémoires ; je dis un peu, car l'Indienne étoit encore plus piquante.

Il est vrai que, lorsqu'elle s'offrit à ma vue, elle étoit ajustée d'une façon qui donnoit un grand relief à ses charmes. Elle portoit une jupe de toile de la Chine, chamarrée d'argent, avec un ruban couleur de feu, dont les bouts, ornés d'une frange d'or, descendoient jusqu'en bas devant et derrière. Elle avoit par-dessus une chemisette de la même toile à manches larges, brodée de soie rouge mêlée d'argent, et lacée avec des lacets d'or. Ajoutez à cela une ceinture de soie bleue, et enrichie de pierres précieuses, un collier et des bracelets de perles, avec des boucles d'oreilles de diamants fins.

Il est constant qu'il étoit difficile de la voir dans cet état sans émotion, ou plutôt sans l'aimer. Je pensai m'y laisser prendre moi-même. Du moins il est certain que le premier jour je ne fus occupé que de ses appas, qui s'obstinèrent toute la nuit à se présenter à mon esprit ; mais ma raison, plus opiniâtre encore que son image, m'empêcha de céder à mes tendres mouvements. Hé bien, mon ami, dis-je à Toston le lendemain, que penses-tu de notre hôtesse ? T'a-t-elle un peu réconcilié avec les Indiennes ? Parfaitement, me répondit-il : Tobie avoit bien raison de dire que je jugerois de ces mauricaudes autrement que je ne faisois. Hier au soir je fatiguai les muscles de mes yeux à force de les tendre en contemplant la femme de Moralès. Quelle éveillée ! Je ne pouvois me rassasier de sa vue, et l'on peut dire qu'elle a changé mon goût du blanc au noir.

CHAPITRE XLVII.

Don Chérubin va voir le palais du vice-roi. Il y trouve don Juan de Salzedo, qui le reconnoît. Du bon accueil que lui fit ce secrétaire ; et de la première conversation qu'ils eurent ensemble, et dont Chérubin fut extrêmement flatté.

Je me sentois une si vive impatience de voir la ville, et principalement le palais du vice-roi, que, pour avoir cette satisfaction, je sortis dans la matinée avec mon valet. Moralès voulut absolument m'accompagner pour répondre, disoit-il, aux questions que je pourrois avoir envie de lui faire par curiosité. Je me laissai conduire par un si bon guide. Il me fit traverser le marché, qui est la place la plus considérable de Mexico, et dont tout un côté est bâti en arcades, sous lesquelles on voit des boutiques pleines de toutes sortes de marchandises.

Comme je regardois de toutes parts, j'aperçus une grande maison; je demandai à qui elle appartenoit. C'est le palais du vice-roi, me dit mon hôte; vous le voyez tel que Cortès le fit bâtir sur les ruines de celui de Montézume. Est-il possible, m'écriai-je avec étonnement, que ce soit là ce palais dont j'ai tant de fois entendu vanter la magnificence ? Il y a des hôtels aussi beaux dans toutes les grandes villes d'Espagne. Je m'étois attendu à un bâtiment plus superbe. Vous vous trompez, reprit Moralès : ce n'est point de ce palais que les voyageurs font une si belle description, c'est de celui qui a été réduit en cendres : on assure qu'il pouvoit passer pour une nouvelle merveille du monde.

Quelle exagération! m'écriai-je encore. Je veux bien croire que les murs, comme disent ces messieurs, étoient faits d'une maçonnerie mêlée de jaspe, et d'une certaine autre pierre noire, sur laquelle il paroissoit des veines rouges et aussi brillantes que des rubis. Je crois bien encore que les toits pouvoient être parquetés de cèdre et de cyprès ; mais je ne puis ajouter foi aux choses extraordinaires qu'ils rapportent de l'empereur Montézume, pour égayer apparemment leurs lecteurs. Ils disent, par exemple, qu'il avoit dans son sérail plus de deux mille femmes, dont il y en avoit toujours pour le moins deux cents enceintes en même temps. Miséricorde! s'écria Toston en éclatant de rire : il en avoit donc encore plus que Salomon! Il n'y a rien là-dedans qui doive vous étonner, dit alors Moralès, puisque Montézume pouvoit en avoir plus de trois mille, étant en droit d'enlever les filles des principaux Indiens quand elles lui plaisoient.

En nous entretenant ainsi, nous nous approchâmes du palais. Il y avoit à la porte quelques soldats, qui laissoient passer librement tout le monde. Nous entrâmes dans une cour spacieuse et carrée pour aller gagner un large escalier qui conduisoit à l'appartement du viceroi. Nous suivîmes plusieurs cavaliers qui alloient au lever de ce seigneur. Nous traversâmes avec eux trois ou quatre chambres ornées de riches ameublements, et nous parvînmes jusqu'à celle où le comte se faisoit habiller par ses valets de chambre. Nous nous rangeâmes tous trois dans un coin d'où nous pouvions facilement observer tout.

Je m'attachai d'abord à considérer le maître, qui me parut un homme de cinquante ans. Il possédoit au suprême degré la gravité espagnole. Il avoit des cheveux plats, des sourcils noirs et fort épais, l'air farouche et terrible. Néanmoins je fis une remarque assez singulière pendant qu'il s'entretenoit avec des gentilshommes qui lui faisoient leur cour : il sourioit de temps en temps, et, toutes les fois que cela lui arrivoit, il devenoit tout à coup si différent de lui-même, qu'il sembloit avoir deux visages. Enfin, lorsqu'il étoit sérieux, il faisoit peur, et dès qu'il prenoit un air riant, il paroissoit tout agréable.

L'entretien qu'il avoit avec ces gentilshommes fut

interrompu par l'arrivée de son secrétaire, dans lequel je reconnus don Juan de Salzedo, mon ancien ami. Il tenoit à la main un gros paquet de papiers; vieille politique des ministres d'Espagne, qui, pour paroître accablés d'affaires, se montrent toujours hérissés de paperasses. Le vice-roi ne l'eut pas sitôt aperçu, qu'il alla au-devant de lui. Ils se retirèrent tous deux près d'une fenêtre, et se parlèrent près d'un quart d'heure en particulier. Pendant ce temps-là, je fis une observation qui s'accordoit avec ce que m'avoit dit Tobie, et qui marquoit bien l'ascendant que Salzedo avoit sur l'esprit du comte : je ne sais de quoi il s'agissoit entre eux; mais il me sembla que son excellence écoutoit son secrétaire avec complaisance, et qu'elle applaudissoit à ses discours.

Je résolus de ne pas sortir du palais sans avoir salué don Juan. Dans ce dessein, j'allai l'attendre sur son passage dans l'antichambre, fort curieux de voir l'accueil qu'il me feroit. Je doutois qu'il reçût affectueusement un homme qui n'avoit pas voulu à Madrid profiter de ses bontés : je doutois même qu'il daignât me reconnoître. Cependant ses yeux ne m'eurent pas plutôt démêlé dans la foule, qu'il s'approcha de moi, et m'adressant la parole d'un air riant : Je ne crois pas me tromper, me dit-il, vous êtes don Chérubin de la Ronda. Je lui répondis que j'étois charmé qu'il se souvînt encore de moi. Je ne vous ai point banni de ma mémoire, me répliqua-t-il, *tantùm abest!* De votre côté, poursuivit-il, vous ne devez pas avoir oublié que je vous aimois en Espagne. Je me rappelle ce temps avec plaisir, et je sens renaître, en vous revoyant, toute l'amitié que j'avois pour vous.

CHAPITRE XLVII.

Touché, pénétré de l'affection qu'il me témoignoit, je voulus me répandre en discours reconnoissants; mais il me coupa la parole, et me tirant à part : Don Chérubin, continua-t-il d'une voix basse, laissons là les compliments; vous savez bien que je suis homme réel, quoique j'aie été toute ma vie à la cour. Parlez-moi confidemment. Que venez-vous faire à Mexico? Je crois le deviner : *auri sacra fames*, n'est-ce pas? Avouez-le-moi hardiment. Je suis en état de vous réconcilier avec la fortune si vous êtes brouillé avec elle. J'ouvris encore la bouche pour remercier le secrétaire de sa générosité, et il me la ferma une seconde fois en me disant : Je ne puis m'arrêter avec vous plus long-temps. J'ai des affaires pressantes qui m'occuperont le reste de la matinée. Venez me revoir tantôt, nous nous entretiendrons à loisir. *Vale*.

En crachant ce mot latin, qu'il accompagna d'une vive accolade, il me quitta pour aller travailler, me laissant transporté de joie de la réception qu'il venoit de me faire. Toutes les personnes qui en avoient été témoins, regardant Salzedo comme un vice-roi en second, envièrent mon bonheur, et jugèrent que je devois être un Espagnol de distinction, puisque le seigneur don Juan m'avoit fait l'honneur de m'embrasser. Mon hôte m'en fit compliment, et en eut plus de considération pour moi.

A l'égard de Toston, il en étoit dans un ravissement inexprimable. Monsieur, me dit-il en nous en retournant à l'hôtellerie, n'êtes-vous pas bien aise présentement d'être venu aux Indes? Que ne devez-vous pas vous promettre de l'amitié du seigneur don Juan? Vous pouvez vous flatter que par son crédit.... Hé! quelles espérances, interrompis-je, mon ami, veux-tu que je conçoive? Tu sais que je suis assez riche pour devoir me contenter de ce que j'ai. Non, non, me répliqua-t-il : abondance de bien ne nuit pas. D'ailleurs, songez que vous avez une fille : vous ne sauriez amasser trop de richesses pour en faire une grande héritière.

CHAPITRE XLVIII.

De la visite qu'il rendit l'après-dînée à don Juan de Salzedo, et de son second entretien avec lui. Quel en fut le fruit. Don Chérubin de la Ronda est reçu gouverneur de don Alexis, fils du vice-roi. Joie de Toston en apprenant cette agréable nouvelle.

Je ne manquai pas de me rendre au palais du vice-roi l'après-midi. On m'y enseigna le logement du seigneur de Salzedo, et j'allai me présenter à la porte. J'y trouvai un valet de chambre, à qui je n'eus pas plutôt appris mon nom, qu'il me dit d'un air respectueux : Seigneur, mon maître vous attend dans un cabinet où je vais vous conduire. En même temps il me fit traverser cinq à six chambres pour le moins, toutes plus superbes les unes que les autres; car l'appartement du secrétaire étoit aussi richement meublé que celui du vice-roi, et peut-être même davantage. On y voyoit une infinité de tableaux des meilleurs peintres d'Italie, avec les plus beaux ouvrages de plumes de méchoacan et de poils de lapins.

CHAPITRE XLVIII.

Enfin mon guide m'ouvrit la porte d'un cabinet où don Juan étoit seul et assis sur un sopha de soie de la Chine. D'abord qu'il me vit, il se leva pour venir m'embrasser, en me disant : Mon cher don Chérubin, je vous attendois avec impatience, pour savoir de vous pourquoi vous êtes venu dans ce pays-ci, et pour vous assurer de nouveau que si vous êtes mal dans vos affaires, vous ne le serez pas long-temps : en un mot, je me charge de vous faire à Mexico un sort agréable. Je suis, lui répondis-je, aussi sensible que je dois l'être à vos bontés ; mais ce seroit en abuser si je vous disois que l'envie de m'enrichir m'amène à Mexico. Non, seigneur : quoique je n'aie qu'une fortune médiocre, j'en suis satisfait ; et le seul désir de voir la Nouvelle-Espagne m'en a fait entreprendre le voyage.

Vos sentiments sont un peu trop philosophiques, répliqua don Juan. N'avoir que le bien dont on a précisément besoin pour vivre, ce n'est pas être à son aise; et la nécessité de ne faire qu'une certaine dépense est triste pour un homme du monde, pour peu qu'il soit généreux. Croyez-moi, conservez ce que vous avez déjà, et ne dédaignez pas les nouvelles faveurs que la fortune s'apprête à répandre sur vous par mon ministère. Il m'est venu une idée, ajouta-t-il, qui vous sera très utile. Je veux vous placer.... Ne me proposez pas, interrompis-je assez brusquement, une place dans vos bureaux. Ma vivacité fit rire Salzedo. Non, non, reprit-il, je sais bien que vous n'aimez point les postes de commis. Je vous en destine un autre qui vous conviendra mieux : c'est celui de gouverneur du jeune don Alexis, fils unique du vice-roi. Laissez-moi vous ménager cela. Dès aujourd'hui je parlerai à son excellence, et j'oserois vous répondre du succès de cette affaire.

Comme je m'étois accoutumé à l'indépendance, et que je me trouvois alors en état de me passer du misérable emploi de gouverneur d'enfant, je ne fus point ébloui du projet de Salzedo. J'allois même lui dire avec franchise quelle étoit ma pensée là-dessus : mais ce qu'il ajouta me fit garder le silence, et me parut mériter quelque attention. Ne vous imaginez pas, me dit-il, que je vous propose un mauvais parti. Je sais comme vous qu'à Madrid et dans les autres villes d'Espagne, ce n'est pas un trop bon métier que celui de gouverneur, et que ces messieurs gagnent à peine de quoi s'entretenir, surtout quand ils ont la folie de vouloir porter de riches habits. A Dieu ne plaise que je sois tenté de vous procurer ici un pareil établissement ! Ce ne seroit pas vous rendre un grand service. Mais daignez m'écouter jusqu'au bout. Je prétends, en vous faisant confier la conduite de don Alexis, que vous soyez sur un autre pied chez le vice-roi. Je veux qu'on vous y regarde comme un *Mentor*, et qu'on vous traite avec distinction. En un mot, vous y serez considéré, aimé, respecté, et vous aurez des appointements considérables, sans compter les profits qui vous reviendront tous les ans par mes soins.

Le secrétaire Salzedo m'en dit tant, qu'il me persuada. Je ne puis, lui dis-je, tenir contre de si flatteuses promesses ; et ce qui me plaît encore plus que tout le reste, c'est de vous voir prendre tant d'intérêt à ma fortune. Il n'est plus question que de savoir si j'aurai le bon-

CHAPITRE XLVIII.

heur de plaire à son excellence. C'est de quoi je ne suis nullement en peine, interrompit don Juan. Le portrait que je lui ferai de vous ne manquera pas de le prévenir en votre faveur, et votre figure ne gâtera rien. Revenez, ajouta-t-il, revenez ici demain, et je vous présenterai à monseigneur après son dîner.

Telle fut la seconde conversation que j'eus avec mon ami Salzedo, qui me dit le jour suivant, quand je l'abordai : Votre affaire est faite; vous êtes gouverneur de don Alexis. Le comte de Gelves vous donne un logement au palais, avec douze cents pistoles tous les ans pour vos honoraires. Outre cela, quand vous voudrez aller en visites ou à la promenade, il y aura toujours deux laquais et un carrosse à vos ordres.

En vérité, seigneur don Juan, m'écriai-je à ces paroles, je suis confus des marques d'amitié que vous me donnez. Oh! ce n'est pas tout encore, reprit-il : je ne serois pas content de moi si je bornois là l'envie que j'ai de vous obliger. Je compte de joindre chaque année à vos appointements deux mille écus pour le moins, qui vous reviendront du commerce que nous faisons, son excellence et moi, tant en Espagne qu'aux Philippines, et dans lequel je vous intéresserai. Ah! c'en est trop, lui dis-je. Qu'ai-je fait pour mériter tant de bontés, et comment pourrois-je les reconnoître? En m'aimant autant que je vous aime, répondit-il; c'est tout ce que j'exige de votre reconnoissance. Mais, poursuivit-il en changeant de discours, allons voir monseigneur; il est dans son cabinet, où il doit avoir fait la sieste. Saisissons ce moment.

Il me conduisit aussitôt jusqu'à la porte, et, lorsque

nous y fûmes, il me dit : Attendez là un instant. A ces mots, il entra seul dans un cabinet, où il demeura près d'un quart d'heure ; ensuite étant revenu à moi, il me prit par la main, et m'introduisit. Le vice-roi me parcourut des yeux depuis la tête jusqu'aux pieds, et le coup d'œil me fut favorable. Je crois, me dit son excellence d'un air de bonté, que Salzedo ne m'a point surfait : vous avez une physionomie qui confirme l'éloge qu'il m'a fait de vous. Je vous confie don Alexis. Je suis persuadé qu'il ne sauroit être en de meilleures mains. A l'égard de vos intérêts, ajouta-t-il, don Juan doit vous avoir dit mes intentions, et sur quel pied je prétendois que vous fussiez chez moi. Je répondis à ce seigneur que je mettrois mon attention tout entière à me rendre digne de l'emploi dont il vouloit bien m'honorer.

Là-dessus je sortis avec mon Mécène, qui me mena chez don Alexis, que nous trouvâmes occupé dans son appartement à composer un thème sous les yeux de son précepteur, qui étoit un vieux prêtre galicien, qui avoit, comme on dit, rôti le balai. Mon jeune seigneur, dit Salzedo à don Alexis, voici le gouverneur dont son excellence a fait choix pour vous conduire dans le monde, et vous former à la vertu : je puis vous assurer que vous serez content de lui, et j'espère aussi qu'il le sera de vous. Don Alexis, pour toute réponse, ouvrit de grands yeux pour me considérer. Je lui adressai la parole pour le faire parler, et pour sonder son esprit, qui me parut bien enfoncé dans la matière. Tandis que je l'entretenois, son précepteur, qui étoit un homme hérissé de latin, citoit des passages de Virgile et d'Ho-

CHAPITRE XLVIII.

race; et don Juan, qui ne demandoit pas mieux que d'en faire autant, se répandoit aussi en citations latines. Après qu'ils s'en furent donné tous deux au cœur joie, Salzedo me dit : Seigneur don Chérubin, retournez à votre hôtellerie pour vous préparer à venir ici demain vous installer dans votre poste : vous y trouverez un appartement convenable à la place que vous devez remplir.

Je fis aussitôt la révérence à la compagnie, et regagnai le Basilic, où mon valet m'attendoit avec la dernière impatience pour apprendre le succès de ma visite. Toston, lui dis-je, il faut aller demeurer au palais du vice-roi. Je suis gouverneur de don Alexis. Je n'eus pas sitôt prononcé ces paroles, que, s'abandonnant à une joie immodérée, il se mit à faire des sauts et des bonds devant moi comme un fou. Quand il fut las de sauter, il s'arrêta pour prendre haleine, et me dit : Nous voilà donc, Dieu merci, en train, vous de grossir votre fortune, et moi de commencer la mienne ; car je compte que l'un n'ira pas sans l'autre. Tu as raison, lui répondis-je, mon ami : si j'acquiers dans ce pays-ci des richesses, je t'assure que je t'en ferai part. Cette promesse remit Toston en humeur de sauter.

Pendant qu'il faisoit de nouvelles gambades, Moralès, qui survint, demanda pourquoi il se réjouissoit tant. Je lui en dis le sujet, et lui fis un détail circonstancié des avantages attachés à mon emploi. Mon hôte en fut ébloui ; et, me regardant déjà comme un haut et puissant seigneur, il me pria de lui accorder ma protection. Ce qu'il y a de plaisant, c'est que je la lui donnai d'un air sérieux, en lui faisant de sincères protestations de lui rendre service si j'en trouvois l'occasion. Le jour suivant, après avoir chargé Toston du soin de faire porter mes hardes à ma nouvelle demeure, je dis adieu à ma belle hôtesse, qui me parut un peu mortifiée de notre séparation, quoiqu'elle n'eût pas grand sujet de l'être, ne perdant en moi qu'un homme qui refusoit de sacrifier à ses appas.

CHAPITRE XLIX.

Don Chérubin, gouverneur de don Alexis de Gelves, fils unique du vice-roi, rend une visite à la vice-reine. Conversation qu'il a avec le précepteur de don Alexis. Portrait de ce dernier.

Je retournai au palais, où j'allai d'abord chercher Salzedo, qui, pour m'installer dans mon poste, me conduisit lui-même à mon appartement, lequel consistoit en trois petites pièces de plain-pied, meublées fort proprement, avec une garde-robe où il y avoit un lit pour mon valet. Vous ne serez pas mal logé, comme vous le voyez, me dit don Juan, et vous mangerez en particulier avec le docteur Gaspard de Aldaña, précepteur de don Alexis, si cela vous est plus agréable que d'être servi tout seul dans votre appartement. Ce docteur est un fort honnête ecclésiastique, d'un très bon caractère, qui ne manque pas d'esprit, et qui parle latin à ravir. Je répondis que je serois bien aise de dîner et souper avec un pareil collègue, et cela fut ainsi réglé.

CHAPITRE XLIX.

La première démarche que je crus devoir faire pour commencer à m'acquitter de mon devoir, fut d'aller saluer la vice-reine. Salzedo me mena chez elle. Je m'attendois à un accueil plein de fierté, m'imaginant que la comtesse étoit une femme orgueilleuse et enivrée de sa grandeur. Point du tout : la bonne dame, au contraire, me reçut d'autant plus gracieusement, que don Juan lui avoit déjà fait un magnifique éloge de mon mérite. Elle me fit plusieurs questions, pour juger par mes réponses si on ne lui avoit pas trop vanté mon esprit ; mais heureusement pour moi elle fut si contente de mon entretien, qu'elle dit en ma présence à Salzedo : Je vous sais bon gré, don Juan, d'avoir fait un pareil choix. Ce gentilhomme me paroît propre à élever un jeune seigneur. Voilà le sujet qu'il faut pour façonner mon fils, qui, je l'avoue, a peu de disposition à devenir un cavalier parfait. Cela viendra, Madame, dit alors don Juan : don Alexis a un esprit tardif qui se développera peu à peu à l'aide d'un bon gouverneur.

Après avoir eu cette conversation avec la vice-reine, je me rendis auprès de mon élève, avec lequel j'en eus une autre qui m'affligea. Je vis que j'avois affaire à un disciple qui me préparoit bien de l'occupation, à un sujet des plus pesants, à un automate. J'en témoignai mon chagrin au docteur Gaspard, qui n'en devoit pas avoir moins que moi, à ce qu'il me sembloit ; cependant il me parut avoir pris son parti là-dessus. Je conviens, me dit-il, qu'il est désagréable pour vous et pour moi d'avoir un écolier imbécille ; car don Alexis en est un véritablement. Il est déjà dans sa quinzième année, et il n'est pas capable encore de faire tout seul la plus simple version, quoique depuis dix-huit mois que je suis son précepteur je sue sang et eau pour lui enseigner la langue latine. Quelquefois, las de semer sur le sable, j'ai perdu patience, et demandé mon congé à monsieur le comte; mais il n'a jamais voulu me l'accorder. Seigneur docteur, m'a-t-il toujours dit, de grâce n'abandonnez pas mon fils. Je sais bien que ce n'est pas votre faute, si jusqu'à présent il n'a point profité de vos leçons. N'importe, continuez : à force d'entendre répéter les mêmes choses, il pourra bien en retenir quelqu'une, et cela suffira pour lui ; car je ne prétends point en faire un savant. Pour obéir à son excellence, poursuivit le docteur, je demeure donc, et vais toujours mon train. Je donne à mon petit seigneur des thèmes et des versions qu'il fait comme il plaît à Dieu.

Pendant ce temps-là, je fais bonne chère dans ce palais. Mes honoraires, qui sont assez considérables, me sont exactement payés, et j'attraperai peut-être à la fin quelque bon bénéfice; car quand on est au service des grands, on n'est pas toujours mal récompensé. Imitez-moi, seigneur don Chérubin, continua-t-il. Hé! pourquoi prendre les choses si fort à cœur ? Conduisez dans le monde don Alexis; reprenez-le lorsqu'il fera des actions répréhensibles, ou qu'il dira quelque sottise; et moquez-vous du reste. Si notre élève n'est qu'une bête naturellement, nous n'y saurions que faire. Voyez ses autres maîtres : sont-ils plus avancés que nous? Non, vraiment. L'un ne peut lui apprendre la musique, ni l'autre les principes de la danse, quoiqu'il y ait quinze mois qu'ils lui montrent. Pensez-vous que cela les chagrine ? Nullement. Ils donnent à tout hasard leurs leçons au sot, et en font une vache à lait.

C'est ainsi que le Galicien m'exhortoit à me consoler des mauvaises dispositions de don Alexis, et je trouvois en effet qu'il avoit raison. Je commençai donc à exercer mon ministère à telle fin que de raison. Je m'attachai, avant toutes choses, à gagner l'amitié de mon petit homme par des manières douces et insinuantes, et j'y réussis en peu de ours. Il est vrai que je ne lui tins que des discours plus propres à le divertir qu'à l'instruire, de peur de lui déplaire en dogmatisant.

CHAPITRE L.

Il va se promener avec son disciple au champ appelé la Alomeda, *qui est la principale promenade de Mexico. Des remarques qu'il fit dans ce champ, et de l'extrême étonnement qu'elles lui causèrent. Événement tragique dont il est témoin.*

Je passai trois jours à m'arranger sans sortir du palais; mais le quatrième, sur les cinq heures du soir, je montai dans un carrosse magnifique avec don Alexis, et nous roulâmes vers le champ de *la Alomeda*, me faisant un grand plaisir de le voir, après ce que le muletier Tobie m'en avoit dit.

Ce champ est d'une vaste étendue. Il contient une grande quantité d'allées bordées d'arbres, et l'on peut s'y promener sans être incommodé du soleil. Le *Zocodover* de Tolède, et le *Prado* même de Madrid, n'approchent point de cette promenade, qui présente aux yeux un spectacle enchanteur. On y voit arriver jusqu'à deux mille carrosses pleins de gentilshommes, de bourgeois et de dames de toute condition. Les gentilshommes, ceux principalement qui se disent descendus des capitaines de Cortès, ont, pour la plupart, des équipages superbes, et sont suivis d'esclaves maures, couverts de riches livrées, en bas de soie, et portant des roses de pierreries à leurs souliers ; outre cela ces esclaves ont tous l'épée au côté ; de sorte que leurs orgueilleux maîtres peuvent se vanter d'avoir des gardes comme les rois.

Les dames ne se promènent pas d'un air moins fastueux que les hommes. Elles font marcher aux portières de leurs carrosses leur suite, qui est composée de ces gentilles négresses, dont j'ai déjà fait mention, et qui sont ajustées de manière qu'elles dérobent souvent à leurs maîtresses les regards des hommes. Celles-ci pourtant ne négligent rien pour paroître charmantes. Tout ce qu'elles peuvent emprunter de l'art ne manque point à leur parure, et les pierres précieuses y sont employées dans le goût le plus coquet de l'Amérique.

De quelque côté que je tournasse la vue, je n'apercevois que des perles et des diamants : ce qui faisoit pour les femmes un effet si avantageux, qu'elles me sembloient toutes plus belles les unes que les autres. Où suis-je donc ici, disois-je en moi-même ? A voir tant d'objets ravissants, peu s'en faut que je ne me croie dans le paradis de Mahomet.

J'étois en effet ébloui des beautés brillantes qui s'offroient à ma vue de toutes parts. Mais aucune de

CHAPITRE L.

ces dames ne me faisoit plus d'impression que les autres : car, au moment que j'en remarquois une qui me frappoit, il en passoit une nouvelle qui s'attiroit mon attention ; de manière que je vis impunément bien des visages que j'aurois trouvés fort redoutables chacun en particulier.

Le plaisir que je prenois à regarder à droite et à gauche fut troublé par un événement qui n'est que trop ordinaire dans cette promenade, où les amants jaloux ne pouvant souffrir que leurs rivaux parlent à leurs maîtresses, ni même qu'ils s'approchent d'elles de trop près, vont fondre sur eux le poignard ou l'épée à la main. Je découvris à deux ou trois cents pas de moi, à la portière d'un carrosse, deux cavaliers qui se battoient avec tant de fureur, que j'en vis bientôt tomber un sur le carreau. Dans le moment vingt épées furent tirées, les unes pour venger le vaincu, et les autres pour défendre le vainqueur. Les amis de ce dernier furent les plus forts : ils le délivrèrent des mains de ses ennemis, et l'emmenèrent à la première église, où ils le mirent en sûreté, l'immunité des églises étant inviolable en ce pays-là. Quelque crime qu'un homme puisse avoir commis, s'il est assez heureux pour se sauver dans un de ces asiles sacrés, il échappe à la rigueur des lois, sans que le vice-roi lui-même ait le pouvoir de l'en arracher pour le livrer à la justice.

Après avoir été témoin de cette triste aventure, je continuai de me promener, et de lorgner les dames, jusqu'à ce que la nuit vînt soustraire leurs charmes à mes regards. Alors je retournai avec mon élève au palais, fort occupé de ce que j'avois vu, et ne pouvant assez admirer la magnificence des habitants de Mexico. Quand je les mettois en parallèle avec ceux de Madrid, ces derniers ne gagnoient point à la comparaison.

CHAPITRE LI.

Comment l'esprit vient à don Alexis. Entretien de don Chérubin avec son valet. Ce qu'il apprend de son élève l'étonne. Conseils prudents qu'il donne à Toston : il en veut profiter.

Si j'avois un disciple stupide, en récompense il étoit docile et obéissant. S'il ne faisoit pas bien ce que je souhaitois qu'il fît, il tâchoit du moins de le bien faire; sa bonne volonté suppléa peu à peu aux dispositions qui lui manquoient. Au bout de neuf à dix mois, ce qui m'étonna moi-même, il parut tout autre au comte son père, qui m'en fit des compliments aussi-bien que la comtesse. *Macte animo* [1], me dit un matin mon ami le secrétaire : on est très content de vous. *Perge* [2], et ne vous mettez pas en peine du reste : cela me regarde.

Flatté d'un commencement si heureux, je m'attachai plus que je n'avois fait encore à mon élève; et ses autres maîtres, me secondant chacun de son côté, nous en fîmes en moins de deux ans un cavalier qui en valoit bien un autre. Il savoit se présenter de bonne grâce, et soutenir la conversation sur le ton de la bonne com-

---

[1] Courage, courage.
[2] Continuez.

pagnie mexicaine. C'étoit une vraie métamorphose. Elle me fit beaucoup d'honneur, aussi-bien qu'au docteur Gaspard, lequel, à force de rebattre les mêmes choses à don Alexis, étoit enfin parvenu à lui mettre un peu de latin dans la tête.

Nous étions tout fiers l'un et l'autre de l'heureux succès de nos peines. Cependant, quelque sujet que nous eussions tous deux de nous applaudir d'avoir débourré notre disciple, je ne sais si Toston n'y eut pas encore plus de part que nous. Il y contribua du moins autant : ce que ce valet m'apprit un jour que je me vantois en sa présence d'avoir fait de mon élève un fort joli garçon. Monsieur, me dit-il en souriant d'un air malin, vous méritez sans doute des louanges, et j'aurois tort de vous les refuser; mais qu'il me soit permis, s'il vous plaît, de vous dire que vous ne devez pas seuls, monsieur le docteur Gaspard et vous, vous donner les violons, puisque j'ai travaillé au même ouvrage, ou plutôt apprenez que c'est moi qui ai dégourdi notre jeune seigneur; ou bien, si vous voulez, c'est un miracle de l'amour.

Parle-moi, lui dis-je, plus clairement : explique-toi. C'est, reprit-il, ce que je vais faire en peu de mots. Il y a parmi les femmes de la vice-reine une créole de dix-sept ans, qui a de l'esprit et de la beauté. C'est cette petite personne qui est le principal auteur du changement dont vous vous attribuez la gloire.

Que dis-tu, Toston, m'écriai-je? Tu m'annonces une nouvelle qui me cause un extrême étonnement. Hé! comment don Alexis est-il devenu amoureux de cette créole? Lui a-t-il fait connoître ses sentiments? Où en est-il enfin avec elle? A la queue du roman, répartit mon valet. Je ne puis revenir de ma surprise, lui répliquai-je avec précipitation; raconte-moi, je te prie, de quelle façon cette intrigue s'est nouée. C'est ce que je vais vous détailler fidèlement, me dit-il; faites-moi l'honneur de m'écouter.

Vous savez, continua-t-il, que je fais assidûment ma cour à don Alexis, et que nous vivons ensemble assez familièrement. Je ne suis pas moins son valet de chambre que le vôtre, et je possède sa confiance. Blandine, la plus aimable des suivantes de la vice-reine, l'a charmé. Il m'a fait confidence de son amour, et m'a prié d'employer mon adresse pour lui procurer de secrets entretiens avec sa nymphe; ce que je fais la nuit si heureusement, que personne n'en a le moindre soupçon. Voilà ce que j'avois à vous apprendre. Jugez à présent, ajouta-t-il, si ce sont ces conversations nocturnes ou vos leçons qui ont donné de l'esprit à notre jeune seigneur.

Ainsi parla l'officieux et secret agent de don Alexis. Après quoi je lui dis en branlant la tête: Monsieur Toston, si vous attendez que je vous loue d'avoir contribué de cette sorte au changement de mon élève, vous êtes dans l'erreur. A Dieu ne plaise que j'approuve le coupable moyen dont vous vous êtes servi pour lui faire perdre son imbécillité! Il auroit mieux valu qu'il l'eût toujours conservée. D'ailleurs, êtes-vous bien assuré que vous ne vous repentirez point d'avoir été si obligeant? Vous connoissez la sévérité du vice-roi. Il vous saura peut-être mauvais gré de rendre de pareils services à son fils, si par malheur pour vous cela vient à sa connoissance ; et la comtesse aussi pourra ne pas trouver bon que vous débauchiez ses filles. Enfin, mon ami, vous jouez à vous faire enfermer dans un cachot, et à me faire mettre à la porte, moi, pour m'apprendre à choisir des valets moins vicieux que vous. Voyez à quoi vous nous exposez tous deux.

Toston me laissa parler tant qu'il me plut sans m'interrompre ; mais, au lieu d'être ému de ce que je lui représentois, il prêtoit une oreille distraite à mes discours ; et, lorsque j'eus tout dit, il me répondit dans ces termes en souriant : Rien n'est plus judicieux que ce que vous venez de me remontrer. Vous êtes un homme plein de prudence. Mais vous ne savez pas tout. Madame la comtesse n'ignore point ce qui se passe. Je vous dirai même que c'est par son ordre que je conduis cette intrigue.

Qu'entends-je, m'écriai-je à ces paroles ! Ne me trompes-tu pas ? Dois-je ajouter foi à ton rapport ? N'en doutez point, Monsieur, répartit-il, c'est un fait constant. S'il m'échappe quelquefois des mensonges, du moins ce n'est pas avec vous. La vice-reine, poursuivit-il, m'ayant un jour envoyé chercher, me dit en particulier : Mon ami, je veux emprunter ton ministère ; mais sois discret. Don Alexis n'a plus l'air de stupidité qu'il avoit auparavant. Son esprit se subtilise de jour en jour. Il ne faut plus pour l'achever qu'un peu de commerce avec les femmes. Il m'est venu une idée : fais-lui faire secrètement connoissance avec Blandine, qui est la plus jolie et la plus spirituelle de mes filles. Elle ne manquera pas de lui inspirer de l'amour, et cet amour produira deux bons effets : il perfectionnera le cavalier, et l'empêchera de s'attacher, comme son père, aux négresses; goût détestable, dont je voudrois préserver mon fils, et que je ne puis pardonner aux Espagnols. Au reste, ajouta la comtesse, en faisant la réservée, si je te charge de cette commission, qui te paroît peut-être un peu délicate, c'est que je suis persuadée que Blandine n'a rien à risquer : elle a de la sagesse, et mon fils est trop timide pour être capable d'alarmer sa vertu.

Je ne voulus pas, continua Toston, dire à madame la comtesse que je l'avois prévenue, et que déjà par mon entremise les deux parties intéressées vivoient dans la plus douce union. Pour lui en faire honneur, je lui promis d'exécuter son projet, comme s'il ne l'eût pas encore été. Voilà ce que vous ignoriez, ajouta-t-il : vous ne devez plus trembler ni pour vous ni pour moi. Cela ne me rassure point, lui dis-je : si le vice-roi vient à savoir que tu ménages à son fils des tête-à-tête avec Blandine, un triste salaire pourra bien être le prix de tes services; et la vice-reine, quoique ta complice, te laissera dans la nasse au lieu de t'en tirer. Fais là-dessus tes réflexions.

L'avis parut de conséquence à ce monsieur l'intrigant, qui, pour en profiter, résolut de mesurer si bien ses démarches, qu'il pût impunément continuer de servir la passion de don Alexis; ce qu'il fit en effet avec tant d'adresse et de bonheur, que pendant deux années entières personne au palais n'en eut connoissance.

CHAPITRE LII.

Don Chérubin de la Ronda roule dans l'or et dans l'argent. Il les dépense à des parties de plaisir avec des dames qu'il connoît. Il va voir jouer une comédie. Ce que c'étoit que cette pièce, et quelle impression elle fit sur lui.

D'un autre côté, le comte de Gelves, ravi de voir que son fils se polissoit à vue d'œil, et s'imaginant que c'étoit mon ouvrage, ne savoit quel compte m'en tenir. Il ne se contentoit pas, tout avare qu'il étoit, de me faire exactement payer mes honoraires, il m'accabloit de présents. Ajoutez à cela que Salzedo étoit fort ponctuel à tenir les promesses qu'il m'avoit faites, de sorte que je commençai à rouler sur l'or. Pour peu que j'eusse eu de penchant à l'avarice, je serois infailliblement devenu avare dans un poste si lucratif : mais ce n'étoit pas là mon vice ; et, bien loin de thésauriser, je dépensois mon argent comme je le gagnois.

Je faisois souvent des parties de plaisir, et donnois des fêtes aux dames avec qui j'avois fait connoissance. J'allois chez elles passer l'après-dînée à jouer ; ce qui se fait librement à Mexico, où le jeu est la principale occupation des femmes. Je les menois aussi quelquefois au théâtre des comédiens entretenus par le viceroi, ou, pour mieux dire, par le public ; car son excellence leur donnoit une pension si modique, qu'ils n'en auroient pu subsister. Leur troupe, composée de sujets mexicains, étoit assez bonne. Il y avoit parmi eux cinq à six acteurs excellents ; ce qui fait l'éloge d'une troupe comique, qui le plus souvent n'en a pas trois qui méritent des applaudissements.

Un jour que ces comédiens jouoient pour la troisième fois une comédie nouvelle qui avoit été fort bien reçue, je l'allai voir avec don Juan et deux dames de ses amies. Elle étoit d'un auteur estimé. On la vantoit dans la ville, et elle avoit pour titre : *La Nobia sonsacada* [1]. Je m'y laissai entraîner par complaisance, ou plutôt malgré moi, me sentant peu curieux d'entendre une pièce qui me promettoit moins de plaisir que de chagrin. Le rapport que le titre avoit avec mon aventure m'effrayoit, et je ne doutois pas qu'il n'y eût dans cette comédie de quoi faire rire à mes dépens.

Néanmoins, quoique frappé d'une crainte si juste, je me mêlai parmi les spectateurs, résolu, puisqu'ils ne savoient pas mon histoire, de faire bonne contenance, et d'applaudir même le premier aux traits railleurs que j'entendrois lancer contre les maris malheureux ; mais je ne fus point à la peine de me trahir jusque-là, puisqu'il n'y avoit pas le mot pour rire dans la pièce, bien que ce fût une comédie. L'auteur n'étoit pas de ceux qui prennent pour modèles les Plaute et les Térence : au contraire, ennemi juré des ris et du plaisant, il n'admettoit que les soupirs et les pleurs dans ses pièces, qu'il farcissoit de sentences et de tirades de morale rimée, qui plaisoient infiniment à messieurs les Américains.

---

[1] La Mariée enlevée.

CHAPITRE LII.

Mais si mes oreilles ne furent frappées d'aucune raillerie que je pusse m'appliquer, je n'en fus pas pour cela quitte à meilleur marché. Comme il s'agissoit dans cette comédie de l'enlèvement d'une femme, celui de dona Paula, que je commençois à oublier, vint tout à coup se retracer vivement à mon souvenir; et me causa un trouble inconcevable. J'eus beau me contraindre, et faire tous mes efforts pour me rendre maître des secrets mouvements qui m'agitoient, il me fut impossible de les cacher à Salzedo, qui, remarquant de l'altération sur mon visage, me dit en souriant: Oh! oh! il me paroît que la pièce vous intéresse. On ne peut pas davantage, lui répondis-je en rougissant. Que l'auteur possède bien l'art de remuer les passions! Mais il faut avouer aussi que voilà d'admirables acteurs. Je suis charmé principalement de celui qui joue le rôle du marié: il représente si parfaitement un tendre époux à qui l'on a enlevé sa femme, qu'il me communique sa douleur. Je me mets à sa place; je m'imagine avoir perdu une épouse chérie: je souffre autant que lui.

Ma réponse fit rire le secrétaire et les deux dames de notre compagnie. Ils se moquèrent tous trois de l'excès de ma sensibilité. Je les laissai s'égayer à mes dépens tant qu'ils voulurent, aimant beaucoup mieux essuyer leurs plaisanteries, que de leur apprendre ce que j'étois bien aise qu'ils ignorassent. M'étant remis du désordre où avoient été mes esprits, je dis à Salzedo, lorsque la pièce fut finie: Je suis satisfait du dénoûment de cette pièce: le marié, au lieu de s'abandonner sottement au désespoir, comme j'ai cru d'abord qu'il alloit faire, prend sagement le parti de se consoler. Il fait bien, répondit don Juan, puisque la mariée paroît être d'accord avec son ravisseur : si j'avois le malheur de me trouver dans ce cas, je ne serois pas, je vous assure, assez sot pour me laisser mourir de chagrin d'avoir perdu une femme qui m'auroit trahi.

Comme je n'étois pas là-dessus d'un autre sentiment que Salzedo, l'impression que la *Nobia sonsacada* venoit de faire sur mon esprit en fut bientôt effacée; ou plutôt je profitai de cette pièce en épousant les sentiments du marié, et en prenant de nouveau la résolution d'oublier dona Paula.

CHAPITRE LIII.

Du plus grand embarras où don Chérubin se soit jamais trouvé. De quelle manière il en sort. Salzedo lui propose sa fille en mariage. Il la refuse. Surprise de son ami.

Dans ce temps-là, Salzedo, qui étoit veuf depuis quelques années, retira Blanche, sa fille, du couvent où il l'avoit mise en arrivant à Mexico. Comme elle avoit déjà quatorze ans, et qu'il songeoit à la marier, il vouloit auparavant qu'elle prît un peu l'air du monde. C'étoit une petite personne éveillée, fort jolie, et dans laquelle on remarquoit assez d'esprit pour juger qu'elle en auroit beaucoup avec le temps.

Pour contribuer de ma part à la former, ou plutôt pour faire ma cour à son père, qui me prioit de la voir et de l'entretenir le plus souvent qu'il me seroit possible, je ne laissois guère passer de jour sans avoir avec

CHAPITRE LIII.

elle quelque conversation, dans laquelle je lui donnois des leçons de morale, que j'égayois par des discours assez réjouissants, pour ne les pas rendre ennuyeuses.

Cela alloit le mieux du monde; mais il survint un accident qui gâta tout : le précepteur ne put se défendre d'aimer son écolière. Sitôt que je démêlai mes sentiments, je me les reprochai. Que prétends-tu faire? me dis-je à moi-même. Pour reconnoître les bontés de don Juan, veux-tu séduire sa fille? Je ne me contentai pas de me reprocher une passion si déplacée, je résolus de la combattre; ce que je fis d'abord infructueusement, parce qu'en continuant de voir Blanche, sa vue l'emportoit toujours sur mes réflexions. Si bien que je fus obligé d'employer le remède efficace dont Ovide nous conseille de nous servir en pareille occasion, c'est-à-dire l'absence.

Je cessai donc de rendre à la jeune dame de si fréquentes visites, et encore quand je l'allois voir, je n'avois plus avec elle qu'un moment d'entretien. Piquée du changement qu'elle apercevoit dans ma conduite, elle me dit un jour : Vous vous ennuyez avec moi, je le vois bien; vous me regardez comme une petite fille qui n'est pas digne de vous amuser. Je ne savois que lui répondre, ne pouvant me résoudre à lui dire pourquoi je la fuyois, de peur de me rendre plus coupable en me justifiant.

Enfin Blanche, remarquant que je semblois de jour en jour prendre plus de soin de l'éviter, s'en plaignit à son père, qui ne manqua pas de m'en faire des reproches. Quoi donc, me dit-il en souriant, Blanche se plaint de son maître ! Vous vous lassez, dit-elle, de lui donner des leçons! Se peut-il qu'à mesure qu'elle devient grande vous trouviez sa compagnie moins agréable? Cela m'étonne. Cela seroit en effet fort étonnant, lui répondis-je sur le même ton; mais ne puis-je pas, au contraire, vouloir discontinuer mes leçons, parce que sa compagnie commence à devenir trop dangereuse? Plût au ciel, répliqua don Juan, que ce fût cette raison qui vous fit abandonner votre écolière! Hé! quelle autre raison, lui répartis-je, pourroit me faire éviter les charmes de dona Blanca? Oui, seigneur, si je les fuis, c'est qu'il m'est impossible de les voir impunément. Après cet aveu que vous venez de m'arracher, je crois que vous me louerez du soin que je prends de combattre dans sa naissance un amour qui pourroit en augmentant me faire perdre votre amitié.

Salzedo sourit à ce discours, qui me paroissoit pourtant fort propre à lui faire prendre son sérieux. Don Chérubin, me dit-il, c'est trop vous défier de votre vertu : ayez plus de confiance en elle. Continuez vos leçons. Revoyez ma fille tous les jours: je vous crois incapable d'abuser de la liberté que je vous donne de l'entretenir; je suis sans inquiétude là-dessus. Je ne veux pas vous en dire davantage.

Cette réticence me plongea dans une profonde rêverie. Quelle peut être la pensée de Salzedo, disois-je quand il m'eut quitté? Auroit-il envie de me faire épouser Blanche? C'est, ce me semble, ce que signifient les derniers mots qui viennent de lui échapper. Son amitié pour moi iroit-elle jusqu'à vouloir m'en donner un semblable témoignage? Quelle folie à moi d'avoir cette pensée! Ce secrétaire est trop riche pour n'avoir pas des vues plus élevées; et sa fille unique n'est pas faite pour un homme tel que moi. Mais, quelle que puisse être son intention en exigeant que je revoie Blanche, il faut le contenter.

Je me déterminai donc à lui obéir, me promettant bien de me tenir en garde contre les appas de sa fille; ce qui étoit plus facile à dire qu'à exécuter, car chaque jour elle devenoit plus redoutable. Comme elle savoit jusqu'à quel point j'étois chéri de son père, elle me recevoit d'une façon si familière et si obligeante, que je n'avois pas moins à craindre des marques d'amitié qu'elle me donnoit que du pouvoir de ses yeux. J'étois dans une situation tout-à-fait embarrassante.

Pour surcroît d'embarras, don Juan me dit un jour: Il est temps que je vous communique un dessein que j'ai conçu. Connoissez toute l'affection que j'ai pour vous. Ma fille est présentement *matura viro*, et c'est vous que j'ai choisi pour mon gendre.

Je ne pus entendre prononcer ces paroles sans en être déconcerté. Salzedo expliqua mal mon trouble. Il crut que la joie en étoit la cause; et dans cette erreur il me dit : Oui, mon cher don Chérubin, je me fais un plaisir extrême de lier votre sort à celui de ma fille, pour vous attacher encore plus étroitement à moi. Il accompagna même ces mots d'une embrassade qui me perça le cœur. Dans le chagrin que je ressentis dans le moment de ne pouvoir être son beau-fils, je laissai tristement échapper un soupir, qu'il n'expliqua pas mieux qu'il avoit fait mon trouble : il s'imagina que Blanche n'étoit pas de mon goût, et qu'enfin j'avois de la répugnance à l'épouser. Il en fut vivement piqué;

et, jetant sur moi des yeux où le dépit étoit peint, il m'adressa ces paroles d'un ton ironique : Monsieur le bachelier, je suis fâché que ma fille n'ait pu trouver le chemin de votre cœur : vous n'aimez que les beautés bisaïeules ; il faut pour vous plaire une dona Louise de Padilla.

A ce trait railleur, j'envisageai don Juan d'un air si mortifié, que ce secrétaire, jugeant qu'il se passoit alors en moi quelque chose d'extraordinaire, se mit à me considérer avec attention. Ah ! Seigneur, lui dis-je, pensez-vous que je ne connoisse pas le prix de l'honneur que vous me voulez faire ? Rendez-moi plus de justice. La possession de dona Blanca auroit mille charmes pour moi ; mais, hélas ! elle m'est interdite ; je suis marié. Vous ! s'écria Salzedo d'un air surpris, vous marié ! Pourquoi ne me l'avez-vous pas dit ? Si je vous en ai fait un mystère, lui répondis-je, c'est qu'en vous parlant de mon mariage, j'aurois été obligé de vous apprendre le malheur qui l'a suivi de près, et que je voudrois pouvoir ensevelir dans un éternel silence. Ne me le celez plus, ce malheur, reprit-il, peut-être vous aiderai-je à le réparer. Il faut donc vous révéler ce secret, lui répartis-je ; pardonnez-moi de ne vous l'avoir pas dit plus tôt. En même temps, je lui en fis la confidence entière, et je remarquai en la lui faisant qu'il partageoit mes peines.

Don Chérubin, me dit-il lorsque j'eus achevé mon récit, je suis vivement touché de ce que vous venez de me raconter. Je ne m'étonne plus à présent si vous me parûtes troublé à la comédie de la *Nobia sonsacada*. Cette pièce, sans doute, vous faisoit ressouvenir de votre infortune. Mais que votre raison écarte toujours de votre esprit ces tristes images. A l'égard de ma fille, poursuivit-il, n'en parlons plus : en cessant de la voir, vous cesserez bientôt de l'aimer. J'aurois fort souhaité d'être votre beau-père, et je l'aurois indubitablement été, si la fortune n'y eût pas mis un obstacle insurmontable. Contentons-nous donc d'être unis des nœuds de la plus tendre amitié.

CHAPITRE LIV.

Histoire de don André d'Alvarade et de dona Cinthia de la Carrera. Avis de don Chérubin. Don André le goûte et se résout à le suivre.

Pour oublier plus facilement la fille de Salzedo, je m'attachai plus que jamais à faire ma cour aux dames de Mexico les plus aimables. Je voyois aussi de jeunes gentilshommes avec qui je faisois tous les jours des parties de plaisir. Je formai entre autres une étroite liaison avec don André d'Alvarade, arrière-petit-fils de ce fameux Alvarade dont il est fait une mention si honorable dans l'histoire de la conquête du Mexique : nous devînmes intimes amis.

Un jour, l'étant allé voir, je le trouvai dans sa chambre, étendu sur un sofa de soie de la Chine, et plongé dans une rêverie si profonde, que j'entrai sans qu'il s'en aperçût. Je demeurai quelques moments devant lui; il étoit tellement occupé de ses pensées, qu'il ne me voyoit pas; et, s'imaginant être seul, il pro-

Le Bachelier.

nonça ces paroles à haute voix : Oui, je crois que cette créature-là me fera devenir fou. En parlant de cette sorte il sortit de sa rêverie, et se mit à rire en me voyant. Ah! cher ami, me dit-il, vous voilà? Vous me trouvez absorbé dans mes réflexions; et, puisque vous m'avez entendu, je ne vous ferai point un mystère de l'état où je suis. J'aime, ou plutôt j'adore une dame qui me désespère.

Hé! qui est cette cruelle, lui dis-je, cette ingrate dont vous vous plaignez? C'est, répondit-il, dona Cinthia de la Carrera, fille de don Joachim de la Carrera, conseiller de la chancellerie. Vous ne l'avez jamais vue, et c'est une nouvelle connoissance que j'ai faite pour mon malheur. C'est une dame d'une beauté ravissante; mais l'espérance de lui plaire m'est interdite. Elle est recherchée par don Bernard de Orosco et par don Julien de Martara, qui sont deux jeunes seigneurs d'un grand mérite.

Je vous entends, interrompis-je, mon ami; ces concurrents vous font de la peine, leur recherche vous épouvante. Fort peu, répliqua-t-il; tout redoutables qu'ils sont, je les crains moins que l'étrange caractère de Cinthia : elle est si altière et si dédaigneuse, qu'elle ne croit pas qu'il y ait sur la terre un homme qui soit digne de son attention. Elle devient comme une furie dès qu'on lui parle d'amour. Don Joachim, son père, qui voudroit bien la marier, mais qui ne veut pas la contraindre, la trouve si opposée à son intention, qu'il n'ose plus la presser de prendre un époux. Croiriez-vous bien que dans l'appartement de cette inhumaine, tout annonce qu'elle est ennemie de l'amour? On n'y

CHAPITRE LIV.

voit que des tableaux qui représentent des femmes dont ce dieu n'a pu triompher : ici c'est Daphné qui fuit les embrassements d'Apollon, et là c'est Aréthuse qui aime mieux être changée en fontaine que de se rendre à l'amour d'Alphée. En un mot, toutes les peintures qui s'y présentent aux yeux, marquent qu'elle dédaigne les hommes.

Vous me faites là le portrait d'une dame bien extraordinaire, lui dis-je, assez surpris d'apprendre qu'il y en eût une pareille à Mexico, où les femmes naturellement sont moins cruelles qu'en aucun lieu du monde. Elle a donc apparemment fort mal reçu l'aveu de votre passion? Je ne la lui ai point encore déclarée, me répondit-il, et je ne sais entre nous ce que je dois faire. Si je romps le silence, on me fermera la bouche par des discours pleins de fierté; et si je m'obstine à me taire, mon sort demeurera toujours incertain.

Vous voyez mon embarras, poursuivit don André : si vous étiez à ma place, quel parti prendriez-vous? Un extrême, lui répondis-je : au lieu d'encenser l'idole, et de nourrir son orgueil par des flatteries et des soins empressés, j'opposerois à sa fierté une feinte indifférence, j'employerois dédain pour dédain, j'enchérirois sur l'aversion qu'elle témoigne pour les tendres engagements. C'est ainsi que j'en userois avec une personne si singulière. Que dites-vous de ma façon de penser? Vous la trouverez peut-être extravagante. Point du tout, s'écria don André, je l'approuve fort; et, pour marque de cela, je me détermine à jouer ce personnage auprès de Cinthia. Il me semble que je ne m'en acquitterai point mal, quoique je brûle pour elle de la plus vive ardeur. Nous verrons ce que produira cet artifice. J'irai la voir aujourd'hui, et je vous rendrai compte demain de ce qui se sera passé entre nous.

Nous nous séparâmes là-dessus, et le jour suivant Alvarade vint me trouver de grand matin chez moi. Je n'étois pas moins impatient de savoir ce qu'il avoit fait, que lui de me le raconter. Don Chérubin, me dit-il d'un air gai, je serai bien trompé si notre stratagème ne réussit pas. Hier, lorsque j'entrai chez Cinthia, je rencontrai Laure, sa suivante, que j'ai déjà su mettre dans mes intérêts. Je lui ai fait confidence de notre projet : je lui ai dit quel rôle je prétendois jouer auprès de sa maîtresse, et rien ne lui a paru plus ingénieusement imaginé. Laure, continua-t-il, ne s'est point contentée d'applaudir à mon dessein, elle m'a promis de le seconder; et je fais grand fonds sur cette promesse, car c'est une fille qui a de l'esprit et qui peut me servir. Mais, dis-je à don André, ne vîtes-vous pas hier Cinthia? ne lui parlâtes-vous point? Pardonnez-moi, répondit-il : j'entrai dans son appartement, où elle étoit avec quelques dames de ses amies, et don Bernard de Orosco. Je me mêlai à la conversation, qui rouloit sur le mariage. Don Bernard en vantoit les agréments, et faisoit consister le bonheur de la vie dans l'union de deux tendres époux. La fille de don Joachim soutenoit, au contraire, qu'il n'y avoit point de condition plus malheureuse que celle de deux personnes attachées au joug de l'hymen. Je suis du sentiment de Madame, m'écriai-je sur cela. Je ne crois pas qu'il y ait un sort plus misérable que celui de deux époux : aussi, depuis que j'ai l'âge de raison, je regarde l'hymen avec horreur de même que l'amour;

car c'est cette dangereuse passion qui nous conduit ordinairement au mariage.

Toute la compagnie éclata de rire en m'entendant parler de cette sorte. Don André, me dit une dame, vous êtes donc ennemi déclaré de notre sexe? Non, Madame, lui répondis-je; ne me faites pas plus coupable que je ne le suis. A Dieu ne plaise que je haïsse les femmes! Je les respecte et les honore infiniment; mais c'est tout ce qu'elles doivent attendre de moi. Je ne veux ni les aimer ni être aimé d'elles. Hé quoi! me dit alors la fille de don Joachim, si quelque belle dame s'avisoit de jeter les yeux sur vous, elle pourroit donc courir risque de ne trouver en vous qu'un ingrat? Oui, Madame, n'en doutez pas; elle auroit le chagrin d'aimer toute seule, fût-elle aussi aimable que vous.

Les dames renouvelèrent leurs ris à ces paroles, que je prononçai d'un air très sérieux, et desquelles Cinthia me parut un peu émue. Mesdames, reprit-elle en s'adressant à ses amies, vous voyez qu'Alvarade ne veut pas nous tromper, puisqu'il nous déclare ses sentiments en termes si clairs. Don André, s'écria une dame qui n'avoit point encore parlé, accordez-vous avec vous-même : on vous a vu donner des fêtes aux dames; ce qui suppose que vous n'êtes pas si insensible que vous le dites à leurs attraits. Cela ne prouve pas que je les aime, lui répondis-je; cela marque seulement que je suis galant, ainsi que tout cavalier le doit être. Je ne m'en défends pas; mais je vois les dames sans m'en laisser charmer, ni sans avoir aucune envie de leur plaire.

Voilà ce qui se passa hier chez la fille de don Joachim, poursuivit don André d'Alvarade; et, pour vous dire ce que je pense, je crus remarquer dans les yeux de Cinthia un secret dépit de rencontrer un homme qui sembloit la défier de se soumettre à son empire. Je ne sais après tout si je ne me suis point trompé en imaginant cela. Je n'en voudrois pas jurer; et l'indifférence que j'affecte pour l'orgueilleuse ne servira peut-être qu'à m'en faire mépriser davantage. Non, lui dis-je, mon ami, je crois plutôt que, pour venger sa vanité blessée, elle voudra tenter de vous mettre dans ses fers.

CHAPITRE LV.

Continuation de l'histoire de don André d'Alvarade, et de dona Cinthia de la Carrera. Réussite des avis de don Chérubin. Il en est remercié par don André.

Effectivement, dès ce jour-là même, Alvarade étant allé trouver Laure dans une maison où elle lui avoit donné rendez-vous, il apprit d'elle que sa maîtresse avoit donné dans le piége. Oui, seigneur don André, lui dit la suivante, vous avez soulevé contre vous l'orgueil de la fière Cinthia. Elle ne peut, dit-elle, vous pardonner votre insensibilité, et je vous avertis qu'elle est dans la résolution de ne rien épargner pour en triompher. Elle n'a pas reposé toute la nuit; elle n'a fait que gémir et soupirer de rage que vous braviez le pouvoir de ses yeux. Mais, Madame, lui ai-je dit, quel sujet avez-vous de vous plaindre de don André d'Alvarade? Pouvez-vous trouver mauvais qu'il soit en

CHAPITRE LV.

homme ce que vous êtes en femme? Il n'est pas plus blâmable d'être insensible aux charmes des dames, que vous l'êtes de dédaigner les vœux des cavaliers les plus accomplis. Ne prends point son parti, Laure, m'a-t-elle répondu, ne cherche pas à l'excuser : je le déteste; et je ne serai pas satisfaite que je ne voie ce sauvage mourir d'amour à mes pieds. Je donnerois toutes les richesses du monde si je les possédois pour avoir ce plaisir-là.

Vous jugez bien par ce que je viens de dire, ajouta la soubrette, que la fille de don Joachim se prépare à mettre tout en œuvre pour vous enflammer. Réglez-vous là-dessus, et soyez persuadé que vous pouvez tout espérer en continuant de feindre comme vous avez commencé. Adieu, seigneur don André, ajouta-t-elle, je vais rejoindre ma maîtresse. Revenez dans cette maison tantôt sur les six heures, j'aurai peut-être quelque chose de nouveau à vous apprendre. En effet, Alvarade s'y étant rendu à l'heure marquée y retrouva la suivante, qui lui dit : Tenez-vous bien sur vos gardes, ma maîtresse se prépare à vous attaquer avec ses plus fortes armes : comme nous sommes dans le carnaval, elle veut donner demain au soir un *sarao* [1],

---

[1] C'est une assemblée qui se fait au carnaval. Elle est composée de jeunes gens de l'un et de l'autre sexes qui sont déguisés, mais démasqués. Une femme qui tient une corbeille pleine de ceintures de soie de diverses couleurs, en présente une à chaque dame qui entre dans la salle du *sarao*. Une autre femme, chargée de pareilles ceintures, les distribue aux cavaliers. Après quoi chacun d'eux reconnoissant à la couleur de sa ceinture la personne qui doit être sa dame ce soir-là, l'aborde, et passe à ses genoux tout le temps que dure le *sarao*. Il lui est permis de lui tenir les plus tendres discours, sans

dans lequel on fera si bien, que vous aurez tous deux des ceintures de la même couleur. Elle se promet bien de vous enchanter par les œillades flatteuses qu'elle vous prodiguera. Défiez-vous de cette sirène, qui n'a d'autre but en vous charmant que de vous accabler de mépris, si vous êtes assez foible pour vous démentir. Défiez-vous aussi de vous-même. Je crains que, transporté de joie, et trop plein de votre amour, vous ne vous trahissiez. Non, non, ma chère Laure, lui répondit don André, perdez cette crainte : il suffit que je sois averti du péril pour que je l'évite. Laissez-moi faire, la superbe Cinthia pourra bien elle-même y être attrapée.

Alvarade, après avoir eu cette nouvelle conversation avec Laure, vint m'en rendre compte, et nous nous en réjouîmes tous deux. La fille de don Joachim, de son côté, méditant la conquête d'un homme qui n'étoit que trop épris de sa beauté, faisoit pour le lendemain au soir les apprêts de son *sarao*. Elle envoya des billets aux dames qu'elle vouloit mettre de la fête; et comme don Bernard et don Julien étoient du nombre des cavaliers qui y furent aussi invités, cela plut fort à don Joachim, qui se flatta de l'espérance que l'un ou l'autre de ces deux galants pourroit se rendre agréable à sa fille. Don André, comme on peut bien se l'imaginer, ne fut pas oublié. Il reçut aussi son billet; et le jour suivant, lorsque l'heure de se rendre au *sarao* fut venue, il y alla déguisé fort galamment, et disposé à bien faire son personnage.

---

qu'elle puisse s'en offenser : c'est la règle ; ce qui occasionne souvent des intrigues. Le *sarao* finit par des danses.

CHAPITRE LV.

Sitôt qu'il fut entré dans la salle, la femme qui tenoit les ceintures destinées pour les hommes, lui en présenta une qui étoit verte. Il s'en ceignit aussitôt; puis, cherchant des yeux la dame qui en devoit avoir une de la même couleur, il la trouva dans la fille de don Joachim. Il s'avança vers elle, et l'abordant d'un air poli : Madame, lui dit-il, je regarde ce jour-ci comme le plus heureux de ma vie, puisque la charmante Cinthia me tombe en partage. Ne vous applaudissez pas tant de votre bonheur, lui répondit-elle, le péril où vous êtes doit plutôt vous faire trembler. Plaignez-vous du hasard qui vous auroit été plus favorable s'il vous eût adressé une autre dame que moi : vous auriez pu lui plaire, au lieu que vous ne tirerez aucun avantage de l'entretien que nous allons avoir ensemble. Je veux bien même vous avertir charitablement que, si vous avez le malheur de devenir amoureux de moi, je vous traiterai avec la dernière rigueur. C'est sur quoi vous pouvez compter.

Vous croyez m'effrayer, reprit mon ami; mais craignez vous-même que votre fierté ne cède à la mienne; car enfin, poursuivit-il en s'attendrissant, pourrez-vous n'être pas touchée de mes peines, quand, profitant de la liberté que le *sarao* me donne de vous parler d'amour, je vous exposerai l'état déplorable où vous m'avez réduit? Oui, belle Cinthia, mon cœur est embrâsé de mille feux. En achevant ces mots, il lui baisa la main avec transport. Alvarade, lui dit alors la dame en le repoussant doucement, vous vous démentez : vous vous exprimez d'une manière et dans des termes qui me font croire que vous m'aimez véritablement, quoique vous

vous imaginiez que vous ne m'aimez point. Vous ne vous souvenez plus que je vous ai dit que je payerai vos soupirs de mépris et de rigueur. C'est vous, Madame, répondit don André, c'est vous qui oubliez que nous sommes dans un *sarao*. Tout ce que j'ai dit n'est qu'une feinte. Quoi! répliqua la dame, vous ne sentez pas ce que vous venez de me dire? Le ciel m'en préserve, répartit le cavalier en changeant de ton. Qui? moi, j'augmenterois le nombre de vos esclaves? Non, Madame : quand je serois capable de vous aimer, la honte m'obligeroit à vous le celer.

Vous savez donc bien feindre, dit Cinthia. Parfaitement, répondit Alvarade. J'emprunte quand il me plaît les yeux et le langage de l'amant le plus tendre; par exemple, si je voulais vous faire une déclaration d'amour, je vous dirois : Adorable Cinthia, ce n'est point par galanterie ni pour remplir les devoirs du *sarao* que je vous apprends que mon cœur s'est rendu à vos premiers regards; c'est pour vous découvrir mes secrets sentiments, puisque je puis aujourd'hui vous les faire connoître sans vous révolter contre ma témérité. Et cela n'est qu'une feinte, interrompit avec précipitation la dame? Ne m'en dites pas davantage, Alvarade : j'entrevois votre finesse; vous feignez d'être insensible à la beauté des dames, vous flattant que, par ce moyen, vous pourrez me rendre plus traitable. Je vous pénètre, n'est-ce pas? Avouez-le moi de bonne grâce, et vous ne vous en repentirez point : fiez-vous à la promesse que je vous en fais.

Don André hésita quelques moments avant que de lui répondre; mais, se déterminant enfin à la satisfaire aux dépens de qui il appartiendroit, il lui avoua tout; après quoi il dit : Madame, j'attends présentement mon arrêt; daignez le prononcer, décidez de mon sort. Je pourrois, répondit Cinthia, m'offenser de la supercherie que vous m'avez faite; et, pour vous en punir, vous traiter comme mes autres amants; mais je vous la pardonne à cause de l'invention, et vous donne la préférence sur tous vos rivaux.

Je laisse à concevoir au lecteur le ravissement que ces derniers mots causèrent à mon ami, qui, tant que dura le *sarao*, c'est-à-dire jusqu'au lendemain matin, ne cessa de donner des marques de sa reconnoissance à la fille de don Joachim. A peine eut-il quitté cette dame, qu'il accourut chez moi pour me faire part de sa joie. Il me rendit un million de grâces de lui avoir conseillé de jouer le rôle qu'il avoit fait, en me disant que j'étois l'auteur de sa félicité. Enfin, quinze jours après, il épousa sa maîtresse, au préjudice de ses deux rivaux, qui dans le fond lui étoient préférables.

CHAPITRE LVI.

Don Chérubin va par curiosité entendre prêcher un père de l'ordre de Saint-Dominique. Quel homme c'étoit que ce religieux. Sa surprise en le reconnoissant, et de l'entretien qu'il eut avec lui.

PEU de temps après ce mariage, il arriva qu'un religieux de l'ordre de Saint-Dominique vint de Guatimala demeurer à Mexico. Il prêcha d'abord dans la cathédrale, et fit tant de bruit dès son premier sermon, qu'il devint le sujet de toutes les conversations de la ville. Dans quelque maison que j'allasse, je n'entendois parler que du père Cyrille : les femmes surtout le vantoient, et le mettoient au-dessus des plus fameux prédicateurs de la Merci, de Saint-François, et même des Jésuites, bien que parmi ces derniers il y en eût alors de très célèbres. Devoit-il prêcher dans une maison religieuse, toute la noblesse y couroit en foule ; on augmentoit le prix des places. L'auditoire éclatoit en brouhaha. L'on y battoit même des mains, et l'on sortoit de l'église en élevant jusqu'aux nues l'éloquence du prédicateur.

Je ne pus tenir contre la réputation du père Cyrille, et je voulus juger par moi-même de ses talents. Ayant appris qu'il devoit prêcher le jour de l'Assomption dans son couvent, je m'y rendis, et j'y trouvai une nombreuse et brillante assemblée, quoique ce monastère soit à une lieue de Mexico. Je m'assis parmi les auditeurs pour mon argent, et, en attendant le sermon, je m'entretins avec un cavalier qui étoit auprès de moi. Je lui demandai s'il avoit déjà entendu le père Cyrille. Deux fois, me répondit-il ; et je vous proteste que jamais aucun prédicateur ne m'a fait tant de plaisir que celui-là.

Vous allez, poursuivit-il, être surpris de son style éblouissant et de la beauté de ses portraits. Il a un choix de termes et une élégance qui enlèvent, des métaphores heureuses, des allégories justes et ravissantes, des beautés de détail, des tours qui lui sont particuliers, et surtout des transitions de la dernière finesse. Je ne vous en dis pas davantage pour vous laisser le plaisir de la surprise. Je vous avertis seulement qu'il faut l'écouter avec toute l'attention dont vous êtes capable; car il a une volubilité de langue qu'on a de la peine à suivre. J'étois à son dernier sermon aux pères de la Merci : j'eus le malheur d'éternuer, et mon éternûment me fit perdre une période. Je lui répondis qu'il y avoit de certains prédicateurs qui parloient si vite, qu'il ne falloit pas seulement détourner les yeux de dessus eux, à moins que l'on ne voulût perdre le fil de leurs sermons.

Cependant ce discours redoubloit l'impatience que j'avois d'entendre ce fameux personnage. Je le vis paroître dans la chaire, et l'église retentit aussitôt d'une acclamation générale; ce qui me fit connoître jusqu'à quel point le public étoit prévenu en sa faveur. Le père Cyrille ne me parut pas plus grand qu'un nain; et il étoit en effet si petit, qu'on ne lui voyoit que la tête. Je le regardai attentivement. Ses traits me frappèrent; et à peine eut-il prononcé le texte de son sermon, que j'achevai de le reconnoître à sa voix. C'est lui, dis-je en moi-même. Oui, ma foi, c'est le licencié Carambola. La plaisante aventure! Il semble que nous nous suivions l'un l'autre. Nous nous disons adieu à Tolède, et nous nous revoyons à Madrid. Là, nous étant quittés, nous nous retrouvons à Barcelonne. On dirait que la fortune prend plaisir à nous séparer pour nous rejoindre. Ensuite doutant du rapport de mes yeux et de mes oreilles : Ne me tromperois-je point aussi, disois-je en me reprenant? Voilà sa voix et sa figure à la vérité; mais ne voit-on pas tous les jours des hommes qui se ressemblent parfaitement? D'ailleurs, se peut-il que Carambola ait pris le froc, et, ce qui me passe, qu'il soit devenu un grand prédicateur? C'est ce que je ne puis concevoir. Cependant plus j'écoutois et considérois le père Cyrille, et plus je voulois que ce fût mon licencié biscayen.

En attendant que je pusse convertir mon doute en certitude, je prêtai une oreille attentive au religieux, pour juger si le public avoit raison d'admirer son éloquence ; mais il débita son sermon si rapidement, que j'en perdis plus de la moitié sans éternuer. J'en entendis pourtant assez pour me consoler de cette perte. Je fis même une remarque qui ne tournoit point à la gloire du prédicateur : j'observai que les auditeurs n'étoient touchés que de la beauté du style, et que l'orateur visoit moins au cœur qu'à l'esprit.

Quand le sermon fut fini, je me fis conduire à la chambre du père Cyrille, qui me revit avec une surprise égale à celle qu'il m'avoit causée en se montrant dans la chaire. Nous nous embrassâmes tous deux avec affection. Monsieur le licencié, lui dis-je, grâce au ciel nous nous rencontrons donc encore une fois ; mais avouez que cette dernière rencontre est plus surprenante que les autres. Je ne me serois jamais attendu à vous retrouver sous l'habit d'un jacobin. Mon étonnement, répondit-il, est pareil au vôtre, et vous vous imaginez bien que je ne suis pas peu curieux d'apprendre ce que vous faites à Mexico. Je crois que vous ne l'êtes pas moins de savoir comment je suis devenu moine, et, qui plus est, un prédicateur de la première volée. Il faut nous contenter l'un et l'autre. Mais remettons, s'il vous plaît, la partie à demain pour deux raisons : outre que je suis fatigué, j'ai un long récit à vous faire. Et moi, lui dis-je, de mon côté j'ai une infinité de choses à vous raconter. Adieu, père Cyrille, reposez-vous. Nous nous reverrons demain.

Je quittai là-dessus mon prédicateur; et l'étant venu rejoindre le jour suivant l'après-midi, nous nous enfermâmes dans sa chambre, où nous nous préparâmes à nous faire une confidence réciproque de ce qui nous étoit arrivé depuis notre dernière séparation. Je parlai le premier; et persuadé que je pouvois tout dire à mon ami Carambola, je ne lui déguisai rien. Lorsque j'eus cessé de parler, il prit la parole à son tour, et me conta l'histoire de sa métamorphose avec la même sincérité.

CHAPITRE LVII.

Le licencié Carambola commence à raconter l'histoire de son voyage aux Indes occidentales. Il rencontre un de ses camarades de collége; ce qu'il étoit. Il prend le parti de le suivre, et se fait religieux.

Vous savez bien, dit-il, que vous me laissâtes à Barcelonne précepteur d'un enfant gâté; je vous témoignai, s'il vous en souvient, que j'étois fort satisfait de mon poste, que j'y avois tous les agréments qu'un pédagogue puisse trouver dans une maison, et que, selon toutes les apparences, je l'occuperois long-temps. Cependant je fus obligé de le quitter. On me remercia, que dis-je? on me congédia, même assez malhonnêtement. Voici pourquoi : un jour que j'étois très mécontent de mon petit gentilhomme, à qui je ne pouvois faire entrer dans la tête un principe de la langue latine, il m'arriva donc d'oublier qu'il m'avoit été défendu de le châtier, de peur de le chagriner et de le rendre malade ; je lui tirai les oreilles, un peu rudement à la vérité. Il poussa des cris comme si je l'eusse écorché tout vif. Sa mère, qui les entendit, accourut, et, trouvant son fils tout en pleurs, me traita de brutal. Le père, qui n'étoit pas maître chez lui, voulut parler en ma faveur ; mais on le fit taire comme un petit garçon, et l'on me mit à la porte sans autre forme de procès.

Quelques jours après avoir été chassé de la sorte, comme je me promenois tout seul sur le port en rêvant à la mauvaise situation de mes affaires, je rencontrai deux pères de Saint-Dominique, dont je reconnus un pour avoir fait mes études avec lui à l'université d'Alcala. Il me remit aussi dans le moment. Nous nous abordâmes l'un l'autre, et, nous étant cordialement embrassés, nous commençâmes à nous entretenir des petits tours que nous avions faits ensemble au collége à nos professeurs. Après cela il m'apprit qu'il venoit de Solsone, avec son compagnon, pour s'embarquer à Barcelonne sur un vaisseau qui devoit le lendemain prendre la route de Cadix, où ils étoient attendus tous deux dans leur couvent, l'un pour y professer la philosophie, et l'autre, la théologie. J'envie votre bonheur, mes pères, leur dis-je en soupirant, et je me repens bien de n'avoir pas embrassé votre état plutôt que de m'être fait galérien, car c'est ainsi que j'appelle un pauvre diable de précepteur.

Mon camarade d'école se mit à rire en m'entendant parler dans ces termes. Je ne savois pas, me dit-il, que la condition d'un précepteur fût une galère. Je vous l'apprends donc, lui répondis-je, et vous pouvez vous en fier à moi. J'avoue qu'il n'y a point de règles sans exception, et qu'il y a des maisons où l'esclavage des pédagogues est doux, ou du moins supportable. Chez une prude et vieille dévote, par exemple, un précepteur hypocrite n'est pas malheureux : il possède la confiance de la patronne, qui ne voit que par ses yeux, et qui, pour prix des complaisances intéressées qu'il a pour elle, fait quelquefois une généreuse mention de lui dans un testament. Mais de pareilles places sont bien rares, et pour moi jusqu'ici je n'en ai trouvé que de misérables.

Je suis fâché, reprit le même moine, que vous ne soyez pas content de votre sort. Je vous souhaiterois que vous le fussiez autant que je le suis du mien. Si tout le monde savoit jusqu'à quel point nous sommes heureux, nous autres jacobins, nos cloîtres ne pourroient contenir tous les hommes qui s'empresseroient à les venir habiter. Ah! père, m'écriai-je, vous augmentez par ce discours le regret que j'ai de n'avoir pas pris l'habit fortuné de Saint-Dominique. Si vous parlez sérieusement, me dit-il, je vous le ferai endosser quand il vous plaira. Il en est temps encore. Profitez de l'occasion. Venez avec nous à Cadix : je vous présenterai au révérend père Isidore, prieur de notre maison, et je suis assuré qu'il vous recevra volontiers parmi nous, lorsqu'il apprendra que vous avez fait du bruit dans les écoles d'Alcala, où j'ai été témoin de vos brillantes études. Je me souviens encore qu'on vous appeloit par excellence *aquila theologiæ.*

Oui, seigneur licencié, continua-t-il, le père Isidore vous regardera comme une excellente acquisition pour notre ordre, et me saura bon gré de la lui avoir procurée. Déterminez-vous, voyez ce que vous voulez faire. Je vous prendrois au mot, lui répondis-je, et partirois avec vous pour Cadix, si j'étois assez bien en espèces pour faire les frais du voyage et de ma réception; mais je vous avouerai franchement que je n'ai pour tout bien qu'un doublon, encore en dois-je les trois quarts à l'auberge où je mange depuis que je suis hors de condition.

Vous n'avez pas besoin d'argent avec nous, dit alors l'autre moine, nous sommes en état de vous défrayer sur la route : et quant à votre réception, comptez qu'elle se fera gratuitement en faveur de votre mérite. Hé bien, y a-t-il encore quelque difficulté à lever? Non, lui repartis-je, il n'y en a plus. En vérité, mes pères, vous m'inspirez de la vocation; je suis prêt à vous suivre.

Mes confrères futurs me parurent charmés de me voir disposé à les accompagner. Sans adieu, frère, me dit mon camarade de classe, nous aurons tout le temps de nous entretenir. Nous vous quittons, ajouta-t-il en me montrant du doigt un bâtiment qui étoit dans le port, pour aller faire porter à bord de ce vaisseau toutes les provisions nécessaires pour notre voyage : car nous ne sommes pas gens à nous embarquer sans biscuit. Venez nous joindre là ce soir : nous partirons demain avant le jour.

CHAPITRE LVIII.

Le licencié Carambola s'embarque avec les bons pères de Saint-Dominique. Sa réception au noviciat. Il reçoit les ordres sacrés. De quelle manière il prêcha la première fois. Il remonte une seconde fois en chaire : son succès. Il part pour les Indes. Son admiration en y arrivant.

Ne voulant point sortir de Barcelonne comme un fripon, je retournai à l'auberge, où je payai mon hôte; ensuite reprenant le chemin du port pour me trouver au rendez-vous, j'y arrivai avec une petite valise que je portois sous le bras, et dans laquelle étoient mes hardes. Les religieux s'étoient déjà embarqués, et m'attendoient avec impatience. Ces bons pères, par précaution, s'étoient pourvus d'une grande abondance de vivres et d'une copieuse quantité de bouteilles des meilleurs vins de la Manche, comme s'ils eussent dû aller au bout du monde. Enfin on leva l'ancre le lendemain avant l'aurore, et notre vaisseau s'éloigna du port de Barcelonne. Pendant le cours de la navigation, qui, grâce au ciel, fut très heureuse, nos religieux se montrèrent de si belle humeur, que, loin de me repentir de m'être enrôlé dans leur compagnie, je ne cessai de m'en applaudir, me persuadant qu'il n'y avoit point de mortels plus heureux. Je vous dirai qu'aujourd'hui je suis encore dans cette opinion.

Étant arrivés à Cadix, nous nous rendîmes au monastère des pères de Saint-Dominique. Le prieur Isidore reçut mes deux compagnons avec distinction, et comme des sujets dont sa maison avoit besoin. Il me fit aussi un accueil favorable, lorsqu'ils lui eurent dit que j'étois un savant licencié qui demandoit l'habit de novice. Il me l'accorda sans peine, sur l'assurance qu'ils lui donnèrent que j'étois né pour vivre avec eux, comme en effet je leur avois assez fait voir sur le vaisseau que je m'accommodois à merveille de leur façon de vivre.

J'entrai donc au noviciat, et, grâce à Dieu, je ne me dégoûtai point de la vie monacale. Après avoir fait profession, l'on me donna le nom de père Cyrille. Je m'attachai à l'étude de la théologie. Je pris ensuite les ordres sacrés; et, me sentant, à ce qu'il me sembloit, du talent pour la chaire, je composai un sermon que j'eus la hardiesse de vouloir débiter dans la cathédrale de Cadix devant l'évêque et le gouverneur. Mais savez-vous de quelle manière je m'en acquittai? Vous allez l'apprendre; car ma sincérité doit répondre à la vôtre, et nous devons mutuellement nous raconter nos aventures désagréables avec la même franchise que les autres. L'assemblée étoit nombreuse et remplie de moines de toutes sortes d'ordres. Un auditoire si éclairé, mais en même temps si critique et si jaloux, me troubla de façon que je demeurai court au milieu de mon exorde. Je fatiguai vainement ma mémoire pour pouvoir continuer, la rebelle me refusa constamment son secours, et je fus obligé de m'éclipser. Mais avant que je disparusse, je dis à mes auditeurs : Messieurs, je vous plains, vous perdez un beau sermon.

Vous jugez bien que ces paroles, prononcées par un Biscayen, continua le père Cyrille, ne manquèrent pas d'exciter des ris. L'évêque et le gouverneur en perdirent leur gravité. Tous les moines, si vous en exceptez ceux de notre ordre, sortirent de l'église en étouffant d'envie de rire, et plus satisfaits que si j'eusse parfaitement bien prêché.

Un coup d'essai si malheureux ne me découragea point. Au contraire, pour réparer mon honneur, je m'armai d'audace, et trois mois après je remontai dans la même chaire d'où j'étois si désagréablement descendu. Ceux de mes auditeurs qui avoient été témoins du tour que ma mémoire m'avoit joué la première fois, s'attendoient peut-être encore à me voir demeurer court, et à rire sur nouveaux frais à mes dépens; mais ils furent trompés dans leur attente : ma mémoire me fut fidèle, et je fus généralement applaudi. Que dis-je ? on me trouva toutes les parties de l'orateur, et dès ce jour-là je fus mis en parallèle avec les plus fameux prédicateurs espagnols : ce qui prouve bien qu'on peut se mettre en réputation à peu de frais. Cela me fit redoubler mes efforts pour mériter les louanges qu'on me donnoit, et que, malgré mon amour-propre, je sentois bien que je ne méritois pas. Je composai d'autres sermons, dont mes auditeurs furent si contents, que mon nom devint plus célèbre de jour en jour.

Je jouissois à Cadix de l'estime générale de ses habitants, lorsque le père Isidore reçut une lettre de l'Amérique. Le prieur de Saint-Jacques de Guatimala le prioit de lui envoyer deux habiles prédicateurs pour soutenir la réputation de notre ordre en ce pays-là. Je souhaitai d'être un des saints ouvriers qu'on y demandoit : ce fut moins à la vérité par un zèle apostolique, que par l'envie qu'il me prit de voir ces belles régions conquises par les armes espagnoles. Je puis dire que ce ne fut pas sans répugnance que le père Isidore me permit d'aller aux Indes, n'ayant pas alors dans sa communauté de sujet qui me valût. Cependant il eut la bonté de se rendre à ma prière, à condition que je reviendrois en Espagne après quelques années.

Je sortis donc du port de Cadix avec le père Boniface de Tabara, qui me fut donné pour compagnon. Le vent nous fut toujours favorable jusqu'à la Havane, d'où nous prîmes la route de Carthagène; de là nous nous rendîmes à Porto-Bello dans le temps de la foire, qui sans contredit doit passer pour la plus belle qu'il y ait au monde. Le concours prodigieux de marchands d'Espagne et du Pérou, dont les uns viennent pour acheter, et les autres pour vendre des marchandises, offre aux yeux un spectacle très amusant. Pour moi, ce que je trouvai plus digne d'être regardé, fut le nombre de mulets que je vis arriver de Panama, chargés de barres et de lingots d'argent. Dans un seul jour, j'en comptai jusqu'à deux cents qui furent déchargés dans la place publique; ce qui composoit des monceaux de lingots qui réjouissoient la vue de messieurs les intéressés.

Nous ne nous arrêtâmes pas long-temps à Porto-Bello. Nous remîmes à la voile pour Venta de Cruzez, puis pour Panama, d'où nous gagnâmes le port des Salines, et ensuite Cartago. De là nous allâmes à la ville de Grenade, autrement appelée le Jardin de Mahomet, d'où nous ne tardâmes guère à nous rendre au port de Realejo sur la mer du Sud; et peu de jours après nous arrivâmes au port de la Trinité.

CHAPITRE LVIII.

J'interrompis assez brusquement Carambola dans cet endroit : Ho! que diable, lui dis-je, monsieur le licencié, vous me faites une relation de voyageur. Ne me nommez pas, je vous prie, tous les lieux par où vous avez passé; je vous en tiens quitte. Je ne suis curieux que d'entendre vos aventures. Ainsi ne faites, s'il vous plaît, qu'un saut du port de la Trinité à Saint-Jacques de Guatimala; car, selon toutes les apparences, cette dernière ville est le théâtre des principaux exploits que vous avez à me raconter. Monsieur le bachelier, me répondit-il en souriant, vous avez tort de vous plaindre : pour éviter la prolixité, et pour serrer ma narration, j'ai supprimé les tempêtes et les autres périls que j'ai essuyés. Je vous ai même fait grâce des descriptions que j'aurois pu faire des lieux dont je ne vous ai dit simplement que les noms, et qui seroient peut-être plus intéressantes que mes propres aventures. Allez, vous m'avez interrompu mal à propos.

Mais enfin, poursuivit-il, puisque vous le voulez absolument, je vais vous faire faire un saut de vingt-cinq lieues en vous transportant tout à coup à Guatimala. Permettez-moi seulement auparavant de vous dire une particularité des plus singulières. La voici : Auprès de la ville de la Trinité, on voit dans un endroit fort bas sortir de la terre, sans discontinuation, une épaisse et noire fumée, mêlée quelquefois de soufre et de tourbillons de feu. On dit que quelques voyageurs, curieux d'en découvrir la cause, ayant eu l'imprudence de s'en approcher de trop près, avoient été renversés par terre à demi-morts. Les gens du pays assurent qu'à certaine distance on entend des cris comme de personnes tourmentées, et que ces cris sont accompagnés d'un bruit de chaînes de fer ; ce qui fait donner le nom de bouche d'enfer à cet horrible gouffre.

Venons présentement à Guatimala, continua le père Cyrille : je ne veux pas vous faire languir plus longtemps. Nous y arrivâmes donc, le père Boniface et moi. Ce qu'il y a de plaisant, c'est que nous cherchâmes d'abord la ville dans la ville même. Aucunes murailles, aucunes portes ne s'offrirent à son entrée ; quelques maisons couvertes de chaume ou de tuiles se présentèrent seulement à nos yeux. Surpris de voir une ville qui répondoit si mal à l'idée que je m'en étois formée, je dis à mon camarade : Père, à votre avis, n'avons-nous pas fait une belle équipée d'avoir quitté la ville de Cadix, où nous étions si bien, pour venir prêcher ici ? A juger des citoyens par leurs habitations, nous n'allons avoir pour auditeurs que de la canaille. Est-ce là cette célèbre ville de Guatimala ? cette capitale d'un pays de trois cents lieues d'étendue, et où il y a, nous a-t-on dit, une audience royale indépendante de celle de Mexico, avec un premier président, qui, sans avoir le titre de vice-roi, en a toute l'autorité ? C'est ce que je ne puis concevoir. Ni moi non plus, disoit le père Boniface : peu s'en faut que je ne croie qu'on s'est moqué de nous.

Notre étonnement toutefois ne fut pas de longue durée. Lorsque nous fûmes au delà des maisons couvertes de chaume, nous en aperçûmes de plus belles, et entre autres deux superbes édifices, qui sont dans le faubourg Saint-Dominique, c'est-à-dire le couvent des jacobins, et le monastère des filles de la Conception.

Ce dernier surtout, entouré de hautes murailles qui forment une enceinte d'une immense étendue, arrêta long-temps nos regards : il nous sembloit voir une ville particulière renfermée dans celle de Guatimala. Aussi compte-t-on dans cette maison jusqu'à mille filles, tant religieuses et pensionnaires, que négresses qui sont à leur service.

A mesure que nous avancions dans cette capitale, nous découvrions des maisons qui lui faisoient plus d'honneur que les premières. Enfin, nous nous présentâmes à la porte du couvent de nos pères, qui nous reçurent comme deux personnages dont l'arrivée leur étoit très agréable. Le père Valentin Ttraquello, qui en étoit alors prieur, n'eut pas sitôt lu la lettre que je lui remis de la part du père Isidore, qu'il nous fit mille amitiés, et principalement à moi, parce que la dépêche contenoit un magnifique éloge du père Cyrille. On nous régala parfaitement bien, et l'on nous laissa reposer quelques jours.

Pendant ce temps-là le bruit courut dans la ville qu'il venoit d'arriver d'Espagne deux grands prédicateurs. Il n'en fallut pas davantage pour mettre en mouvement toutes les familles espagnoles, et surtout les femmes. Quand les verrons-nous, s'écrioit l'une ? Que j'ai d'impatience, disoit l'autre, d'entendre ces nouveaux apôtres ! Père Cyrille, me dit un jour notre prieur, je ne puis résister plus long-temps à la curiosité du public : les gentilshommes, les officiers de l'audience, les bourgeois, toute la ville souhaite avec ardeur de vous voir en chaire, pour juger si vos talents répondent à votre renommée. Ils me pressent de leur accorder cette satisfaction, et je n'ai pu me défendre de leur promettre qu'ils l'auront incessamment. Je tiendrai votre promesse, lui dis-je, mon révérend père : je prêcherai, si vous voulez, dès demain dans notre église pour les contenter.

CHAPITRE LIX.

Le père Cyrille prêche au contentement d'un nombreux auditoire. Le lendemain il va dîner chez l'évêque de Guatimala. Il reçoit des honneurs. Sa visite chez plusieurs religieuses. Collations et concerts qu'elles lui donnent. Entretien particulier de l'évêque avec lui. Sujet de cet entretien.

LE prieur, me voyant dans cette disposition, envoya sur-le-champ dans les principales maisons avertir que le révérend père Cyrille débuteroit le lendemain aux jacobins. Cette nouvelle se répandit aussitôt dans Guatimala; si bien que notre église se trouva le lendemain remplie de tout ce qu'il y avoit d'honnêtes gens dans la ville. D'un côté, l'auditoire étoit honoré de la vénérable présence de don François de Castro, évêque de Guatimala; et de l'autre, de tous les officiers de la chancellerie, depuis le premier président jusqu'au greffier, sans parler des principales dames de la ville, qui s'étoient parées magnifiquement. Dès qu'on me vit en chaire, il s'éleva dans l'assemblée un petit murmure qui me parut un effet de ma figure de pygmée; car on prend garde à tout : mais je n'eus pas achevé mon

CHAPITRE LIX.

exorde, que ce bruit désagréable fut suivi d'un plus flatteur; et chacun, oubliant, pour ainsi dire, qu'il me voyoit, me prêta son attention.

Si j'avois eu le bonheur de plaire à Cadix, je plus encore davantage à Guatimala. Pour tout dire, en un mot, j'emportai le suffrage de mes auditeurs, et gagnai l'estime de l'évêque, qui m'envoya le lendemain matin inviter à dîner avec le prieur au palais épiscopal.

Ce bon prélat, qui, tout septuagénaire qu'il étoit, n'avoit pas encore un air d'antiquité, m'accabla de compliments. Il félicita le père Valentin d'avoir un sujet aussi capable que je l'étois de faire honneur à l'ordre de Saint-Dominique. Jugez si les louanges de monseigneur chatouilloient un cœur biscayen! Je les savourois intérieurement; mais plus je sentois ma vanité flattée, plus j'affectois de paroître modeste, ainsi que font tous les auteurs à qui l'on donne des louanges en face.

Outre l'estime de ce prélat, je m'attirai celle des grands officiers de l'audience, qui me louèrent tous unanimement, de manière qu'il fut décidé que le petit père Cyrille étoit le coryphée des frères prêcheurs dans les Indes. Je ne plus pas seulement aux personnes du monde, ma réputation perça les murs du monastère de la Conception. Les religieuses voulurent m'entendre, et je les charmai. Quelques-unes d'entre elles m'écrivirent pour me témoigner jusqu'à quel point elles étoient contentes de mon sermon, et pour m'inviter à les aller voir à la grille; ce que je ne manquai pas de faire, lorsqu'on m'eut dit qu'à Guatimala, de même qu'à Mexico, les moines fréquentoient librement les religieuses, qu'elles s'entretenoient avec eux aux parloirs, et leur donnoient quelquefois des collations entremêlées de musique; ce qui m'arriva dès la première visite que je fis à celles de ces dames qui m'avoient écrit des lettres obligeantes. Elles me régalèrent de confitures, et me firent entendre de très belles voix, entre autres celle de la jeune mère dona Angela de Montalvan, fille d'un officier de l'audience, et la personne du monde peut-être du plus rare mérite.

On voit peu de femmes qui n'aient avec une grande beauté une taille défectueuse, ou bien un esprit borné; mais on peut dire que la nature, en formant dona Angela, en avoit voulu faire un ouvrage parfait. Il est constant que cette religieuse, qui commençoit à peine son cinquième lustre, étoit une fille incomparable. Elle savoit la musique à fond, et joignoit à une voix ravissante un génie supérieur. Elle m'adressa deux ou trois fois la parole si spirituellement et d'un air si gracieux, que je crus entendre et voir un ange. Elle m'enchanta les yeux et les oreilles.

Je sortis du couvent de la Conception, et m'en retournai au nôtre, fort occupé de la politesse des religieuses, et peut-être un peu trop du mérite de la jeune religieuse dont je viens de parler. Hé bien, père Cyrille, me dit notre prieur, êtes-vous content de nos voisines? J'ai sujet de l'être, lui répondis-je. Ces dames m'ont régalé de confitures et d'un concert qui a été merveilleusement bien exécuté. Je n'en doute pas, reprit le père Valentin, surtout si la mère de Montalvan s'en est mêlée. Oui vraiment, lui dis-je, elle y a chanté, et j'ai trouvé sa voix admirable. Vous devez, répliqua-t-il, avoir remarqué aussi que cette fille est pourvue d'une

CHAPITRE LIX.

beauté peu commune. C'est à quoi je n'ai pas pris garde, lui repartis-je d'un air hypocrite. Je ne me suis attaché qu'à l'écouter : ce qui n'étoit pas exactement vrai; car sitôt que mes oreilles avoient été frappées des sons touchants de la voix d'Angela, je n'avois plus regardé que cette religieuse; mais je n'osai lui avouer que j'avois fait cette observation, de peur que je ne lui parusse avoir pris trop de plaisir à la faire.

Je suis fâché, reprit le prieur, qui étoit un homme simple et naturel, que vous n'ayez pas considéré avec attention la mère de Montalvan; vous auriez vu un visage céleste. Le seigneur don François de Castro, notre évêque, a pour elle une considération toute particulière. Il va souvent la voir, et il lui envoie tous les jours des présents. On le soupçonneroit d'en être amoureux, si sa vertu consommée et son âge avancé ne mettoient pas sa grandeur à couvert de ce soupçon : mais on rend justice à ce vénérable prélat, et toute la ville est persuadée comme moi qu'il n'a pour cette dame qu'une amitié pure et délicate. Si je n'eusse pas connu le père Valentin pour un homme incapable de médire de son prochain, et surtout de son évêque, j'aurois cru qu'il ne parloit pas sérieusement; néanmoins il pensoit ce qu'il disoit, tant il avoit bonne opinion de la vertu de monseigneur.

Deux jours après avoir été chez les religieuses de la Conception, je vis entrer dans ma chambre un gentilhomme envoyé par le prélat pour me dire que sa grandeur souhaitoit de me parler. Je me rendis d'abord à l'évêché, où le seigneur don François, m'ayant fait entrer dans son cabinet, me tint des discours obligeants et flatteurs; puis tout à coup changeant de matière : Père Cyrille, j'ai besoin de vous, me dit-il, pour réussir dans un dessein que je médite. Je me flatte que vous ne me refuserez pas votre secours. Je vais vous dire de quoi il s'agit. Les filles de la Conception, qui depuis quinze jours ont perdu leur supérieure, en vont élire une autre. Je voudrois bien que leur choix tombât sur la mère de Montalvan. Il faut former en sa faveur une faction vigoureuse. J'ai déjà su gagner quelques-unes de ces dames : elles m'ont promis leurs suffrages, et je suis assuré de la pluralité des voix si vous me secondez.

Monseigneur, lui dis-je, vous pouvez disposer de votre serviteur. Commandez, que faut-il que je fasse? Je sais, reprit-il, que vous avez fait connoissance avec plusieurs religieuses de ce monastère, et qu'elles ont conçu pour vous la plus haute estime. Vous me ferez plaisir de leur parler successivement en particulier de la prochaine élection, et d'employer votre éloquence à les mettre dans la disposition où je les voudrois.

Je ne crois pas, lui dis-je, Monseigneur, que j'aie beaucoup de peine à réussir dans cette négociation. Je suis persuadé que toutes les religieuses se conformeront volontiers aux sentiments de votre grandeur. J'en doute, s'écria-t-il : ne nous flattons point. La grande jeunesse d'Angela est un terrible obstacle à surmonter. Il y a dans ce couvent vingt filles de qualité qui ont plus de trente ans de religion, et dont la conduite a toujours été irréprochable. De quel œil celles-là verroient-elles l'autorité entre les mains d'une jeune religieuse? Cependant, ajouta-t-il en poussant un soupir qui me fit voir tout l'intérêt qu'il prenoit à cette affaire, cette reli-

CHAPITRE LIX.

gieuse, toute jeune qu'elle est, mérite d'avoir la préférence sur toutes ses compagnes.

Vous l'avez vue, continua-t-il, vous l'avez vue au parloir; mais elle n'a fait que paraître devant vous un instant. Vous ne savez pas tout ce qu'elle vaut : il faut l'avoir entretenue plus d'une fois, il faut la connoître enfin pour la bien apprécier, pour apercevoir son mérite dans toute son étendue. Qu'elle a d'esprit! Ouvre-t-elle la bouche pour parler? c'est un bon mot qui lui échappe. Est-il question de raisonner? ses raisonnements sont justes et solides. Une fille de vingt-deux ans, que cela est aimable! Mais ce qu'on ne peut assez louer, et ce qui seul la rend digne d'être supérieure, c'est son extrême douceur. Heureux effet de son tempérament et de sa vertu! Exempte de ces saillies d'humeur que les personnes les plus raisonnables ne peuvent quelquefois retenir, elle conserve une tranquillité d'âme que rien ne peut troubler. En un mot, elle réunit en sa personne toutes les qualités aimables et estimables. C'est ce mérite rare qui m'intéresse pour elle; et, entre nous, je ne pense pas que sa jeunesse doive l'exclure d'un rang pour lequel je la trouve née.

Je vis bien par ce discours que monseigneur se laissoit un peu trop dominer par son amitié pure et délicate pour Angela, et son projet me parut extravagant. Néanmoins, ce que je me reprocherai toute ma vie, au lieu de le combattre, et de lui en représenter le ridicule, je l'approuvai contre ma conscience, pour faire ma cour au prélat, et gagner ses bonnes grâces. C'est ainsi que les grands trouvent presque toujours dans les personnes du commun des ministres tout prêts à servir leurs passions. J'assurai sa grandeur que je lui étois entièrement dévoué, et que j'allois faire tout mon possible pour m'acquitter heureusement de la commission dont elle m'honoroit. Le vieil évêque, ravi du zèle que je marquois pour son service, m'embrassa d'un air affectueux; et par ses caresses, qui flattoient ma vanité, il acheva de me faire épouser sa folle entreprise.

CHAPITRE LX.

Des mouvemens que le père Cyrille se donna pour faire réussir la faction de l'évêque. Quel en fut le succès. Il s'élève un bruit inattendu à la porte du couvent. Suite de cet événement.

Pour montrer plus d'empressement, je ne fis qu'un saut du palais épiscopal au monastère de la Conception. J'y vis les religieuses que je connoissois, et je les entretins l'une après l'autre. Je les trouvai très opposées aux volontés du prélat; mais leurs oppositions furent autant de triomphes pour ma rhétorique. Cela m'encouragea. Je parlai à d'autres religieuses encore, et principalement à quelques-unes de celles qui, croyant avec raison mériter la préférence, regardoient comme un passe-droit intolérable qu'on la voulût donner à un sujet de vingt-deux ans. Vous jugez bien que ces vieilles mères ne se rendirent pas aisément. Néanmoins, toutes révoltées qu'elles étoient contre ce que je leur proposois, je vins à bout de le leur faire accepter, comme si j'eusse eu le talent de Carnéadès [1] pour persuader. Enfin je fis si bien, qu'en moins de huit jours je m'assurai du suffrage de la plupart de ces dames.

Je portai cette agréable nouvelle à monseigneur, qui la reçut avec des transports de joie inexprimables, et me fit des remercîments qui partoient du fond du cœur. Il me fit outre cela présent d'une montre d'or qu'il m'obligea d'accepter, et que je reçus quoique dominicain. Après m'avoir donné mille marques d'affection, il me pria d'aller voir la jeune mère de Montalvan, pour l'informer de l'heureux effet de mes soins; ce que je fis volontiers. Je vole au couvent de la Conception. Je demande la mère Angela; elle vient au parloir, et nous nous entretenons. Je lui rendis compte de ce que j'avois fait pour elle, et je l'assurai que vraisemblablement elle ne pouvoit manquer d'être supérieure. Là-dessus elle me remercia de mes peines, et fit éclater sa reconnoissance dans des termes et d'un air dont je fus enchanté. Que je découvris d'agréments dans sa personne! J'admirai les qualités estimables qui faisoient que monseigneur s'intéressoit tant pour elle.

Cependant le jour de l'élection approchoit, et nous aurions sans doute eu la pluralité des voix, si toutes les anciennes mères de la communauté n'eussent pas réuni leurs suffrages en faveur de la mère Sainte-Brigitte, sœur d'un vieux président de l'audience, et sans contredit le plus digne sujet qu'il y eût parmi elles.

[1] Caton le censeur fut d'avis qu'on renvoyât le philosophe Carnéadès, à cause que par son éloquence il éblouissoit les esprits, de telle sorte, qu'on ne pouvoit plus distinguer le vrai du faux, quand il avoit parlé.

Cette réunion, que nous n'avions pas prévue, et qu'après tout nous n'aurions pu prévenir, fit avorter notre entreprise. La discorde se mit dans le couvent; et de plus, le bruit s'étant répandu dans la ville qu'on vouloit élire pour supérieure une religieuse de vingt-deux ans, plusieurs des principaux habitants prirent feu là-dessus. Ils coururent en foule au monastère l'épée à la main, et menaçant d'enfoncer les portes pour aller défendre leurs filles contre la faction suscitée par l'évêque en faveur de la mère de Montalvan. Il fallut, pour détourner les malheurs que ce tumulte pouvoit causer, que le père de cette dame entrât dans le monastère, et qu'il employât le pouvoir qu'il avoit sur sa fille pour l'engager à se désister de ses prétentions : ce qu'elle fit, je crois, à son grand regret; car la petite personne étoit aussi ambitieuse que belle. Par ce moyen, le désordre cessa, et la paix fut rétablie, tant dans la ville que dans le couvent. Ainsi la mère Angela fut obligée de rester simple religieuse, et de se contenter d'être la plus jolie de sa communauté; ce que plus d'une de ses compagnes auroit préféré peut-être à l'honneur d'être supérieure.

CHAPITRE LXI.

Comment après l'aventure de l'élection le père Cyrille devint curé de Petapa. Des agréments qu'il trouva dans sa cure. Il apprend avec facilité le proconchi. Nouveau réglement dans son presbytère. Éloge de son cuisinier. Singulière façon des Indiens de célébrer le patron de leur église.

Je ne sais qui, de l'évêque ou de moi, demeura le plus sot après cette aventure, qui fit un éclat terrible dans la ville de Guatimala. Ce prélat, que je n'ai pas revu depuis ce temps-là, fut si mortifié d'avoir eu le démenti dans une affaire si intéressante pour sa grandeur, qu'il prit le parti de se tenir enfermé dans son palais pour dérober sa confusion aux regards malins du public. De mon côté, je n'étois guère moins honteux que lui, tout moine que j'étois : je n'osois me montrer; car, comme on me connoissoit dans la ville pour un homme auquel il n'avoit pas tenu que la mère de Montalvan n'eût été supérieure, ma vue m'auroit peut-être attiré des huées. Pour tout l'or du monde, je n'aurois pas voulu prêcher alors à Guatimala, m'imaginant qu'on ne m'y regardoit plus que comme un secret agent du seigneur don François de Castro. Cette pensée me faisoit tant de peine, que je résolus d'abandonner le séjour de cette ville, quelque agréable qu'il fût.

Je communiquai mon dessein au père prieur, qui, jugeant comme moi qu'après ce qui s'étoit passé, j'avois effectivement raison d'avoir envie de m'éloigner de Guatimala, me dit : Père Cyrille, je suis de votre sentiment. Vous ferez bien de disparoître pour quelque temps. Le père Boniface, après vous le meilleur prédicateur de notre ordre, prêchera ici pendant votre absence. J'ai, poursuivit-il, un établissement solide à vous proposer. Vous savez que nous sommes collateurs de presque toutes les cures des environs de Guatimala ; je vous offre la plus considérable, qui est celle de Petapa, grosse bourgade à six lieues d'ici. Le père Étienne, un de nos religieux, qui la possède depuis plus de trente années, a besoin de repos, et demande un successeur. Allez le trouver, et servez lui de coadjuteur jusqu'à ce qu'il vous abandonne sa place ; ce qu'il ne manquera pas de faire aussitôt qu'il vous aura enseigné la langue des Indiens. Je vous promets que vous ferez fort bien vos affaires en ce pays-là, qui d'ailleurs est un des plus délicieux de l'Amérique.

Je partis donc de Guatimala chargé d'une lettre du père Valentin pour le vieux curé de Petapa. J'étois monté sur un mulet des écuries de notre couvent, et un Indien à pied m'accompagnoit. Pour suivre exactement les instructions que le prieur m'avoit données, je m'arrêtai à Mixco, village voisin de Petapa, et j'y demeurai jusqu'au lendemain, pour laisser le temps aux alcades et aux régidors, que je fis avertir de mon arrivée, de se préparer à me recevoir comme ils reçoivent ordinairement les prêtres ou les religieux qui viennent pour être leurs pasteurs, je veux dire, avec une pompe qui marque bien le respect et la considération qu'ils ont pour eux. Ils vinrent donc le jour sui-

CHAPITRE LXI.

vant une lieue au-devant de moi avec des chanteurs, des trompettes et des joueurs de hautbois. Outre cela, je trouvai en entrant dans la bourgade des arcs de triomphe dressés avec des branches d'arbres, et les rues par où je devois passer étoient jonchées de fleurs.

Je fus ainsi conduit en cérémonie jusqu'au presbytère, où le père Étienne, après avoir lu ma lettre de créance, me fit une réception telle que l'auroit pu souhaiter un pasteur plus vain que moi. Ce bon jacobin, quoique dans un âge avancé, paroissoit encore robuste, et jouissoit d'une vieillesse exempte d'infirmités. Avec tout le bon sens qu'il avoit eu dans ses beaux jours, il conservoit une humeur gaie qui le rendoit agréable dans la société. Je vois bien par cette lettre, me dit-il, que le père Valentin me donne un successeur qui fera bientôt oublier ma perte aux habitants de Petapa.

J'en ai bien de la joie, continua-t-il, et je partirois d'ici dès demain pour aller achever ma carrière dans la sainte oisiveté de quelqu'un de nos cloîtres, si vous n'aviez pas besoin de moi; mais je vous suis nécessaire pour vous enseigner le proconchi, qui est le langage des Indiens, et qu'il faut absolument qu'un curé sache dans cette bourgade, où l'on ne parle guère espagnol, les officiers et la noblesse étant presque tous de race indienne. Le talent que vous avez pour prêcher vous sera inutile ici, à moins que vous n'appreniez le proconchi. Est-ce que le père Valentin ne vous l'a pas dit? Pardonnez-moi vraiment, lui répondis-je, il m'en a représenté la nécessité : mais il m'a dit en même temps que vous me l'enseigneriez en moins de trois mois. Il vous a dit vrai, reprit le père Étienne. Je possède cet idiome à fond. J'ai même composé une grammaire et un dictionnaire en langue indienne; et ces deux ouvrages ont l'honneur d'avoir l'approbation de l'académie de Petapa.

A ce mot d'académie, je fis un éclat de rire. Comment donc, m'écriai-je, il y a dans cette bourgade une académie? Il n'est donc pas à présent de petite ville qui n'en ait? Celle-ci est très célèbre, me repartit le père Étienne d'un air très sérieux; à telles enseignes que je suis un vieux membre de ce respectable corps, dans lequel vous entrerez aussi bientôt : car je prétends vous mettre incessamment en état de prêcher aux Indiens en proconchi, et quand vous saurez bien cette langue, les académiciens de Petapa vous enverront deux députés de leur compagnie pour vous offrir une place parmi eux ; c'est de quoi je puis vous assurer.

Sur une si flatteuse assurance, je témoignai au père Étienne tant d'impatience d'apprendre le proconchi, que, sans perdre de temps, il m'enseigna les premiers principes. Je profitai si bien de ses leçons, et m'attachai de manière à l'étude, qu'en trois mois je devins capable de composer en cette langue une exhortation que j'appris par cœur, et que j'osai débiter en public; ce que je fis avec tant de succès, que les Indiens connoisseurs me regardèrent dès ce moment comme un homme qui frappoit à la porte de l'académie.

Si vous me demandez ce que c'est que l'idiome proconchi, je vous répondrai que c'est une langue qui a ses déclinaisons et ses conjugaisons, et qu'on peut apprendre aussi facilement que la grecque et la latine; plus facilement même, puisque c'est une langue vivante qu'on peut posséder en peu de temps en conversant avec les Indiens puristes. Au reste, elle est harmonieuse, et plus chargée de métaphores et de figures outrées que la nôtre même. Qu'un Indien qui se pique de bien parler le proconchi vous fasse un compliment, il n'y emploiera que des pensées bizarres, singulières, et des expressions recherchées. C'est un style obscur, enflé, un verbiage brillant, un pompeux galimatias; mais c'est ce qui en fait l'excellence. C'est le ton de l'académie de Petapa.

J'eus peu de peine à m'y conformer, le génie biscayen étant ami de l'obscurité. Je fis des progrès si rapides dans la langue des Indiens, que le vieux curé, me voyant en état de le remplacer dignement, me mit en possession de sa cure, et partit pour Guatimala pour y aller passer le reste de ses jours.

Après son départ, je demeurai maître du presbytère, où je commençai à vivre en gros bénéficier qui jouissoit des fruits de son bénéfice : car jusqu'alors, soit dit sans offenser personne, le père Étienne, de peur sans doute de me détourner de l'étude du proconchi, avoit pris la peine de toucher lui seul les revenus de la cure, qui ne laissoit pas de rapporter par an deux mille bons écus monnoie d'Espagne. Ce moine, avec de bonnes qualités, en avoit une fort mauvaise : il étoit avare. Il me l'avoit bien fait connoître par la frugalité que j'avois vu régner dans nos repas, composés presque tous de beurre, de cacao, et de détestables boissons. Aussi le premier soin dont je crus devoir m'embarrasser fut d'avoir une meilleure table, et de grossir mon domestique. Je pris à mon service un nègre qu'un de nos alcades me donna pour un habile cuisinier, et dont je fus en effet très content.

Ce nègre, nommé Zamor, avoit été marmiton chez le premier président de l'audience de Guatimala, et y avoit appris la cuisine. Il me servoit tous les jours quelque nouveau plat qui rendoit bon témoignage de son savoir-faire, et piquoit ma sensualité. Tantôt il me faisoit manger des boudins faits avec du maïs et de la chair, ou de volaille, ou de pourceau frais, assaisonnés de chilé ou de poivre long ; et tantôt il me régaloit d'un hérisson à l'étuvée, ou bien d'un ragoût d'une sorte de lézard qu'on appelle iguana, qui a sur le dos des écailles vertes et noires, et qui ressemble à un scorpion.

Le père Carambola, dans cet endroit, remarquant que je faisois la grimace, ne put s'empêcher de rire. Monsieur le bachelier, me dit-il ensuite, il me semble que les mets dont je vous parle ne vous font pas venir l'eau à la bouche. Non, je vous jure, lui répondis-je ; ils sont plus propres à faire crever un honnête homme, qu'à flatter son goût : jamais Zamor ne sera mon cuisinier. Cependant, répliqua le père Cyrille, je vous assure que ces ragoûts ne sont pas si mauvais que vous vous l'imaginez ; et je suis persuadé que si vous en aviez une fois tâté, vous leur rendriez plus de justice. Un hérisson et un iguana bien cuits et bien épicés sont d'un goût exquis : on croit manger du lapin. Les Espagnols, de même que les Indiens, s'en accommodent fort dans le pays de Guatimala. Les premiers officiers de la chancellerie les préfèrent aux cailles, aux perdrix et aux faisans. A la bonne heure, lui repartis-je :

on a bien raison de dire qu'il ne faut pas disputer des goûts.

Vive Dieu! s'écria le moine, comme s'il n'eût pas assez vanté ses hérissons et ses lézards, je vous avoue que je trouvois ces viandes délicieuses. Je mangeois aussi avec plaisir des tortues tant d'eau que de terre; et c'étoit un festin des dieux pour moi, lorsque avec cette ambroisie je buvois du nectar, c'est-à-dire d'une boisson appelée par les Indiens le chicha, liqueur composée d'eau et de jus de cannes de sucre avec un peu de miel. Néanmoins, quelque excellent que soit ce breuvage, je m'en dégoûtai quand j'appris que, pour lui donner de la force, on jetoit dans le vaisseau où il se faisoit des feuilles de tabac, quelquefois même un crapaud tout en vie, et que souvent il causoit la mort aux personnes qui en avoient un peu trop bu. Je renonçai donc au chicha sitôt que je sus de quelle manière il se faisoit, et je m'en tins à d'autres boissons, qui véritablement ne valoient pas les vins qu'on boit en Espagne; mais, grâce au ciel, on s'accoutume à tout.

Avec mon cuisinier Zamor, j'avois encore quatre autres domestiques: un qui me servoit à table, et faisoit mes commissions dans la bourgade; un autre dont l'occupation étoit d'aller recueillir mes dîmes, qui consistoient en œufs, en volaille, et dans une certaine somme d'argent qui m'étoit exactement payée tous les mois par les régidors; un jardinier, avec un valet d'écurie; car j'avois une mule pour aller prêcher dans un petit village qui étoit de ma paroisse et à trois lieues de Petapa. Ce petit village, appelé Mixco, m'étoit d'un grand revenu. J'y allois souvent, et je n'y allois jamais que je n'en rapportasse six pièces de volaille pour le moins, avec du cacao pour me faire du chocolat, sans compter l'argent qu'on me donnoit pour ma messe et pour mon sermon : car bien que j'eusse affaire à des auditeurs peu capables de tirer quelque fruit de mes exhortations, je ne laissois pas de monter toujours en chaire, et de prêcher à bon compte ; de sorte que mon presbytère étoit bien muni de provisions.

Comme chaque village est dédié à quelque saint dont les habitants célèbrent la fête pendant huit jours, le patron de Mixco est fort honoré durant son octave, et le curé a tout lieu d'être content des offrandes qu'il reçoit. La confrérie de Saint-Hyacinthe fait dans ce temps-là des réjouissances qui me paroissent mériter que je vous en fasse succinctement le détail. Le premier jour, les confrères, avec les plus jolies filles du village, s'habillent d'étoffes de soie ou de toile fine, se parent de plumes et de rubans, et forment ensemble des danses bien concertées qu'ils exécutent à ravir. Mais ce que je n'approuve nullement, et ce qu'on ne peut pardonner qu'à des Indiens qui sont encore dans l'idolâtrie, c'est qu'ils commencent la danse dans l'église, et vont la continuer dans le cimetière. Après quoi le reste de l'octave, ce sont des banquets dans lesquels on prodigue le chicha, et d'autres excellents breuvages, dont tous les assistants boivent jusqu'à crever.

CHAPITRE LXII.

Le père Cyrille se fait aimer et estimer des Indiens et des Indiennes. Histoire intéressante de deux frères et d'une sœur. Il prêche en proconchi, et, par la beauté de ses sermons, il obtient une place à l'académie de Petapa.

Je faisois donc bien mes orges, tant à Mixco qu'à Petapa. Quoique je fusse obligé de rendre trois cents écus par an à notre maison de Guatimala, il me restoit encore assez d'argent pour n'avoir pas sujet d'envier le bonheur des religieux du Pérou qui possèdent des bénéfices dans les villages des Indiens, et gardent pour eux tout ce qu'ils peuvent amasser. Je n'étois ni moins riche ni moins heureux. Outre que j'aurois pu donner à mon couvent cinq cents écus au lieu de trois cents, je commençai à me mêler sous main de trafiquer avec des marchands : ce qui, j'en conviens, étoit un peu contre le vœu de pauvreté ; mais que voulez-vous ? j'imitois les autres religieux qui avoient comme moi de bonnes cures. Voilà ce que fait le mauvais exemple.

Les Indiens des environs de Guatimala sont des gens doux et débonnaires. Ils ne demandent qu'à vivre en paix. Ils aimeroient jusqu'aux Espagnols mêmes, si ceux-ci les traitoient avec un peu plus d'humanité. Il faut pourtant en excepter une espèce de nègres esclaves qui demeurent dans les fermes d'indigo. Ces derniers sont des hommes farouches et redoutables. Quoiqu'ils n'aient point d'autres armes qu'une petite lance, ils ont la hardiesse d'affronter un taureau sauvage en furie, ou de joindre dans les rivières des crocodiles, qu'ils ne quittent point qu'ils ne les aient tués. De pareils esclaves font quelquefois trembler leurs maîtres. Pour les Indiens de Petapa, je vous les donne pour les meilleurs de l'Amérique : aussi polis que les autres sont grossiers, ils forment entre eux une douce société, où règne un esprit de concorde et une amitié fraternelle. Mais ce qu'il y a de plus admirable, c'est leur bonne foi et leur intégrité. Je vais vous en rapporter un trait.

Un noble et riche Indien de Petapa mourut, et laissa une assez grosse succession à deux fils et à une fille qu'il avoit. L'aîné des deux frères se chargea du soin de faire trois lots égaux. Lorsqu'il les eut faits, il dit à son cadet et à sa sœur : Choisissez. Vous êtes notre aîné, lui répondirent-ils, c'est à vous de choisir. Non, répliqua-t-il, puisque j'ai fait les lots, il est juste que vous preniez ceux qu'il vous plaira. Le cadet et la sœur choisirent donc chacun son lot, et le troisième fut le partage de l'aîné. Il y avoit dans le lot de celui-ci un coffre épais, au fond duquel on avoit pratiqué une cache, où il se trouva par hasard mille pièces d'or. Le frère aîné en ayant fait la découverte, invita son frère et sa sœur dans un repas, sur la fin duquel il leur fit servir dans un plat toutes les pièces, en leur disant : Voilà ce qui étoit caché, sans que je le susse, dans un coffre de mon lot; il faut que nous le partagions, la justice le veut.

Je vivois dans une union parfaite avec ces Indiens, qui m'aimoient, tout Espagnol que j'étois. Je me divertissois avec eux tous les jours. Je m'entretenois librement et jouois aux cartes avec leurs femmes, dont ils ne sont point jaloux, et qui, pour la plupart, sont si spirituelles, que c'est un plaisir de les entendre parler proconchi. Aussi les académiciens de Petapa les consultent-ils assez souvent; et quand dans les conférences de ces messieurs, leurs opinions se trouvent partagées sur un mot, ils disent : Il faut consulter là-dessus les femmes. Ce qui prouve que l'académie est fort galante.

Les dames indiennes décident donc, et leurs décisions sont respectées, même quelquefois au mépris de la grammaire du père Étienne. J'ai connu, entre autres, une dame chez qui les beaux esprits de la bourgade s'assembloient, et qu'on écoutoit comme un oracle : elle s'exprimoit avec une élégance admirable, et jugeoit si sainement des ouvrages d'esprit, que les jugements qu'elle en portoit ne trouvoient point de contradicteurs. Cette dame étoit veuve d'un noble indien qui lui avoit laissé assez de richesses pour vivre d'une manière convenable à sa qualité. J'allois souvent chez elle, et j'y rencontrois presque toujours des académiciens dont je mettois à profit la conversation. Je retenois ce que je leur entendois dire de singulier. Je prenois garde à leurs tours, à leurs expressions; et je remarquois que ces hommes-là avoient une façon de penser supérieure à celle des personnes ordinaires. Enfin, j'achevai d'apprendre, en les écoutant, toutes les délicatesses du langage proconchi.

Lorsque je crus en posséder l'esprit et les raffinements, je fus assez téméraire pour vouloir prêcher devant l'académie en corps. Mais pour être plus sûr de plaire à ces maîtres de langue indienne, je m'avisai d'un expédient qui rendit ma témérité heureuse : parmi les livres que le père Étienne, en partant pour s'en retourner à Guatimala, m'avoit laissés pour me perfectionner dans le proconchi, je trouvai, outre son dictionnaire et sa grammaire, un recueil de discours nouvellement prononcés à l'académie de Petapa : je le feuilletai ; et pêchant, pour ainsi dire, en eau trouble, j'en tirai les phrases les plus brillantes, les façons de parler les plus nouvelles, et j'en composai un sermon qui frappa tous les académiciens. Il y a du beau là-dedans, se disoient-ils les uns aux autres ; ce jacobin dit de fort bonnes choses, et a un style marqué à notre coin.

Que vous dirai-je ? Ces messieurs furent si contents de ma diction, ou si vous voulez de la leur, que dans leur première assemblée ils résolurent de m'associer à leurs glorieux travaux. Ils m'envoyèrent annoncer cet honneur par deux députés. J'eus encore recours à mon recueil pour composer un discours ; et le jour de ma réception étant venu, je fis mon remercîment à mes nouveaux confrères, en débitant effrontément à leur barbe leurs propres phrases.

CHAPITRE LXIII.

Des dames indiennes de Petapa. Secret merveilleux pour rendre quelqu'un amoureux, et dont elles se servent quelquefois. De la grande et sainte entreprise que forma le père Cyrille, et quel en fut l'événement.

Le père Cyrille alloit continuer son récit; mais je lui fis auparavant une question. Vous venez, lui dis-je, de me vanter l'esprit des Indiennes de Petapa, sans faire aucune mention de leur beauté. Cela ne me prévient pas en faveur de leurs charmes. Elles ne sont pas moins jolies que celles de Mexico, répondit le moine, ni vêtues moins proprement; mais elles sont habillées d'une manière différente.

Elles portent, au lieu de chemise, une espèce de surplis qu'elles appellent guiapil, qui leur descend du haut des épaules jusqu'au-dessous de la ceinture, avec des manches fort larges, et si courtes, qu'elles ne leur couvrent que la moitié du bras. Ce guiapil est orné sur l'estomac de quelque ouvrage de plumes ou de coton, qui sert plus à parer le sein qu'à le cacher. Elles ont avec cela des bracelets et des pendants d'oreilles, point de coiffe sur la tête; leurs cheveux sont retroussés seulement avec des bandelettes de soie. Elles vont les jambes nues, et portent des souliers noués avec un large ruban.

Je ne vous parle que des femmes riches ou de qualité; car les autres marchent pieds nus, et n'ont qu'une simple mante de laine, qu'elles lient autour d'elles; ce qui d'abord n'éblouit pas les yeux. Néanmoins, quoique ces dernières n'aient pas le coup d'œil séduisant, elles ne laissent pas de faire aussi des conquêtes. Il y a des nobles indiens et des Espagnols d'un goût capricieux qui les courent : ils les vont voir secrètement dans leurs cabanes couvertes de chaumes, où il n'y a pour tout logement qu'une salle basse, au milieu de laquelle ces Indiennes font du feu pour la cuisson de leurs viandes : et comme il n'y a point de tuyau à la couverture de la cabane, la fumée remplit nécessairement toute la salle; de sorte qu'on peut dire que ces galants, se trouvant là comme dans un four, étouffent d'amour et de fumée.

Revenons aux femmes des principaux Indiens. Celles-ci habitent des maisons mieux bâties et bien meublées. Lorsqu'elles vont à l'église ou en visite, elles portent un voile de toile de Hollande, d'Espagne ou de la Chine, qui leur couvre la tête et descend jusqu'à terre; mais sont-elles de retour au logis, elles ôtent sans façon leur guiapil par en haut, si bien qu'elles demeurent la gorge et les épaules nues. Il est vrai que par décence, ou par grimace, elles remettent promptement le guiapil si quelque homme vient leur faire visite dans ce temps-là. Je dis par grimace, puisqu'elles ne sont pas cruelles naturellement ni hypocrites. Bien loin de s'armer contre les jeunes gens qui leur font la cour, elles leur donnent beau jeu. Elles sont galantes enfin comme les autres Indiennes, mais en même temps fort superstitieuses. Quelque goût qu'elles se sentent pour un homme qui les cajole, elles ne se rendront point à ses désirs amoureux, qu'elles n'aient auparavant consulté le vol et le

CHAPITRE LXIII.

chant des oiseaux, ou bien observé la rencontre des bêtes qui traversent les chemins. Si elles en tirent un augure favorable, le galant peut tout espérer; au lieu que si elles n'en conçoivent qu'un malheureux présage, il n'a qu'à chercher fortune ailleurs.

Quelques-unes de ces Indiennes portent plus loin la superstition, et se mêlent de magie pour réussir dans leurs entreprises. Je me souviens qu'une de celles-ci, voulant inspirer de l'amour à un jeune Indien dont elle savoit que le cœur étoit engagé ailleurs, fit un philtre amoureux qui rendit l'Indien infidèle.

Que dites-vous, père Cyrille, interrompis-je en riant? Vous parlez en voyageur, vous contez des fables. On ne dispute point des faits, me dit-il; et ce que je vous raconte en est un, dont j'ai moi-même été témoin. Je vous dirai de plus que le philtre étoit composé de poudre de colibri. Le colibri, ajouta-t-il, est un oiseau d'un plumage brillant et de la grosseur à peu près d'un étourneau. On le met sécher au soleil, puis on le pulvérise; et cette poudre funeste, mêlée dans du vin ou dans quelque autre liqueur, porte le poison de l'amour dans le cœur qu'on veut enflammer, suivant l'intention de la personne qui fait le charme. N'ajoutez pas foi, si vous voulez, à ce que je vous dis; mais il est constant que plusieurs Indiens m'ont assuré avoir vu employer ce philtre avec succès. L'Indienne même qui s'en est servie si efficacement me l'a avoué.

Le moine avoit beau me paroître persuadé de ce qu'il disoit, il avoit beau protester que rien n'étoit plus véritable, je ne pouvois le croire. Cependant on verra dans la suite, par une aventure qui m'arriva, que l'his-

Le Bachelier.

toire de l'amant indien, détaché de sa maîtresse par un sortilége, pouvoit fort bien n'être pas un conte.

Pour achever de vous peindre les Indiennes de Petapa, poursuivit le religieux, je dois vous dire qu'elles ne professent qu'en apparence la religion catholique. Ce qui passe leur entendement ne trouve en elles que de l'incrédulité. Je n'ai fait pour les convertir que des efforts inutiles, quoique pour en venir à bout j'aie épuisé les expressions les plus énergiques du langage proconchi. Ces esprits indociles et superstitieux adorent en secret des idoles de bois ou de pierre. Ils conservent avec un soin religieux, dans leurs maisons, un crapaud, ou quelque autre bête semblable, à la vie de laquelle ils croient fermement que la leur est attachée.

Quand je dis qu'ils adorent secrètement leurs idoles, c'est qu'ils n'oseroient leur rendre un culte public. Les Espagnols les en empêchent, et font un mauvais parti à leurs fausses divinités, lorsqu'elles ont le malheur de tomber entre leurs mains. Mais c'est à quoi ces idolâtres prennent bien garde. Ils cachent ordinairement leurs idoles dans quelque caverne dont ils bouchent l'entrée, et dans laquelle ils s'assemblent la nuit comme dans une pagode pour les adorer. Si malheureusement pour eux leur curé est averti de ces assemblées nocturnes, c'est à lui à y mettre ordre; ce qu'il peut faire en demandant main forte aux alcades et aux régidors, qui, pour faire les catholiques zélés, ne manquent pas de lui donner des soldats espagnols pour l'escorter et pour aller briser les idoles. Mais ces sortes d'expéditions ne sont pas sans péril pour un curé, qui par-là s'expose à gagner une couronne de martyr en se faisant mettre en pièces par les Indiens.

CHAPITRE LXIII.

Une fin si glorieuse n'est pas du goût de tous les curés. Le père Étienne avoit toujours pris soin de l'éviter. Il s'étoit contenté de prêcher la parole de Dieu à ses paroissiens, sans aller abattre leurs idoles; et j'aurois, je crois, fort bien fait de suivre son exemple, au lieu de céder à la tentation qui me prit un jour de mériter une place dans le martyrologe. Ayant appris qu'au pied d'une montagne, entre Mixco et Petapa, il y avoit un antre qui receloit une idole, et dans lequel il se tenoit souvent des assemblées furtives, j'en donnai avis aux alcades, en m'offrant bravement à détruire l'idole. Ces officiers louèrent mon zèle et mon courage, et me fournirent une escorte de vingt Espagnols bien armés, à la tête desquels je marchai fièrement vers la caverne au milieu de la nuit.

Nous trouvâmes l'antre éclairé d'une prodigieuse quantité de cierges, et nous vîmes environ une cinquantaine d'Indiennes et d'Indiens, dont quelques-uns encensoient l'idole, tandis que les autres dansoient en chantant ses louanges. Cette idole n'étoit rien autre chose qu'un gros dragon de bois peint, et élevé sur un autel de pierre. Notre arrivée troubla la fête; et la vue de mes soldats, qui avoient tous l'épée à la main, épouvanta si fort les idolâtres, que, loin de se mettre en devoir de défendre leur divinité, ils ne songèrent qu'à nous échapper.

J'ordonnai qu'on ne s'opposât point à leur fuite, et qu'on ne leur fît aucun mal. J'abandonnai ensuite le dragon à mon escorte, qui le brisa en mille pièces. Après quoi je retournai triomphant à Petapa, regardant ce bel exploit comme un service très important rendu à l'église.

CHAPITRE LXIV.

Suite de cette glorieuse expédition. Du danger où se trouva le père Cyrille, et du sage parti qu'il prit de s'en tirer. Il se retire en son monastère. Il reçoit un ordre de son provincial d'aller prêcher à Mexico.

Une si vigoureuse exécution fit grand bruit dans le pays. Les Indiens véritablement convertis ne la désapprouvèrent point; mais les autres, en beaucoup plus grand nombre, la considérant comme un sacrilége, qu'ils ne devoient pas laisser impuni, tinrent entre eux un grand conseil, dans lequel il fut arrêté qu'une belle nuit ils m'assassineroient dans ma maison.

Toutes leurs mesures étoient déjà prises pour faire ce coup, et ma perte étoit infaillible, si le ciel ne s'en fût pas mêlé. Mais les desseins qu'il avoit sur moi intéressant sa bonté à ne me point abandonner, il permit que la veille du jour de l'expédition projetée je reçusse un billet anonyme, par lequel on m'avertissoit du péril où j'étois, sans m'en laisser ignorer la moindre circonstance. Cet avis charitable me venoit d'une Indienne à qui l'un des conjurés avoit révélé la conspiration, et qui, quoique idolâtre, avoit préféré la vie d'un honnête homme à la vengeance de son idole.

Après avoir lu ce billet, qui me parut mériter mon attention, je fis mon paquet, composé de tout mon argent, et, sans dire à mes domestiques un seul mot qui pût leur faire soupçonner mon dessein, je montai

CHAPITRE LXIV.

sur ma mule, et pris le chemin de Guatimala, sans vouloir être accompagné que de mon ange gardien, qui, s'il me préserva de l'accident dont j'étois menacé, ne me garantit pas de la peur. Je regardai mille fois derrière moi pour voir si quelqu'un ne me poursuivoit point, et je fus enfin assez heureux pour arriver sain et sauf à notre monastère.

Je contai à notre prieur ma sainte prouesse, qu'il loua moins que ma fuite. Père Cyrille, me dit-il, pour vous consoler d'avoir manqué la couronne de martyr que les idolâtres vous destinoient, j'ai une agréable nouvelle à vous annoncer. Il faut à Mexico un religieux de notre ordre qui ait le talent de la prédication : les jésuites et les cordeliers l'emportent actuellement sur nous dans cette ville-là. Nous y avons besoin d'un grand sujet pour les balancer, et nous avons jeté les yeux sur vous. Notre provincial, sur le rapport que je lui ai fait des applaudissements que vos sermons ont reçus à Guatimala, veut vous envoyer à Mexico. J'étois sur le point de vous écrire par son ordre, et de vous rappeler de Petapa. Vous ne pouviez venir ici plus à propos.

Cette nouvelle me fit d'autant plus de plaisir, que je souhaitois de voir Mexico; et le père Cyrille ne se sentoit pas peu flatté du choix qu'on faisoit de lui pour aller dans cette belle ville disputer l'honneur de la chaire à des rivaux si redoutables. Je me préparai donc à obéir au père provincial, qui, dans un entretien que nous eûmes ensemble avant mon départ, m'exhorta particulièrement à travailler pour soutenir par mes sermons la bonne renommée que les prédicateurs de notre ordre ont toujours eue dans les Indes. Ensuite sa révérence m'assura que mes travaux seroient un jour bien récompensés ; et joignant à cette assurance une lettre qu'elle écrivoit en ma faveur au père prieur de notre couvent de Mexico, elle me donna sa bénédiction, avec laquelle je pris le chemin de cette grande ville. J'avois pour guide un Indien qui connoissoit parfaitement la route, et qui eut l'adresse de me faire éviter la rencontre des nègres marrons qui habitent les montagnes, et détroussent les voyageurs. Sans lui ces honnêtes gens se seroient peut-être emparés de mes dîmes et de la montre du seigneur don François de Castro; aussi je le payai fort grassement.

Étant arrivé à Mexico, j'allai saluer le prieur, qui se nomme le père Athanase, et je lui remis la dépêche du provincial. Avant qu'il la décachetât, il la baisa très respectueusement. Il la lut tout bas avec attention, et je remarquai qu'en la lisant il paroissoit surpris et satisfait. Père Cyrille, me dit-il après avoir achevé de la lire, quand cette lettre ne seroit pas du révérend père provincial, elle contient un si bel éloge de votre mérite, que je ne pourrois me dispenser de vous recevoir comme un homme envoyé du ciel pour conserver la gloire de notre ordre. Nous ne pouvons assez nous réjouir de votre arrivée ; car enfin, poursuivit-il, les jésuites ont pris à Mexico le haut du pavé : c'est un fait constant. Mais j'espère qu'ils nous le céderont bientôt : si l'on en croit cette lettre, vous allez leur ôter le prix de la prédication.

Je fis à ce compliment une réponse aussi modeste qu'il étoit flatteur; et après un assez long entretien dans lequel le prieur me marqua une vive impatience de m'entendre prêcher, je me disposai à le contenter. Je montai en chaire au bout de huit jours, et dès mon premier sermon je fis du bruit dans la ville. Que vous dirai-je? Ce bruit augmente de jour en jour, en dépit des jaloux, et je suis devenu le prédicateur à la mode.

CHAPITRE LXV.

Ce que firent don Chérubin et le père Cyrille après s'être réciproquement conté leurs aventures. Portrait que fait le dernier de son prieur. Don Chérubin est reçu de lui avec plaisir. Ce qui se passe à cette visite.

Lorsque le père Cyrille eut achevé la relation de son voyage, je lui témoignai la joie que j'avois, après une longue absence, de le revoir si honoré et si estimé dans la capitale du Mexique. Je le félicitai sur l'heureux succès de ses sermons, sans lui dire ce que j'en pensois, ou plutôt en lui disant ce que je n'en pensois pas : car je le louai jusqu'à l'appeler l'orateur de Cicéron ; ce que quelque lecteur pourra me reprocher. Monsieur le bachelier, me dira-t-il, on ne doit flatter personne, et surtout ses amis. D'accord : mais je répondrai à cela qu'il ne faut pas être sincère à contre-temps, et qu'il vaut mieux applaudir aux louanges que reçoit notre ami, que de lui dire brutalement qu'il ne les mérite point. D'ailleurs le père Cyrille avoit pris son pli, et ma franchise n'auroit pas été moins inutile qu'indiscrète si j'eusse voulu me mêler de lui donner des avis.

Quand je lui eus fait compliment sur la réputation qu'il avoit d'être un grand prédicateur, je lui demandai s'il étoit content des manières de son prieur à son égard. Est-il bien sensible, lui dis-je, au bonheur qu'il a de vous posséder? Comment en use-t-il avec vous? Le mieux du monde, répondit le Biscayen. J'ai tout lieu de me louer du père Athanase : il m'honore de sa confiance; il me consulte, et me fait entrer dans mille petits détails qui prouvent qu'il a de l'amitié pour moi. Je dirai plus, il ne fait aucune partie que je n'en sois. Régale-t-il des séculiers dans son appartement, il m'appelle pour l'aider à faire les honneurs de sa table par ma conversation, qui, sans vanité, n'est pas des plus pesantes. Va-t-il en visite chez des religieuses, je suis son compagnon. En un mot, je partage tous ses plaisirs.

A ce que je vois, lui répliquai-je, ce père Athanase est apparemment un virtuose? Sans doute, repartit Carambola. Pour vous en faire le portrait, je vous dirai premièrement qu'il n'a pas encore quarante-deux ans accomplis. Pour sa personne, c'est un de ces grands moines qu'on ne sauroit voir passer dans les rues sans admirer leur bonne mine. Les dames de Mexico sont ravies quand il va chez elles. Outre qu'il a l'esprit des plus amusants, on peut dire que c'est un religieux qui chante bien, et qui sait la musique à fond. Il a de plus le talent de la poésie; ce qui ne doit pas être compté pour rien. Il faut, poursuivit-il, que je vous fasse connoître sa révérence. Vous me ferez plaisir, lui dis-je : un pareil religieux me paraît une très bonne connoissance. Hé bien, je vais vous la donner tout à l'heure. En même temps il me prit par la main, et me conduisit

CHAPITRE LXV.

à l'appartement du père Athanase. En y allant, je disois en moi-même : Voyons si le prieur des jacobins de Mexico est aussi bien dans ses meubles que le gardien des cordeliers de Xalapa. J'aurois tort d'en douter : saint Dominique est plus riche que saint François.

En effet, le père Athanase avoit huit à neuf pièces de plain-pied, toutes ornées de tableaux, et magnifiquement meublées. Les plus beaux ouvrages de plumes de méchoacan y brilloient de toutes parts. On y voyoit des tables couvertes de tapis de soie, et des buffets garnis de vases de la plus belle porcelaine de la Chine et du Japon. Enfin mes yeux furent éblouis de la beauté des choses qui les frappèrent, et qui certainement auroient fait honneur au palais d'un cardinal. Nous trouvâmes le prieur qui s'amusoit à chanter en pinçant les cordes d'un luth. Mon révérend père, lui dit mon conducteur, votre révérence veut bien que je lui présente un de mes meilleurs amis, le seigneur don Chérubin de la Ronda, l'illustre gouverneur du jeune don Alexis de Gelves, fils du vice-roi? Le père Athanase, par rapport à mon ami Carambola, me fit toutes les politesses imaginables. Il me régala même d'une collation, pendant laquelle il ne parla que de musique et de concerts.

Ce moine me fit connoître par-là où le bât le blessoit. J'applaudis à ce qu'il dit; et le prenant par son foible : Mon révérend père, lui dis-je, mon ami m'a vanté votre voix dans des termes qui m'ont inspiré une violente envie de vous entendre chanter : j'ai de la peine à croire qu'il ne m'ait pas un peu surfait. Vous en allez juger par vous-même, répondit modestement le prieur. Vous avez raison de vous défier du père Cyrille :

outre qu'il a beaucoup d'amitié pour moi, il n'est pas fort sensible à l'harmonie. A ces mots, il se leva pour aller prendre son luth, et sans façon se mit à jouer de cet instrument, en chantant une chanson dont il avoit lui-même, nous dit-il, composé l'air et les paroles. Un amant, dans cette chanson, se plaignoit d'une dame cruelle, et tâchoit de l'attendrir par des paroles touchantes. Il falloit voir comme le moine entroit dans la passion, et filoit des sons tendres en roulant les yeux en amant qui succombe à sa langueur; ce qui faisoit avec son froc un contraste fort réjouissant.

Seigneur don Chérubin, me dit le père Cyrille après que le prieur eut chanté, vous voyez les innocentes récréations de sa révérence. Que vous semble de sa voix ? Ne la trouvez-vous pas bien moelleuse, et ne seroit-ce point un meurtre qu'elle ne fût point exercée ? Je me gardai bien de lui répondre que la voix d'un prêtre et d'un religieux devoit être consacrée aux louanges du Seigneur, car les personnes qui prêchent aux autres n'aiment pas qu'on leur fasse des sermons; au contraire, j'approuvai fort les amusements du père prieur. Je lui fis même répéter sa chanson, en lui disant que j'étois charmé de sa voix, de sa musique et de sa poésie. Je ne laissai pas néanmoins de dire en particulier au père Cyrille ma pensée sur cela. Il prit le parti de son prieur; et, pour faire en même temps l'apologie des moines américains en deux mots, il me dit : Si les religieux de ce pays-ci n'ont pas des visages qui prêchent la mortification, que cela ne vous prévienne point contre eux : pour n'avoir point l'air hypocrite, ils n'en sont pas moins vertueux.

Après avoir passé le reste de la journée avec ces deux moines, je les quittai en leur promettant de les revenir voir quelquefois, et en les priant de m'honorer de leurs visites quand leurs affaires les appelleroient à Mexico.

CHAPITRE LXVI.

Don Chérubin va voir les pénitents du désert, et reconnoît parmi eux don Gabriel de Monchique, le ravisseur de dona Paula sa femme. De la conversation qu'eurent ensemble ces deux cavaliers ennemis, et comment ils se séparent. Impression que le récit de l'enlèvement de l'épouse de don Chérubin fit dans son cœur.

Un soir, me trouvant dans une compagnie où l'on s'entretenoit de la beauté des environs de Mexico, j'entendis dire, et chacun en convenoit, que le lieu le plus agréable de tous étoit celui qu'on appelle la Solitude ou le Désert.

Comme je n'y avois point encore été, quoique j'en eusse souvent entendu vanter les agréments, je résolus d'y aller dès le lendemain avec Toston, qui n'étoit pas moins curieux que moi de voir cet endroit. Nous en prîmes le chemin, tous deux montés sur des chevaux des écuries du vice-roi. Nous eûmes fait en peu de temps les trois lieues qu'il y a de la ville à ce séjour solitaire, qui mérite bien une description. C'est une montagne environnée de rochers, et sur laquelle il y a un couvent que les pères carmes déchaussés ont fait bâtir pour s'y retirer comme dans un hermitage.

On voit au bas et tout autour de cette montagne plusieurs chapelles, qui toutes ont des jardins remplis de fleurs et de fruits. Il sort même des rochers, en plus d'un endroit, des fontaines qui rendent avec l'ombrage des palmiers cette solitude toute charmante. Le dedans de ces chapelles est orné de peintures à fresque, qui représentent les différentes sortes de tourments que les martyrs ont soufferts : et comme si ce n'étoit pas assez d'exposer à la vue du monde des disciplines, des haires, et d'autres instruments de mortification, pour marquer la vie austère et pénitente qu'on mène en ce désert, on voit encore dans chaque chapelle une espèce d'hermite qui se déchire la peau à coups de verges de fer; ce qui attire le peuple mexicain, à qui les spectacles d'horreur font autant de plaisir qu'aux Anglois.

Ces flagellants passent pour des saints. Je les considérois avec admiration. Ayant observé que quelques-uns des spectateurs leur donnoient de l'argent pour avoir part à leurs prières, je voulus les imiter; et, dans cette intention, je m'approchai d'une chapelle pour présenter une pistole au saint personnage qui s'y fouettoit d'une étrange façon : mais imaginez-vous quel fut mon étonnement de reconnoître dans ce misérable hermite, tout défiguré qu'il étoit, don Gabriel de Monchique, le ravisseur de dona Paula! Je doutai d'abord du rapport de mes yeux, et je dis à Toston : Regarde avec attention ce pénitent : ne démêles-tu pas en lui les traits du perfide don Gabriel? Est-ce une illusion? Non, Monsieur, me répondit-il, vous ne vous trompez pas,

CHAPITRE LXVI.

c'est votre ennemi lui-même : je ne puis le méconnoître, quoiqu'il soit couvert de sang et presque méconnoissable.

Tandis que je parcourois des yeux ce malheureux, dont la vue en réveillant mon ressentiment sembloit me défendre de le satisfaire, il me remit de son côté. Dès qu'il m'eut reconnu, il jeta par terre la discipline dont sa main cruelle étoit armée contre lui; il s'avança vers moi; et me tendant son estomac tout ensanglanté : Don Chérubin, me dit-il, frappe, venge l'outrage que je t'ai fait : bien loin de vouloir me dérober à tes coups, j'en implore la faveur; en me perçant le sein tu me délivreras des remords qui me déchirent sans relâche, ou plutôt des furies qui me suivent sans cesse depuis deux ans. Eh! qu'as-tu fait de mon épouse, interrompis-je avec précipitation? Qu'est-elle devenue? Parle, scélérat, instruis-moi de son sort. Doña Paula n'est plus, répondit-il : un mois après son enlèvement la mort me l'a ravie. A peine ai-je joui de mon crime que le ciel m'en a puni. Si tu veux en savoir davantage, ajouta-t-il, entre dans ma chapelle, je t'informerai de tout ce que tu souhaites d'apprendre : aussi bien dois-je te faire ce récit pour justifier doña Paula, qui n'est point coupable. En achevant ces paroles, il nous attira dans un coin de la chapelle, Toston et moi, et là il nous tint le discours suivant :

Écoute-moi, don Chérubin, je vais te faire un récit fidèle de la séduction et du ravissement de ton épouse. Quand j'eus formé le dessein de lui plaire, je gagnai par des présents la vieille Antonia, sa suivante, qui m'apprit que doña Paula t'aimoit trop pour être capable de te devenir infidèle. Là-dessus, au lieu de renoncer à mon fol amour, ainsi que je l'aurois dû faire, je m'y abandonnai de telle sorte, que je n'hésitai point à me servir d'un philtre amoureux qui me fut enseigné par un vieil apothicaire d'Alcaraz, et qui étoit, à ce qu'il me dit, composé de la poudre d'un certain oiseau dont l'espèce se trouve dans quelques endroits de l'Amérique. Comme je ne donnois pas dans de pareils secrets, que je traitois de chimère, je doutois fort que celui-là réussît; et toutefois Antonia n'eut pas plutôt fait prendre de cette poudre à sa maîtresse dans une tasse de chocolat, que le charme opéra.

Dès que j'en fus averti, je pris si bien mon temps et mes mesures, qu'à l'entrée de la nuit des plus obscures je m'éloignai d'Alcaraz avec dona Paula et sa suivante, sans que personne nous aperçût. Nous gagnâmes avant le jour le village de Villa-Verde, qui n'en est éloigné que de deux lieues. Nous nous tînmes cachés dans le château d'un gentilhomme avec lequel j'avois lié amitié, qui étoit parent de don Ambroise de Lorca, et par conséquent ennemi de don Manuel et le tien. Ce gentilhomme se fit un plaisir de nous prêter un asile, et de favoriser une action qui vous déshonoroit tous deux. Nous demeurâmes près de quinze jours dans notre retraite, sans appréhender vos perquisitions, parce que nous étions chez un cavalier qui n'avoit que des domestiques discrets et fidèles. Après cela, nous étant remis en chemin la nuit, pour nous rapprocher de la côte de Carthagène, nous nous rendîmes à un petit port où nous attendoit une barque pour nous conduire à Yviça. Là, nous nous embarquâmes sur un bâtiment

CHAPITRE LXVI.

que j'avois fait fréter pour Gênes, ma patrie, où je me proposois d'aller cacher ma proie ; le ciel, las des désordres de ma vie, ne voulut pas me le permettre : dona Paula tomba malade, et périt dans le trajet, quoi qu'on pût faire pour la sauver.

Ce funeste événement, continua Monchique, me fit rentrer en moi-même. Je me reprochai mon crime, dont je vis alors toute l'énormité, et je pris la résolution de l'expier, s'il étoit possible, en dévouant le reste de mes jours à la plus rude pénitence. Étant arrivé à Gênes dans ce dessein, je vendis tous mes biens, et voici l'emploi que je fis de l'argent qui m'en revint : j'en donnai une partie à la vieille Antonia pour aller pleurer dans une maison de filles pénitentes la part qu'elle avoit eue à l'enlèvement de sa maîtresse. Je payai et renvoyai mes domestiques ; et, après avoir distribué aux pauvres le reste de mes biens, je sortis de Gênes sous un habit d'hermite, résolu de m'arrêter au premier bois ou dans quelque autre endroit qui me paroîtroit propre à servir de demeure à un anachorète ; ce que je trouvai bientôt.

Mais, don Chérubin, poursuivit-il, je ne crois pas qu'il soit nécessaire que je t'en dise davantage, ni que je te raconte de quelle façon je suis venu d'Italie à Mexico ; cela ne te regarde point ; il suffit de t'avoir appris les faits qui t'intéressent ; et je t'en ai, ce me semble, assez dit pour t'exciter à la vengeance. Plonge donc, ajouta-t-il en me présentant encore sa poitrine, plonge ton épée dans le cœur d'un misérable qui doit paroître un monstre à tes yeux. Non, non, lui répondis-je, quelque offense que tu m'aies faite, je ne puis me résoudre à me venger par un assassinat, j'aime mieux te laisser dans ce désert mériter par une longue et rigoureuse pénitence, que le ciel ait pitié de toi.

Après avoir prononcé ces paroles, je sortis de la chapelle, et repris le chemin de Mexico, en faisant diverses réflexions sur cette aventure. J'en faisois de tristes quand je me représentois que dona Paula, ne s'étant écartée de son devoir que par un sortilége, étoit excusable; et il s'élevoit dans mon âme une joie secrète lorsque je pensois que sa mort me mettoit en état d'aspirer à la possession de dona Blanca. Pour Toston, qui ne trouvoit dans cet événement que de quoi se réjouir, il n'avoit que des idées riantes. Sitôt qu'il voyoit que je m'attendrissois sur le sort de dona Paula, il me parloit de la fille de Salzedo; si bien que, toutes réflexions faites, la joie l'emporta sur la douleur.

CHAPITRE LXVII.

Don Chérubin s'arrête dans un village en revenant du désert. Une rencontre imprévue qu'il y fait. Histoire d'un curé et d'une pèlerine. Quelle étoit cette pèlerine. Admirable effet de la ressemblance, et générosité extraordinaire d'un curé.

JE revenois du désert avec mon valet, et j'avois encore mon esprit occupé de ce que don Gabriel de Monchique m'avoit appris, lorsque je fis une rencontre assez singulière, et qui dissipa pour un temps la tristesse en laquelle je me plongeois de nouveau, en faisant réflexion à la fin tragique de mon épouse infortunée, que je regrettois au fond du cœur. M'arrêtant dans un village, ou plutôt dans une bourgade, pour y faire reposer mes chevaux, je fus tout surpris de voir beaucoup de populace assemblée à la porte du presbytère, à ce que je jugeai, cette maison étant voisine de l'église. J'envoyai Toston pour savoir ce que ce pouvoit être, et la cause de ce tumulte. Il y alla, et revint un moment après en s'écriant comme un extravagant : Ah ! Monsieur, la plaisante aventure qui se passe ici ! Le curé de ce lieu vient de reconnoître sa femme sous l'habit d'une pèlerine à qui il donnoit l'aumône, et le peuple que vous voyez attend qu'elle sorte de chez monsieur le curé pour la voir. Mon valet se remit à rire avec excès sur cet événement, et il me pria de rester comme les autres pour savoir ce que deviendroit cette aventure. Je le fis taire cependant, ne voulant pas qu'il fît des folies au milieu d'un village où je pouvois être reconnu. Cette catastrophe me fit réfléchir sur la situation du curé, que je mettois en parallèle avec la mienne. Je disois en moi-même : Quelle différence du sort de cet homme avec le mien ! J'ai perdu pour jamais mon épouse sans espoir de la revoir, et le curé retrouve la sienne au moment qu'il s'y attendoit le moins. Curieux de savoir cette histoire plus au long, je perçai la foule, et je demandai à parler à monsieur le curé. On fit d'abord quelques difficultés de me laisser entrer ; mais l'équipage que je faisois paroître, et l'habit que je portois, faisant ouvrir les yeux de ceux qui étoient venus m'ouvrir la porte du presbytère, fit que je ne trouvai aucun obstacle. J'entrai et laissai Toston à notre hôtellerie. J'aperçus dans une salle assez grande les notables du bourg assemblés autour d'un vénérable pasteur, à qui ils persuadoient que la pèlerine n'étoit pas sa femme; que même elle ne le connoissoit pas, et ne l'avoit jamais vu. Je m'approchai du curé, qui se désoloit de ce que la pèlerine ne vouloit pas le reconnoître. Il se leva dès qu'il m'aperçut; et, trouvant sans doute ma physionomie revenante, il me pria de vouloir bien l'écouter; ce que je lui promis, en lui disant quelques mots de consolation et capables de lui donner de l'espérance. Il reçut mon compliment les larmes aux yeux, et me dit : Monsieur, tel est mon malheur, il y a quinze ans que voyageant sur mer avec cette femme que vous voyez entourée de mes amis, et qui me méconnoît aujourd'hui, nous eûmes celui d'essuyer une tempête affreuse : notre vaisseau se brisa en mille éclats, et j'aurois succombé moi-même à la fureur des vagues et à celle des flots impétueux, sans un secours particulier du ciel. Après avoir roulé un temps considérable sur les vagues émues, qui tantôt me faisoient voir la profondeur des mers, et tantôt m'élevoient jusqu'aux nues, j'eus le bonheur d'apercevoir une barque vide qui flottoit, comme moi, au gré des flots. J'entrai dedans: quoique dans l'obscurité, le hasard me fit trouver deux rames, que je saisis aussitôt en rendant mille grâces au ciel; et, sans savoir où j'allois, je ramai deux ou trois heures, jusqu'à ce que je m'aperçus que la mer étoit calme et que ma barque étoit arrêtée. En attendant le jour j'adressois au ciel mille vœux pour mon épouse et deux enfants que j'avois embarqués avec moi. A peine l'aurore se fit-elle apercevoir, que ma surprise fut grande de me trouver dans un port rempli de plusieurs vaisseaux : sans doute la Providence avoit conduit ma barque et avoit pris soin de mes jours. Quelques matelots qui m'aperçurent de loin vinrent à mon secours : ils furent extrêmement étonnés de me voir échappé à la furieuse tempête que je venois d'essuyer; ils eurent pitié de mon état, et me prêtèrent un habit complet dont je me vêtis, les miens étant tout mouillés. Sauvé de ce péril affreux, j'allai dans une église, et je me recommandai au Seigneur. Je me promis bien de ne jamais m'embarquer. Mais cependant je regrettois la perte que j'avois faite d'une épouse qui m'étoit chère et de deux enfants que j'aimois tendrement. Après m'être informé de plusieurs passagers s'ils n'avoient eu aucune nouvelle d'un vaisseau appelé l'*Étoile du Berger*, et ayant appris que tout étoit péri, et que j'étois le seul échappé à ce cruel naufrage, je courus de port en port avec de l'argent que je fis de plusieurs bijoux que j'avois avec moi, et de deux anneaux qui m'étoient restés aux doigts. N'entendant parler en aucune façon de mon épouse, je formai la résolution de consacrer ma vie au service de Dieu, ne pouvant trop le remercier de la grâce qu'il m'avoit faite. Je repris mes études, que je n'avois pas encore oubliées, et quelque temps après j'entrai dans un séminaire. Au bout de quatre ans je reçus les ordres sacrés, à mon parfait contentement; et, après avoir quelque temps desservi cette cure, j'en fus nommé le pasteur. Voilà déjà plus de six ans que j'y suis, lorsque ce matin, en donnant la charité à cette pèlerine, je crus reconnoître dans ses traits ceux de ma femme. La surprise où je fus en cet instant me fit jeter un cri qui fit accourir tous mes gens. La pèlerine effrayée, de mon accident, ne sachant à quoi l'attribuer, entra avec moi pour me donner du secours. Revenu à moi, et regardant de plus près cette femme, je fis retirer tous ceux qui étoient présents; et, me trouvant seul avec elle, je lui demandai si elle n'étoit pas la fille de don Bardo de Mendoce. Elle en convint aussitôt, en me demandant à son tour d'où je pouvois la connoître. Je l'embrassai, et lui appris qu'elle voyoit en moi son infortuné mari don Raxas, échappé à la fureur des eaux par la grâce de Dieu. Mais jugez de mon étonnement, lorsque, se retirant de mes bras, elle me dit que j'extravaguois, qu'elle n'avoit jamais été mariée, et qu'il falloit que je fusse fou. Elle voulut à ces mots sortir, mais je la fis arrêter; et ce sont ses cris réitérés qui ont attiré tout le peuple de cette bourgade à ma porte. Ne suis-je point bien malheureux, continua ce bon prêtre, de n'être pas reconnu de ce qui m'étoit le plus cher au monde? Je vous en fais juges, Messieurs. Pour moi, curieux de m'instruire de la suite de cette aventure, je lui dis qu'il étoit de sa prudence de ne pas divulguer une semblable histoire par rapport à son caractère, et qu'il devoit se ménager dans une pareille conjoncture; que s'il me le permettoit j'irois parler à cette pèlerine en particulier, et que je pourrois découvrir par ce moyen ce qu'elle étoit. Il le voulut, et commanda qu'on nous laissât seuls. Je m'approchai de cette femme : mais quel fut mon étonnement en reconnoissant, sous l'habit de pèlerine, Nise, ma première inclination! Elle ne fut pas moins troublée à ma vue; et, me demandant par

CHAPITRE LXVII.

quel hasard je me trouvois là, je lui contai ce que l'on disoit d'elle, et que la curiosité étoit ce qui m'avoit engagé d'entrer chez ce curé. Je l'exhortai à me dire la vérité. Elle me répondit aussitôt qu'il étoit vrai qu'elle n'avoit jamais été mariée, et qu'elle étoit bien la fille de don Bardo de Mendoce. Je lui demandai son nom de baptême. Elle me dit qu'elle s'appeloit Theresa Nise, et que, devenant sur l'âge, et ne pouvant plus servir à cause d'une infirmité qui la rongeoit depuis long-temps, et qu'elle gagna dans une de ses galanteries, elle avoit pris le parti de demander la charité sous l'habit de pèlerine; qu'elle s'accommodoit assez de son état, et qu'elle y vivoit. Mais n'aviez-vous pas une sœur, lui dis-je? Hélas! oui, me répondit-elle : mais, ayant été séparée d'elle dans ma plus grande enfance parce qu'on la maria, j'ignore si elle vit encore, et le lieu où elle peut-être. Comment la nommoit-on? répartis-je. Dona Francisca. C'est bon, lui dis-je en la quittant. Cela me suffisoit; et j'allai retrouver monsieur le curé. Dès qu'il me vit, il s'informa d'abord si cette pèlerine étoit sa femme, comme il n'en doutoit point. Je lui répondis que je ne croyois pas qu'elle le fût, et que la ressemblance de cette femme à la sienne avoit causé sa surprise et avoit frappé son imagination. Comment, lui dis-je, s'appeloit votre épouse? Dona Francisca, me repartit le curé. Eh bien, lui répondis-je en lui donnant la main, venez, et dans cette pèlerine embrassez votre belle-sœur dona Theresa Nise. Ma belle-sœur! se peut-il, dit le curé en s'élançant vers elle, que vous soyez cette Nise dont me parloit si souvent mon épouse? La pèlerine le lui assura, et, de mon côté, je confirmai qu'elle l'étoit, et que je l'avois connue. Je lui racontai à cet effet l'endroit où je l'avois vue, lui cachant qu'elle avoit été l'objet de mes premières amours. Mais ce qui acheva de le confirmer, c'est que notre pèlerine tira son extrait baptistaire d'une boîte de fer-blanc qu'elle avoit attachée à son côté; et, le montrant à monsieur le curé, il ne put plus douter de la vérité, et embrassa de nouveau sa belle-sœur. Après s'être informé de son état, il l'assura que désormais ils vivroient ensemble, et qu'ils ne se sépareroient qu'au tombeau. Le bruit courut bientôt dans le village que la pèlerine étoit la belle-sœur du curé, et que la ressemblance qu'elle avoit avec sa femme étoit si grande, qu'il y avoit à s'y méprendre.

Cette aventure m'a paru trop singulière pour ne la pas rapporter ici tout au long dans mes mémoires; et je crois que mes lecteurs ne m'en sauront pas mauvais gré. Je quittai le curé, qui ne me laissa point sortir sans que j'eusse accepté une collation frugale qu'il m'offrit : par ce moyen, il me fit témoin de la joie qu'il avoit de voir une sœur qu'il ne connoissoit pas. Il avoit les larmes aux yeux de tendresse, et en regardant Nise il ne cessoit de soupirer, se ressouvenant de son épouse. Ce spectacle m'attendrissoit; et si je fus charmé de voir la chance tournée ainsi, je le fus encore plus de la générosité de ce bon pasteur. Combien y en a-t-il de beaucoup plus riches que celui-ci (son revenu ne se montant qu'à huit cents livres) qui laissent leurs parents dans une misère extrême, tandis qu'ils pourroient les soulager en les retirant chez eux, ou du moins en les aidant à subsister?

CHAPITRE LXVII.

Le curé, curieux de savoir à qui il avoit parlé, me demanda ce que j'étois. Je ne le lui cachai pas, et il en marqua plus de considération pour ma personne. Il me pria de lui accorder la permission de venir me voir; ce que je voulus bien. L'action louable de prendre sa sœur chez lui me parut si belle, que, quelque temps après, je lui fis avoir, par le moyen de mon ami don Juan de Salzedo, à quelques lieues de Mexico, du côté de Petapa, un bon bénéfice qui rapportoit deux mille écus de revenu.

Le curé ne cessa de m'en remercier tous les jours, et de m'en témoigner sa reconnoissance. J'ai cité la fin de cette histoire ici, parce qu'il ne sera plus fait mention de lui dans la suite de ces mémoires. Je le quittai, et je m'aperçus bien que la gouvernante du bon curé regardoit d'un mauvais œil sa nouvelle hôtesse. Elle fut la seule que je trouvai fâchée de cet événement. Je revins à Mexico avec Toston. J'avois le cerveau si occupé de cette aventure, que j'en fis part en arrivant à don Juan de Salzedo, et que j'oubliai totalement de lui raconter celle qui m'intéressoit le plus, et dont je me promis bien de lui faire le récit le lendemain.

CHAPITRE LXVIII.

Don Chérubin, de retour à Mexico, rend compte à don Juan de Salzedo de son voyage. De la joie qu'eut ce secrétaire de le voir en état d'être son gendre. Du nouvel emploi qu'il lui fit obtenir, et du bon avis qu'il lui donna.

J'ALLAI avec empressement trouver Salzedo pour l'informer de la rencontre imprévue que j'avois faite, et dont j'avois oublié de lui faire le récit la veille. Je l'abordai avec une agitation qui lui apprit d'avance que j'avois quelque nouvelle intéressante à lui annoncer. Qu'avez-vous, don Chérubin, me dit-il, pour être si ému? Vous seroit-il arrivé quelque chose d'extraordinaire? Oui, Seigneur, lui répondis-je, et vous ne vous attendez pas au récit étonnant que j'ai à vous faire. En même temps je lui détaillai ce qui venoit de se passer au désert entre Monchique et moi.

Don Juan m'écouta sans m'interrompre; après quoi m'embrassant avec transport: Que cette nouvelle m'est agréable, s'écria-t-il ! L'obstacle qui s'opposoit au repos de ma vie est donc levé ! Rien ne peut plus nous empêcher de joindre les liens du sang à ceux de l'amitié. Je suis au comble de mes vœux. En vous parlant de cette sorte, poursuivit-il, je suppose que pour ma fille *tuum semper sauciat pectus amor* : car, si depuis que vous ne la voyez plus votre cœur s'étoit engagé ailleurs, il seroit triste pour elle d'avoir un mari qui ne l'aimât point.

Je protestai à Salzedo que je n'avois point changé de sentiment, et là-dessus il me promit de nouveau la main de dona Blanca. Je fis, comme vous pouvez penser, les remercîments que je devois à un homme qui, pouvant marier sa fille à quelque seigneur de la cour, ou bien à quelque contador mayor, ne dédaignoit pas mon alliance, ou plutôt qui la désiroit avec autant d'ardeur que si elle eût été très avantageuse pour lui.

Je lui témoignai ma reconnoissance dans des termes qui lui firent connoître que j'étois encore plus touché de l'affection qu'il me marquoit que de la dot de Blanche, quelque considérable qu'elle pût être. Je suis persuadé, me dit-il, de la sincérité de vos sentiments; et si je ne consultois que mes désirs, vous seriez avant huit jours l'époux de ma fille; mais une raison que je vais vous dire m'oblige à différer ce mariage de quelques mois. Don Alexis prendra bientôt la robe virile, je veux dire qu'il n'aura plus de gouverneur. J'attends ce temps-là pour vous procurer un poste plus important que le vôtre, et, permettez-moi de vous le dire, plus digne d'un cavalier qui doit être mon gendre.

En attendant, ajouta-t-il, je vous permets de revoir ma fille comme auparavant, et d'avoir avec elle des entretiens convenables à deux personnes qui sont à la veille de se lier l'un à l'autre par des nœuds éternels. Je ne négligeai point cette permission. Je revis Blanche, qui, me recevant en amant qui avoit l'aveu de son père, prit un peu d'amour pour moi, en m'en inspirant beaucoup pour elle.

J'étois en peine de savoir quelle nouvelle place mon beau-père futur désiroit que j'eusse pour mériter l'honneur qu'il me vouloit faire, lorsqu'il entra un matin dans ma chambre, en me disant d'un air gai : Mon fils (car il ne m'appeloit plus autrement) *albo dies notanda lapillo!* Vous n'êtes plus gouverneur de don Alexis. Ce jeune seigneur est à présent maître de ses actions, et vous mon collègue. Le vice-roi, pour récompenser les soins que vous avez pris de l'éducation de son fils, consent que je vous associe à mon travail, et que vous partagiez avez moi le titre de premier secrétaire de la vice-royauté. C'est une grâce que je lui ai demandée, et que je viens d'obtenir. Ne me dites point que, vous sentant incapable de vous bien acquitter de mon emploi, vous avez de la répugnance à vous en mêler. Que mes fonctions ne vous épouvantent pas : ce n'est point la magie noire. Il ne faut pour remplir ma place que de l'ordre et du bon sens. Soyez sur cela sans inquiétude. Je vous aurai bientôt mis au fait des affaires les plus difficiles.

Sur cette assurance je perdis tout à coup l'aversion que j'avois eue jusque alors pour les bureaux, et je répondis à Salzedo que véritablement mon incapacité me faisoit peur; mais, puisqu'il n'en étoit point effrayé, que je ferois ce qu'il voudroit, comptant bien qu'il m'aideroit de ses conseils, ou, pour parler plus juste, qu'il me meneroit par la lisière. Sitôt qu'il me vit déterminé à faire ce qu'il désiroit, il me conduisit au vice-roi, auquel il me présenta comme son collègue et son gendre. Son excellence approuva le dessein qu'il avoit de m'associer à son ministère, et de me faire épouser Blanche, ne croyant pas, lui dit obligeamment ce seigneur, qu'il pût trouver un sujet plus propre que moi à devenir son gendre et son substitut. Après un discours si flatteur, le comte me dit qu'il m'exhortoit à prendre mon beau-père pour modèle : ce qu'il auroit fort bien pu se dispenser de me recommander, puisqu'il savoit que je connoissois tout le mérite de Salzedo.

Aussi dis-je à ce secrétaire, quand nous eûmes quitté le vice-roi : Monseigneur n'avoit pas besoin de me conseiller de suivre vos traces. Eh ! quel autre que vous pourrois-je me proposer d'imiter ? Quel guide peut mieux que vous me conduire dans la carrière que vous m'ouvrez, et dans laquelle je n'entre qu'en tremblant ? Hélas ! je crains d'avoir l'esprit trop borné pour être capable de remplir votre attente. Je vous le répète encore, me repartit don Juan, ce métier est plus facile que vous ne pensez. J'ai seulement un avis de la dernière conséquence à vous donner. Soyez accessible, honnête, et recevez bien tout le monde. Un air grave, à la vérité, sied bien à un chef de bureau ; mais il ne doit rien avoir d'orgueilleux. La gravité et la sotte fierté, dit un auteur castillan, sont deux sœurs qui se ressemblent beaucoup, et qu'on peut pourtant distinguer : l'une répond aux politesses qu'on lui fait, et l'autre en devient plus insolente.

CHAPITRE LXIX.

Don Chérubin de la Ronda partage les fonctions de Salzedo, et s'en acquitte parfaitement bien. Il épouse doña Blanca. Histoire tragique de trois frères indiens.

Aussitôt que je fus déclaré collègue de don Juan de Salzedo, tous les commis des bureaux de la viceroyauté vinrent avec empressement me saluer comme leur supérieur ; et je reçus bien des visites, la plupart des gentilshommes et des principaux bourgeois de Mexico m'étant venus voir pour faire connoissance avec un homme qu'ils savoient être le meilleur ami de Salzedo, et son gendre désigné.

Dans les commencements je n'allois que pas à pas, et ne faisois rien que je n'eusse auparavant consulté mon oracle, c'est-à-dire mon ancien, qui, prenant à m'instruire un plaisir qui me ravissoit, me donnoit de jour en jour plus de goût pour les affaires. Je m'y appliquai avec tant d'ardeur, que je n'eus pas long-temps besoin d'un guide. Après trois mois d'exercice, on eût dit que je n'avois toute ma vie fait autre chose que ce métier-là. Il est vrai que je mettois toute mon attention à copier mon modèle ; et j'y réussis si bien, qu'on me surnomma par excellence dans la ville le singe de Salzedo. Je ne sais pas même si je ne surpassai pas mon original dans l'art de recevoir poliment les personnes qui avoient recours à notre ministère. Il est constant du moins que don Juan n'eût rien à me reprocher sur cet article. Au contraire, il me dit un jour, m'ayant vu faire des politesses à un simple bourgeois : Fort bien, mon fils, fort bien, voilà l'accueil qu'il faut faire à tous les citoyens qui s'adressent à nous. Soit qu'on leur accorde ou qu'on leur refuse ce qu'ils demandent, nous devons toujours les renvoyer satisfaits de nos manières.

Je n'avois donc pas le défaut qu'ont assez souvent les premiers secrétaires, et quelquefois même les derniers commis : je ne faisois pas le petit ministre. Je dirai plus, je joignois à mon air doux et civil un cœur obligeant. Je rendois tous les services que je pouvois, et principalement aux personnes malheureuses qui venoient implorer mon appui. Par-là j'acquis la réputation d'honnête homme, et gagnai l'estime et l'amitié de toute la ville.

Mon collègue s'applaudissoit de son ouvrage. Il étoit ravi de me voir si bien justifier son choix; et le temps auquel il se proposoit de me donner sa fille étant venu, il me la fit épouser solennellement dans l'église cathédrale de Mexico, en présence du comte et de la comtesse de Gelves, et de tous les officiers de la chancellerie. Les principaux gentilshommes de la ville assistèrent aussi à cette cérémonie, entre autres don André d'Alvarade, mon ami, et don Joseph de Sandoval, tous deux descendus en ligne directe de ces braves capitaines de Cortès qui ont rendu leurs noms si célèbres. On y vit pareillement don Christoval, petit-fils de ce fameux Garcias Holquin, qui se saisit du canot et de la personne du roi Cuahutimoc, successeur de Montézume. En un mot, les cavaliers les plus distingués s'y trouvèrent avec leurs épouses; ce qui forma une brillante assemblée. Blanche et moi, après avoir reçu la bénédiction nuptiale de la main de l'archevêque, nous retournâmes au palais, où nos noces furent célébrées avec éclat pendant trois jours : festins, bals, concerts et comédies, tout fut mis en œuvre pour les rendre magnifiques.

Quand les réjouissances furent finies, je m'attachai aux affaires encore plus qu'auparavant; et bientôt monseigneur devint si content de moi, qu'il ne mit presque plus de différence entre le beau-père et le gendre. Il nous consultoit tous deux sur les ordres importants qu'il recevoit de la cour, et quelquefois il arrivoit que mon opinion prévaloit sur celle de don Juan, qui, loin de s'en montrer jaloux, en paroissoit charmé.

Le comte faisoit grand cas de nos avis, mais il ne les suivoit pas toujours; et quand il s'étoit mis une chose en tête, nous ne pouvions, ni l'un ni l'autre, le détourner de son dessein. Il faut que je rapporte un trait de son opiniâtreté, par lequel on pourra connoître quel homme c'étoit que ce seigneur. Il apprit un jour que dans la province de Méchoacan il y avoit trois frères gentilshommes indiens, qui demeuroient sur le bord d'une rivière dans laquelle il se trouvoit de l'or en quelques endroits qu'ils n'ignoroient pas, puisqu'on savoit qu'ils avoient trafiqué de la poudre d'or avec un marchand de Séville. Le comte de Gelves, prompt à saisir les occasions d'augmenter ses richesses, envoya dans le pays de Méchoacan des soldats espagnols, avec ordre d'enlever ces trois frères et de les amener à Mexico; ce qui fut exécuté avec autant d'exactitude que de diligence. On mit les Indiens dans la prison du palais. Le vice-roi les interrogea lui-même. Ils nièrent qu'ils eussent aucune connoissance des endroits de la rivière où l'on prétendoit qu'il y eût de l'or. Pour les engager à les découvrir, on employa d'abord la douceur et de belles promesses, ensuite les menaces, et même les tourments. Tout cela fut inutile, on ne put leur arracher leur secret.

Si son excellence nous eût voulu croire, Salzedo et moi, il en seroit demeuré là. Il auroit renvoyé ces malheureux dans leur pays, et se seroit contenté de les avoir inhumainement traités. Tel fut notre avis, qui pourtant ne fut pas suivi, tout judicieux qu'il étoit. Le vice-roi, ne pouvant perdre l'espérance de tirer de l'or de ces prisonniers, prit le parti d'écrire à la cour pour informer le premier ministre de ce qui s'étoit passé, et lui demander ce qu'il devoit faire de ces trois gentilshommes indiens. Le duc d'Olivarès, s'imaginant déjà tenir vingt tonneaux de poudre d'or, fit promptement réponse au comte de Gelves, et lui ordonna de faire sans façon trancher la tête aux trois frères, s'ils s'obstinoient à garder le silence.

Quoique cet ordre parût cruel au vice-roi, il ne laissa pas de se disposer à faire cette sanglante exécution, quelque chose que nous pussions, mon collègue et moi, lui représenter pour l'empêcher de se couvrir du sang de trois hommes qui ne persistoient à se taire que parce qu'ils n'avoient peut-être rien à dire. Il opposoit à nos discours deux raisons auxquelles nous fûmes obligés de nous rendre. Premièrement, il connoissoit le caractère du comte-duc, ministre altier, et qui vouloit qu'on lui obéît sans remontrance : d'ailleurs, il le ménageoit pour se faire continuer dans son poste quelques années au delà du terme de sa commission, lequel étoit près d'expirer; car il y avoit déjà quatre ans qu'il gouvernoit le Mexique, dont la vice-royauté ne dure que cinq ans, mais qui quelquefois est prolongée jusqu'à dix par le moyen des présents que le vice-roi fait en Espagne, tant au premier ministre qu'au conseiller du conseil des Indes.

Lorsque je vis les trois victimes infortunées de l'avarice du comte-duc et du vice-roi menacées d'une prochaine mort, j'en eus compassion : Monseigneur, dis-je à son excellence, avant qu'on répande le sang de ces Indiens, mettons l'adresse en usage, puisque la torture à été inutile. Je connois un jacobin qui est fort éloquent, et qui parle parfaitement la langue indienne. Je crois que s'il voyoit les prisonniers, et qu'il eût avec eux plusieurs entretiens, il viendroit à bout de leur faire révéler ce qu'ils cèlent avec tant d'opiniâtreté. J'approuve votre idée, répondit le comte, et rien ne doit nous empêcher de la suivre. Allez tout à l'heure chercher ce religieux, et me l'amenez : s'il peut réussir dans cette affaire, il n'a qu'à compter que je lui ferai avoir un évêché. Je montai aussitôt en carrosse, et me rendis au couvent des jacobins, en disant en moi-même : Vive Dieu! si mon ami Carambola pouvoit devenir évêque, ce seroit fort plaisant.

Qui vous amène ici, s'écria le père Cyrille dès qu'il me vit paroître? Y a-t-il quelque chose pour votre service? Il s'agit plutôt du vôtre, lui répondis-je, puisqu'il est question d'une mitre qu'on veut vous mettre sur la tête. J'espère que vous vous expliquerez, me dit-il; car je ne vous enténds point. Je ne crois pas être du bois dont on fait les évêques, quoiqu'on élève tous les jours à l'épiscopat des sujets de notre ordre. J'appris au moine le motif de ma visite, et à quelle condition l'on promettoit de le faire prince de l'église. Oh! je ne tiens pas encore la mitre, reprit-il en branlant la tête : ce qu'on attend de moi n'est pas facile à faire. Vous vous moquez, seigneur Carnéadès, lui répliquai-je en riant : vous qui possédez l'heureux talent de persuader, vous qui parlez si bien le langage proconchi, vous craignez de ne pouvoir engager ces trois prisonniers à répondre aux intentions de la cour, pour sauver leur vie ? Oui repartit le père Cyrille, je crains de n'en pouvoir venir à bout. Vous ne connoissez pas les Indiens. Il y en a qui sont si fermes dans les résolutions qu'ils ont prises, que les supplices les plus cruels ne sauroient les épouvanter. Si ceux-ci sont convenus entre eux de mourir plutôt que de découvrir ce qu'ils veulent cacher, c'est en vain qu'on se flatte de les y contraindre. Je veux bien néanmoins, ajouta-t-il, en faire l'épreuve pour contenter le vice-roi; mais je doute fort que son excellence soit fort satisfaite de l'événement.

Je menai au palais le jacobin, et le présentai à monseigneur, qui lui dit : Père, vous savez de quoi il s'agit. Don Chérubin doit vous avoir mis au fait; et comme il m'a fort vanté votre éloquence, j'ai tout lieu de me flatter que vous engagerez les trois Indiens à rompre un silence qu'ils s'obstinent à garder, et qui leur deviendra funeste s'ils ne se rendent à nos remontrances. Voyez-les, je vous prie, entretenez-les en leur propre langue, et faites en sorte, s'il est possible, qu'ils obéissent aux ordres du roi, en indiquant les endroits de la rivière dans lesquels il y a de l'or. Représentez-leur que, sans cette indication, leur perte est certaine, au lieu que s'ils la font de bonne grâce, je leur en tiendrai compte, et leur ferai de grands avantages. Quant à vous, père, ajouta-t-il, soyez assuré que si vous réussissez, la cour reconnoîtra ce service. Monseigneur, répondit le père Cyrille, je suis disposé à seconder votre zèle pour le service du roi, et je n'épargnerai rien pour satisfaire votre excellence; mais, je l'ai déjà dit à don Chérubin, je ne sais si mes exhortations auront le succès que vous vous en promettez.

En même temps notre jacobin, pour montrer qu'il ne demandoit pas mieux que de contribuer à l'accomplissement des désirs du comte, ou plutôt que d'être évêque, se fit conduire à la prison où les trois Indiens étoient enfermés, et demeura quatre heures avec eux. Nous tirions, monseigneur et moi, un augure favorable d'une si longue visite, et nous ne pouvions nous imaginer que les Indiens fussent assez insensés pour vouloir préférer la mort à la vie. Cependant nous nous trompions. L'académicien de Petapa revint nous trouver d'un air mortifié : Ces malheureux, nous dit-il, ne sont pas capables d'entendre raison dans le désespoir qui les possède. Je les ai vainement exhortés à se conformer aux volontés de la cour; mes discours n'ont fait qu'irriter leur fureur. Ils persistent à soutenir qu'ils ignorent s'il y a de l'or dans cette rivière où l'on prétend qu'il s'en trouve; et ils ajoutent à cela que quand ils le sauroient, ils ne l'avoueroient pas, pour punir l'avidité de la cour et du vice-roi. Hé bien, dit alors son excellence irritée de la fermeté des prisonniers, ils périront, puisqu'ils veulent s'approprier des richesses qui appartiennent au roi.

Ces paroles du comte furent suivies d'un arrêt de mort qu'il prononça contre eux, en conformité de l'ordre sanguinaire de la cour, et cela sans opposition de la part des juges de la chancellerie, quoique ces officiers soient en droit de s'opposer aux desseins injustes des vice-rois; ce qu'il faut sans doute attribuer à la crainte qu'ils avoient de déplaire au ministre, dont ils connoissoient l'esprit vindicatif.

On dressa donc dans la place du marché un échafaud, sur lequel on fit premièrement monter l'aîné des trois frères indiens. Il étoit accompagné du père Cyrille, qui l'exhortoit en proconchi à contenter le vice-roi, tandis que de l'autre l'exécuteur tenoit à la main un large coutelas dont il affectoit de faire briller la lame aux yeux du malheureux qu'elle menaçoit : mais l'Indien, regardant d'un œil intrépide l'appareil de son supplice, et, plus fatigué qu'ébranlé de l'exhortation du moine, se hâta de tendre la gorge au bourreau, qui lui porta le coup mortel.

On fit aussitôt venir le second frère, à qui le religieux voulut persuader qu'il ne devoit pas suivre l'exemple de son aîné. Discours inutile, lui dit l'Indien, qui parloit un peu la langue espagnole. Mon ami, poursuivit-il en s'adressant à l'exécuteur, fais promptement ton devoir; consomme l'ouvrage injuste et barbare de tes supérieurs. A ces mots, il pencha la tête sur le billot, et le bourreau la lui trancha.

Il ne restoit plus à expédier que le cadet des trois

frères. Celui-ci ne parut pas sitôt sur l'échafaud, qu'on entendit un murmure parmi les assistants, qui étoient en très grand nombre; et ce murmure étoit un effet de la compassion générale que sa vue excitoit. Il est constant qu'on ne pouvoit le considérer sans déplorer son malheur. C'étoit un garçon de vingt ans tout au plus, de belle taille et de bonne mine. Les dames, qui sont naturellement pitoyables, plaignoient sa jeunesse, et souhaitoient qu'il n'imitât point ses frères. Tous les spectateurs faisoient des vœux pour lui au ciel. Pour moi, j'espérois, et monseigneur se flattoit aussi de cette espérance, que ce jeune Indien pâliroit en voyant le fer levé sur sa tête, et les corps de ses aînés étendus sur l'échafaud. Le père Cyrille même, malgré la connoissance qu'il avoit de la fermeté des Indiens, ne désespéroit pas d'arracher celui-ci au trépas; et, pour cet effet, redoublant ses efforts, il épuisa les discours les plus éloquents de son recueil académique : mais il ne fut pas plus heureux dans cette entreprise qu'il l'avoit été à Guatimala dans l'affaire de l'élection d'une supérieure; car quand le jeune Indien aperçut par terre les têtes de ses frères séparées de leurs troncs, il les ramassa toutes deux en fureur, et les baisant l'une après l'autre avec transport : Attendez, s'écria-t-il en sa langue, attendez, mes chers frères, je vais vous suivre. La mort n'a pour moi que des charmes, puisqu'elle va me rejoindre à vous. Le jacobin, jugeant par ces paroles que ce furieux vouloit périr, cessa de l'exhorter à vivre, et l'abandonna au bourreau, qui lui abattit la tête.

La place du marché retentit aussitôt d'un cri d'horreur. Tout le peuple éclate en murmures confus. On plaint ces trois Indiens, et leurs juges sont accusés d'injustice. Il est certain que cette aventure fit peu d'honneur au comte de Gelves et au premier ministre ; mais je crois que ces deux seigneurs furent moins mortifiés d'avoir fait injustement mourir trois gentilshommes, que d'avoir infructueusement commis une si mauvaise action. Pour don Juan de Salzedo et moi, nous en fûmes véritablement affligés, aussi-bien que le petit père Cyrille, qui s'en retourna tristement à son monastère comme un homme qui perdoit un évêché.

CHAPITRE LXX.

Par quel hasard Toston fit tout à coup fortune, et de la louable résolution qu'il prit bientôt après. Don Alexis voit partir sans regret sa créole, épouse de Toston.

Le lendemain de ce tragique événement, il en arriva un plus réjouissant au palais. Blandine, s'étant aperçue que don Alexis avoit abusé de la foiblesse qu'elle avoit eue pour lui, fit confidence à Toston de l'état où elle se trouvoit ; et ce domestique aussitôt en avertit la vice-reine.

Cette dame en parut aussi étonnée que si elle n'eût pas dû prévoir cet accident. Ah ! mon ami, lui dit-elle, que viens-tu m'apprendre ! cette nouvelle me perce le cœur. Je n'aurois jamais cru Blandine capable de s'oublier jusque-là. Madame, lui répondit Toston, vous savez qu'un tendre engagement va plus loin qu'on ne pense. Quand la maîtresse est attendrie, et l'amant bien passionné, la raison et la vertu perdent aisément sur eux leur empire.

Ah! foible Blandine, reprit la comtesse, qu'as-tu fait! Devois-tu laisser prendre à mon fils des libertés qu'on ne permet qu'à un époux? Mais pourquoi te faire ce reproche? C'est à ma seule imprudence qu'on doit imputer ton malheur. Helas! c'est moi qui t'ai perdue, en t'exposant au péril où ta sagesse a succombé. Après cette tirade de démonstration de douleur : Je serois inconsolable, poursuivit-elle en changeant de ton, si le mal étoit sans remède. Heureusement il y en a. Oui ; sans doute, il est un moyen sûr de sauver l'honneur de Blandine : il n'y a qu'à la marier promptement à quelque honnête homme, à toi par exemple : tu me parois lui convenir. Madame, lui repartit Toston, je vous remercie de la préférence.

Tu as raison de m'en remercier, s'écria la vice-reine; apprends, mon ami, que tu ne feras pas une mauvaise affaire en t'unissant avec Blandine. Premièrement, cette créole est fort jolie, et je lui donnerai une grosse dot; avec cela je te promets un emploi considérable, et, ce qui ne doit pas être compté pour rien, ma protection. Franchement, Madame, dit Toston avec beaucoup de vivacité, vous m'éblouissez : il faudroit que je fusse ennemi de ma fortune si je refusois un pareil établissement. C'en est fait, je suis tout prêt à conserver l'honneur de Blandine aux dépens du mien.

La vice-reine, charmée de voir ce garçon dans ces sentiments, se hâta de lui faire épouser sa créole, dont la réputation, par ce mariage, ne reçut aucune atteinte;

car personne ne fut étonné de voir un valet de chambre de don Alexis se marier à une suivante de la comtesse. Ce qu'il y eut de bon pour l'épouseur dans cet hymen précipité, c'est qu'il toucha mille pistoles d'Espagne que la vice-reine lui fit compter. Ajoutez à cela trois mille écus qu'il reçut de moi pour récompense des services qu'il m'avoit rendus.

Lorsque ce domestique se vit si bien en argent, il lui prit envie de retourner dans son pays et d'y mener sa femme, dont il étoit depuis long-temps amoureux, et plus aimé que don Alexis, de sorte qu'il pouvoit se flatter, aussi-bien que ce jeune seigneur, d'être le véritable père de l'enfant qui devoit naître de Blandine. Il me comuniqua son dessein. Monsieur, me dit-il, quoique le séjour de Mexico soit peut-être le plus beau qu'il y ait sur la terre habitable, j'ai résolu de le quitter pour aller revoir ma patrie et mes parents. Mon père, qui, comme vous savez, est maître d'école dans la ville d'Alcaraz, vit encore, de même que ma mère, à moins que depuis notre séparation la mort ne me les ait enlevés tous deux. Ils ne sont pas riches, et vous jugez bien que le retour d'un généreux fils qui a fait fortune leur sera fort agréable.

Outre le plaisir que je me fais, poursuivit-il, de rendre leur sort un peu plus doux, je sens que je n'en aurai pas moins à porter de vos nouvelles au seigneur don Manuel de Pedrilla, votre beau-frère et votre ami, qui doit être dans une impatience mortelle d'en recevoir. Il n'en faut pas douter, lui dis-je, don Manuel m'aime trop pour n'être pas en peine de moi; et, de mon côté, je serois indigne de son amitié si je tardois plus long-temps à l'informer de l'heureuse situation où je me trouve. Aussi suis-je dans le dessein de la lui faire savoir, le plus tôt qu'il me sera possible, par une lettre qui en contiendra un ample détail.

Non, non, Monsieur, interrompit Toston, c'est un soin dont je me charge. Je l'instruirai mieux de vive voix que vous ne pourriez faire par une lettre, de tout ce qui vous est arrivé depuis votre départ d'Alcaraz. De plus, je serai en état de répondre à toutes les questions qu'il voudra me faire, et vous ne doutez pas qu'il ne m'en fasse une infinité. Il est constant, repris-je, qu'un rapport de ta part seroit préférable à la plus longue dépêche; mais je crains une chose : don Alexis ne voudra pas consentir à l'éloignement de Blandine. Oh que si, repartit Toston; l'amour de ce seigneur s'est bien ralenti : il commence à se détacher de sa créole; et, marchant sur les traces de son père, malgré tout ce que nous avons pu faire, la vice-reine et moi, pour l'empêcher, il s'entête à vue d'œil d'une Indienne coquette dont un de ses pages lui a procuré la connoissance. Je suis ravi qu'il soit devenu volage; car Blandine a plus de goût pour moi, sans vanité, que pour lui. Elle abandonnera volontiers Mexico pour me suivre dans mon pays, où nous vivrons à notre aise en élevant honnêtement la petite famille que nous promet sa fécondité.

Véritablement don Alexis, bien loin de vouloir retenir sa créole, reçut ses adieux d'un œil sec; mais au défaut de la douleur que le petit ingrat auroit dû avoir de perdre une personne qui avoit eu de si fortes bontés pour lui, il lui fit présent de quelques pierreries. Après quoi, Toston s'étant chargé des dépêches que je lui donnai pour don Manuel et pour ma sœur, il partit avec Blandine pour se rendre à la Vera-Crux par la voie des muletiers.

CHAPITRE LXXI.

De la confidence que don Juan de Salzedo fit à son gendre d'un projet formé par le vice-roi. Ce que c'étoit que ce projet, et comment il fut exécuté. L'archevêque de Mexico prend le parti du peuple, excommunie don Pèdre et le vice-roi. Violence que lui fait ce dernier pour le faire conduire à la Vera-Crux.

Pour peu que mon beau-père eût été envieux et jaloux, il n'auroit pas vu sans peine les gentilshommes s'empresser, comme ils faisoient, à rechercher mon amitié préférablement à la sienne; mais c'étoit un bonhomme qui prenoit plaisir à me voir estimé et honoré de tout le monde. Peut-être aussi qu'en lui-même, attribuant à la considération qu'on avoit pour lui celle qu'on me témoignoit, sa vanité y trouvoit son compte. Quoi qu'il en soit, il m'aimoit autant que si j'eusse été son propre fils. Il n'avoit point de secrets pour moi, et quelquefois il me faisoit des confidences très importantes. En voici une de celles-là qu'il me fit un jour.

Le comte de Gelves, me dit-il, commence à perdre l'espérance de faire prolonger son gouvernement. Un courtisan de ses amis, bien informé des mouvements que plusieurs seigneurs se donnent à la cour pour obtenir la vice-royauté du Mexique, lui mande que le comte duc d'Olivarès paroît avoir envie de faire tomber le choix du roi sur le marquis de Serralvo. Un autre, moins avare que le comte de Gelves, continua-t-il, s'en consoleroit, et s'en retourneroit content à Madrid avec le poisson qu'il a pris : mais il ne peut se borner ; il veut faire un bon coup de filet. Il prétend qu'en faisant renchérir le sel il gagnera des sommes immenses ; et, pour rejeter sur un autre la haine publique qui est atttachée à ce monopole, il a en main un homme né pour exécuter de semblables entreprises : c'est don Pedro Mexio, gentilhomme des plus riches du Mexique, et des mortels peut-être le plus audacieux.

J'aime monseigneur, poursuivit don Juan, et je chéris trop sa gloire et son honneur pour avoir applaudi à son dessein lorsqu'il me l'a communiqué. Je l'ai combattu en ami sincère, en serviteur zélé : mais, quoique le comte m'écoute ordinairement et suive assez mes avis, je vous dirai qu'il y a des occasions où, comme dans celle-ci, il ne veut pas être contredit ; si bien qu'il est déterminé à faire exécuter son projet, quelque chose qu'il en puisse arriver. Ainsi parla mon beau-père, qui me demanda ensuite ce que je disois de ce projet. Je dis, lui répondis-je, qu'il me fait frémir, et qu'il peut avoir des suites fort désagréables pour son excellence et pour nous. C'est ce que je crains, répliqua-t-il, et je suis bien mortifié de ne pouvoir les prévenir. Nous désapprouvions donc cette entreprise, Salzedo et moi, et nous étions au désespoir de voir que l'on se préparoit à l'exécuter. Je vais détailler de quelle façon les entre-

CHAPITRE LXXI.

preneurs commencèrent cet ouvrage d'iniquité. Le lecteur verra par l'événement la vérité du proverbe : *la codicia quebra al saco*, la convoitise rompt le sac.

Don Pedro Mexio, suivant l'accord fait entre le comte et lui, acheta tout le sel qu'il put trouver à vendre dans le pays, et en remplit les greniers qu'il avoit loués dans cette intention. Par ce moyen le sel devint plus rare, et renchérit de jour en jour. Alors don Pedro, vendant le sien, en augmenta peu à peu le prix, de manière que les pauvres commencèrent à se plaindre, et les riches à murmurer, d'autant plus qu'ils savoient bien les uns et les autres ce qu'ils devoient penser de cette cherté. Ils ne s'en tinrent pas aux plaintes et aux murmures. Ils présentèrent, au nom du peuple en général, une requête aux juges de la chancellerie, demandant qu'on remît le sel à son prix ordinaire : mais le vice-roi, qui étoit à la tête de ces juges, dont la plupart n'osoient être d'une autre opinion que la sienne, leur fit entendre que cette cherté ne dureroit pas long-temps, et qu'il falloit prendre patience. De sorte que personne n'ayant la hardiesse de s'opposer à son avarice, on laissa Mexio continuer son brigandage à son aise.

A la fin, le peuple, las de ne pas voir finir ce monopole, implora le secours de l'archevêque, en exposant, dans un mémoire à sa grandeur, qu'elle devoit interposer son autorité pastorale pour délivrer ses ouailles de la tyrannie de don Pedro. Le pasteur, touché de leur misère, ou, pour parler plus juste, poussé par une secrète haine qu'il avoit pour le vice-roi, saisit cette occasion de le mortifier, sous le spécieux prétexte de les soulager. Il résolut d'employer les censures de l'église contre Mexio, n'ignorant pas que ce seroit attaquer indirectement le comte. Ce prélat passionné se nommoit don Alonso de Zerna. Il étoit fils d'un hidalgo de la Castille vieille. Il avoit obtenu, je ne sais comment, l'archevêché de Mexico, qui vaut soixante mille écus de rente, et, fier de la possession d'un si riche bénéfice, il se croyoit pour le moins égal au vice-roi.

Don Alonso, pour chagriner son ennemi, excommunia don Pedro, et fit afficher son excommunication aux portes de toutes les églises, afin que personne n'en ignorât. Mexio en étant informé, n'en fit que rire. Il se moqua de l'archevêque ; et, pour lui montrer le peu de cas qu'il faisoit de son excommunication, il continua de vendre son sel, et même il en haussa le prix. Cette audace ne manqua pas d'irriter l'impétueux prélat, qui de son côté, n'écoutant et ne suivant que son humeur bouillante, poussa son ressentiment jusqu'à interdire le service divin.

Rien n'est plus considérable dans la Nouvelle-Espagne que cette interdiction. C'est pour ainsi dire sonner le tocsin pour avertir le peuple que le feu est dans la maison du Seigneur : car, dès le moment qu'elle est publiée, on ferme les portes des églises, on n'y dit plus de messes, on n'y fait plus de prières ; c'est une suspension générale de toutes les fonctions ecclésiastiques. Pour bien concevoir l'importance de cette redoutable censure, il faut savoir qu'il y a plus de mille prêtres à Mexico, tant séculiers que réguliers, qui ne subsistent que des messes qu'ils disent à un écu chacune; ce qui monte à plus de mille écus par jour, et ce que l'excommunié doit payer.

CHAPITRE LXXI.

Don Pedro, jugeant bien que l'archevêque vouloit le ruiner en le rendant odieux au peuple, et d'ailleurs s'apercevant que l'on commençoit à l'insulter dans les rues, perdit une partie de sa fermeté, et se retira au palais du vice-roi pour prier son excellence de le protéger, puisqu'après tout il n'avoit fait que ce qu'elle lui avoit ordonné. Là-dessus le comte de Gelves envoya la plupart de ses domestiques aux portes des églises, arracher les affiches d'excommunication et d'interdiction qui y étoient. Il fit dire ensuite aux supérieurs des couvents qu'il leur commandoit d'ouvrir leurs églises et d'y faire dire des messes, sous peine de désobéissance. Mais les moines répondirent que dans cette occasion il leur sembloit qu'ils devoient plutôt obéir à leur pasteur qu'au vice-roi. Sur leur refus, son excellence m'appela et me dit : Don Chérubin, allez tout à l'heure dire de ma part à l'archevêque que je lui ordonne de révoquer ses censures.

Je me rendis en diligence au palais archiépiscopal, et j'exposai ma commission au prélat, qui me dit d'un air brusque, qu'il ne pouvoit faire ce que le comte lui commandoit, que Mexio, le perturbateur du repos public, ne se fût préalablement soumis à l'église, et n'eût dédommagé tous les prêtres des sommes qu'il leur avoit fait perdre. Je voulus représenter à sa grandeur irritée qu'elle ne faisoit pas réflexion que c'étoit désobéir au roi que de refuser d'obéir aux ordres de son ministre; mais le furieux don Alonso m'interrompit avec emportement : Taisez-vous, mon ami, me dit-il, je n'ai pas besoin de vos remontrances. Je sais ce que je dois à un vice-roi qui fait un si mauvais usage de son pouvoir, et qui mériteroit d'être traité comme don Pedro. Je ne jugeai point à propos de répliquer, quelque envie que j'en eusse, et je me retirai, de peur d'être aussi excommunié.

Le vice-roi, qui n'étoit guère moins violent que l'archevêque, fut transporté de colère quand je lui eus rapporté ce que le prélat m'avoit dit; et, cédant à son premier mouvement, il fit venir le capitaine de ses gardes : Tirol, lui dit-il, je vous commande d'aller vous saisir de la personne de l'archevêque dans quelque lieu qu'il soit, l'immunité des églises ne devant pas même être respectée dans cette occasion. Conduisez ce prêtre à la Vera-Cruz, et le mettez sous la garde du château, jusqu'à ce qu'on puisse l'embarquer pour le transporter en Espagne.

Tandis que Tirol rassembloit ses gens pour exécuter l'ordre de son excellence, l'archevêque en fut averti. Il sortit aussitôt de la ville, et se réfugia dans le faubourg de Guadaloupe, accompagné de plusieurs ecclésiastiques. Là, il dressa lui-même contre le vice-roi une excommunication qu'il chargea un de ses prêtres de faire afficher à la porte de la cathédrale. Ensuite ayant appris qu'on le poursuivoit, il se sauva dans une église, où il fit allumer des cierges sur l'autel, et se revêtit de ses habits pontificaux, trop persuadé que dans cet état aucun homme n'oseroit mettre la main sur lui. Mais il fut bientôt désabusé. Tirol, à la tête de ses gens, entra dans l'église; et, s'étant respectueusement approché du prélat, le pria d'entendre la lecture d'un ordre du roi qu'il lui apportoit, et de s'y soumettre sans résistance, pour éviter le scandale. Sur cela notre archevêque se mit à crier qu'on violoit les priviléges des églises, et prit à témoin tous ses prêtres de la violence qu'on lui faisoit. Néanmoins, après avoir bien déclamé contre le vice-roi, il ôta ses habits, et se rendit docilement à Tirol, qui le mena sur-le-champ à la Vera-Cruz.

CHAPITRE LXXII.

Des tristes et fâcheuses suites qu'eut l'enlèvement de l'archevêque de Mexico. Le vice-roi est obligé de se retirer chez les cordeliers. Don Chérubin, sa femme et son beau-père s'y retirent aussi. Don Chérubin sort de Mexico.

Don Juan et moi, nous fûmes affligés de cet enlèvement, prévoyant bien qu'il auroit de fâcheuses suites. Nous avions des espions qui nous rendoient un compte exact de ce qu'on disoit dans la ville, et nous avions lieu de juger par leurs rapports que les habitants n'approuvoient point la conduite que le comte avoit tenue, et même qu'ils lui donnoient le tort.

Nous apprîmes bientôt que les ecclésiastiques surtout étoient animés contre son excellence; qu'ils inspiroient à la populace un esprit de révolte, et qu'ils excitoient les créoles, les Indiens et les mulâtres, ennemis secrets du gouvernement, à commencer la sédition. Insensiblement le nombre des mécontents grossit à un point, qu'il sembloit que toute la ville eût pris parti contre le vice-roi. Ses domestiques ne pouvoient paroître sans s'exposer à des insultes. Salzedo même et moi, nous fûmes enveloppés dans la haine du peuple, qui s'imaginoit sans doute que nous avions eu part au monopole du sel. Enfin tout annonçoit la prochaine sédition que le retour de Tirol à Mexico fit éclater. Le premier qui leva le bouclier fut un prêtre, lequel voyant passer dans la place du marché ce capitaine à cheval, s'avisa de s'écrier : *Voilà celui qui a osé porter sa main impie sur le ministre du Seigneur*.

A la voix de ce prêtre la populace s'émeut, s'assemble, et poursuit à coups de pierres jusqu'au palais Tirol, qui, craignant un soulèvement général, fait fermer les portes. La précaution ne fut pas inutile, car l'affaire devint sérieuse. En moins d'un quart d'heure il se trouva dans la place plus de six mille personnes de toutes sortes de conditions, qui, prodiguant des injures à Tirol, se mirent à crier à l'envi qu'il falloit l'exterminer.

Jusque-là les séditieux n'avoient encore fait que du bruit; et le vice-roi, croyant que pour les apaiser il n'y avoit qu'à les envoyer prier de sa part de se retirer dans leurs maisons, en les assurant que Tirol s'étoit sauvé du palais par une porte de derrière, me chargea de cette commission, de laquelle j'aurois volontiers cédé l'honneur à un autre, et dont pourtant je m'acquittai d'un air assez hardi pour un homme qui s'exposoit à être lapidé; ce qui pensa m'arriver : car m'étant montré à un balcon pour parler aux mutins, je vis aussitôt tomber sur moi une grêle de pierres, dont heureusement aucune ne m'atteignit. Comme il n'y avoit que des coups à gagner en voulant faire entendre raison à ces enragés, je me retirai sagement, et, par ma brusque retraite, j'évitai le sort de l'empereur Montézume [1].

Les choses n'en demeurèrent point là. Quelques prêtres, s'étant mis de la partie, irritèrent la fureur des mécontents, dont quelques-uns, s'étant armés de fusils, commencèrent à tirer aux fenêtres, et à faire siffler les balles dans le palais, tandis que d'autres, avec des leviers, s'efforçoient d'abattre la muraille pour y entrer. Pendant cinq ou six heures que dura ce tumulte, un page et deux gardes du comte, qui parurent aux balcons avec des carabines pour riposter aux tireurs du dehors, eurent le malheur de périr, après avoir de leur côté couché par terre quelques séditieux. Nous en aurions fait un grand carnage si nous eussions eu quelques pièces de canon; mais il n'y en avoit ni dans le palais ni dans la ville, les Espagnols n'appréhendant point d'être attaqués par des nations étrangères.

Au défaut du canon, le comte de Gelves fit arborer sur ses balcons l'étendard royal, et sonner la trompette, pour appeler les habitants au secours de leur roi, dont il représentoit la personne. Ce qui fut encore inutile, puisqu'aucun de ses amis ni des officiers de la chancellerie n'accourut pour le défendre. Cependant la nuit s'approchoit, et les mécontents l'attendoient avec impatience pour augmenter le désordre. Comme ils s'étoient aperçus que la porte de la prison pouvoit aisément être enfoncée, ils l'enfoncèrent, ou plutôt le geôlier la leur ouvrit. Ils mirent en liberté les prisonniers, qui, se joignant à eux, les aidèrent à mettre le

---

[1] Ce prince fut tué d'un coup de pierre, comme il parloit du haut d'un balcon à ses sujets, pour les engager à mettre les armes bas.

feu à la prison, et à brûler une partie du palais. Alors les principaux habitants, craignant que la ville ne fût réduite en cendres, sortirent de leurs maisons, et, pour leurs propres intérêts, apaisèrent la populace. Ils lui firent éteindre le feu; sans cela Mexico eût eu le destin de la ville de Troie.

Mais s'ils eurent assez d'autorité pour empêcher que la canaille ne brûlât le palais du vice-roi, ils n'eurent pas le pouvoir de préserver du pillage tous les effets de ce seigneur. Une partie de ses meubles fut enlevée; et lui-même, pour pourvoir à la sûreté de sa personne, se vit obligé de se réfugier avec son épouse et son fils chez les cordeliers, qui étoient les seuls moines qui ne fussent pas de ses ennemis. Ces pères lui donnèrent un logement assez commode dans leur couvent, qui est d'une vaste étendue. Ce logement étoit celui du père provincial de l'ordre, qui n'étoit point alors à Mexico. C'étoit un grand corps-de-logis qui contenoit plusieurs appartements fort petits et très simplement meublés, à l'exception de celui où couchoit sa révérence. Pour ce dernier, il étoit composé de cinq ou six pièces, et l'on peut dire qu'on n'y voyoit rien qui sentît la pauvreté religieuse.

Salzedo, Blanche et moi, nous allâmes joindre le comte au couvent pendant la nuit. Ses principaux domestiques et les nôtres s'y rendirent aussi, et nous nous trouvâmes enfin tous logés, tant bien que mal. Le lendemain, dès la pointe du jour, monseigneur nous fit appeler, mon beau-père et moi, pour délibérer tous trois sur ce qu'il convenoit de faire dans une si triste conjoncture. Il n'y a point d'autre parti à prendre, dit don Juan, que d'envoyer promptement un homme d'esprit et de confiance au duc d'Olivarès, pour l'informer de cette révolte; et je ne crois pas qu'on puisse choisir un homme plus capable de bien faire cette commission que don Chérubin. Je suis de votre avis, Salzedo, dit le comte; il faut que don Chérubin parte incessamment pour Madrid : on ne peut user de trop de diligence.

Le vice-roi employa toute la journée à faire des dépêches pour la cour et à me donner des instructions, et le surlendemain je pris la route de la Vera-Cruz avec un valet de chambre et un laquais. Je laissai donc son excellence, madame la comtesse, don Juan et ma femme, chez les cordeliers de Mexico; et, faisant toute la diligence possible, je gagnai la Vera-Cruz, où j'appris que l'archevêque don Alonso de Zerna étoit parti pour l'Espagne depuis deux jours. Comme il y a toujours dans le port de cette ville un vaisseau préparé pour le service du vice-roi, je m'embarquai dessus sans perdre de temps, et fis mettre à la voile pour Cadix, où j'arrivai après une heureuse et courte navigation.

CHAPITRE LXXIII.

Don Chérubin étant arrivé à Madrid va voir le duc d'Olivarès, et lui fait un détail du soulèvement de Mexico. Comment ce premier ministre fut affecté de ce rapport, et des résolutions qui furent prises en conséquence dans le conseil de sa majesté catholique. Le vice-roi rentre triomphant dans son palais. Sa disgrâce. Il retourne à Madrid. Don Chérubin et sa famille le suivent.

JE n'eus pas plutôt mis pied à terre à Cadix, que, me hâtant de traverser l'Andalousie et la Castille nouvelle, je fus bientôt à Madrid. Je volai d'abord chez le premier ministre qui me donna audience dès que je lui eus fait annoncer mon arrivée. Je lui remis les dépêches dont j'étois chargé. Il les lut avec toute l'attention qu'elles méritoient; et, voyant que le comte de Gelves lui mandoit que je pourrois l'instruire de toutes les circonstances de la sédition, il ne manqua pas de m'en demander un ample détail. Je lui obéis en homme qui y étoit bien préparé. J'avouerai de bonne foi que dans ma relation je desservis autant que je le pus l'archevêque don Alonso. Je le peignis avec les couleurs les plus noires, et je finis mon récit en rejetant sur l'orgueil de ce prélat toute la faute de ce funeste événement.

Le duc d'Olivarès lut en plein conseil la dépêche du comte de Gelves, et tout le monde trouva cette

CHAPITRE LXXIII.

affaire très importante. On jugea qu'il étoit absolument nécessaire de punir les plus coupables des séditieux, pour retenir dans le devoir les autres provinces de l'Amérique, lesquelles, ne se voyant qu'à regret sous le joug espagnol, pourroient être tentées de suivre le mauvais exemple des Mexicains. Il fut arrêté dans le conseil qu'on enverroit à Mexico don Martin de Carillo, prêtre et inquisiteur de Valladolid, en qualité de commissaire, pour y faire les informations convenables, avec pouvoir de châtier rigoureusement quelques-uns des principaux habitants, pour n'avoir pas couru au son de la trompette se ranger sous l'étendard royal. On y résolut aussi de changer les officiers de la chancellerie, pour avoir laissé le vice-roi dans le péril, sans se donner le moindre mouvement pour l'en tirer.

A l'égard de l'archevêque don Alonso, il eut beau solliciter à la cour, personne dans le conseil ne voulut entreprendre sa défense, tant on trouva sa conduite digne de blâme. On le dépouilla même de son riche bénéfice, pour le faire évêque de Zamora, petit diocèse de quatre mille écus de rente. C'étoit en quelque façon devenir d'évêque meûnier; mais on trouvoit encore que la cour marquoit assez de considération pour la maison de Zerna.

Le premier ministre, que la sédition des Mexicains inquiétoit, ne me retint pas long-temps à Madrid. Il me renvoya promptement avec une dépêche pour le vice-roi. Je retournai à Mexico avec don Martin de Carillo, dont l'arrivée répandit la terreur dans cette ville. Les citoyens pour la plupart se sentant coupables craignoient d'être punis. Tout le monde jugeoit que la cour vouloit faire un exemple, et chacun trembloit pour lui ou pour ses amis; mais ils en furent quittes pour la peur. Don Martin les rassura, en leur déclarant de la part du roi que sa majesté, aimant mieux écouter sa clémence que sa justice, leur accordoit une amnistie générale.

Cette déclaration produisit un effet admirable. Le peuple, qui partout change comme le vent, fut touché de la bonté de son souverain, et s'écria : *Vive notre bon roi Philippe! Vive le comte de Gelvès, son ministre!* Alors vous eussiez vu ces mêmes séditieux, qui avoient voulu massacrer ce seigneur, aller en foule aux cordeliers le demander pour le conduire à son palais avec des acclamations et des démonstrations de joie excessives.

Le vice-roi, qui jusque-là n'étoit point sorti du couvent depuis qu'il s'y étoit réfugié, voyant qu'il pouvoit impunément se montrer en public, s'en retourna chez lui, où, ce qui le surprit bien agréablement, il retrouva ses effets tels qu'il les avoit laissés en se sauvant chez les moines; car, par le plus grand bonheur du monde, les gentilshommes, qui avoient eu assez de pouvoir sur la populace pour calmer sa fureur et lui faire éteindre le feu, avoient eu en même temps la précaution de faire garder les portes du palais par les mutins même, en leur défendant de voler, de peur qu'il ne vînt des ordres de la cour qui les en fissent repentir. Si bien que dans le palais tout reprit sa première face.

J'ai oublié de dire qu'à mon retour d'Espagne, lorsque je rendis compte de mon voyage à monseigneur, il me fit une question : Comment le duc d'Olivarès vous

CHAPITRE LXXIII.

a-t-il reçu, me dit-il? Dans quels sentiments le croyez-vous pour moi? Il m'a fait un accueil gracieux, répondis-je à son excellence, et, autant qu'on peut deviner ce que pense le premier ministre, il m'a paru plein d'estime et d'amitié pour vous. Je vous dirai même que je l'ai entendu faire votre éloge dans des termes.... Tant pis, interrompit le vice-roi avec précipitation. Cela m'est suspect, aussi-bien que la lettre que vous m'avez remise de sa part. Cette lettre est trop flatteuse pour que je n'en doive pas être alarmé. Je ne sais, mais je pressens qu'il veut mettre à ma place le marquis de Serralvo, et je ne crois pas être prévenu d'un faux pressentiment. Vous vous trompez peut-être, lui dis-je, le duc songe plutôt à prolonger votre gouvernement. Je n'oserois, répondit-il avec un soupir qui lui échappa, je n'oserois me flatter de cette espérance. Je ne m'attends plus qu'à recevoir des ordres qui me rappellent à la cour.

En effet, trois mois après il arriva un courrier de Madrid qui remit au comte de Gelves un paquet de la part du duc d'Olivarès. Ce premier ministre lui mandoit que sa majesté, souhaitant de l'avoir près de sa personne, lui destinoit une des premières charges de sa maison, et qu'elle venoit de nommer le marquis de Serralvo à la vice-royauté de la Nouvelle-Espagne. Le comte de Gelves, perdant alors toute espérance d'être continué dans son poste, prit son parti de bonne grâce. Il ne songea plus qu'à s'en retourner à Madrid avec toutes ses richesses, et qu'à faire les préparatifs de son départ. De notre côté nous nous disposâmes, Salzedo et moi, à le suivre avec nos petits effets, qui valoient bien deux cent mille écus. Jugez par-là de ce que son excellence pouvoit emporter. Enfin nous partîmes de Mexico, et l'on peut dire que ce jour-là nous donnâmes aux Américains un spectacle qui exerça bien leur médisance. Les railleurs, en voyant défiler près de cent mulets chargés de ballots, s'égayèrent un peu à nos dépens, et nous, à bon compte, nous nous rendîmes avec leurs espèces à la Vera-Cruz.

Nous attendîmes dans cette ville l'arrivée du nouveau vice-roi, pour nous embarquer sur le même vaisseau qui devoit l'apporter. Ce seigneur ne fut pas long-temps sans paroître. D'abord qu'il fut débarqué, le comte et lui s'abouchèrent ensemble. Ils eurent pendant deux jours des conférences sur la situation des affaires de la Nouvelle-Espagne; après quoi ils se séparèrent avec plus de politesse que d'amitié, l'un s'en allant fort maigre à Mexico, et l'autre s'en retournant fort gras à Madrid.

CHAPITRE LXXIV.

De quelle manière le comte de Gelves fut reçu à la cour. Sa visite chez le premier ministre. Le duc d'Olivarès le fait grand écuyer. Du parti que prirent don Salzedo et don Chérubin. Le premier devient intendant, et le second secrétaire du duc de Gelves.

Nous mîmes donc à la voile pour Cadix. Si nous eussions rencontré sur la route quelque gros vaisseau d'Alger ou de Salé, comme il s'y en trouve quelquefois, la rencontre eût été bonne pour lui; mais nous eûmes le bonheur de commencer et d'achever notre navigation sans voir aucun navire de mauvais augure. Étant arrivés à Cadix, nous ne nous y arrêtâmes qu'autant de temps qu'il nous en fallut pour nous mettre en état de prendre le chemin de Madrid, où nous nous rendîmes à petites journées. Nous allâmes descendre à l'hôtel de Gelves, dans la place de la Servada, près de l'église de Notre-Dame de la Paix. Ce n'est pas le plus bel hôtel de la ville; mais il est commode, et nous nous y trouvâmes mieux logés que nous ne l'avions été chez les cordeliers de Mexico.

Dès le lendemain du jour de notre arrivée, le comte alla voir le premier ministre, qui le reçut avec distinction. Il le fit entrer dans son cabinet, où l'embrassant d'un air qui marquoit beaucoup d'estime et d'affection: Vous croyez sans doute, lui dit-il, que c'est moi qui ai voulu mettre à votre place le marquis de Serralvo; mais apprenez que vous êtes dans l'erreur. Si vous n'avez pas été continué dans votre poste, vous ne devez vous en prendre qu'à vous; c'est votre faute. Tout le conseil unanimement n'a pas moins blâmé votre conduite que celle de l'archevêque; et, comme ce prélat a été puni, on a jugé à propos de vous punir aussi pour contenter les Mexicains, qui ont sur le cœur l'affaire du sel.

Je n'ai point osé, poursuivit le duc, entreprendre de vous justifier; loin d'y réussir, j'aurois révolté le conseil contre vous en cherchant à vous excuser. Mais si je n'ai pu faire prolonger votre gouvernement, j'ai du moins obtenu pour vous l'agrément du roi pour la charge de grand écuyer; ce qui doit vous consoler d'avoir perdu une place que vous n'avez pas infructueusement remplie pendant cinq bonnes années. Le comte de Gelves, tout défiant qu'il étoit naturellement, crut le ministre sur sa parole; et, s'imaginant n'avoir que des grâces à lui rendre, il lui voua un éternel attachement, et devint un de ses meilleurs amis.

Le duc le mena chez le roi, auquel il dit en le lui présentant : Sire, voici un de vos plus zélés serviteurs, et de tous vos vice-rois celui qui peut-être a le mieux su faire respecter votre autorité royale dans les Indes. Il vient remercier votre majesté de l'avoir honoré de la charge de grand écuyer, de laquelle il est d'autant plus satisfait, qu'elle lui procurera le bonheur de voir tous les jours son maître. Le jeune monarque fit au comte de Gelves une réception des plus gracieuses; et, comme il étoit fort curieux, il ne manqua pas de lui faire plusieurs questions sur les Mexicains, et, entre autres, celle que je vais rapporter. Comte, lui dit-il, est-il possible que parmi les Indiennes il s'en trouve d'assez piquantes pour mériter les regards des hommes d'Europe? Notre vice-roi rougit à cette question, croyant que le prince la lui faisoit par malice, et pour lui reprocher son goût pour les négresses. Sire, lui répondit-il un peu troublé, on en voit quelques-unes qu'on peut envisager sans horreur; mais, après tout, la plus jolie ne laisse pas d'être un objet désagréable pour des yeux accoutumés à la beauté des dames de Madrid. Si la comtesse de Gelves eût entendu son époux parler ainsi, je crois qu'elle n'auroit pas répondu de sa sincérité.

Le comte de Gelves ayant pris possession de la charge

de grand écuyer, augmenta son domestique de plusieurs officiers, quoiqu'il en eût un assez grand nombre, et n'épargna rien pour faire à la cour une figure convenable à son rang. Pour don Juan de Salzedo et moi, nous le priâmes de nous permettre de le quitter pour nous établir en particulier à Madrid, ayant, grâces à ses bienfaits, assez de bien pour y vivre honorablement; mais ce seigneur rejetant notre prière : Mes amis, nous dit-il, ne nous séparons point. Je me suis fait une trop douce habitude d'être avec vous pour pouvoir consentir à notre séparation. Ne m'abandonnez pas. Daignez tous deux vous mêler de mes affaires, je vous en conjure. Que l'un se charge d'administrer mes revenus, et que l'autre soit mon secrétaire.

Il n'y eut pas moyen de nous en défendre. Nous nous rendîmes à ses instances. Mon beau-père devint son intendant, et moi le secrétaire de ses commandements. Riche comme je l'étois, je me serois fort bien passé de ce secrétariat; mais je l'acceptai par complaisance pour Salzedo, lequel, étant trop attaché à ce seigneur pour lui refuser ce qu'il lui demandoit, étoit bien aise en même temps d'avoir auprès de lui sa fille et son gendre.

CHAPITRE LXXV.

Don Chérubin rencontre Toston à Madrid. De l'entretien qu'il eut avec lui, et de l'aventure fâcheuse qui arriva à Toston. Don Chérubin lui rend un service important.

Une autre raison encore m'obligea de prendre ce parti : Blanche avoit si bien fait sa cour à la comtesse de Gelves, qu'elle étoit devenue sa favorite. La vice-reine auroit été au désespoir de la perdre; et mon épouse de son côté, charmée des attentions que cette dame avoit pour elle, les payoit du plus vif et du plus sincère attachement. Voilà ce qui fut principalement cause que je sacrifiai au comte le plaisir de me rendre à moi-même.

Comme mon emploi ne m'occupoit pas beaucoup, je menois une vie assez agréable. J'allois presque tous les matins au lever du roi voir le concours de seigneurs qui s'assemblent là pour faire leur cour au monarque; et tous les soirs, dans les prairies de Saint-Jérôme, j'avois le plaisir de contempler les dames, parmi lesquelles j'en trouvois qui me paroissoient bien valoir celles de Mexico. Un jour, comme je sortois de notre hôtel pour aller à cette promenade, je ne fus pas peu surpris de rencontrer Toston dans la rue. Comment, lui dis-je, c'est toi! Hé! que fais-tu à Madrid? Je te croyois à Alcaraz. Mon cher maître, me répondit-il, vous savez que nos projets ne réussissent pas toujours. Je m'étois proposé de retourner dans mon pays pour y passer le

CHAPITRE LXXV.

reste de mes jours avec Blandine; mais le ciel n'a pas voulu m'accorder cette satisfaction. J'ai fait rencontre à Cadix d'un Gabriel de Monchique, qui m'a enlevé ma femme, sans qu'il ait été en mon pouvoir de m'y opposer.

Est-il possible, m'écriai-je, que ce malheur te soit arrivé? Raconte-moi, je te prie, de quelle façon Blandine t'a été ravie. C'est, reprit Toston, un récit que je vais vous faire en peu de mots. En débarquant à Cadix, je m'avisai pour mes péchés d'aller loger dans la rue Saint-François, à l'enseigne du Pélican. Il y avoit dans cette hôtellerie un jeune capitaine anglois dont le vaisseau étoit à l'ancre dans le port. Dès que ce fripon vit ma femme, il en fut épris; et formant le dessein de me la souffler, voici de quelle manière il l'exécuta : il se garda bien de faire le passionné, de peur que je ne m'aperçusse de ses intentions, et ne changeasse d'hôtellerie; ce que je n'aurois pas manqué de faire sur-le-champ : il affecta un maintien si sage, que j'en fus étonné. Se peut-il, disois-je en moi-même, qu'un officier de marine de cette nation ait un air si doux et si poli? Ce capitaine, appelé Cope, me fit mille civilités, sans paroître prendre le moindre plaisir à regarder Blandine, et ne la regardant même presque pas. Je fus la dupe de sa manœuvre; je répondis à ses politesses, et nous soupâmes ensemble le premier jour, aussi familièrement que si nous eussions été les meilleurs amis du monde.

Cope, en soupant, me demanda de quel endroit d'Espagne j'étois. De la ville d'Alcaraz, lui répondis-je, près de la province de Murcie. Cela est heureux, répliqua le capitaine; je dois dans deux jours partir de Cadix pour Alicante. Je vous jeterai, si vous voulez, en passant, à Vera, qui, je crois, n'est pas loin de chez vous. J'acceptai avec joie la proposition, m'imaginant ne pouvoir mieux faire, et rendant grâces au ciel de trouver une si belle occasion de revoir bientôt ma patrie. Je menai donc, deux jours après, Blandine à bord du vaisseau de Cope, qui nous y reçut avec des manières si honnêtes, que je m'applaudissois d'avoir fait une si bonne connoissance. Allons, nous dit-il lorsque nous fûmes en pleine mer, faisons bonne chère. J'ai une ample provision de toutes sortes de viandes et d'excellents vins. Soyons toujours à table, c'est le moyen de ne nous point ennuyer sur la route.

Vous connoissez mon foible, s'écria Toston : j'aime la vie animale. Le capitaine Cope m'engagea sans peine à boire, et je m'enivrai comme un Allemand. Quand je fus dans ce bel état, il me fit porter à terre par ses matelots, qui m'y laissèrent étendu tout de mon long. Là, je dormis d'un profond sommeil : après quoi, m'étant réveillé au lever du soleil, et ne voyant point de navire, j'eus tout le loisir de faire des réflexions sur les politesses de l'Anglois, que je maudis avec d'autant plus de raison, qu'il avoit avec ma femme en son pouvoir un coffre où étoient mes espèces, et qu'il ne me restoit pour tout bien que quelques pistoles que j'avois dans mes poches. Encore fus-je trop heureux que les matelots ne m'eussent pas volé cet argent pour se payer de la peine de m'avoir mis à terre, et abandonné à la Providence.

Ne sachant dans quel lieu j'étois, ni de quel côté je devois tourner mes pas, je suivis à tout hasard un sen-

CHAPITRE LXXV.

tier qui me conduisit au village d'Alzira près de Gibraltar, d'où je gagnai la ville de la Ronda. Je m'y reposai deux ou trois jours. Ensuite, au lieu d'aller trouver mes parents, à qui je n'étois plus en état d'être utile, je pris la route de Séville sur une mule de louage, dans la résolution de me remettre à servir, si je pouvois rencontrer quelque maître qui me convînt. Je n'en trouvai pas; et jugeant que c'étoit à Madrid qu'il en falloit aller chercher, je pris le chemin de cette ville, où je suis redevenu laquais, après avoir été valet de chambre du fils d'un vice-roi.

Je te plains, mon ami, dis-je à Toston, lorsqu'il eut achevé son récit, et je déplore encore davantage le malheur de Blandine. Quelle affreuse aventure pour elle! Je conçois la douleur dont elle a dû être saisie, lorsque le perfide Cope a fait paroître sa trahison. Elle en sera peut-être morte de chagrin. Oh! que non, répondit-il : Blandine n'est pas femme à imiter ces héroïnes de roman, qui, quand elles se trouvoient entre les griffes des corsaires, aimoient mieux mourir que de se rendre à leurs désirs. Je connois mal la créole, ou Cope a eu peu de peine à la persuader; et je ne crois pas, entre nous, qu'il ait eu besoin de poudre de colibri pour triompher de sa vertu.

Que dis-tu, m'écriai-je? A ce compte-là Blandine seroit donc une coquette? Assurément, repartit Toston. J'en doutois à Mexico ; mais elle a tourné mon doute en certitude sur la route de la Vera-Cruz à Cadix. Il y avoit, parmi les passagers, un jeune cavalier qui la lorgnoit, et je remarquai plus d'une fois qu'elle répondoit à ses mines par des regards agaçants. En un mot, c'étoit une petite personne dont la garde m'auroit donné bien de la tablature à Alcaraz, où les jeunes cavaliers sont vifs et galants. Je me console enfin de l'avoir perdue. Je voudrois seulement que le capitaine Cope eût partagé le différend par la moitié, qu'il m'eût rendu mon coffre et retenu ma femme.

Je suis bien aise, lui dis-je, mon enfant, que tu ne sois pas plus affligé de l'enlèvement de ton épouse; et, dans le fond, tu n'as pas sujet de l'être davantage, si Blandine est du caractère que tu dis. A l'égard de ton coffre, dont tu regrettes la perte avec plus de raison, j'en parlerai à madame la comtesse, et j'ose te promettre qu'elle entrera dans tes peines. De ma part, tu peux compter que je ne refuserai pas de contribuer à te remettre en état de faire le voyage d'Alcaraz de la manière que tu le désires. Je suis aussi persuadé que don Alexis ne manquera pas de compatir à ton infortune. Il pourra bien même te reprendre à son service; mais peut-être es-tu trop attaché au maître que tu sers actuellement pour le vouloir quitter. Oh! pour cela non, s'écria-t-il en riant. Mon maître, qui se nomme don Thomas Trasgo, est un original sans copie : c'est un visionnaire qui a une sorte de folie tout-à-fait plaisante. Il dit, et croit effectivement qu'il a, comme Socrate, un esprit familier. Mon ami, me dit-il lorsqu'il m'eût arrêté pour le servir, apprends que j'ai un génie qui s'est donné à moi par prédilection, et qui m'instruit de tout ce que veux savoir. Je m'entretiens avec lui tous les matins, et je t'avertis de te retirer quand tu nous entendras discourir ensemble; car il aime à me parler sans témoins.

CHAPITRE LXXV.

Véritablement, un matin que don Thomas étoit dans son cabinet, poursuivit Toston, je l'entendis parler tout haut. Je crus qu'il y avoit quelqu'un avec lui. Point du tout, il étoit tout seul. Il se parloit et se répondoit à lui-même, croyant converser réellement avec un génie. Je fis un éclat de rire à ce portrait extravagant; et là-dessus je quittai Toston, après lui avoir dit de venir le jour suivant se présenter à l'hôtel; ce qu'il fit, bien persuadé qu'on le retiendroit dans cette maison. Il alla d'abord se faire annoncer à la comtesse, qui ne refusa pas de lui parler. Il lui raconta son malheur. Elle en parut touchée, quoique au fond de son âme elle ne s'en souciât guère. Mon ami, dit-elle à Toston, nous ferons quelque chose pour vous. Il suffit que vous ayez mangé de notre pain pour que nous ne vous laissions pas sur le pavé. Allez voir mon fils; je ne doute point qu'il ne soit disposé à vous faire plaisir.

Don Alexis, que j'avois déjà prévenu et déterminé à le reprendre à son service sur le même pied qu'auparavant, le reçut fort bien. Soyez le bien revenu, seigneur Toston, lui dit-il d'un air railleur; comment gouvernez-vous le capitaine Cope? Il vous a joué, ce me semble, un assez vilain tour; mais donnez-vous patience: il pourra vous renvoyer votre femme et votre argent. Peut-être ne vous a-t-il fait cette pièce que pour badiner, et pour voir comment vous prendriez la chose. Racontez-moi l'aventure: j'aime à vous entendre faire des récits comiques, vous vous en acquittez à merveille.

Hé! Monsieur, lui répondit Toston, pourquoi vouloir que je vous conte une histoire que vous savez déjà, et dont je ne puis faire le récit sans renouveler ma douleur? N'importe, répliqua don Alexis, je le veux absolument : un détail de ta bouche me réjouira. Toston, pour le contenter, fit ce qu'il souhaitoit, et divertit infiniment ce jeune seigneur, qui l'interrompit plus d'une fois pour s'abandonner à des ris immodérés, comme si l'aventure dont il s'agissoit eût été la plus plaisante du monde.

Lorsque don Alexis fut las de s'égayer aux dépens de Toston, il prit son sérieux, et lui dit : Va, mon ami, pour te consoler du malheur qui t'est arrivé, viens reprendre la place que tu avois auprès de moi avant ton mariage. Redeviens mon premier valet de chambre, et le dépositaire de mes secrets. Je te donnerai bientôt de l'occupation, ajouta-t-il. J'ai ébauché une conquête, et j'ai besoin de tes conseils pour l'achever. Ces paroles causèrent une grande joie à Toston, qui, dès ce jour-là même, quitta don Thomas et son génie, pour aller demeurer à l'hôtel de Gelves.

CHAPITRE LXXVI.

Par quel hasard Toston rencontra sa femme, à laquelle il ne pensoit plus. Histoire de son enlèvement, racontée par elle-même. Sa justification. Nouveau changement que ce récit produisit dans son cœur. Ses affaires en vont mieux.

Don Alexis, le jour suivant à son lever, dit à Toston : Apprends, mon ami, que j'ai fait une jolie connoissance. Je te vais dire comment. Un matin je me pro-

CHAPITRE LXXVI.

menois tout seul au Prado. Je vis sortir d'un jardin une dame voilée, et dont l'air noble et majesteux prévenoit en faveur de sa naissance. Elle fit quelques tours dans la prairie; et s'apercevant que je m'approchois d'elle pour mieux la voir, elle se retira vers le jardin pour y rentrer et tromper ma curiosité; mais, soit que mes pas précipités ne le lui permissent point, soit qu'elle voulût me laisser le temps de la joindre, je me trouvai avant elle à la porte du jardin.

Madame, lui dis-je en la saluant avec une politesse respectueuse, il faudrait que je fusse bien peu galant, si, rencontrant une personne toute charmante, je ne lui témoignois pas le plaisir que me cause sa vue. Seigneur cavalier, répondit la dame, vous êtes prodigue de douceurs. Loin de refuser de l'encens aux dames qui en sont dignes, vous avez bien la mine de l'offrir même à celles qui ne le méritent pas. Là-dessus je répliquai, la dame repartit, et nous nous séparâmes après une assez longue conversation.

Depuis ce temps-là, dit Toston, l'avez-vous revue? Non, répondit le jeune comte, quoique j'aille presque tous les matins au Prado. Si elle n'est pas sortie de son jardin depuis ce jour-là, c'est apparemment qu'elle veut m'éprouver; car, sans vanité, je crois qu'elle est contente de moi. Il n'en faut pas douter, reprit le valet: un cavalier fait comme vous est sûr de plaire. Comment la nommez-vous? Je ne sais point encore son nom, repartit don Alexis. Elle m'a défendu de m'informer qui elle étoit, et, de peur de lui déplaire, je n'ai osé faire aucune démarche pour la connoître. Peste! s'écria Toston, vous êtes un rigide observateur des commandements des dames : mais apprenez qu'elles trouvent bon quelquefois qu'on leur désobéisse.

Ma foi, Monsieur, continua-t-il, vous êtes encore fort éloigné de votre compte. Je vois bien qu'il faut que je me mêle de cette affaire, autrement elle tournera mal pour vous. Allons tout à l'heure au Prado, et montrez-moi le jardin d'où vous avez vu sortir votre princesse : je ne vous en demande pas davantage. Don Alexis le prit au mot, et le mena jusqu'à la porte du jardin.

Lorsqu'ils y furent arrivés, Toston dit au jeune comte : Laissez-moi seul ici, et retournez au logis ; je vous rejoindrai bientôt, et soyez assuré que je vous dirai quelles personnes habitent cette maison. Nous prendrons là-dessus nos mesures. Sur cette assurance, don Alexis reprit le chemin de l'hôtel de Gelves, et son confident s'assit auprès de la porte du jardin, espérant qu'il en pourroit sortir quelque domestique qu'il feroit parler.

Il y avoit déjà plus d'une heure qu'il étoit là, quand tout à coup la porte s'ouvrit, et offrit à ses yeux surpris une jeune personne qu'il reconnut pour être Blandine ; comme en effet c'étoit elle-même qui se présentoit à sa vue. Elle le remit dans le moment, et courut à lui si transportée de joie, qu'elle s'évanouit entre ses bras. La mauvaise opinion qu'il avoit alors de la vertu de son épouse l'empêcha de partager le ravissement où elle étoit de le rencontrer. Il crut que c'étoit une feinte, et que la mignonne étoit peut-être plus fâchée que réjouie de le retrouver. Il ne laissa pourtant pas de la secourir ; et quand elle eut repris l'usage de ses sens :

CHAPITRE LXXVI.

Est-ce vous, cher époux, lui dit-elle, est-ce vous que je vois ? vous que je croyois au fond de la mer ! vous que j'ai compté parmi les morts ! En disant ces paroles, elle embrassoit son mari avec des démonstrations de tendresse dont il auroit été fort touché s'il les eût crues sincères ; mais, au lieu de s'y prêter de bonne grâce, il repoussa doucement sa femme, et lui dit d'un air sérieux : Point de grimaces, Blandine. Pourquoi tous ces transports de joie, ou plutôt tous ces faux témoignages d'affection ? Ne m'allez-vous pas faire un beau roman pour me persuader que Cope a sottement lâché sa proie ? Non, non, ne vous flattez point que je sois assez crédule pour vous en croire sur votre parole. Vous, vous êtes rendue aux sollicitations de ce capitaine, ou vous avez cédé à sa violence.

Toston, répondit la créole, écoutez-moi sans m'interrompre : je puis sans rougir paroître devant vous. Si mon honneur s'est trouvé dans un grand péril, sachez qu'il n'y a pas succombé. Je vais vous faire un rapport fidèle de ce qui s'est passé entre Cope et moi, et vous verrez qu'au lieu de vous trahir, j'ai poussé la vertu plus loin que Lucrèce.

Rappelez-vous, continua-t-elle, ce souper perfide que cet Anglais nous donna sur son bord. Tandis que vous faisiez la débauche avec lui, je me retirai dans une petite chambre qu'il avoit, disoit-il, fait préparer pour vous et pour moi, et j'y dormis tranquillement jusqu'au lendemain. A mon réveil, ne vous trouvant pas à mon côté, je me levai pour vous aller chercher. Mais dans ce moment Cope entra dans ma chambre, affectant l'air d'un homme désolé. Madame, me dit-il, vous me voyez au désespoir : il est arrivé cette nuit un malheur dont je ne puis me consoler. Le seigneur Toston votre époux, dans son ivresse, ayant été sur le tillac pour quelque besoin, est tombé dans la mer, et s'est noyé. Je ne saurois revenir de ce funeste événement.

À cette triste nouvelle je fis retentir le vaisseau de cris perçants. Je m'arrachai les cheveux ; je fus comme une possédée. Pendant ce temps-là, mon capitaine, jouant le rôle d'un homme affligé, soupiroit, gémissoit, et sembloit vouloir enchérir sur ma douleur. Il eut pendant deux jours entiers la patience de m'entendre pousser des plaintes et de voir couler mes pleurs, sans m'oser tenir des discours consolants. Au contraire, le traître irritoit mon affliction par le regret et le déplaisir qu'il me témoignoit de vous avoir engagé à vous embarquer sur son bâtiment. Il s'accusoit avec amertume d'être la cause de votre mort, qu'il ne cessoit de se reprocher.

Mais dès le troisième jour il ne jugea plus à propos de se contraindre; et faisant un autre personnage : belle Blandine, me dit-il d'un air doux, il est bien douloureux sans doute de perdre ce qu'on aime; cependant, quelque raison qu'on ait de pleurer sa perte, il vaut mieux faire des efforts pour s'en consoler, que de ne vouloir écouter aucune consolation. Après tout, est-ce à votre âge que la mort d'un mari doit faire tant de peine? Jeune et jolie comme vous êtes, vous ne sauriez manquer d'époux : je sens même que j'en ai un à vous proposer; c'est moi : si vous n'avez pas d'aversion pour ma personne, je vous demande la préférence. Je remerciai Cope de l'honneur qu'il s'offroit à me faire, et je rejetai sans hésiter sa proposition. Outre qu'il avoit une figure qui n'étoit nullement de mon goût, j'étois dans une disposition peu favorable pour un amant.

L'Anglois employa cinq ou six jours à me faire l'amour fort poliment; mais, jugeant que pour arriver à son but c'étoit prendre le chemin le plus long, il fit tout à coup succéder les airs marins à sa politesse; et je conviens que j'eus besoin alors de toute la force que le ciel me prêta pour résister à sa violence. Heureusement pour moi, ma résistance, au lieu d'irriter sa fureur, la ralentit. Il passa subitement de l'amour au mépris. Il cessa de me tourmenter; et me regardant d'un air dédaigneux: pour une soubrette, me dit-il, vous faites bien la cruelle. Rassurez-vous, ma mie, je ne veux pas devoir à mes efforts une victoire que je méprise. En même temps il me fit porter à terre avec mes effets par deux matelots, auxquels il ordonna de me conduire jusqu'au premier village, et de m'y laisser. Les matelots n'exécutèrent pas en gens d'honneur l'ordre de notre capitaine. A la vérité ils me menèrent au village, et m'y abandonnèrent; mais, considérant que j'étois une femme qu'ils ne reverroient probablement jamais, ils emportèrent avec eux le coffre où étoit notre argent.

J'avois par bonheur dans ma bourse une trentaine de pistoles d'Espagne, et un gros diamant au doigt. Avec de pareils effets on trouve de l'assistance partout où il y a des hommes. Le maître et la maîtresse de l'hôtellerie du village où j'étois entrèrent dans mes peines. Je ne leur eus pas sitôt conté mon histoire, qu'il me plaignirent, et m'offrirent leurs services, en maudissant le capitaine Cope et ses matelots. Je leur demandai dans quel endroit d'Espagne j'étois. Vous êtes ici dans le village de Molina, me répondit l'hôte, sur la côte de Grenade, entre Marbellin et Malaga, à douze lieues de la ville d'Antequerre, où je vous conduirai moi-même si vous le désirez. Vous me ferez plaisir, lui dis-je : mon dessein étant de me remettre au service de quelque personne titrée, je pourrai trouver là quelque condition. Vous n'en devez pas douter, reprit-il : Antequerre est une ville peuplée, où il y a surtout bien de la noblesse. J'y ai des connoissances, ajouta-t-il : je connois, entre autres, une bonne dame qui étoit autrefois duègne dans une maison où je servois ; je vous menerai chez elle, et je suis sûr qu'elle vous aura bientôt placée.

Je partis donc avec mon hôte pour Antequerre, et nous y fûmes à peine arrivés, qu'il alla voir cette vieille gouvernante. Il lui raconta mon malheur ; et elle en fut tellement attendrie, qu'elle lui dit : Amenez-moi cette femme infortunée, je lui offre un lit et ma table ; j'épouse ses intérêts ; je la prends sous ma protection. Pour supprimer les circonstances superflues, cette dame me mit auprès de dona Léonore de Pedrera, fille d'un gentilhomme d'Antequerre, avec laquelle, après la mort de son père, je suis venue demeurer à Madrid, chez dona Helena de Toralva, sa tante, dont elle est unique héritière.

Je n'ai plus rien à vous dire, poursuivit Blandine. Je viens de vous rendre compte de ma conduite, et je crois que vous devez être content de votre épouse. Je le suis parfaitement, s'écria Toston ; et les choses étant telles que vous venez de me les rapporter, j'aurois tort de ne l'être pas. Je vous avouerai même, excusez ma sincérité, que je n'aurois pas attendu de vous tant de résistance ; mais, entre nous, la délicatesse de Cope m'étonne fort ; et voulez-vous bien que je vous dise que si votre rapport est vrai, il n'est guère vraisemblable ? J'en demeure d'accord avec vous, reprit l'épouse, je l'ai échappée belle. Je vous en réponds, repartit le mari. Il m'a pris pendant votre récit une sueur froide qui dure encore en ce moment. Outre le danger que vous a fait courir le capitaine anglois, vous n'avez pas été dans un moindre péril avec ces deux fripons de matelots qui vous ont conduite à Molina. Vous êtes bien heureuse qu'ils ne vous aient pris que votre argent.

Oh ça, ma chère femme, continua-t-il, n'en parlons plus. Nous nous retrouvons donc enfin, à nos biens près, dans le même état où nous étions à notre départ de Cadix. Le ciel en soit loué. Ce qui nous doit consoler, mon enfant, c'est que nous allons faire en peu de temps une nouvelle fortune. Le comte de Gelves est revenu des Indes avec d'immenses richesses, et on l'a fait grand écuyer. Don Chérubin de la Ronda, mon ancien maître, est secrétaire de ses commandements, et moi je suis redevenu valet de chambre de don Alexis. A mesure que ce jeune seigneur avance en âge, on lui fournit plus d'argent pour ses menus plaisirs ; et comme je suis l'administrateur de ses espèces, mon poste deviendra meilleur de jour en jour.

Don Alexis, dit Blandine, est-il toujours galant ? Plus que jamais, répondit Toston ; il est actuellement amoureux d'une personne qu'il a vue sortir de ce jardin ces jours passés, et cette personne pourroit bien être Léonore, votre maîtresse. C'est elle-même, reprit la créole ;

car elle m'a dit qu'un de ces matins un cavalier l'avoit abordée dans cette prairie, et qu'elle s'étoit entretenue assez long-temps avec lui. Eh! comment, dit Toston, vous a-t-elle paru affectée de cet entretien? Pas mal, reprit la suivante. Je vous assure que s'il en avoit encore d'autres avec elle, il pourroit s'en faire aimer. Je vous dirai plus : je ne sais si ma maîtresse ne craint pas de revoir ce cavalier; elle n'est pas sortie du jardin depuis le jour qu'elle lui parla; elle a peut-être peur de le rencontrer.

La bonne nouvelle pour mon maître! s'écria Toston. Je vais la lui porter tout à l'heure. Avec quelle joie ne l'apprendra-t-il pas! Sans adieu, ma chère Blandine, mes fidèles amours, nous nous reverrons. Demeurez auprès de Léonore, l'intérêt de don Alexis le demande. Secondez par vos bons offices les mouvements que nous allons nous donner pour lui plaire. Après cette conversation ces deux époux se séparèrent, en protestant de part et d'autre qu'ils pardonnoient à la fortune le tour qu'elle leur avoit joué, en faveur du plaisir qu'elle leur faisoit de les rejoindre.

CHAPITRE LXXVII.

Continuation du chapitre précédent. Blandine présente son mari à ses maîtresses : leur entretien. Ce que résolurent Toston et sa femme en faveur du jeune comte de Gelves.

Toston, avant d'aller retrouver don Alexis, vint m'apprendre qu'il avait rencontré Blandine; et après

CHAPITRE LXXVII.

m'avoir rapporté toute la conversation qu'il venoit d'avoir avec elle : Hé bien, Monsieur, me dit-il, que pensez-vous de tout cela? Croyez-vous que tout ce qu'elle m'a raconté du capitaine Cope soit au pied de la lettre? Pour moi, franchement je n'en crois rien du tout.

Il est vrai, lui répondis-je, qu'on en peut douter, sans passer pour incrédule; cependant ce qu'un mari peut faire de mieux en pareil cas, c'est de s'imaginer que sa femme lui a dit la vérité; c'est le parti que je prendrois à ta place, pour me mettre l'esprit en repos. Mais, poursuivis-je, mon ami, tu n'as fait aucune mention dans ton récit de l'enfant que Blandine doit avoir mis au monde depuis son départ de Mexico. Ah! vraiment vous m'en faites souvenir, repartit Toston : ma femme a oublié de m'en dire des nouvelles, et moi de lui en demander. Dès que je la reverrai, je ne manquerai pas de m'informer de cet enfant, quoique la nature ne me parle qu'à demi en sa faveur.

A ces mots, Toston prit congé de moi en me disant : Voulez-vous bien, Monsieur, que je vous quitte pour me rendre auprès de don Alexis, qui m'attend sans doute avec impatience? Je vais le ravir en lui rapportant ce que Blandine m'a dit de sa maîtresse. Va, cours, lui dis-je, mon garçon : quand on porte aux amants d'agréables nouvelles, on ne sauroit aller trop vite. Je ne doute pas que don Alexis ne mette bientôt au rang de ses conquêtes Léonore de Pedrera, puisqu'il a ton secours et celui de ton épouse.

Aussitôt que don Alexis vit arriver son confident, il s'avança vers lui d'un air empressé. Hé bien, lui dit-il, as-tu découvert qui sont les personnes qui demeurent dans le jardin d'où j'ai vu sortir ma divinité? J'ai plus fait, répondit le valet de chambre, j'ai appris le nom et la qualité de votre déesse. Elle s'appelle dona Léonore de Pedrera. Elle est fille d'un gentilhomme d'Antequerre, après la mort duquel elle est venue à Madrid, et elle loge dans ce jardin, chez dona Helena de Toralva, dont elle est nièce et unique héritière. Te voilà devenu en peu de temps bien savant, lui dit le jeune comte. Et je ne vous ai pas dit encore tout ce que je sais, lui repartit Toston; je sais de bonne part que Léonore a pris du goût pour vous.

Hé! comment diable, s'écria don Alexis, as-tu pu découvrir jusqu'aux sentiments de cette dame? Qui t'en a pu instruire? Le hasard, répondit le valet. Il m'a mieux servi que mon adresse, si toutefois c'est m'avoir rendu service que d'avoir inopinément présenté ma femme à mes yeux. Que dis-tu, reprit le jeune seigneur avec surprise? Tu as retrouvé Blandine? Oui, Monsieur, le ciel a eu la bonté de me la rendre sans que je la lui aie demandée, repartit le confident; et, ce qu'il y a d'heureux pour vous, c'est qu'elle est suivante de Léonore. Tu m'enchantes, reprit avec transport don Alexis, en m'apprenant que Blandine est à portée de me faire plaisir. Je suis persuadé qu'elle ne refusera pas de remettre à Léonore un billet de ma part. Non, je vous en réponds, dit le valet de chambre; et je vous assure que vous pouvez attendre d'elle tous les services qui dépendront de son ministère.

Le jeune comte de Gelves, pour profiter de l'occasion qui se présentoit de déclarer son amour à Léonore, écrivit un billet qu'il chargea Toston de faire tenir à cette dame. Le confident retourna donc le lendemain matin au Prado. Il y trouva son épouse à la porte du jardin. Il l'aborda d'un air galant et affectueux. Ma chère Blandine, lui dit-il, avant que nous parlions des affaires de mon maître, qu'il me soit permis, s'il vous plaît, de vous entretenir un moment des miennes. Hier, s'il vous en souvient, vous ne me dîtes pas le moindre petit mot de l'enfant dont vous étiez enceinte lorsque la fortune nous sépara tous deux près de Gibraltar. Hélas! répondit-elle en soupirant, la pauvre fille mourut presque en naissant, peu de temps après que je fus entrée au service de doña Léonore; et sa mort eût infailliblement été suivie de la mienne, si l'on n'eût pas eu de moi un soin tout particulier; mais ma maîtresse, qui m'avoit prise en amitié, n'épargna rien pour ma conservation. Je lui dois la vie. Aussi, par reconnoissance, lui ai-je voué un attachement à toute épreuve.

Vous avez fort bien fait, reprit Toston : une pareille maîtresse mérite que vous l'aimiez. Sait-elle que vous avez retrouvé votre époux? Je le lui ai appris, repartit Blandine, et elle m'a permis de vous présenter à elle; ce que je veux faire tout à l'heure. Suivez-moi. En achevant ces paroles, elle le fit entrer dans le jardin; et lui montrant deux dames qui s'y promenoient : vous voyez, lui dit-elle, dona Léonore et sa tante. Joignons-les. Que je leur fasse voir que je n'ai point épousé un homme mal fait, et sans mérite.

En parlant de cette sorte, elle le prit par la main, le conduisit à ces dames, et les abordant d'un air badin : Mesdames, leur dit-elle, voilà l'époux que j'ai cru mort, et que j'ai tant pleuré. Regardez-le bien : ne vous paroît-il pas digne des larmes qu'il m'a coûté? Assurément, répondit doña Helena : on pleure souvent des maris moins agréables. A ces mots, Toston fit une profonde révérence à la dame qui venoit de les prononcer, et baissa modestement les yeux en gardant un respectueux silence. Ils sont bien assortis tous deux, dit alors Léonore, et je suis bien aise que le ciel les ait rassemblés.

Doña Helena voulant faire parler Toston : Vous êtes donc, lui dit-elle, chez le comte de Gelves? Oui, Madame, lui répondit-il, j'ai l'honneur d'être premier valet de chambre du seigneur don Alexis, son fils unique. Et vous êtes, répliqua-t-elle, apparemment satisfait de votre condition? Très satisfait, Madame, repartit-il. Mon maître est un cavalier parfait : je ne lui connois aucun défaut. Quoique jeune, il a une prudence consommée. Il est sage sans faire le Caton, et vif sans être étourdi : c'est un modèle de jeune seigneur.

Outre mille bonnes qualités dont il est doué, continua-t-il, quelque jour il possédera des biens considérables, le comte son père ayant amassé de grandes richesses dans le gouvernement de la Nouvelle-Espagne. Heureuse la fille de qualité à qui sa main est destinée!

En faisant ainsi l'éloge de son maître, Toston, l'adroit Toston, examinoit avec soin Léonore, et il lui sembloit qu'elle prenoit plaisir à l'entendre, quoiqu'elle affectât de l'écouter d'un air indifférent. Cette observation l'engageant à continuer de louer don Alexis: il en fit un portrait si flatteur, que doña Helena ne put s'empêcher de lui

CHAPITRE LXXVII.

dire : Mais, mon ami, vous outrez, vous exagérez. Il n'est pas possible que le jeune comte de Gelves ait tout le mérite que vous lui donnez. Pardonnez-moi, Madame, repartit-il effrontément : c'est un sujet accompli, un abrégé de toutes les vertus.

Dans cet endroit de leur entretien, ils furent interrompus par un page qui vint remettre un billet à dona Helena. Elle le lut; et comme il demandoit une prompte réponse, elle rentra pour l'aller faire. Léonore la suivit, laissant sa soubrette avec son mari dans le jardin. Ces deux époux, se voyant seuls, se mirent à rire sans pouvoir s'en défendre. Il faut avouer, dit Blandine à Toston, que vous savez faire de beaux portraits; mais, entre nous, ils ne sont guère ressemblants. Je conviens, répondit-il, que j'ai un peu flatté don Alexis; mais je ne crois pas que cela ait produit un mauvais effet. Je suis sûr que votre maîtresse est charmée de mon maître en ce moment; car, quoique vous ne m'en ayez rien dit, je jurerois que vous avez averti Léonore que don Alexis est le cavalier qui s'est entretenu avec elle un matin dans la prairie. Cela est vrai, reprit Blandine. Je lui parlerai tantôt en particulier de ce jeune seigneur. Je verrai ce qu'elle a dans l'âme, et je vous l'apprendrai demain. Fort bien, dit Toston; et si par hasard vous trouvez la dame disposée à recevoir favorablement une lettre de mon maître, en voici une, ajouta-t-il en lui présentant le billet de don Alexis, dans laquelle il y a une déclaration d'amour des mieux tournées; aussi y ai-je mis la main. Blandine se chargea de la lettre, en disant à son mari qu'il pouvoit assurer son maître de ses bons offices auprès de Léonore. Là-dessus les deux époux se séparèrent, avec promesse de se retrouver au même endroit le lendemain matin.

Ils n'y manquèrent pas. Victoire! s'écria la créole en revoyant Toston, victoire! j'ai entretenu ma maîtresse de don Alexis. Je lui ai fait le portrait de ce cavalier à peu près comme vous le fîtes hier. Elle a d'abord usé de dissimulation; mais je l'ai tournée de tant de façons, qu'elle n'a pu se défendre de me découvrir ses sentiments. Oui, ma chère Blandine, m'a-t-elle dit, j'aime don Alexis; j'en suis occupée depuis le jour que je l'ai vu à la porte de ce jardin, et tout le bien que j'en entends dire achève de m'enflammer pour lui.

Venons au billet de mon maître, interrompit Toston. Léonore l'a-t-elle lu? Avec avidité, répondit la soubrette, et nous l'avons toutes deux admiré. Vous m'aviez bien dit que vous y aviez mis du vôtre : je m'en suis aperçue. Cette lettre a fait une vive impression sur ma maîtresse. *Vivat!* reprit le valet de chambre transporté de joie. Les choses ne peuvent aller mieux. Continuons, ménageons un tête-à-tête nocturne à nos amants. Ils n'ont plus besoin que de cela pour devenir éperdument amoureux l'un de l'autre. Engagez Léonore à se promener cette nuit dans le jardin; j'amenerai don Alexis: ils auront ensemble un long entretien, après lequel ils ne respireront que le mariage.

CHAPITRE LXXVIII.

Entrevue du jeune comte et de dona Léonore. Sa suite. Le comte de Gelves propose un parti avantageux à son fils. Seconde entrevue de nos deux amants. Ce qui s'y passe. Bon avis que donne Blandine. Don Alexis le suit. Quelle étoit la personne qu'on vouloit lui donner en mariage.

BLANDINE approuva ce dessein, qui fut exécuté. Le jeune comte de Gelves, conduit par son confident, arriva entre onze heures et minuit à la porte du jardin, dans lequel ils furent introduits par Léonore et par sa suivante, qui les attendoient impatiemment. Don Alexis aborda la dame d'un air respectueux. Elle le reçut de même; et, après quelques compliments de pure politesse de part et d'autre, ils commencèrent à prendre le ton des amants. Toston et sa créole, voyant qu'ils alloient s'engager dans une tendre conversation, se retirèrent pour s'entretenir aussi en particulier de leurs petites affaires.

L'amour, qui rend les heures si longues aux amants, quand ils sont éloignés de ce qu'ils aiment, les fait passer en récompense bien rapidement lorsqu'ils sont ensemble. Il étoit déjà jour, que don Alexis et sa maîtresse ne songeoient point encore à se séparer. Il fallut que les confidents les en avertissent; soin que prit volontiers Toston, à qui la nuit ne paroissoit pas si courte qu'à son maître. Les deux amants se quittèrent enfin, en se disant adieu jusqu'à la nuit suivante.

Cette entrevue, ainsi que l'avoit prédit l'époux de la créole, irrita leur passion. Dès que don Alexis fut hors du jardin, il se mit à vanter les agréments de Léonore, et principalement son esprit, et il ne fit que rebattre la même chose toute la matinée. Il ne fut occupé pendant le jour que du plaisir que lui promettoit une seconde entrevue; mais, avant qu'il pût jouir d'un si doux entretien, il fut obligé d'en essuyer un qui lui fit peu de plaisir. Le comte son père, après le soupé, s'étant renfermé avec lui dans son cabinet, lui tint ce discours : Mon fils, j'ai une affaire de la dernière importance à vous communiquer : le premier ministre, pour me prouver qu'il a pour moi une sincère et véritable amitié, m'a dit qu'il vouloit vous marier, et vous donner une femme de sa main.

Don Alexis à ces paroles se troubla, et demeura tout interdit. Comment donc, continua le père, le mariage vous fait-il peur? Ah! quand vous saurez quelle personne le ministre propose, je suis persuadé que vous n'aurez point de répugnance à l'épouser. Le jeune comte, s'étant un peu remis de son trouble, lui dit : Seigneur, je suivrai toujours aveuglément vos volontés; mais daignez me permettre de vous dire que je sens pour le mariage une aversion.....

Vous me trompez, interrompit son excellence, vous dissimulez : je vois bien ce qui vous révolte contre l'hymen dont il s'agit; votre cœur s'est engagé ailleurs. Follement épris de quelque aventurière, vous voulez vous faire un point d'honneur de lui être fidèle.

Non, Seigneur, repartit don Alexis, je ne brûle point d'une honteuse ardeur. J'aime, il est vrai, et je ne m'en défends pas; mais l'objet de mon amour n'est pas d'une naissance à me faire rougir des sentiments qu'il m'a inspirés. Si vous voulez que je vous apprenne quelle est sa famille..... Je vous en dispense, interrompit le père pour la seconde fois : je ne suis pas curieux de connoître cette dame, et je vous ordonne d'y renoncer. Je ne veux pour belle-fille que celle qui m'est offerte par le ministre ; et sachez que c'est une personne qui joint à la jeunesse et à la beauté une noble origine et de grands biens. Allez, ajouta-t-il, allez consulter là-dessus don Chérubin de la Ronda, votre gouverneur; je suis persuadé que ses conseils seront conformes à mes intentions.

Le jeune seigneur sortit à l'instant du cabinet sans répliquer; mais au lieu de me venir chercher, il jugea plus à propos d'aller trouver Toston. Il lui apprit la violence que son père prétendoit faire à ses sentiments; et après s'être plaint de cette tyrannie : Mon ami, dit-il à ce confident, que faut-il que je fasse pour me conserver à Léonore ? Comment me tirer de cet embarras ? Monsieur, lui répondit Toston, la chose n'est pas facile. Monseigneur votre père, comme vous savez, est diablement opiniâtre : il a résolu que vous épousiez la personne proposée par le ministre ; il n'en démordra point. Mais il n'est pas encore temps de nous désespérer. Employons auparavant la ruse. Feignez, paroissez consentir à ce mariage, pendant que j'imaginerai quelque expédient pour le rompre. Ah! Toston, s'écria don Alexis à ces paroles, qui sembloient flatter son amour de quelque espérance, si tu peux en venir à bout, il n'y a rien que tu ne doives attendre de ma reconnoissance. Courons, volons au rendez-vous, poursuivit-il ; je veux informer Léonore du malheur qui nous menace, l'assurer que je mettrai tout en usage pour le détourner, et lui renouveler enfin le serment que je lui ai fait de n'être jamais qu'à elle.

Ils retournèrent tous deux au jardin, où Léonore et sa suivante s'entretenoient, en les attendant, des bonnes qualités de don Alexis. Blandine, qui les connoissoit mieux que personne, élevoit jusqu'aux nues ce jeune seigneur. Les amants gagnèrent un cabinet de verdure où ils avoient passé la nuit précédente, et les époux se retirèrent dans un autre endroit, où Toston dit d'abord à Blandine : Mon enfant, la vie est une succession continuelle de bien, de mal, de joie et de chagrin. Hier au soir, par exemple, nous vînmes ici gais comme des pinsons ; nous y venons aujourd'hui plus tristes que des hibous ! Hé ! quel sujet de tristesse pouvez-vous avoir, lui dit sa femme ? Vous auroit-on annoncé quelque mauvaise nouvelle ? La plus cruelle que nous puissions apprendre, répliqua-t-il : on veut séparer pour jamais don Alexis et Léonore. En même temps il lui raconta ce qui venoit de se passer entre le comte de Gelves et son fils.

Blandine fut pénétrée de douleur à ce récit. Vous avez bien raison, dit-elle à son mari ; vous avez bien raison de vous affliger : rien n'est plus mortifiant que ce que vous dites. Malheureuse Léonore, continua-t-elle en apostrophant sa maîtresse, quel coup de foudre pour vous ! Mais est-il donc impossible de le parer ? Toston, qui a de l'adresse et de l'esprit, ne fera-t-il aucune tentative pour préserver nos amants du sort affreux qu'on leur prépare ? Pardonnez-moi, répondit-il : je

CHAPITRE LXXVIII.

cherche dans ma tête quelque moyen de le prévenir; mais je vous avouerai qu'il ne me vient point là-dessus d'idée qui me contente. Il s'en offre une en ce moment à mon esprit, reprit la créole, et je ne crois pas qu'elle soit à rejeter : vous n'ignorez pas que la comtesse aime tendrement son fils; pensez-vous qu'il n'y ait rien à faire de ce côté-là? Tout au contraire vraiment, s'écria Toston, j'épouse cette idée. J'irai demain au lever de la comtesse; je lui demanderai une audience particulière : je lui exposerai pathétiquement la situation de don Alexis, et peut-être l'attendrirai-je de façon qu'elle s'intéressera pour Léonore et pour lui.

Pendant que les confidents tenoient de pareils discours, les deux amants se promettoient, se juroient un amour à l'épreuve de tous les obstacles que la fortune pourroit faire naître pour le traverser. Ils se quittèrent l'un l'autre dans ces sentiments. Le jeune seigneur reprit le chemin de son hôtel avec Toston, qui lui dit le dessein où il étoit d'essayer si par son éloquence il ne pourroit point engager la comtesse, sa mère, à protéger son amour. J'approuve ton projet, lui dit don Alexis, et, pour le rendre plus efficace, je prétends t'accompagner. Je me jeterai aux pieds de ma mère, et j'embrasserai ses genoux tandis que tu plaideras pour moi : je suis assuré que nous la gagnerons.

Dans cette opinion, ils se déterminèrent à faire cette démarche, et ils la firent effectivement le lendemain matin. En voici le détail et le succès. La comtesse de Gelves étoit à sa toilette. Sitôt qu'elle aperçut don Alexis et son confident, elle fit sortir toutes ses femmes; et d'abord adressant la parole à Toston : Mon ami, lui dit-elle, dans quelle disposition vient ici mon fils? A-t-il encore de la répugnance à lier sa destinée à celle d'une aimable personne qui lui est offerte par le premier ministre? Madame, lui répondit Toston, mon maître vous a voué une aveugle obéissance : il est prêt à faire tout ce que vous lui ordonnerez ; mais, si vous lui faites épouser la dame qu'on lui propose, vous pouvez compter que vous perdez votre fils unique. Oui, ma mère, dit alors don Alexis en se prosternant devant elle et baisant une de ses mains, Toston vous dit la vérité : si vous me donnez une femme malgré moi, je suis mort. Chose étrange, s'écria la comtesse! Peut-on se laisser prévenir jusque-là contre une personne que l'on n'a jamais vue! Attendez qu'on vous ait fait voir la dame dont il est question, et, si vous la trouvez désagréable, je suis assez bonne mère pour m'opposer à une union contraire à votre repos, quoique chez nos pareils la figure ne fasse guère rompre de mariages. Mais, ajouta-t-elle, si je m'en rapporte au portrait qu'on m'a fait de cette dame, c'est une beauté. Fût-elle plus charmante que Vénus, dit Toston, Madame, s'il vous plaît, ne nous en parlez pas davantage. L'amour a prévenu le ministre, en présentant à nos yeux une espèce de déesse dont nous sommes enchantés.

Il faut en effet, reprit la comtesse, qu'elle soit pourvue d'une beauté bien rare pour avoir fait sur vous une si forte impression. Sa naissance répond-elle à ses charmes? de ce côté-là, je crains qu'elle n'ait sujet de se plaindre de la nature. Oh! que non, Madame, repartit Toston : c'est une fille de qualité. Léonore de Pedrera doit le jour à un gentilhomme d'Antequerre, et, de plus, elle est nièce de dona Helena de Toralva.

La mère de don Alexis n'entendit pas plutôt prononcer ces derniers mots, qu'elle fit de grands éclats de rire qui déconcertèrent son fils et Toston. Madame, lui dit ce jeune seigneur d'un air étonné, de grâce apprenez-moi la cause de ces ris immodérés; nous soupçonneriez-vous de vouloir vous en imposer sur la condition de Léonore? Laissez-moi donc rire à mon aise, s'écria-t-elle. A ces mots ses ris se renouvelèrent, pendant que le maître et le valet, ne sachant ce qu'ils en devoient penser, se regardoient tous deux en gardant un stupide silence.

Il plut enfin au ciel qu'elle cessât de rire; et lorsqu'elle eut repris son sérieux : Don Alexis, dit-elle à son fils, ne vous alarmez plus; vous ne serez point obligé de renoncer à votre chère Léonore, puisque c'est elle-même que le premier ministre vous destine pour épouse. Dona Helena de Toralva est parente de la duchesse d'Olivarès, et ce sont ces deux dames qui ont fait proposer ce mariage au comte de Gelves par le comte-duc. N'ai-je pas eu raison de rire, poursuivit-elle? Ne trouvez-vous pas cette aventure plaisante? En achevant ces paroles, de nouveaux ris lui échappèrent encore; et son fils, suivant son exemple, se mit à rire aussi, de même que Toston. Après quoi le jeune seigneur et son confident se retirèrent transportés de joie, et se rendirent avec empressement chez dona Helena, où ils trouvèrent tout le monde en belle humeur, le bruit du mariage prochain de Léonore avec don Alexis s'y étant déjà répandu. Pour dire le reste en deux mots, les noces se firent peu de temps après, et il y eut de grandes réjouissances, tant à l'hôtel de Gelves qu'à celui de Helena de Toralva.

CHAPITRE LXXIX.

Des choses qui se passèrent après le mariage de don Alexis de Gelves. Du voyage de Toston à Alcaraz, et de son retour à Madrid. Don Chérubin est flatté des nouvelles qu'il apprend de don Manuel et de sa famille.

DOÑA Helena, chez qui s'étoit fait ce mariage, aimoit sa nièce comme une mère aime sa fille unique; ne voulant point se séparer d'elle, cette bonne tante céda la moitié de son hôtel aux nouveaux époux. Le premier soin de don Alexis fut de récompenser Toston d'avoir contribué à son bonheur. Il ne se contenta pas de lui faire présent de trois cents pistoles, il le fit son intendant : poste moins considérable par ce qu'il valoit alors, que par ce qu'il pourroit valoir un jour. Léonore, de son côté, n'en usa pas moins généreusement avec Blandine, qui, plus sensible à l'amitié que sa maîtresse avoit pour elle qu'à l'intérêt, lui étoit attachée de cœur et d'inclination : ce qu'il faut admirer dans une soubrette.

Un matin Toston, m'étant venu voir, me dit : Seigneur don Chérubin, je viens prendre congé de vous, et recevoir vos ordres. Je partirai dans deux jours pour Alcaraz, pour contenter l'envie que j'ai de revoir les auteurs de ma naissance. Don Alexis, mon maître, me

CHAPITRE LXXIX.

permet de faire ce voyage, à condition que je serai de retour dans deux mois. Mon enfant, lui dis-je, le désir qui te presse est louable, et il est juste que tu le satisfasses; mais quand tu auras passé quelques jours avec des personnes si chères, reviens promptement à Madrid : tu connois l'inconstance des grands seigneurs, tu pourrois perdre ta place, qui ne sauroit manquer de te conduire à une fortune considérable. Oh! ne craignez pas, répliqua-t-il, que je m'amuse à me divertir avec mes anciens amis : j'ai déjà pris l'esprit de la cour; je ne pourrois plus vivre en province. Hé! par quelle voiture, lui dis-je, prétends-tu t'en aller? Sur un des meilleurs chevaux de nos écuries, repartit-il, et suivi d'un laquais du logis qui aura la livrée de Gelves, et qui sera aussi bien monté que moi. Un intendant de grande maison ne doit pas voyager en gredin! Véritablement, deux jours après Toston partit sur un superbe cheval, suivi d'un laquais revêtu d'une livrée brillante, et chargé des dépêches que je lui remis pour mes beaux-frères.

Pendant son absence, il arriva des changements heureux pour la maison de Gelves. Don Alexis, s'étant attaché à faire assidûment sa cour au comte-duc d'Olivarès, eut le bonheur de lui plaire à un point, que ce ministre le fit recevoir gentilhomme de la chambre du roi : ce qui étoit le plus sincère témoignage d'affection qu'il pût lui donner, son excellence étant d'un caractère à ne vouloir mettre auprès de la personne du monarque que des hommes affidés. Ce ne fut pas tout : dona Léonore devint en même temps dame du palais de la reine, par le crédit de madame d'Olivarès, qui étoit *camarera mayor*; de sorte que Toston à son retour trouva son maître et sa maîtresse à la cour dans des rangs qu'ils n'y tenoient pas à son départ.

L'impatience que ce nouvel intendant avoit de me rendre compte de son voyage, ne lui permit pas d'aller d'abord se montrer à sa femme, ni même à don Alexis; il vint chez moi avec un empressement qui marquoit bien qu'il m'aimoit. Je ne le vis pas sans émotion paroître dans ma chambre ; et, ne sachant ce qu'il venoit m'annoncer, je lui demandai en tremblant si ce qu'il avoit à m'apprendre devoit m'affliger ou me réjouir. Je ne vous apporte que de bonnes nouvelles, me répondit-il : don Manuel et don Gregorio jouissent d'une santé parfaite, aussi bien que leurs épouses. Ces dames, qui sont toujours fort aimables, ont encore grossi la famille depuis votre départ d'Alcaraz : votre sœur, avec Francillo et les deux filles qu'elle avoit, a présentement un autre fils, qui est en nourrice; et sa bonne amie, outre le garçon qu'elle a eu au commencement de son mariage, a donné à don Manuel deux fils en moins de vingt mois. Tous ces enfants, continua-t-il, tant mâles que femelles, se portent à merveille, et sont tous gentils. Votre fille, entre autres, est plus belle que le jour.

Tout cela me fait plaisir, interrompis-je, mon ami : mais dis-moi, je te prie, comment ma sœur et mes beaux-frères ont écouté le récit que tu dois leur avoir fait de mes aventures. T'ont-ils paru prendre beaucoup de part à ma fortune? Assurément, repartit Toston : ils me firent des questions à l'infini, et je n'eus pas peu d'affaire à contenter leur curiosité, chacun m'interrogeant à son tour, et quelquefois tous ensemble. Mais quand

CHAPITRE LXXIX.

je détaillai la rencontre de Monchique, et la manière dont il nous avoit dit avoir séduit dona Paula, mes auditeurs commencèrent à fondre en larmes, et principalement les dames, qui voyant votre épouse pleinement justifiée, déplorèrent amèrement son malheur. Après cela ils me questionnèrent sur dona Blanca : ils me demandèrent de quel caractère elle étoit; et ils eurent lieu de juger, par le portrait que je leur en fis, que, de tous les bienfaits que vous avez reçus de don Juan de Salzedo, sa fille n'étoit pas le moins considérable.

Il ne me reste plus, ajouta Toston, qu'à vous remettre les dépêches de votre famille : et voulez-vous bien après cela que je vous quitte pour me rendre auprès de mon maître? Je vais savoir si mon absence ne m'a point fait de tort dans son esprit. Non, mon enfant, lui dis-je : tu retrouveras don Alexis tel que tu l'as laissé. J'ai pris soin pendant ton éloignement de te conserver ses bonnes grâces. J'ai encore une bonne nouvelle à t'annoncer : le roi a honoré ce jeune seigneur d'une charge de gentilhomme de sa chambre; ce qui ne donne pas peu de relief à ton intendance.

J'appris aussi à monsieur l'intendant que dona Léonore étoit dame du palais de la reine. Bon, s'écria-t-il plein de joie, voilà ma femme à la cour : cela va me fixer à Madrid. Je le souhaite, lui dis-je, et que l'envie de revoir ton pays ne te reprenne jamais. Oh, Monsieur, me répondit-il, c'en est fait, je lui ai dit un éternel adieu. Je n'y ai été, comme vous savez, que pour voir mon père et ma mère. Je les ai trouvés tous les deux morts et enterrés. J'ai répandu sur leur tombeau les pleurs que je leur devois, et je me suis détaché de ma patrie. En achevant ces paroles, il me remit les dépêches dont il étoit chargé, et me quitta.

CHAPITRE LXXX.

De la secrète et curieuse conversation que don Chérubin eut un jour avec le comte de Gelves. Relation de l'entrée que fit le duc d'Ossone à Madrid; ce qui l'a perdu.

Quoique le comte de Gelves, comme il a été dit, eût rapporté des Indes de grandes richesses, il avoit affecté, par avarice et par politique, de ne pas imiter les vice-rois qui reviennent de leurs gouvernements. Il ne se montroit dans les rues qu'accompagné de peu de monde, et il rendoit ses visites, pour ainsi dire, sans éclat, et dans un équipage trop modeste pour un gouverneur du Mexique. A l'égard des présents qu'il avoit faits, tant au roi qu'aux infants don Ferdinand et don Carlos, ce n'est pas la peine d'en parler, puisqu'ils ne consistoient qu'en quelques ouvrages de plumes, et autres semblables bagatelles. Aussi le public, qui censure tout, quelquefois sans examen, ne louoit-il pas son humeur magnifique.

Ce seigneur n'ignoroit pas ce qu'on pensoit de lui dans le monde, et il me dit un jour : J'aime mieux passer pour un avare, que de m'exposer à me perdre par un faste qui ne fait qu'exciter l'envie. L'exemple du duc d'Ossone, qui vient de mourir dans une prison, doit bien instruire les vice-rois. Ce grand homme vivroit

CHAPITRE LXXX.

peut-être encore, s'il n'eût pas eu l'imprudence de faire son entrée dans Madrid avec une pompe plus convenable à un souverain qu'à un gouverneur qu'on rappeloit pour lui demander compte de son administration; s'il n'eût pas fait de si riches présents à la cour, et s'il n'eût pas enfin étalé ses richesses aux yeux de ses ennemis et de ses envieux. Peut-être n'avez-vous pas entendu parler de cette fastueuse entrée. Il faut que je vous en fasse un détail, moins pour vous en faire admirer la magnificence, que pour vous montrer l'ostentation de ce vice-roi de Sicile et de Naples.

Quatre trompettes, avec douze gardes napolitains et douze autres siciliens, commençoient la marche. Le maître-d'hôtel à cheval, et vingt-quatre mulets couverts de housses brodées d'or, conduits par vingt palefreniers, précédoient trois litières et trois superbes carrosses de la duchesse d'Ossone, que son maître-d'hôtel et celui de son fils suivoient avec des chevaux de main que menoient vingt palefreniers. Après quoi paroissoit le majordome du duc, accompagné de douze pages à cheval vêtus à l'espagnole, et de douze hallebardiers habillés à l'italienne. Don Juan Tellès venoit ensuite à la tête de trente gentilshommes espagnols, napolitains ou siciliens, tous richement vêtus à la hongroise, et montés sur des chevaux de prix. Après cela le duc, sous le même habillement, paroissoit dans un carrosse de la dernière magnificence, avec dona Isabella de Sandoval, sa belle-fille, ayant quatre estafiers à chaque portière et vingt hallebardiers, suivis de trente carrosses pleins d'amis ou de parents, sans compter six autres de réserve. Enfin cette indiscrète et folle marche étoit fermée par une foule d'officiers, de pages et d'esclaves turcs.

Voilà, poursuivit le comte de Gelves, comme le duc d'Ossone entra dans Madrid aux acclamations d'un concours prodigieux de peuple, accouru de toutes parts pour le voir. Vous jugez bien qu'une pareille entrée ne diminua point le nombre des ennemis secrets qu'il avoit déjà; et, pour surcroît d'indiscrétion, il exposa pendant quinze jours dans son hôtel, à la curiosité du public, les richesses qu'il avoit apportées d'Italie, se faisant un vain plaisir de les montrer aux Espagnols comme des dépouilles des Turcs, et de glorieux monuments des victoires qu'il avoit remportées sur ces infidèles. Je n'ai donc pas mal fait, ajouta le grand écuyer, de tenir une conduite opposée à la sienne, moi surtout qui sors d'un gouvernement où tout le monde me soupçonne d'avoir amassé d'immenses trésors. Par mon entrée modeste, j'ai prévenu l'envie, que je n'aurois pas manqué d'armer contre moi par un plus grand air d'opulence.

CHAPITRE LXXXI.

De l'arrivée de don Manuel à Madrid. De la joie extrême que ce cavalier et don Chérubin eurent de se revoir après si long-temps, et des arrangements qu'ils prirent ensemble pour ne se plus quitter.

Il n'y avoit pas huit jours que Toston étoit de retour d'Alcaraz, lorsqu'un matin, comme je travaillois

CHAPITRE LXXXI.

dans mon cabinet, on vint m'y annoncer don Manuel de Pedrilla. Je me levai dans le moment pour recevoir un homme qui m'étoit si cher. Nous nous tînmes long-temps embrassés tous deux, et nous témoignâmes, par des pleurs, plutôt que par des paroles, la joie que nous avions de nous retrouver. Le souvenir de dona Paula nous attendrit d'abord, et nous ne pûmes refuser des larmes à la mémoire de cette adultère innocente, malgré les chagrins qu'elle nous avoit causés à l'un et à l'autre; mais nous repassâmes bientôt de la douleur à la joie, en nous entretenant de notre famille. Nous avons d'aimables enfants, me dit don Manuel. Si Toston vous en a fait un portrait fidèle, il doit vous avoir assuré que dona Theresa, votre fille, est toute mignonne, et que don Ignacio, mon fils, est un joli garçon. Pour votre neveu, Francillo, qui s'appelle à présent don Francisco de Cléyillente, ce n'est plus un enfant, c'est un cavalier de belle taille, et fort en état de servir le roi.

Après avoir parlé des enfants, continua don Manuel, parlons des mères. Isménie et dona Francisca sont toujours deux jolies femmes. Je suis plus que jamais épris de l'une, et don Gregorio a pour l'autre un attachement dont la vivacité semble augmenter de jour en jour. Vous me ravissez, interrompis-je, mon ami, en m'apprenant que vous vivez tous quatre dans la plus parfaite union. Que ne puis-je aller partager avec vous les douceurs de votre société! Hé! qui vous en empêche, me dit Pedrilla? N'êtes-vous pas maître de vos actions? Non, lui répondis-je: le comte de Gelves ne veut pas que mon beau-père le quitte; et mon beau-père, enchaîné à ses volontés, a la complaisance de lui sacrifier l'envie qu'il auroit de se reposer après ses longs travaux. De mon côté, la reconnoissance et l'amitié me lient si fortement à Salzedo, que je me fais un devoir de ne le pas abandonner. Je vous reconnois à ces sentimens, reprit don Manuel. Ainsi donc, nos dames et moi nous nous sommes en vain flattés de vous posséder avec votre épouse. Je ne demanderois pas mieux, lui repartis-je, que de passer avec elle et avec vous le reste de mes jours; mais voyez quel obstacle s'y oppose. Hé bien! dit don Manuel après avoir rêvé quelques momens, puisque je ne puis vous arracher de Madrid, il faut que j'engage nos dames à s'y venir établir: c'est ce que je veux leur proposer, et je crois qu'elles accepteront volontiers la proposition.

J'applaudis à cette idée, dis-je à don Manuel. Puissiez-vous leur faire goûter ce projet! Si vous êtes assez éloquent pour cela, je me charge d'acheter un grand hôtel pour loger toute notre famille: je suis en état de faire une pareille acquisition, et même toute la dépense du ménage. Retournez donc au plus tôt à la ville d'Alcaraz; déterminez, s'il se peut, les dames à venir demeurer à Madrid, et nous les amenez. Nous menerons dans notre hôtel une vie délicieuse. On y verra régner la joie, et l'on y trouvera la bonne compagnie.

Don Manuel, impatient de voir arriver un temps si heureux, se hâta de reprendre le chemin de son pays; mais avant son départ, je le présentai à Salzedo, qui le reçut d'une manière qui le charma. Il ne fut pas moins content des politesses que lui fit mon épouse, qui, le regardant comme mon meilleur ami, crut ne pouvoir lui faire assez de civilités. Aussi me dit-il en partant:

En vérité, don Chérubin, j'admire votre bonheur. Vous êtes entré dans une famille bien aimable. Vous avez une femme digne de toute votre tendresse, et un beau-père qui mérite toutes les attentions que vous avez pour lui. Je vais faire de ces deux personnes de si beaux portraits à Clévillente et à nos dames, que cela ne contribuera pas peu à me faire réussir dans mon dessein.

CHAPITRE LXXXII.

Par quel événement le projet de don Manuel et de don Chérubin ne fut point exécuté. Don Juan de Salzedo est fait corrégidor de la ville d'Alcaraz.

J'ESPÉROIS, ou plutôt je ne doutois nullement que Pedrilla ne vînt à bout de persuader les dames, et déjà je cherchois un bel hôtel qui fût à vendre; mais c'étoit m'embarrasser d'un soin inutile, comme vous allez l'entendre. Un jour que le comte de Gelves avoit été voir le premier ministre, il s'enferma dans son cabinet avec Salzedo, auquel adressant la parole: Don Juan, lui dit-il, vous allez être surpris de ce que j'ai à vous dire. Je reviens de chez le comte-duc, avec qui j'ai eu un entretien qui a roulé sur vous. Comte, m'a-t-il dit, vous avez auprès de vous un homme qui ne m'est point agréable; c'est don Juan de Salzedo. Il a été secrétaire du duc de Lerme, et ensuite du duc d'Uzède; en un mot, c'est une créature de la maison de Sandoval. Je crois que c'est vous en dire assez pour vous obliger à vous en défaire. Mais comme je sais qu'il vous est cher, et qu'il mérite d'être récompensé des services qu'il a rendus à l'état, le roi le fait corrégidor de la ville d'Alcaraz, dans la Castille nouvelle.

Vous connoissez ce ministre, continua le grand écuyer. Vous savez que c'est un esprit plein de caprices, et qui veut absolument tout ce qu'il veut. Si, ne consultant que mon amitié pour vous, je refusois de le satisfaire, il faudroit me résoudre à me brouiller avec lui pour jamais : ce qui pourroit avoir de fâcheuses suites pour moi; car il est dangereux d'avoir pour ennemi un ministre qui gouverne la monarchie et le monarque.

Je suis fâché de vous perdre, ajouta-t-il, mais il faut que nous nous séparions. Vous le voyez bien, c'est une nécessité. Seigneur, lui dit Salzedo, je n'ai rien à répondre à cela. Il n'est pas juste que vous vous brouilliez pour si peu de chose avec un homme qui peut tout. A l'égard de la charge dont on veut m'honorer, je puis m'en passer, de même que de tout autre poste, étant, grâce à vos bontés, dans une situation qui ne me laisse rien à désirer. Néanmoins, j'ai des raisons pour ne la pas refuser. Alcaraz est une ville fort connue de mon gendre. Il y a sa famille et des amis qui mettront tout en usage pour m'en rendre le séjour agréable. Puisqu'il faut que je m'éloigne de Madrid et de votre excellence, c'est une consolation pour moi qu'on m'envoie dans l'endroit d'Espagne que je choisirois pour ma retraite. Cela me fait plaisir, reprit le comte : si j'ai le chagrin de ne plus vous voir, du moins j'aurai la satisfaction de vous croire heureux.

Après cet entretien, don Juan vint me trouver. Il y

CHAPITRE LXXXII.

a bien des nouvelles, me dit-il. En même temps il me raconta ce que le grand écuyer venoit de lui dire. Ensuite il me demanda ce que j'en pensois. Il me paroît, lui répondis-je, que le comte craint fort de perdre les bonnes grâces du premier ministre, et qu'il seroit homme à sacrifier tout à sa crainte. Au reste nous devons nous réjouir de cet événement. Il y a long-temps que la seule complaisance nous attache à ce seigneur; et puisqu'il nous donne lui-même une occasion de le quitter avec honneur, saisissons-la brusquement. Partons pour Alcaraz le plus tôt qu'il nous sera possible. Allons joindre don Gregorio et don Manuel, mes beaux-frères. Ils seront ravis, ainsi que leurs épouses, de voir grossir leur société par trois sujets qui ne la rendront pas plus ennuyeuse. Je vais, si vous le trouvez bon, envoyer dès aujourd'hui un exprès à don Manuel, pour l'avertir qu'ayant été gratifié par le roi de la charge de corrégidor d'Alcaraz, vous vous disposez à partir pour en aller prendre possession. Il sera charmé de cet avis; car je suis assuré qu'il aimera mieux se préparer à nous recevoir dans cette ville, qu'à venir demeurer à Madrid.

Mon beau-père ne m'eut pas plutôt témoigné qu'il étoit prêt à me suivre, que je dépêchai un courrier à Pedrilla pour l'informer de notre dessein; et, dans la lettre que je lui écrivis, je lui marquois que nous passerions par Cuença.

CHAPITRE LXXXIII.

Don Juan de Salzedo part de Madrid avec sa fille et don Chérubin. De leur arrivée à Alcaraz. De la réception qu'on leur fit. Fin de l'histoire du bachelier de Salamanque.

Don Juan de Salzedo, après avoir été remercier le premier ministre, et prêter entre les mains du roi serment pour sa charge de corrégidor, ordonna les apprêts de son départ, qui furent faits en peu de temps. Notre sortie de Madrid ne fut pas si fastueuse que l'entrée du duc d'Ossone; mais elle ne laissoit pas d'avoir un petit air d'opulence qui nous faisoit honneur. Trois litières, dont l'une étoit remplie de monsieur le corrégidor, *plena ipso*, l'autre de mon épouse et de moi, et la troisième de deux femmes de chambre, suivoient douze mulets chargés de notre bagage, et parés de bruyantes sonnettes. Ajoutez à cela cinq ou six domestiques montés sur de très beaux chevaux, dont le grand écuyer nous avoit fait présent. En vérité, notre équipage ressembloit un peu à celui d'un vice-roi qui va prendre possession de son gouvernement.

Nous nous rendîmes à petites journées à Cuença, où nous trouvâmes don Manuel, qui nous attendoit depuis deux jours. Après mille embrassades de part et d'autre, ce cavalier nous apprit qu'aussitôt ma lettre reçue il étoit parti pour venir au-devant de nous jusqu'à Cuença, d'où il se proposoit de nous conduire au village de Bonillo, dans une ferme à lui appartenante, et dans laquelle il avoit laissé son épouse avec ma sœur et don Gregorio. Pour arriver plus tôt à cette ferme, nous nous hâtâmes de continuer notre chemin, et nous y trouvâmes effectivement Clévillente et ces deux dames, qui n'avoient pas moins d'impatience de me revoir que j'en avois de les embrasser. C'est là que les accolades et les compliments furent prodigués. Seigneur don Juan, dit ma sœur à Salzedo, quelle joie pour moi de voir un cavalier à qui mon frère a tant d'obligations! Mais de tous les biens que vous lui avez faits, celui dont je vous tiens le plus de compte, c'est d'avoir lié sa destinée à celle de cette aimable enfant. A ces mots elle jeta ses bras au cou de Blanche, qu'elle avoit déjà plus d'une fois embrassée. Isménie fit aussi bien des caresses à mon épouse, qui, pour ne pas demeurer en reste avec ces deux dames, leur rendit baiser pour baiser.

D'une autre part, don Gregorio, don Manuel, Salzedo et moi, nous fîmes à peu près la même scène. Nous n'eûmes tous quatre, pendant une heure, qu'un entretien confus et entremêlé d'embrassements.

Après cela nous reprîmes notre gravité, et le nouveau corrégidor eut tout lieu d'être satisfait des discours obligeants qui lui furent adressés tant par les dames que par les cavaliers. Aussi me dit-il plus d'une fois en particulier qu'il étoit charmé de mes beaux-frères, et encore plus de leurs femmes, qui lui paroissoient, disoit-il, avoir des manières de princesses. Je ris en moi-même de sa pensée, ou, pour mieux dire, de celle qui me vint là-dessus; car je songeai dans le moment aux sources où elles avoient puisé leurs grands airs. Nous nous reposâmes quelques jours dans la ferme, où, par la prévoyance de don Manuel, rien ne nous manqua, et nous nous rendîmes enfin à la ville d'Alcaraz, qui n'en est éloignée que de cinq à six lieues.

Notre équipage jeta d'abord de la poudre aux yeux des bourgeois d'Alcaraz. Ce n'est point là, disoit l'un, notre pauvre défunt corrégidor, don Martin Chinchilla, qui n'avoit pour tout équipage que deux vieilles mules dans son écurie. Non, ma foi, disoit l'autre : ce n'est pas un corrégidor ordinaire, c'est un vice-roi qu'on nous envoie. Le peuple, qui s'étoit mis sous les armes pour recevoir plus honorablement son nouveau magistrat, fit une triple décharge de mousqueterie. Nous allâmes descendre à l'hôtel de Pedrilla, où nous ne fûmes pas sitôt entrés, que tous les supérieurs des ordres religieux vinrent haranguer en latin mon beau-père, qui, pour leur faire voir à qui ils s'adressoient, leur fit à chacun une réponse dans la même langue ; ce qui donna aux auditeurs une haute opinion de lui. Après les moines, la noblesse lui fit son compliment, et il répondit en homme de cour.

Pour dire le reste en peu de mots, il prit possession de sa charge ; et bientôt, par sa prudence, ses soins vigilants, son intégrité, son désintéressement, par ses jugements équitables, et par l'étendue de ses lumières, il fit connoître aux habitants d'Alcaraz qu'ils avoient pour corrégidor un homme capable de gouverner un état. Comme il joignoit au mérite d'un juge toutes les qualités d'un galant homme, il gagna sans peine l'estime et l'amitié de tout le monde.

C'est avec un semblable beau-père que j'ai le bonheur de vivre actuellement, tantôt à Alcaraz chez don Manuel, tantôt au château d'Elche, qui n'est qu'à trois petites lieues de la ville, et duquel nous avons fait acquisition des deniers des Mexicains; ou bien au château de don Gregorio de Clévillente, dont l'épouse s'accorde à merveille avec la mienne, quoique elles soient toutes deux belles-sœurs.

FIN DE L'HISTOIRE DU BACHELIER DE SALAMANQUE.

TABLE DES CHAPITRES

CONTENUS DANS CE VOLUME.

Pag.

CHAPITRE Ier. De la famille et de l'éducation de don Chérubin. A la mort de son père un de ses parents le reçoit chez lui. Ses progrès dans l'étude. Il part pour Madrid, et fait connoissance avec un curé. Entretien de ce curé sur l'emploi que don Chérubin veut exercer.. 1

CHAP. II. De la première maison où don Chérubin fut précepteur. Quels étoient les enfants qu'il avoit à élever. Imprudence d'un père............................... 6

CHAP. III. Don Chérubin va offrir ses services à un conseiller du conseil de Castille. De l'entretien singulier qu'il eut avec ce magistrat. Sa réponse et ce qu'il fit.. 10

CHAP. IV. Le père Thomas, religieux de la Merci, place le bachelier chez le marquis de Buendia. Caractère de l'enfant qu'on lui donne à instruire. Il sort de cette maison. Pourquoi............................... 13

CHAP. V. Le bachelier de Salamanque devient le précepteur du fils d'un contador. Sa joie d'entrer dans une aussi bonne maison. Il est payé d'avance. Il devient amoureux d'une jeune suivante. Son rival le fait renvoyer............................... 18

CHAP. VI. Ce que devient le bachelier au sortir de chez le contador. Ses réflexions sur sa conduite. Son hôte le fait entrer chez une veuve. Caractère de cette dame. Don Chérubin, de précepteur qu'il étoit, devient intendant. Inclination de cette veuve pour lui. Entretien de la dame Rodriguez. Sujet de cet entretien, et quel en fut le fruit............................... 22

CHAP. VII. Comment don Chérubin, sur le point d'être l'époux de dona Louise de Padilla, perdit tout à coup l'espérance de le devenir. Il est arrêté. Sa frayeur de se voir avec des spadassins. Description du soupé qu'il fit, et de sa compagnie. Il sort nuitamment de Madrid. 28

Chap. VIII. De l'arrivée de don Chérubin à Tolède, et de la première éducation qu'il entreprit. Mauvais caractère de son écolier, qui le prend en aversion. Comment il est congédié.................................. 32

Chap. IX. Conversation curieuse de don Chérubin avec un précepteur biscayen de ses amis. Fruit qu'il tire de cette conversation. Il entre au service d'une marquise. Caprice et goût singulier de cette dame pour les romans. Don Chérubin devient éperdument amoureux de sa maîtresse. Effet que produit son amour. Il la quitte cependant. Ses raisons............................. 38

Chap. X. Notre bachelier devient précepteur du neveu d'un joaillier de Cuença. Par ses soins et ceux du seigneur Diego Cintillo, il fait un moine de son écolier. Rencontre fâcheuse qu'il fait. Il retourne à Madrid... 46

Chap. XI. Don Chérubin retourne à Madrid, où il rencontre par hasard un homme qui lui dit des nouvelles de dona Louise de Padilla. Cette dame le fait entrer au service du duc d'Uzède, en qualité de secrétaire en second. Connoissance qu'il fait de don Juan de Salzedo. Foible de ce don Juan. Description d'un bal où don Chérubin se trouve. Il part pour Naples en qualité de courrier extraordinaire du comte d'Urenna.......... 50

Chap. XII. De quelle manière don Chérubin est reçu du vice-roi de Naples, et des entretiens qu'ils eurent ensemble. Il reçoit des présents considérables du duc et de la duchesse, ce qui le met au comble de la joie. Il retourne à Madrid................................ 56

Chap. XIII. Don Juan Tellès épouse la fille du duc d'Uzède. Suite de ce mariage. Du nouveau parti que prit don Chérubin..................................... 61

Chap. XIV. Don Chérubin rencontre le petit licencié Carambola. De l'entretien qu'il eut avec lui. Aventure plaisante arrivée au licencié. Quelle en est la suite.... 64

TABLE DES CHAPITRES.

Chap. XV. Don Chérubin fait connoissance avec un aimable cavalier nommé don Manuel de Pedrilla. De quelle façon ils passoient le temps ensemble. De l'agréable surprise où se trouva un soir don Chérubin en soupant avec des dames. Ce qu'elles étoient. Leurs entretiens.. 68

Chap. XVI. Don Chérubin de la Ronda va dîner chez sa sœur. Ils se racontent ce qui leur est arrivé depuis leur séparation. Histoire et aventures galantes de dona Francisca... 72

Chap. XVII. Dona Francisca va se présenter à la comtesse de Saint-Agni. De la réception gracieuse que cette dame lui fit, et de l'entretien qu'elles eurent ensemble. Caractère de la comtesse. Dona Francisca hérite de mille pistoles. Ses regrets sur la mort de la comtesse. Résolution qu'elle prend avec Damiana............... 82

Chap. XVIII. Dans quelle ville Francisca et Damiana résolurent d'aller s'établir, et des aventures qui leur y arrivent. Enlèvement de dona Francisca. Suite de cet enlèvement.. 88

Chap. XIX. Des nouvelles conquêtes que dona Francisca fit à Cordoue. Elle devient infidèle à son premier amant, pour suivre un prétendu valet du commandeur, et part pour Grenade... 95

Chap. XX. Quel homme c'étoit que don Pompeïo. De l'aveu sincère et de la proposition qu'il fit à dona Francisca, lorsqu'il l'eut épousée. Elle se console aisément de la supercherie de son mari. Elle consent à ce qu'il lui propose... 106

Chap. XXI. Dona Francisca entre dans la troupe des comédiens de Grenade. Comment elle fut reçue du public, et du grand nombre de seigneurs que ses talents et ses appas attachèrent à son char. Son mari lui procure le comte de Cantillana pour amant. Elle le reçoit par obéissance pour son mari..................................... 109

Chap. XXII. Des nouveaux présents que le comte de Cantillana fait à dona Francisca. Des attentions qu'il eut pour elle. Un autre de ses amants lui envoie pour présent des diamants de prix. Elle les refuse. Son amant favori, en reconnoissance de ce refus, lui fait la donation d'un château magnifique. De quelle manière finit un aussi tendre engagement...................... 116

Chap. XXIII. Ce que fit dona Francisca après le départ du comte de Cantillana. Son mari et elle vont prendre possession de leur château. Aventure singulière qui lui arrive, et quel amant lui fait la cour.............. 124

Chap. XXIV. Du malheur qui arriva dans le château de Caralla, et quelle en fut la suite. Dona Francisca prend la résolution de se retirer à Madrid avec dona Manuela, sa compagne de théâtre. Elles se font passer pour des dames de condition................................ 129

Chap. XXV. De la conversation qu'eut dona Francisca avec don Chérubin, après lui avoir raconté son histoire. Elle lui propose de venir demeurer chez elle. Don Chérubin s'y détermine........................... 132

Chap. XXVI. Don Chérubin va loger chez sa sœur. Des connoissances nouvelles qu'il y fit, et de l'extrême considération qu'on eut pour lui lorsqu'on sut qu'il avoit l'honneur d'être frère de Basilisa. Don André recherche l'amitié de don Chérubin ; il l'acquiert. Raison pour laquelle il vouloit s'en faire un ami................ 134

Chap. XXVII. Du malheureux succès qu'eut le service que don Chérubin voulut rendre à son ami André. Il sort de chez sa sœur pour ne la plus revoir. Dona Francisca épouse don Pèdre. Quel est cet homme.... 138

Chap. XXVIII. Don Manuel de Pedrilla, se voyant dans la nécessité de retourner dans son pays, engage don Chérubin, son ami, à l'accompagner. De leur arrivée à Alcaraz.. 141

Chap. XXIX. Don Chérubin se fait aimer de dona Paula. Don Ambroise de Lorca, son rival, presse don Manuel de la lui accorder. Il la lui refuse. Suite funeste de ce

TABLE DES CHAPITRES.

refus. Don Manuel et don Chérubin vont se battre avec lui. Ils sont les vainqueurs......................... 145

Chap. XXX. Ce que firent don Manuel et don Chérubin après cette aventure. Ils sont poursuivis par la famille de don Ambroise de Lorca, et sont obligés de se retirer dans un monastère. Rare portrait d'un supérieur de couvent................................. 148

Chap. XXXI. De quelle façon tourna l'affaire de don Chérubin et de don Manuel, par l'entremise et les protections du père Théodore. De la résolution que prit subitement le premier, et de quelle manière il l'exécuta. Il va entendre l'exhortation d'un religieux à un mourant. Édification de don Chérubin. Il déclare à son ami don Manuel sa résolution, et ils se quittent........... 153

Chap. XXXII. Comment après six mois de noviciat la ferveur de don Chérubin se trouve ralentie. De sa sortie du couvent, et du nouveau parti qu'il prend. Il rencontre par hasard le licencié Carambola. Sa conversation avec lui. Il prend le parti de se mettre encore gouverneur de quelque enfant. Ce qui l'en détourne...... 160

Chap. XXXIII. Du songe que fit don Chérubin, et du changement subit qui arriva dans sa fortune. Mécontentement qu'il reçoit des religieux. Il devient un riche héritier. Son inclination pour Narcisa.............. 165

Chap. XXXIV. Don Chérubin va à Salamanque, et revient à Séville avec ses papiers. Il reçoit la succession de son frère. Devoirs funèbres qu'il rend à sa mémoire. Suite de son amour pour Narcisa....................... 171

Chap. XXXV. Don Chérubin rencontre Mileno. Ce qu'il lui apprend, et de la nouvelle qui l'empêche d'épouser la fille de maître Gaspard ; ce qui fut cause qu'il s'éloigna de Séville avec autant de précipitation que s'il eût fait quelque mauvais coup........................ 174

Chap. XXXVI. Don Chérubin se rend à Alcaraz. Dans quel état il y trouva don Manuel de Pedrilla et dona Paula, sa sœur. De l'accueil qu'ils lui firent. Son amour se renouvelle pour la sœur de don Manuel.......... 177

Chap. XXXVII. Par quel hasard don Chérubin apprend des nouvelles de dona Francisca, sa sœur, et de quelle façon il en fut affecté. Il se marie à dona Paula. Honneurs qu'il reçoit................................. 180

Chap. XXXVIII. Avec quel cavalier don Chérubin fit connoissance, et ce qui s'ensuivit. Il part avec don Manuel pour le château de Clévillente. Ce qu'il y reconnut... 182

Chap. XXXIX. Du voyage que ces trois cavaliers firent au château de Villardesaz. Ils se travestissent en pèlerins pour entrer dans ce château. De quelle manière ils furent reçus. Entretiens singuliers d'un domestique de dona Francisca. Surprise imprévue de la dernière. Reconnoissance.................................... 187

Chap. XL. Nos trois voyageurs soupent avec dona Francisca et dona Ismenia. Don Chérubin entretient particulièrement sa sœur. Elle épouse don Grégorio, son premier amant. Dona Ismenia épouse aussi don Manuel de Pedrilla. Don Chérubin et don Manuel se retirent du château de Clévillente, et partent avec leurs épouses pour Alcaraz. Convention qu'ils firent............. 196

Chap. XLI. Farce singulière où se trouve don Chérubin. Sérieuse réflexion sur sa fortune et sur celle de sa sœur. Don Manuel et lui sont volés par un de leurs laquais. Ils en prennent un autre. Qui il étoit. Surprise de don Chérubin et de son ami lorsqu'ils le reconnoissent.... 201

Chap. XLII. Histoire tragique de don Carlos et de dona Sophia... 200

Chap. XLIII. Don Chérubin de la Ronda, quinze mois après son mariage, devient le plus malheureux des époux. Don Gabriel enlève sa femme. Il poursuit inutilement le ravisseur. Son entretien avec son valet. Il cesse de chercher celle qui le fuit, et se résout d'aller au Mexique... 212

Chap. XLIV. Don Chérubin de la Ronda part de Cadix,

TABLE DES CHAPITRES.

et arrive à la Vera-Cruz, où il loue des mules pour aller par terre au Mexique. Du curieux entretien qu'il eut la première journée avec son muletier Histoires singulières racontées par Tobie. Ce qu'il apprend du Mexique lui donne beaucoup d'espérance............ 221

Chap. XLV. De la rencontre que don Chérubin fit d'un religieux de l'ordre de Saint-François en entrant dans Xalapa. Suite de cette rencontre. Il soupe avec le gardien du monastère. Portraits des religieux qui se trouvent avec lui. Après le repas il joue, gagne, et se retire à minuit du couvent...................... 234

Chap. XLVI. De l'arrivée de don Chérubin à Mexico, et dans quel endroit il alla loger. Il est charmé de la femme de son hôte, quoique mauricaude........... 240

Chap. XLVII. Don Chérubin va voir le palais du vice-roi. Il y trouve don Juan de Salzedo, qui le reconnoît. Du bon accueil que lui fit ce secrétaire; et de la première conversation qu'ils eurent ensemble, et dont Chérubin fut extrêmement flatté.................. 243

Chap. XLVIII. De la visite qu'il rendit l'après-dînée à don Juan de Salzedo, et de son second entretien avec lui. Quel en fut le fruit. Don Chérubin de la Ronda est reçu gouverneur de don Alexis, fils du vice-roi. Joie de Toston en apprenant cette agréable nouvelle..... 248

Chap. XLIX. Don Chérubin, gouverneur de don Alexis de Gelves, fils unique du vice-roi, rend une visite à la vice-reine. Conversation qu'il a avec le précepteur de don Alexis. Portrait de ce dernier.................. 254

Chap. L. Il va se promener avec son disciple au champ appelé *la Alomeda*, qui est la principale promenade de Mexico. Des remarques qu'il fit dans ce champ, et de l'extrême étonnement qu'elles lui causèrent. Événement tragique dont il est témoin.................. 257

Chap. LI. Comment l'esprit vient à don Alexis. Entretien de don Chérubin avec son valet. Ce qu'il apprend de son valet l'étonne. Conseils prudents qu'il donne à

Toston : il en veut profiter........................ 260

Chap. LII. Don Chérubin de la Ronda roule dans l'or et dans l'argent. Il les dépense à des parties de plaisir avec des dames qu'il connoît. Il va voir jouer une comédie. Ce que c'étoit que cette pièce, et quelle impression elle fit sur lui................................. 265

Chap. LIII. Du plus grand embarras où don Chérubin se soit jamais trouvé. De quelle manière il en sortit. Salzedo lui propose sa fille en mariage. Il la refuse. Surprise de son ami............................ 268

Chap. LIV. Histoire de don André d'Alvarade et de dona Cinthia de la Carrera. Avis de don Chérubin. Don André le goûte et se résout à le suivre.............. 273

Chap. LV. Continuation de l'histoire de don André d'Alvarade, et de dona Cinthia de la Carrera. Réussite des avis de don Chérubin. Il en est remercié par don André... 278

Chap. LVI. Don Chérubin va par curiosité entendre prêcher un père de l'ordre de Saint-Dominique. Quel homme c'étoit que ce religieux. Sa surprise en le reconnoissant, et de l'entretien qu'il eut avec lui......... 283

Chap. LVII. Le licencié Carambola commence à raconter l'histoire de son voyage aux Indes occidentales. Il rencontre un de ses camarades de collége ; ce qu'il étoit. Il prend le parti de le suivre, et se fait religieux...... 287

Chap. LVIII. Le licencié Carambola s'embarque avec les bons pères de Saint-Dominique. Sa réception au noviciat. Il reçoit les ordres sacrés. De quelle manière il prêcha la première fois. Il remonte une seconde fois en chaire : son succès. Il part pour les Indes. Son admiration en y arrivant............................ 291

Chap. LIX. Le père Cyrille prêche au contentement d'un nombreux auditoire. Le lendemain il va dîner chez l'évêque de Guatimala. Il reçoit des honneurs. Sa visite chez plusieurs religieuses. Collations et concerts qu'elles lui donnent. Entretien particulier de l'évêque avec lui.

TABLE DES CHAPITRES.

Sujet de cet entretien.................................... 298

Chap. LX. Des mouvements que le père Cyrille se donna pour faire réussir la faction de l'évêque. Quel en fut le succès. Il s'élève un bruit inattendu à la porte du couvent. Suite de cet événement........................ 304

Chap. LXI. Comment après l'aventure de l'élection le père Cyrille devint curé de Petapa. Des agréments qu'il trouva dans sa cure. Il apprend avec facilité le proconchi. Nouveau règlement dans son presbytère. Eloge de son cuisinier. Singulière façon des Indiens de célébrer le patron de leur église................................ 307

Chap. LXII. Le père Cyrille se fait aimer et estimer des Indiens et des Indiennes. Histoire intéressante de deux frères et d'une sœur. Il prêche en proconchi, et, par la beauté de ses sermons, il obtient une place à l'académie de Petapa.. 315

Chap. LXIII. Des dames Indiennes de Petapa. Secret merveilleux pour rendre quelqu'un amoureux, et dont elles se servent quelquefois. De la grande et sainte entreprise que forma le père Cyrille, et quel en fut l'événement... 319

Chap. LXIV. Suite de cette glorieuse expédition. Du danger où se trouva le père Cyrille, et du sage parti qu'il prit de s'en tirer. Il se retire en son monastère. Il reçoit un ordre de son provincial d'aller prêcher à Mexico. 324

Chap. LXV. Ce que firent don Chérubin et le père Cyrille, après s'être réciproquement conté leurs aventures. Portrait que fait le dernier de son prieur. Don Chérubin est reçu de lui avec plaisir. Ce qui se passe à cette visite. 327

Chap. LXVI. Don Chérubin va voir les pénitents du désert, et reconnoît parmi eux don Gabriel de Monchique, le ravisseur de doña Paula, sa femme. De la conversation qu'eurent ensemble ces deux cavaliers ennemis, et comment ils se séparèrent. Impression que le récit de l'enlèvement de l'épouse de don Chérubin fit dans son cœur.. 331

Chap. LXVII. Don Chérubin s'arrête dans un village en revenant du désert. Une rencontre imprévue qu'il y fait. Histoire d'un curé et d'une pèlerine. Quelle étoit cette pèlerine. Admirable effet de la ressemblance, et générosité extraordinaire d'un curé............... 336

Chap. LXVIII. Don Chérubin, de retour à Mexico., rend compte à don Juan de Salzedo de son voyage. De la joie qu'eut ce sécrétaire de le voir en état d'être son gendre. Du nouvel emploi qu'il lui fit obtenir, et du bon avis qu'il lui donna........................ 344

Chap. LXIX. Don Chérubin de la Ronda partage les fonctions de Salzedo, et s'en acquitte parfaitement bien. Il épouse dona Blanca. Histoire tragique de trois frères Indiens................................... 348

Chap. LXX. Par quel hasard Toston fit tout à coup fortune, et de la louable résolution qu'il prit bientôt après. Don Alexis voit partir sans regret sa créole, épouse de Toston........................... 357

Chap. LXXI. De la confidence que don Juan de Salzedo fit à son gendre d'un projet formé par le vice-roi. Ce que c'étoit que ce projet, et comment il fut exécuté. L'archevêque de Mexico prend le parti du peuple, excommunie don Pèdre et le vice-roi. Violence que lui fait ce dernier pour le faire conduire à la Vera-Cruz. 361

Chap. LXXII. Des tristes et fâcheuses suites qu'eut l'enlèvement de l'archevêque de Mexico. Le vice-roi est obligé de se retirer chez les cordeliers. Don Chérubin, sa femme et son beau-père s'y retirent aussi. Don Chérubin sort de Mexico........................... 367

Chap. LXXIII. Don Chérubin, étant arrivé à Madrid, va voir le duc d'Olivarès, et lui fait un détail du soulèvement de Mexico. Comment ce premier ministre fut affecté de ce rapport, et des résolutions qui furent prises en conséquence dans le conseil de sa majesté catholique. Le vice-roi rentre triomphant dans son palais. Sa disgrâce. Il retourne à Madrid. Don Chéru-

TABLE DES CHAPITRES.

bin et sa famille le suivent.................... 372

Chap. LXXIV. De quelle manière le comte de Gelves fut reçu à la cour. Sa visite chez le premier ministre. Le duc d'Olivarès le fait grand écuyer. Du parti que prirent don Salzedo et don Chérubin. Le premier devient intendant, et le second secrétaire du duc de Gelves... 376

Chap. LXXV. Don Chérubin rencontre Toston à Madrid. De l'entretien qu'il eut avec lui, et de l'aventure fâcheuse qui arriva à Toston. Don Chérubin lui rend un service important............................. 380

Chap. LXXVI. Par quel hasard Toston rencontra sa femme, à laquelle il ne pensoit plus. Histoire de son enlèvement racontée par elle-même. Sa justification. Nouveau changement que ce récit produisit dans son cœur. Ses affaires en vont mieux................. 386

Chap. LXXVII. Continuation du chapitre précédent. Blandine présente son mari à ses maîtresses : leur entretien. Ce que résolurent Toston et sa femme en faveur du jeune comte de Gelves........................ 394

Chap. LXXVIII. Entrevue du jeune comte et de dona Léonore. Sa suite. Le comte de Gelves propose un parti avantageux à son fils. Seconde entrevue de nos deux amants. Ce qui s'y passe. Bon avis que donne Blandine. Don Alexis le suit. Quelle étoit la personne qu'on vouloit lui donner en mariage............... 401

Chap. LXXIX. Des choses qui se passèrent après le mariage de don Alexis de Gelves. Du voyage de Toston à Alcaraz, et de son retour à Madrid. Don Chérubin est flatté des nouvelles qu'il apprend de don Manuel et de sa famille................................ 408

Chap. LXXX. De la secrète et curieuse conversation que don Chérubin eut un jour avec le comte de Gelves. Relation de l'entrée que fit le duc d'Ossone à Madrid; ce qui l'a perdu............................. 412

Chap. LXXXI. De l'arrivée de don Manuel à Madrid. De la joie extrême que ce cavalier et don Chérubin eurent de se revoir après si long-temps, et des arrangements qu'ils prirent ensemble pour ne se plus quitter...... 414

CHAP. LXXXII. Par quel événement le projet de don Manuel et de don Chérubin ne fut point exécuté. Don Juan de Salzedo est fait corrégidor de la ville d'Alcaraz. 417

CHAP. LXXXIII. Don Juan de Salzedo part de Madrid avec sa fille et don Chérubin. De leur arrivée à Alcaraz. De la réception qu'on leur fit. Fin de l'histoire du bachelier de Salamanque...................... 420

FIN DE LA TABLE DES CHAPITRES DU BACHELIER DE SALAMANQUE.

www.ingramcontent.com/pod-product-compliance
Lightning Source LLC
Chambersburg PA
CBHW070333240426
43665CB00045B/1844